육아
의
탄생

지은이

사와야마 미카코 澤山美果子, Sawayama Mikako

오차노미즈お茶の水여자대학 대학원 인간문화연구과 인간발달학 전공 박사과정 수료, 학술박사. 현재 국립 오카야마岡山대학 대학원 사회문화과학연구과 객원연구원, 국립민족학박물관 특별객원교수이다. 주요 저서로는 『출산과 신체의 근세出産と身体の近世』(勁草書房, 1998)(제14회 여성사아오야마나오青山なを상 수상), 『성과 생식의 근세性と生殖の近世』(勁草書房, 2005), 『에도의 버려진 어린이들─그 초상江戸の捨て子たち─その肖像』(吉川弘文館, 2008) 등 다수가 있다.

옮긴이

이은주 李恩珠, Lee, Eun-Joo

건국대학교 교육대학원 일어교육학 석사과정, 동대학원 일본문화・언어학과에서 박사학위 취득. 현재 건국대 강사이다. 주요 연구업적으로는 『황후의 초상』(2007, 공역), 『동아시아의 국민국가 형성과 젠더』(2009. 2010 대한민국 학술원 우수학술도서), 『주부의 탄생』(2013) 등이 있다. 논문으로는 「전시기戰時期『주부의 벗主婦之友』에 나타난 '모성'담론에 관한 고찰」, 「근대 초기 일본의 '여성' 형성에 관한 연구」, 「일본의 근대 초기 여성의 '순결'과 '자아'에 관한 고찰」, 「여성의 생활과 정체성에 관한 고찰」, 「일본어 교과서에 나타난 '젠더' 표상」 등이 있다.

육아의 탄생

초판 1쇄 발행 2014년 4월 18일 **초판 2쇄 발행** 2015년 7월 10일
지은이 사와야마 미카코 **옮긴이** 이은주
펴낸이 박성모 **펴낸곳** 소명출판 **출판등록** 제13-522호
주소 서울시 서초구 서초동 1621-18 란빌딩 1층
전화 02-585-7840 **팩스** 02-585-7848
전자우편 somyong@korea.com **홈페이지** www.somyong.co.kr

값 21,000원 ⓒ 소명출판, 2014
ISBN 978-89-5626-978-8 93330

육아의 탄생

사와야마 미카코 지음
이은주 옮김

Born of
Childrearing

소명출판

일러두기

1. 일본어의 한글 표기는 외래어 표기법의 원칙에 따랐다.
· 어두와 어중에 한하여 격음을 피했다.
    예) 小宮豊隆: 코미야 토요타카 → 고미야 도요타카, 吉田久一: 요시다 큐이치 → 요시다 규이치
· 장음을 피해 단음으로 표기했다.
    예) 山川菊榮: 야마카와 키쿠에이 → 야마카와 기쿠에, 大阪: 오오사카 → 오사카
2. 잡지명은 한국어 발음으로 표기했다. 그리고 신문의 경우는 일본어 발음으로 표기했다.
    예)『女學雜誌』:『조가쿠잣시』→『여학잡지』,『東京日日新聞』:『동경일일신문』→『도쿄니치니치신문』
3. 단행본·잡지·신문은『 』, 논문은「 」, 그림은〈 〉를 사용했다.
    예) 단행본:『'아동'의 탄생子供'の誕生』, 잡지:『부인의 벗婦人之友』, 신문:『요미우리신문賣買新聞』
        논문:「자서전의 일절自敍傳の一節」, 그림:〈모某 씨 가족의 초상〉
4. 저자의 원주와 역자의 주는 모두 각주를 사용하되, 역자의 주는【역주】로 표시했다.
5. 원문에서는 해당 문장 옆 또는 직접 자료를 제시하는 방식이었으나 번역서에서는 이를 모두 각주로 처리
    했다. 각주에 쪽수 표시가 없는 것은 저서나 논고 전체를 소개하는 의미이다.

육아에 대한 사회적 관심은 고양되고 있는 반면 어머니들의 고립은 날로 심각해지고 있다. 그와 같은 배경에는 육아의 책임이 전적으로 여성들에게 맡겨져 있는 현실적 상황이 자주 지적된다. 사실 역사를 되짚어보면 육아의 책임이 가정, 특히 어머니들에게 전가된 것은 그리 오래된 일이 아니다. 근대사회의 성립 과정에서 '가정'이라는 이름이 부여된 '가족', 소위 말하는 '근대가족'이 이상화되어 있는 가족형태로서 하나의 사회규범으로 정착된 이후의 일이기 때문이다.

일본에서 '근대가족'에 관한 연구는 1980년대 중반 이후, 특히 사회학을 중심으로 전개되었다. 이는 근대 유럽에서 탄생한 '근대가족'의 특징을 단서로 하여 일본의 근현대 가족을 분석하는 '근대가족론'으로서 1990년대에 전성기를 맞이하게 된다. 그러나 2000년 이후 가족의 개인화와 다양화가 이루어지고, 현대 사회학에 가족 그 자체를 분석하는 것은 어떤 의미를 갖는가에 대한 의문이 등장하면서 '근대가족론' 그 자체가 가진 매력은 그 세력을 잃어가고 있다.

그것은 '근대가족론'이 그 출발점에서부터 내포하고 있던 모순이 현실 세계의 가족변화 속에서 나타난 결과이기도 하다. 다시 말해서 '근대가족론'은 유럽의 가족사회사 연구에서 추출된 '근대가족'의 특징을 분석개념으로 사용했고, 유럽의 근대를 통해 일본의 근현대 가족을 분석하려 했기 때문이다. '근대가족론'은 그 전개 과정에서 중심점이 '근대가족'의 '특징'에서 '정의定義'론으로 바뀌었는데 이처럼 '정의'론으로 수렴되는 과정에서 현실 가족과의 긴장관계를 잃고 폐색상황에 빠졌다.

이러한 현실사회의 가족변용과 '근대가족론'의 전개 과정은 역사학 측면에 새로운 과제가 제기되었다. 그것은 근대 일본에서 등장한 '근대가족'을 유럽의 근대라는 외부세계로부터 빌려온 척도에 의해서가 아니라, 일본의 근세에서 근대로 이행되는 역사적 전개 속에서, 또한 '근대가족' 속에서 삶을 산 당사자들의 측면에서 '근대가족'이란 무엇이었는지를 고찰해야만 하는 과제이다. 역사학에 불어닥친 이 과제는 2010년대에 들어선 지금도 여전히 과제로 남아 있다. 한편 육아를 둘러싼 정책적·사회적 관심은 소자화少子化 사회의 진행 속에서 오히려 고조되고 있고, 가족 안에서 여러 가지 모순이 발생하는 여파나 어머니들의 고립화·단절화라는 상황 속에서 육아 안전망 구축의 필요성은 점점 더 절실해지고 있다.

특히 2011년 3월 11일 도쿄대지진 이후, 다음 세대인 어린이들의 생명을 어떻게 이어갈까라는 문제는 현대를 살아가는 우리들에게 매우 중요하고 절실하며 심각한 문제로 등장했다. 바꾸어 말하면 우리들이 살아가는 장소, 생명을 이어가는 장소로서의 가족이라는 시점에서 다시금 역사 속에서 '근대가족'이란 어떠한 가족이었는지를 재문再問하지 않으면 안 된다.

'근대가족'으로서의 '가정'이란 그곳 현장에서 살아온 사람들에게는 어떠한 가족이었을까. 어떻게 해서 '가정', 혹은 어머니들이 육아 책임을 혼자서 떠맡게 되었을까. '가정' 안에서 삶을 산 당사자들의 구체적인 경험적 측면에서 그 기대와 희망, 그리고 모순과 갈등도 포함하여

'근대가족'이란 사람들에게 무엇이었는지를 고찰함으로써 현대의 문제를 해결하기 위한 실마리라도 찾을 수 있는 것은 아닐까 생각된다. 근대의 모성 연구에서 출발하여 근대, 그리고 현대를 상대화하기 위해 근대와는 이질적인 근세 여성의 성性과 신체관, 그리고 어린이의 생명에 관한 문제에 발을 들여놓은 저자가 지진 후의 지금 또다시 근대가족을 고찰하려는 의미는 바로 여기에 있다.

본서는 소자화 속에서 일어나고 있는 어머니들의 고립화의 배후에 오늘날에도 규범으로서 강하게 존속하고 있는 '근대가족'으로서의 '가정'이 근대 일본사회 안에서 어떻게 생겨나고 거기에는 사람들의 어떠한 기대와 희망, 그리고 영위가 있었는지 또는 어떠한 모순과 갈등이 내포되어 있었는지 육아에 초점을 맞춰 살피는 것에 있다.

본서의 제목을 『근대가존의 아이 기르기』도 아니고 『근대가족과 아이 기르기』(역서는 『육아의 탄생』)라고 붙인 것은 근대가족을 자명한 전제로서 육아모습을 묻는 것이 아니라 근대의 육아에 나타난 근대 고유의 모습, '근대가족'과 '육아'의 관계성을 통해 '근대가족'이란 사람들에게 무엇이었는지를 고찰해보고 싶었기 때문이다.

또한 『근대가족과 아이 기르기』로 결정한 이유는 그뿐만이 아니다. 오늘날 육아라는 말은 '어린아이를 키우는 행위'를 가리키는 일반용어로서 널리 사용되고 있다. 그러나 근대 어머니들이 사용한 것은 근대가 되어 번역어로서 새롭게 등장한 '육아育兒'·'교육'·'가정교육'이라는 말이었다. 근세에 사용되었던 '아이 기르기子育て'라는 어휘는 근대가 되면서 '육아'·'교육'이라는 말로 바뀌게 된 것이다.

그럼에도 불구하고 『근대가족과 육아育兒』라고 하지 않고 『근대가족과 아이 기르기子育て』라고 한 것은 현대가 되어 복권된 '아이 기르기'에

담겨진 역사적 의미를 중시했기 때문이다. 근대에 일단 사라진 '아이 기르기'라는 어휘가 또다시 등장한 것은 '근대가족'이 널리 대중화된 1970년대 중반 이후의 일이다. 이 시기에는 출산·육아기 여성의 연령별 취업률이 낮아지는 소위 M자형 커브 곡저谷底가 가장 심해지고, 세 살까지는 어머니의 손으로 키워야만 한다는 '3세 아동 신화三歲兒神話'가 등장한다.

또 한편에서는 '육아불안'·'육아노이로제'라는 어휘로 상징되는 '육아'를 둘러싼 문제와, '교육병리病理'·'학교병리'라는 말로 상징되듯이 교육을 둘러싼 문제가 자주 발생한다. 다시 말하면 성별 역할분담, 아동 중심주의, 모성애를 지닌 어머니에 의한 육아라는 '근대가족'규범이 확대되는 한편 모순도 명확해진다. 바로 그 시기에 '아이 기르기'라는 어휘가 재등장한 것이다. 그러한 의미에서 '아이 기르기'라는 어휘에는 '근대가족'의 '육아'모습을 근세의 '아이 기르기'를 되돌아보는 가운데, 또한 한 명의 인간으로 태어나서 성장하는 원점에 서서 재문한다는 의미가 담겨져 있다.

본서의 제목을 『근대가족의 육아育兒』도 『근대가족의 아이 기르기子育て』도 아닌 『근대가족과 아이 기르기子育て』라고 한 의도는 이 '아이 기르기'라는 말의 복권에 담긴 '근대가족'과 '육아'라는 근대 고유의 아이 기르기의 모습을 역사 속에서 재문하는 시점을 중시했기 때문이다.

'근대가족'으로서의 '가정'이란 사람들에게 무엇이었고 거기에 내포된 현대에도 통하는 문제란 무엇일까. 이것을 주제로 본서에서는 두 가지 측면에서 접근하고자 한다. 첫째, 근대사회의 성립 과정에서 가족이 사회의 핵심으로 자리매김 되는 과정이다. 그것과 연동하여 아이를 기른다는 것이 가족의 중요한 역할이 되고 그 행위가 가족이라는 울타리 안에 갇히게 되는 구조를 밝혀낼 것이다. 둘째, 사람들은 왜 아이 기르는 행위를 개별 가족, 특히 어머니의 일로서 배타적으로 받아들이게 되었고 육아·교육열에 내몰리거나 또는 반대로 그것에 저항했던 것일까. 규범의 수용자라고 여겨지는 사람들의 구체적인 경험을 통해 고찰하고자 한다.

이처럼 '근대가족'의 생성 과정과 구조, 그리고 사람들의 구체적인 경험을 묻는 작업을 통해 '근대가족'이란 무엇인가를 바로 근대가족을 산 당사자들의 측면에서 중층적·입체적으로 묘사해보고자 한다. 그와 같은 시도는 현대를 살아가는 우리들이 안고 있는 근원적인 문제를 찾아내는 일, 특히 어떻게 내일을 열어가고 생명을 유지해가야 되는지 그 단서를 찾는 작업으로도 연결될 수 있을 것이다.

서장 근대가족과 육아에 대한 물음

1. 근대가족론의 등장과 전개

한통의 편지

근대가족이나 그 근대가족 안에서 '모성'이라는 규범을 자신의 모델로 받아들인 어머니들에게 많은 영향력을 준 인물로 도쿄東京여자고등사범학교[1]의 교육학 교수인 시모다 지로下田次郎(1872~1938)[2]가 있다. 그

---

1   현재 오차노미즈お茶の水여자대학을 가리킨다.
2   【역주】일본의 여자교육가이다. 1886년 제국대학 문과대학 철학과를 졸업한 후 대학원에 입학하여 '교육의 심리적 기초'를 연구했다. 1899년 여자고등사범학교 교수로서 1899년부터 1902년까지 영국, 미국, 독일에서 유학했다. 귀국한 후 '여자교육 연구의 기초로서 성 연구'로 문학박사학위를 취득, 도쿄여자고등사범학교 교수로서 1937년 퇴관(명예교수)하기까지 교편을 잡았다. 수선교육을 담당하고 여성교육에서 양처현모사상을 기조로 오랫동안 논진을 펴왔다. 도쿄여자고등사범학교는 당시 일본에서 유일한 최고의 여자고등교육기관이었다. 1904년에 출판된 대표 저작인 『여자교육女子教育』은 일본 최초의 여성의 신체 및 정신에 관한 계통적 담론이 되었다. 또한 그해 대일본여자교육회를 설립하고 그 기관지로서 『여자교육』을 15년간에 걸쳐 발행했다. 일본여자의 교육수준을 높이는 데 공

의 베스트셀러인 『태교胎教』[3]에는 1920년大正 9에 독자로부터 받은 편지
가 게재되어 있다. 편지를 쓴 사람은 '소액의 월급'을 받는 봉급생활자로
아내는 그 적은 봉급을 보충하기 위해 '내직內職'을 하고 있다고 한다. 다
음은 그 편지내용의 일부이다.

　자식에게만은 많은 양육의 기회를 주고 싶어서 마침 선생님(시모다 지로
－역자 주)으로부터 증여받은 『태교』를 아내는 장남이 태어날 때까지 두 번,
차남이 태어나기 전후로 여섯 번 숙독했습니다. 우리들의 생활에는 여유가
없지만 정신적으로는 어느 정도의 여유를 가질 작정입니다. 자식의 양육에
는 최선을 다해 노력하여 어떤 마음고생이 있다 하더라도 가족 모두가 허위
나 위협을 가하는 등 자식에게 해를 끼치는 일은 절대로 하지 않을 방침으로
오늘날까지 살아오고 있습니다.

헌하고 일본 전체의 여자교육의 진흥에 큰 공적을 남긴 인물이다. 주요 저서로는 『교육원
론教育原論』(金港堂, 1899), 『여자교육』(金港堂, 1904), 『신여훈新女訓』(明治書院, 1906), 『서
양교육가초상西洋教育家肖像』(金港堂, 1906), 『교육사상의 변천教育思想の変遷』(育成會,
1906), 『서양교육사정西洋教育事情』(金港堂, 1906), 『여학교용 교육학女學校用教育學』(國光
社, 1907), 『소학각과 교수법小學各科教授法』(同文館, 1907), 『자식의 수양子の修養』(博文館,
1908), 『여자의 임무女子のつとめ』(博文館, 1909), 『현대아동교훈실화現代兒童教訓實話』(同
文館, 1910), 『교육학教育學』(同文館, 1910), 『근세교육사近世教育史』(同文館, 1911), 『태
교』(實業之日本社, 1913), 『교육과 인격教育と人格』(敬文館, 1914), 『어머니와 자식母と子』(實
業之日本社, 1916), 『성의 원리性の原理』(同文館, 1921), 『부인의 사명婦人の使命』(實業之日本
社, 1922), 『운동경기와 국민성運動競技と國民性』(右文館, 1923), 『여성의 심리와 교육女性の心
理と教育』(大正書院, 1927), 『부인과 희망婦人と希望』(實業之日本社, 1928), 『인간미의 교육
人間味の教育』(東洋圖書, 1929), 『고등교육 여자교육학高等教育女子教育學』(東洋圖書, 1931),
『영혼교육魂の教育』(東洋圖書, 1934), 『인격과 실행人格と實行』(東京開成館, 1936), 『여성의
길女性の道』(大日本圖書, 1937), 『모성독본母性讀本』(實業之日本社, 1938) 등이 있다.
3　시모다 지로의 이 저서는 1913년에 초판이 발행된 이후 1923년에는 증정판이 발표되었
고 1925년까지 45판 인쇄를 거듭했다. 이 편지는 증정판에 수록된 것이다. 본서에서는
1925년의 45판을 인용했다.

이 편지는 본서의 '근대가족과 아이 기르기'라는 테마로 접근하기 위한 시사점을 제공해준다. 편지의 내용을 살펴보면 남편은 '자식에게만은 많은 양육'의 노력을 하고 싶다는 간절한 소망으로 장남이 출생하기까지 두 번, 차남 때에는 여섯 번 『태교』를 숙독했다고 적고 있다. 거기에는 '자식의 양육'에 '최선의 노력'을 다하고 싶다는 바람, 그리고 '자식에게 해를 끼치는 일'은 '어떠한 고생'이 있더라도 절대로 하지 않겠다는 가족의 '방침'이 담겨 있다. 편지에는 두 남자아이의 '어린이 사진'도 첨부되어 있다.

편지를 통해 남길 자산도 없는 봉급생활자 가족이 '자식에게만은 많은 양육'의 노력을 하고 싶다는 강한 바람을 발견할 수 있다. 또한 장남의 임신, 출산을 경험했음에도 불구하고 차남 때에도 같은 『태교』를 숙독했다고 적고 있다. 거기에는 자기 자신의 경험이 아니라 전문가가 쓴 육아서에 의존하는 것으로 보다 좋은 아이를 얻고 싶다는 바람이 내포되어 있음을 읽어낼 수 있다.

사람들의 이러한 육아에 대한 바람은 살아가는 장소로서의 가족모습과 밀접히 관련되어 있다고 생각한다. 그러면 남편의 고용노동으로 받은 '월급'으로 가족의 생계를 유지하는 봉급생활자의 성별 역할분담이라는 가족모습은 자식에게 어떠한 기대를 걸기 시작했을까. 가족생활을 유지하는 노동의 모습이나 성별 역할분담이라는 부부관계와 자식에 대한 기대를 관련시켜 생각하는 것이 본서의 첫 번째 시점이다.

또한 이 편지를 통해 '어린이 사진'이 상징하고 있듯이 아동 중심의 가족모습을 간파할 수 있다. 그렇다면 봉급생활자의 가족은 왜 아동 중심의 가족이 되었을까. 그리고 모성애의 중요성을 설파하는 육아서에 무엇을 기대하고 있었던 것일까. 근대가족의 수신자 사람들의 입장에서 근대가족의 내실에 다가가는 것이 두 번째 시점이다.

세 번째는 시기를 둘러싼 '대상에 대한' 시점이다. 이 편지가 쓰인 1920 년대라는 시기는 일본에서 소산소사少産少死의 초기 사회이며 이 가족도 자식은 두 명뿐이다. 그렇다면 자식에게 기대하는 모습과 소산소사 사회로의 전환이라는 인구동태는 어떠한 관련이 있었을까라는 의문이다.

본서에서는 다산다사多産多死에서 소산소사의 사회로 전환된 시기, 특히 일본의 1910~20년대를 중심으로 사람들이 살아가는 장소로서 가족 측면에서 고용노동과 성별 역할분담에 의해 지탱된 '근대가족'으로서의 '가정'이라는 가족모습과 거기서 생기는 자식에 대한 기대관계에 주목한다. 이때 편지와 육아일기, 즉 육아체험담이라는 가족 안에서 살아온 사람들 자신이 남긴 사료에 착목하여 그것들을 역사적 문맥 속에서 해명하는 것으로 '근대가족과 아이 기르기'라는 테마에 접근해보고 싶다.

구체적인 고찰에 들어가기 전에 근대가족에 관한 지금까지의 연구동향, 특히 근대가족론을 둘러싼 연구동향을 고찰해보기로 하자. 이를 통해 일반 사람들의 입장에서 삶을 살아가는 장소인 '근대가족'으로서의 '가정'이라는 생활세계와 육아에 초점을 맞춰 '근대가족'이란 일반 사람들에게 무엇이었는지를 묻는 본서의 과제설정이 지닌 의미를 밝히고자 한다.

일본에 등장한 근대가족론

오늘날 우리들이 당연하다고 생각하는 '가정'이라는 가족형태와 '가정 안에서 보호받는 어린이'라는 어린이관이 실은 역사적으로 만들어진 것이라는 필립 아리에스Philippe Ariès(1914~84)[4]의 『'아동'의 탄생'子供'の誕生』이

일본에서 번역 간행된 것은 1980년의 일이다. 서두에서 예를 든 편지의 추신에서 '어린이 사진'과 어린이의 '의복'에 대해 언급했는데, 아리에스는 아동복과 어린이를 둘러싼 도상圖像이라는 지금까지의 역사학에서는 활용되지 않았던 일상의 물질문화도 활용하여 우리들이 지금 갖고 있는 어린이관이 근대의 산물임을 논증했다.

　1980년대라는 시기에는 아리에스 등 서구의 사회사 연구의 성과가 잇달아 일본에 소개되었고 일본의 가족사, 여성사, 교육사를 크게 변화시켰다. 이들 사회사 속에서 탄생된 서구가족사의 성과가 근대가족론으로 소개된 것도 바로 이 시기이다. 1985년에 「근대가족의 탄생과 종언」,[5]을 발표한 오치아이 에미코落合惠美子는 '일본 근대가족론의 소개자'[6]로 불린다.[7]

4　【역주】 소르본Sorbonne대학에서 역사학을 공부하고 악시옹 프랑세즈Action Française에서 활약한 적이 있었는데, 1941~42년 점령하의 파리 국립도서관에서 마크 블로크Marc Benjamin Bloch와 뤼시앙 페브르Lucien Febvre의 저작『아날Annales』지를 읽었다. 가정 사정으로 인해 대학교직에 취직하지 않고 열대능업이 관한 조사기관에서 일하는 한편 역사 연구를 하게 된다.『프랑스 여러 주민의 역사』(1948),『역사의 시간』(스기야마 미쓰노부杉山光信 역, みすず書房, 1993(1954・1986)),『죽음을 앞둔 인간死を前にした人間』(나루세 고마오成瀬駒男 역, みすず書房, 1990(1977)) 등 독특한 역사 연구를 발표하고 새로운 역사학의 기수로서 각광받는다. 1979년에 사회과학 고등연구원l'Ecole des Hautes Etudes en Sciences Sociales의 연구주임을 역임하게 된다. 자서전『일요일의 역사가日曜歴史家』(나루세 고마오 역, みすず書房, 1985(1980))가 있다.

5　오치아이 에미코,『근대가족과 페미니즘近代家族とフェミニズム』, 勁草書房, 1989.

6　세치야마 가쿠瀨知山角,『동아시아의 가부장제―젠더의 비교사회학東アジアの家父長制―ジェンダーの比較社會學』, 勁草書房, 1996, 137쪽.

7　그 후 '근대가족론의 성과'와 과제에 대해서는 이미 몇 개의 연구사 정리가 이루어져 있다. 하나는 오치아이 에미코에 의한 정리이다. 오치아이는 자신이 소개한 이래 10년간의 근대가족론의 흐름을 1996년에 출판된 '이와나미강좌 현대사회학'의 하나인 오치아이 에미코,「근대가족을 둘러싼 담론」,(『이와나미강좌 현대사회학 19―'가족'사회학岩波講座現代社會學19―'家族'の社會學』, 岩波書店, 1996)에서 회고하고 있다. 또한 오치아이 에미코,「여성사에서 근대가족과 이데―여성사가 초래한 것과 그 함정」(다바타 야스코田端泰子・우에노 치즈코上野千鶴子・후쿠토 사나에服藤早苗 편,『젠더와 여성―시리즈 비교가족 8ジェンダーと女性―シリーズ比較家族8』, 早稻田大學出版會, 1997)에 여성학과 일본

또한 한편으로 어린이는 역사적 존재라는 아리에스의 연구에 재빠르게 착목한 것은 일본교육사상사의 나카우치 도시오中內敏夫(1987a · b)이다. 이후 나카우치를 중심으로 1980년대에는 서구 사회사 연구의 소개를 중심으로 한 『산육과 교육의 사회사産育と教育の社會史』(총서 전5권, 1983~85)가 간행되었다. 특히 1990년대부터는 일본의 근대가족을 둘러싼 논고와, 일본 가족의 육아에 대한 기록이 담긴 『낳고 · 기르고 · 가르친다 ─익명의 교육사産む · 育てる · 教える─匿名の教育史』(총서 전5권, 1991~92)가 간행되었다.[8]

이러한 사회사의 동향은 1970년대부터 문제가 된 육아불안, 육아노이로제 등 육아를 담당하는 어머니의 심리나 육아를 실행하는 당사자의 사회관계에 초점을 맞춘 실증 연구의 시점도 변화시켰다. 가족에 내재하는 어머니와 자식의 '가족문제'에서 가족 이외의 인간문제, 사회의 구조변동을 둘러싼 '사회─가족관계의 문제'라는 쪽으로 그 문제를 전환시킨 것이다. 또한 모성과 모성애라는 근대사회의 관념이 존재하기 때문에 육아를 둘러싼 문제가 구성된다는 구축주의적인 시점을 제공해주었다.[9]

여성사의 관계를 근대가족론 중심으로 정리했다. 다른 하나는 근대가족론의 성과와 과제를 근현대사, 여성사 연구의 의의와 과제라는 시점에서 재고했는데 오사 시즈에長志珠繪 「'이에'에서 '가족'으로─일본 근대가족과 여성」(역사학연구학회歷史學研究學會 편, 『현대역사학의 성과와 과제 1980~2000년 I─역사학의 방법적 전회現代歷史學の成果と課題 1980~2000年 I─歷史學における方的的轉回』, 靑木書店, 2002)이 그것이다.

8   1980년대 이후의 '사회사 임팩트'가 '어린이의 생활사와 육아의 역사 연구'에 어떠한 의미를 지니고 있었을까라는 시점에서 '근대가족'론이라는 분석시각이 지니는 의미를 정리한 것으로 오타 모토코太田素子의 연구사 정리(「육아사─연구 과제와 전망」, 『일본교육사연구日本教育史研究』 19호, 2000; 「일본의 '근대적 어린이'의 성립사 연구」, 교육사학회教育史學會 편, 『교육사 연구의 최전선教育史研究の最前線』, 日本圖書センター, 2007)가 있다.

9   이 육아불안을 둘러싼 연구사 정리로서 야마네 마리山根眞理의 「육아불안과 가족의 위기」(시미즈 신지淸水新二 편, 『시리즈 '가족은 지금…' 가족문제─위기와 존속シリーズ'家族はいま…' 家族問題─危機と存續』, ミネルヴァ書房, 2000)가 있다.

그렇다면 일본에 근대가족론이 소개된 지 이미 30년이 지난 오늘날, 근대가족을 둘러싼 지금까지의 연구를 되돌아볼 때 거기서 부상되는 문제는 과연 무엇일까. 또한 지금 또다시 '근대가족과 아이 기르기'를 테마로 하는 의미는 과연 무엇일까. 이 부분을 더욱 진척시켜보기로 하자.

새로운 시각의 근대가족론

「근대가족의 탄생과 종언」에서 오치아이가 근대가족의 특징으로 제시한 것은 첫째 가내家內 영역과 공적 영역의 분리, 둘째 가족구성원 간의 강한 정서적 유대, 셋째 아동 중심주의, 넷째 남성은 공적 영역, 여성은 가내 영역이라는 성별분업, 다섯째 가족의 집단성 강화, 여섯째 사교의 쇠퇴와 프라이버시의 성립, 일곱째 비친족의 배제, 여덟째 핵가족이라는 여덟 개의 항목이다.

그런데 여기서 주의해야 할 것은 오치아이가 이 여덟 개의 항목을 "근대가족의 '정의'로 내세우고 있는 것이 아니라는 점"[10]이다. 그것은 "서구의 가족사회사 연구 속에서 일컬어지고 있는 것을 참조하여 역사사회학의 견지에서 '근대가족'의 특징을 이념적으로 다룬 것"이다. 그 이유는 "서구가족사의 근대가족론 창시자인 근대가족론의 논자들이 역사가라는 점도 있는데, 명확한 형태로 근대가족의 정의를 표현한 적은 거의 없기 때문"이다. '정의'라고 규정하지 않은 이유는 그뿐만이 아니다. "주제넘게 자기만의 방식대로 가족의 정의를 내세우는 것이 아니라, 과거 사

---

10   오치아이 에미코, 앞의 글, 1996, 25쪽.

람들의 인식과 감정에 다가가려는 사회사의 심성론적 어프로치에 따르면서 당사자의 가족관을 밝히는 것"으로, 당시의 가족사 연구에서 지배적이었던 가족관을 '상대화하려고' 했기 때문이다.

서구가족사에서 '근대가족론의 주요 논자들은 역사가'였으며 그 특징을 '이념적'으로 끄집어내어 정의하려고 한 적은 '거의 없었다.' 또한 '정의'가 아니라 '특징'이라고 오치아이가 사려 깊게 판단한 의도는 사회사의 초심 연구에 의해 역사 속 당사자의 가치관을 밝히는 것으로 일본의 지배적인 가족사 연구를 상대화하려고 한 점이었다. 바로 이 점에 주의할 필요가 있다.

오치아이의 이와 같은 발언은 사회사 연구를 재빠르게 일본에 소개한 『역사를 열다―아날Annales 논문선 2 이에의 역사사회학歷史を拓く―アナール論文選2 家の歷史社會學』(총서)에 수록된 프랑스 역사가 니노미야 히로유키二宮宏之의 해제 「역사 속의 '이에'」[11]의 지적과도 중첩된다. 니노미야는 해제 속에서 "'가족'의 문제에 일관해서 주목해온 일본인 역사가의 눈에는 기묘하게 비쳐지지만, 근대 유럽의 역사학은 '가족'이라든가 '이에家'라는 테마에는 대체로 관심이 적었다"고 했다. 그것은 "'개인'과 '국가'라는 두 개의 축 위에 성립하고 있다는 근대 유럽의 이념 그 자체가 관련되어 있는지도 모른다"고 니노미야는 지적하고 있다. 이와 같은 상황아래에서 이루어진 서구가족사는 "현실에 대한 직접적인 문제에서 출발하여 사람과 사람의 유대, 사회적 결합관계의 양상을 다시 파악하게 하여 역사 연구에 커다란 시점의 전환"을 가져다주었다.

---

11 니노미야 히로유키, 「역사 속의 '이에'」, 니노미야 히로유키 · 가바야마 고이치樺山紘一 · 후쿠이 노리히코福井憲彦 편, 『총서 역사를 열다―아날 논문선 2 이에의 역사사회학』, 新評論, 1983.

그에 비해 일본에서 근대가족론의 전개는 근대가족을 처음으로 소개한 역사사회학자 오치아이로 상징되듯이 역사학보다는 주토 사회학에서 받아들여지게 되었고, "역사분석이라기보다도 현대의 가족문제를 해명하는 수단으로서 사회학을 중심으로"[12] 논의되었다.

서구와 일본의 그러한 차이는 2010년에 출판된『사회학 기초 근대가족과 젠더社會學ベーシックス 近代家族とジェンダー』[13]에서도 읽어낼 수가 있다. 이 책은 '사회학 기초'라고 못을 박고 있는 것에서도 알 수 있듯이 '사회학의 지적 성과물 재산목록을 기본문헌의 해제라는 형태로 정리해두려는' 의도에서 엮은 것이다. 그런데 흥미로운 것은 그 안의 '근대가족의 행방'에 관한 기본문헌으로 수록된 것이 아리에스의『'아동'의 탄생』을 비롯하여 쇼터Shorter의『근대가족의 형성近代家族の形成』, 엘리자베트 바댕테르Elisabeth Badinter의『모성이라는 신화母性という神話』등 대부분이 역사학적 문헌이라는 점이다.

이렇게 본다면 서구에서는 역사학의 테마였던 근대가족의 문제가 일본에서는 사회학의 테마로서 주로 현대의 가족문제를 분석하기 위한 분석개념으로 받아들여졌다는 뒤틀림을 읽어낼 수가 있다. 그러나 그것은 구체적인 실증을 중시하는 역사학 분야의 테마로서 역사 속에서 가족 양상 중의 하나로 근대가족의 문제를 추구하는 과정에서 많은 문제가 수반되었다.[14]

12　오사 시즈에, 앞의 글, 2002.

13　이노우에 슌井上俊・이토 기미오伊藤公雄 편,『사회학 기초 제5권－근대가족과 젠더』, 世界思想社, 2010.

14　사회학의 센다 유키千田有紀는『일본형 근대가족－어디서 와서 어디로 가는가日本型近代家族－どこから來てどこへ行くのか』(勁草書房, 2011)의「서두」에서 "1990년대 이후 세계화의 급격한 진행 속에서 가족의 변화도 현저하다. 그렇다면 일본사회의 변화와 '근대가족'은 어떠한 관계가 있는 걸까. 실제로 일본의 '근대가족'은 어떻게 변화해온 걸까. 그

2. 근대가족론이 개척한 것과 함정

근대가족론의 두 번째 무대

1990년대에는 "전전戰前의 이른바 이에제도하의 가족에게 근대가족적 성격을 찾아낸"[15] 연구가 잇달아 등장한다. 그것은 일본 전전의 가족을 봉건적 잔존물로서 '이에'로 보고, 그것에서 전후戰後 가족의 근대화를 대치시켜온 지금까지의 가족사 연구에 대한 이의제기이기도 했다.

그 대표적인 연구로 고야마 시즈코小山靜子의 『양처현모라는 규범良妻賢母という規範』,[16] 니시카와 유코西川祐子의 「근대가족과 가족모델」,[17] 우에노 치즈코上野千鶴子의 『근대가족의 성립과 종언近代家族の成立と終焉』,[18] 무타 가즈에牟田和惠의 『전략으로서의 가족戰略としての家族』[19]이 있다.

이들 연구는 메이지기明治期 이후의 교과서와 종합잡지의 담론분석을 실시한 고야마 시즈코와 무타 가즈에로 상징되듯이 담론분석을 중심으로 '근대가족'의 모델이라는 '규범'이 근대국가 안에서 어떻게 형성되어

것이 '근대가족'이라는 틀을 사용하면서 논의되는 것은 의외로 적은 것처럼 생각된다'고 적고 있다. 센다의 이와 같은 지적은 사회학에서 1990년대 이후 '근대가족'을 분석시점으로 하여 일본 '근대가족'의 역사적 변용을 둘러싼 문제를 추구하는 연구가 그다지 이루어져 있지 않음을 나타낸다.

15 오치아이 에미코, 앞의 글, 1996, 41쪽.
16 고야마 시즈코, 『양처현모라는 규범』, 勁草書房, 1991.
17 니시카와 유코, 「근대가족과 가족모델」, 가와카미 린이쓰河上倫逸 편, 『Justitia 2-특집 가족·사회·국가ユスティティア2-特集 家族·社會·國家』, ミネルヴァ書房, 1991.
18 우에노 치즈코, 『근대가족의 성립과 종언』, 岩波書店, 1994.
19 무타 가즈에, 『전략으로서의 가족-근대 일본의 국민국가 형성과 여성近代日本の國民國家形成と女性』, 新曜社, 1996.

왔는가라는 문제를 '근대국가'의 '가족'을 둘러싼 '전략으로' 고찰한 것이다. 고야마는 이후 근대국민국가가 가정생활에 어떻게 개입했는지를 밝혀낸 연구서[20]를 간행했는데, "여성은 어떻게 근대국민국가의 국민이 되었는가"라는 문제에 대한 관심은 거기에서도 일관되어 있다.

1990년대 근대가족론의 이러한 상황을 오치아이는 새로운 가족이론을 구축하기 위해 근대가족의 개념을 정확하게 정의하려는 흐름과 근대가족개념을 실증적으로, 즉 어느 한 시대에 성립한 가족의 성격을 나타내는 것을 활용하는 흐름이 서로 연동되면서 진행된 "근대가족론의 두 번째 무대"로 평가하고 있다.[21]

한편 오치아이는 세계적으로 발언할 수 있을 만큼의 이론적 수준에 도달한 일본의 근대가족론 패러다임의 성립이 다른 어프로치에 대한 배려의 부족과 근대가족론 만능주의라고 할 만한 이론을 막무가내로 인용하는 것에 대한 '우려'도 드러내고 있다.[22]

근대가족론은 근대 일본의 가족사 연구에 새로운 논점을 제공해주었는데, 근대가족론 패러다임에 기반을 둔 연구는 근대 일본의 근대가족 규범이 존재했음을 밝히는 것에서 근대국민국가와 가족의 관계에 대한 물음으로 그 사정거리를 넓히게 되었다. 그러나 다른 한편으로 근대 일본의 가족을 근대가족의 대표로 삼게 하여 규범과 현실 가족과의 관계를 묻지 않는 경향과, 우에노 치즈코처럼 "일본의 이에와 서구의 근대가

---

20 고야마 시즈코, 『가정의 생성과 여성의 국민화家庭の生成と女性の國民化』, 勁草書房, 1999.
21 무타 가즈에, 앞의 책, 1996.
22 오치아이는 『이와나미강좌 현대사회학 19−'가족'사회학』 수록의 오치아이 글 각주 1에서 "이번 사회학 강좌 중에서 유일한 가족을 다룬 권卷임에도 불구하고 본권이 근대가족론 패러다임에 거의 일색되어 있는 것 등이 나의 우려를 뒷받침한다"고 지적하고 있다(오치아이 에미코, 앞의 글, 1996, 48쪽).

족을 등치시켰다는 지적"[23]도 나오고, 근대가족론으로 어디까지 일본 근대가족의 현실을 역사에 접근할 수 있을까라고 근대가족론의 사정거리를 묻지 않으면 안 되는 상황마저도 생겨나기 시작했다.

특히 근대가족론의 초점이 근대가족의 '정의'나 근대가족의 '개념', 규범에 대한 담론분석에 집중한 것에서 생겨난 문제라고 해도 부정할 수가 없다. 근대가족의 정의를 둘러싸고 오치아이와 니시카와 사이에 논쟁이 벌어졌다. 니시카와는 "근대가족이란 근대국민국가의 기초단위로 간주된 가족의 일事이라는 간단한 작업가설에서 출발하는 것이 좋다고 생각하기 시작했다"[24]고 서술했는데, 특히 근대국민국가와 가족과의 관계에 초점을 두고 정의했다. 반면 오치아이[25]는 이러한 니시카와의 정의에 대해 근대가족을 근대국가와의 관계로만 파악하는 것에서 근대가족론의 가장 매력적인 부분이 깎여버린다는 우려를 표명하며 다음과 같이 적고 있다.

근대가족론의 초심은 우리들이 자명하다고 생각하는 성질을 지닌 가족의 '발명invention' 과정을 밝히는 것이 아니었을까. 우리들이 자명하다고 생각해온

---

23 오카도 마사카쓰大門正克, 『민중의 교육경험民衆の教育經驗』, 青木書店, 2000, 22쪽.

24 니시카와 유코, 「일본형 근대가족과 주거의 변천」, 『리쓰메이칸 언어문화 연구立命館言語文化研究』 6권 1호, 1994, 27쪽.

25 오치아이 자신은 일본의 근대가족을 상대화하기 위해 유라시아, 동아시아 각국의 가족 모델의 다양성과 상호비교, 일본 근세의 '이에'의 역사 인구학적 연구 또는 근대가족이 대중화되는 가족의 전후체제로 그 연구를 장려했다. 그러나 근대가족의 생성을 묻는 근대가족의 등장 과정과 가족 내의 성별 역할분담, 어린이에 대한 태도라는 근대가족의 생활세계를 거기에서 사는 사람들의 측면에서 밝힌다는 과제는 근대가족론 연구의 과제로 제시되는 것에 머물렀다. 그 후 근대가족의 문제를 근대가족의 용기容れ物인 주거라는 눈에 보이는 것에 초점을 맞춰 분석하는 가운데 니시카와 유코가 제기한 일본의 근대가족은 '가정' 가족, 즉 서구에서 공통되는 가부장제와 일본의 특징적인 이에제도, '이에'가족과의 복합으로서 존재한 것이 근대가족론 현 단계에서의 착지점으로 되어 있다.

가족상에는 가족 상호의 애정이나 남녀의 분업, 자식에 대한 태도 등 국가와의 관계만으로 해소할 수 없는 풍브하고 구체적인 내용이 담겨 있다. 그 생성을 묻는다는 설정을 정의의 변경이라는 측면에서 버려도 되는 것일까.[26]

근대가족론이 '정의'론으로 수렴되어가는 과정에서 서구 사회사의 초심이었던 역사 속 당사자들의 가족관과 규범의 수신자 입장에 대한 시점은 후경화되었다. 그러한 와중에 근대가족론에서는 근대가족의 '정의'를 전제로 그 정의에 따른 사실의 추출과 규범의 분석에 중점을 두고 가족 안에서 살아가는 당사자들은 오직 규범의 수용자로서 근대 국민국가와 근대가족에 의해 순치되고 억압당하는 수동적인 존재로 그려지는 경향을 강화해나간다.[27]

'이에'에서 가정으로─1980년대와 1990년대 여성사 연구의 전환

'근대가족론의 두 번째 무대'라고 오치아이가 제목을 붙인 1990년대라는 시기는 역사학, 특히 여성사 연구 중에서 근대가족을 둘러싼 연구가 크게 변화된 시기이기도 하다. 그것은 일본여성사의 두 저서에 드러난 변용에서도 읽어낼 수 있다. 〈그림 1〉은 1980년대의 『일본여성사日本女性史』(1982)와 1990년대의 『일본여성생활사日本女性生活史』(1990)에서 근대 부분을 다룬 테마이다.[28]

---

26 오치아이 에미코, 앞의 글, 1996, 39쪽.
27 오노자와 아카네小野澤あかね, 「근대 여성사 연구의 현상」, 『일본사 연구의 최전선日本史研究の最前線』, 新人物往來社, 2000.

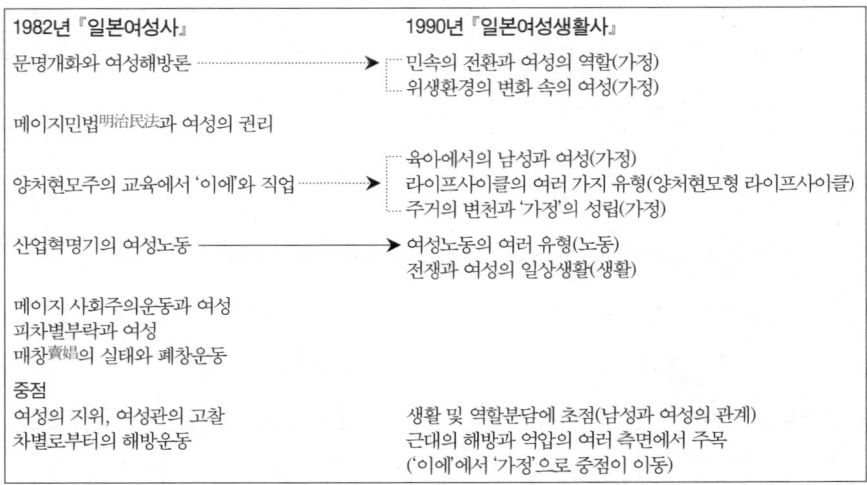

1982년 『일본여성사』	1990년 『일본여성생활사』
문명개화와 여성해방론 ──────→	민속의 전환과 여성의 역할(가정)
	위생환경의 변화 속의 여성(가정)
메이지민법明治民法과 여성의 권리	
	육아에서의 남성과 여성(가정)
양처현모주의 교육에서 '이에'와 직업 ──→	라이프사이클의 여러 가지 유형(양처현모형 라이프사이클)
	주거의 변천과 '가정'의 성립(가정)
산업혁명기의 여성노동 ──────→	여성노동의 여러 유형(노동)
	전쟁과 여성의 일상생활(생활)
메이지 사회주의운동과 여성	
피차별부락과 여성	
매창賣娼의 실태와 폐창운동	
중점	
여성의 지위, 여성관의 고찰	생활 및 역할분담에 초점(남성과 여성의 관계)
차별로부터의 해방운동	근대의 해방과 억압의 여러 측면에서 주목
	('이에'에서 '가정'으로 중점이 이동)

〈그림 1〉 여성사 연구의 변화(각각의 서적을 바탕으로 저자가 작성)

　여성의 지위나 여성관, 차별로부터의 해방운동에 중점을 둔 『일본여성사』에서 가족문제를 다룬 것은 전체 7장 중 「양처현모주의 교육에서의 '이에'와 직업」이라고 제목을 붙인 1장뿐이다. 제목에서도 알 수 있듯이 그것은 양처현모주의 교육과 '이에'와의 관계를 문제 삼는 것인데, 근대가족론의 시점을 제시한 고야마의 연구가 양처현모규범도 근대가족적 규범이라고 보는 것과는 시점을 달리한다.

　그에 비해 '생활'과 '역할분담'에 초점을 맞춘 『일본여성생활사』에서는 제7장 중 4장이 가정을 둘러싼 문제를 다루고 있다. 거기에는 아내·어머니에게 요구된 위생과 육아 등 근대가족규범과 남녀의 성별 역할분담을 둘러싼 문제, 가정의 폐쇄성을 보장하는 주거공간의 성립 등,

───────────

28　여기서의 정리는 『일본여성사』·『일본여성생활사』의 근세라는 권의 테마 변천에 대한 구라치 가쓰나오倉地克直(「개강에 즈음하여」, 구라치 가쓰나오·사와야마 미카코澤山美果子 편, 『'성을 생각하는' 우리들의 강의'性を考える'私たちの講義』, 世界思想社, 1997)에게서 시사 받았다.

다양한 시점에서 근대가족으로서 '가정'에 대한 접근을 시도했다. 이처럼 두 저서는 일본여성사의 과제가 '이에'의 문제에서 근대가족의 '가정' 문제로 변화된 것을 상징적으로 말해주고 있다.

그와 같은 변화의 배후에는 '근대'사회 그 자체의 '정체停滯'를 많은 사람들이 실감하는 가운데 근대사회의 구성원리를 재문한다는 현실이 있었다. 1990년대에는 '근대'사회를 유지해온 생산력 · 개인주의 · 민주주의라는 원리가 재해석되는 과정에서 가족과 여성이라는 테마가 수면위로 떠오르게 되었다.[29]

그 후 1990년대부터 2000년 초두에 걸쳐 역사학과 경제사 측면에서 근대가족규범이 어떻게 수용도 는지 또는 근대의 '도시가족', 특히 노동자가족이나 도시빈민가족이 세대를 형성하고 그중에서 성별 역할분담 가족을 형성해가는 과정을 탐구한 연구,[30] 근대가족규범의 수용자였던 신중간층의 가족으로 산 어린이 자신의 교육경험이나 또는 도시와 농촌을 비교하는 시점도 넣으면서 근대가족이란 무엇이었는가를 대조한 연구[31] 등 보다 폭넓은 역사적 문맥 아래 근대가족을 상대화하는 연구가 등장한다.

더 나아가 2000년대에는 근대가족론에서 다루지 않았던 근대가족의 남성문제를 부성론父性論의 레벨에서 밝히려는 연구,[32] 또는 근대 육아계몽

---

29 위의 글.
30 누노카와 히로시布川弘, 『고베에서의 도시 '하층사회'의 형성과 구조神戸における都市下層社會の形成と構造』, 部落問題研究所, 1993; 치모토 아키코千本曉子, 「일본에서의 성별 역할분업의 형성―가계조사를 통해」, 오기노 미호荻野美穂 외, 『제도로서의 '여성'―성 · 출산 · 가족의 비교사회사制度としての女―性 · 産 · 家族の比較社會史』, 平凡社, 1990; 나카가와 기요시中川淸, 『일본 도시의 생활변동日本都市の生活變動』, 勁草書房, 2000.
31 오카도 마사카쓰, 앞의 책, 2000.
32 가이즈마 게이코海妻經子, 『근대 일본의 부성론과 젠더정치학近代日本の父性論とジェンダー · ポリティクス』, 作品社, 2004.

가의 한 사람을 추적하면서 근대적 육아관의 등장을 분석한 연구[33]가 등장한다. 그러나 이 연구들은 한 인물의 담론레벨에 한정된 분석에 머물러 있다.

또한 근대가족론이 빠진 폐색상황을 극복하는 사회학 연구로 동아시아의 여러 사회와 비교하면서 근대 일본 가족의 특징이 근대가족을 지탱하는 부부애의 유약함과 또 한편으로는 어머니 역할이 '특권적인 중요성'을 갖는 것임을 지적한 연구,[34] 근대가족의 출현을 '문화'의 문제, '가족의식'의 변용문제로 파악하고 근대가족론에서는 애매하게 파악되고 있던 '사랑'이 구체적으로 어떻게 이야기되고 사람들에게는 어떠한 의미를 지니고 있었는지를 당사자의 입장에 착목하여 고찰한 연구[35] 등이 등장했다.

이들 연구동향에는 다음과 같은 과제가 제시되어 있다. 그것은 근대가족론이 빠진 폐색상황을 극복하고 근대가족의 문제를 역사 속에서 상대화하기 위해서는 보다 폭넓은 역사적 문맥 속에서 삶을 살아가는 장소로서 가족역사의 변화와 그 세대 형성의 모습, '가정'에서 삶을 산 당사자에게 착목하여 규범을 구성하는 요소들 상호 간의 모순과 '가정'과의 관계라는 시점에서 근대가족의 문제를 파악해야만 한다는 과제이다.

---

33 스토 미카코首藤美香子, 『근대적 육아관에의 전환―계몽가 산다야 히라쿠와 1920년대近代的育兒觀への轉換―啓蒙家 三田谷啓と1920年代』, 勁草書房, 2004.

34 세치야마 가쿠, 앞의 책, 1996.

35 데이비드 노터David M. Notter, 『순결의 근대―근대가족과 친밀성의 비교사회학純潔の近代―近代家族と親密性の比較社會學』, 慶應義塾大學出版會, 2007.

근대가족론은 끝났는가?

그러나 근대가족론을 둘러싼 저작이 잇달아 간행된 1990년대 근대가
족론의 융성기 이후 사회학자들이 근대가족을 둘러싼 연구는 이미 역
할이 끝났다는 지적을 내놓았다. 전후의 단괴團塊세대를 중심으로 하는
근대가족론이 대중화된 1955~75년까지를 '가족의 전후체제'라 부른
다.[36] 특히 21세기의 가족상으로 '개인화되는 가족'을 전망한 오치아
이[37]를 비롯하여 가족사회학에서는 가족의 개인화와 다양화를 지적하
며 가족 그 자체를 분석하는 것에 대한 의문을 던지게 된다.[38]

그러나 야스마루 요시오安丸良夫가 지적한 것처럼 개인화와 개인의 시
대라는 것은 '시대적 상황의 한 부분'이고, "가족 안에 다양한 모순이 생겨
나고 많은 서민이 가족 안에서 현대사회의 억압구조를 내면화하는 것
으로 과혹한 현실을 극복하려고 끊임없이 노력하는"[39] 문제를 간과할

---

36 오치아이 에미코, 앞의 글, 1957.
37 오치아이 에미코, 『21세기 가족으로21世紀家族へ』, 有斐閣選書, 1994.
38 '가족의 개인화'개념을 최초로 제창한 것은 사회학자 메구로 요리코目黒依子(『개인화되는
    가족個人化する家族』, 勁草書房, 1987)이다. 그러나 메구로가 말하는 '가족의 개인화'란 "싱글
    화의 진행 또는 가족생활에서 공식共食과 협업의 감소라는 현상을 가리키는 라벨(상표)이
    아니라 독립된 사회학적 단위로서의 근대가족이 그 성립기반을 잃는다는 변화 과정의 방향
    성을 명시하는 분석개념"이었다. 메구로는 오히려 "그 멤버의 자기결정이 보장된 위에서 개
    인의 니즈(요구)의 충족을 위해 서로지원하는 다기능性multi-functional이 있는 생활 공유 단위
    (메구로 요리코, 「총론 일본 가족의 근대성」, 메구로 요리코・와타나베 히데키渡辺秀樹 편,
    『강좌 사회학 2-가족講座 社會學2-家族』, 東京大學出版會, 1999, 15~16쪽)로서의 가족을 만
    드는 것이 요구되고 있다"며 새로운 가족모습에 대한 모색을 제기했다. 그러나 2000년 이후
    사회학뿐만 아니라 매스컴에서도 이용된 '가족의 개인화'는 메구로의 의도대로 사용되는 경
    우는 적고, 특히 매스컴 등에서는 가족구성원의 개별화와 '가족의 붕괴'를 가리키는 용어로
    서 많이 사용된다(야마다 마사히로山田昌弘 편, 『가족본 40-역사를 살펴보는 것으로 위기의
    본질이 보인다家族本 40-歷史をたどることで危機の本質が見えてくる』, 平凡社, 2001, 133쪽).
39 야스마루 요시오는 의하면 오치아이의 '개인화되는 가족'이라는 전망은 '21세기 일본의 구

수는 없을 것이다.

현실의 가족변화 속에서 근대가족론은 현실성을 잃었다. 가족사회학의 그러한 인식은 교육사회학자 히로타 데루유키廣田照幸에게서도 엿볼 수 있다. 1970년대부터 현대에 이르는 육아·예의범절을 다룬 연구를 수록한『독서 일본의 교육과 사회 제3권-육아·예의범절リーディングス日本の教育と社會 第3卷-子育て・しつけ』의 해설[40]에는 히로타의 그러한 인식이 드러나 있다.

히로타는 근대가족론적 시점에서의 어린이사는 그것이 등장한 1980년대 중반 이후의 시기에는 '강렬한 임팩트'를 주었지만, "'근대가족'이 흔들리고 새로운 가족 양상이 모색되는 시대가 도래하고 있는 가운데, '근대가족'의 형성과 변용의 역사적 과정을 상세히 검토하는 일과 그것을 육아·예의범절 등과 관련시켜 고찰하는 것은 현대 상황에서 어떠한 현실적인 시사를 주게 되는 걸까"라고 의문을 드러냈다. 그 때문인지「역사에 대한 논고」에는 근대가족에 관한 논고가 한편도 실려 있지 않다.

그렇다고는 하지만 히로타가 이와 같이 서술한 것에도 이유가 없는 것은 아니다. 더 자세히 말하자면 정의론으로 수렴된 이후의 어린이사 연구는 근대가족의 '정의'를 전제로 '근대가족'의 모델과 근대적 어린이관이 단선적으로 각 계층에 투영된 것처럼 묘사하는 단조로움을 띠고

상' 현담회의 '개인의 시대'로서 21세기라는 미래상으로 이어지고 있는 것은 아닐까. 또한 그것은 가족사회학의 연구자 대부분에게 공통되는 견해였는데, 선택의 주체를 개인에게 요구하고 그것을 국가가 제도적으로 원조하는 가족상은 아마 강력한 개인에게 어울리는 이데올로기여서 상황의 한 측면에 불과하다고 비판하고, 세계화와 재구축restructuring이라는 현실 속에서 생존유지 공동체로서의 가족에게 다양한 모순이 전가되는 문제를 지적하고 있다(야스마루 요시오, 「20세기 일본을 어떻게 파악할 것인가」, 『현대 일본사상편-역사인식과 이데올로기現代日本思想編-歷史認識とイデオロギー』, 岩波書店, 2004, 221~222쪽).

40 히로타 데루유키 감수, 『독서 일본의 교육과 사회 제3권-육아·예의범절』, 日本圖書センター, 2006.

있다. 특히 '근대가족의 육아' 연구에 빠져버리는 경향이 있었기 때문이다. 서구가족사의 성과에서 도출된 근대가족의 '특징'을 '정의'로 삼아 그것을 전제로 한 연구가 일본의 현실과의 냉엄한 긴장관계를 잃은 것은 어떤 의미에서는 당연한 귀결이었다.

그러나 1990년대 후반 이후 현재에 이르기까지 '가정교육', 즉 가정에서 '아이 기르기'의 중요성에 대한 정책적·사회적 관심이 고조되면서 어머니 자신의 불안과 스트레스, 직장과 육아양립의 소외는 오히려 심각해졌다.[41]

'육아에 강박된 어머니들'이라는 부제를 단 혼다 유키本田由紀의 『'가정교육'의 협로'家庭教育'の狭路』에는 어머니들의 인터뷰를 통해 그러한 상황을 리얼하게 묘사하고 있다. 그렇지만 거기에 나타난 "'가정이 소중하다'는 관념은 과거에서 현재까지 일본사회에 뿌리 내린 것"[42]이라는 지적은 '가정'의 역사성에 대한 시점이 결여되어 있다. '가정이 소중하다'는 관념을 '과거로부터'의 전통으로 본 것에는 그것으로부터의 탈각脫却 방법도 보이지 않는다. 혼다가 묘사해낸 현상을 짚어보면서 '근대가족과 육아'의 문제를 현장에서 삶을 산 사람들이 끌어안은 모순과 갈등도 포함하여 역사적으로 재문하는 일은 역사 연구의 과제로 요구되고 있다.

---

[41] 소자화 대책, '개정' 교육기본법에서 가정교육 조항의 삽입, '가정교육수첩' 문제 등 국가에 의한 정책적 개입이 가족도습과 거기서의 육아·가정교육에 무엇을 초래한 것일까. 이에 교육사 연구는 어떠한 대답을 준비할 수 있을까라는 시점에서 일본교육사학회에서는 2010년 '교육사에서 가족·가정'이라는 심포지엄을 개최하고 있다. 거기서 밝혀진 보고 중 일본교육사(오타 모토코, ˚인간 형성 사회사에서의 '가족ー'이에'의 교육·가정교육·공유네트워크」, 『일본의 교육사학日本の教育史學』 제53집, 2010), 서양교육사(고다마 료코小玉亮子, 「근대 독일에서의 가족과 국가, 그리고 제3항ー서양교육사에서 가족 연구의 사정射程」, 같은 책)에서 가족사 연구를 회고한 보고에는 모두 근대가족론의 문제를 중요한 포인트로 다루고 있다.

[42] 혼다 유키, 『'가정교육'의 협르ー육아에 강박된 어머니들子育てに強迫される母親たち』, 勁草書房, 2008, 14쪽.

3. 역사의 테마로서 근대가족의 문제

2000년대의 새로운 시점

그렇다면 역사의 테마로서 근대가족의 문제에 어떻게 접근하면 좋을까. 우선 2000년대에 등장한 연구로 시선을 돌리고 싶다. 이것을 모색한 역사학에서 근대가족 연구 중의 하나로『근대사회를 살다近代社會を生きる』에 수록된 저자의「이에／가정과 육아」・「'가정'이라는 생활」[43]이 있다.

전자는 국가와 근대가족의 관계를 중시하는 니시카와 유코 등의 구조론적인 근대가족론이 아니라, 근대가족의 내실에 착목하여 근세와 근대의 연속・비연속이라는 역사적 프로세스 속에서 일본 근대 고유의 가족모습을 묘사한 것이다. 후자는 '가정'이라는 사적 영역에서 삶을 산 개인을 중시하면서 '주부' 역할규범의 내면화와 모순・갈등 등을 통해 '가정'이 사회로부터 차단된 공간이면서 결코 그 속에서는 완전히 해결될 수 없는 모순을 그려낸 것으로, 근대가족으로서의 '가정'이 가진 구조적 문제를 리얼하게 묘사해냈다.[44] 이들 지적은 근대가족이라는 사회로부터 차단된 공간의 내실과 그 구조적 문제를 역사적 프로세스 속에서 또는 거기에서 사는 개인적 측면에서 리얼하게 묘사해내는 것이 역사로서 근대가족 연구의 과제임을 시사하는 것이다.

이 점에 주목하고 싶은 것은 최근 유럽사의 동향이다. 하세가와 다카

---

43 오카도 마사카쓰・야스다 쓰네오安田常雄・아마노 마사코天野正子 편,『근대사회를 살다』, 吉川弘文館, 2003.
44 이것은 일본현대사상사연구회에서 2004년 5월 8일에 실시된 위의 책의 합평회合評會에서 마키하라 노리오와 후지노 유코藤野裕子의 지적이다.

히코長谷川貴彦는 근세유럽사를 중심으로 내면의 감정 변화를 기술하는 '에고-다큐멘트Ego-document'[45]라는 제1인칭으로 집필한 편지와 일기, 여행기, 자서전 등의 사료를 발굴하는 작업이 실시되고 있는 점, 그것은 무엇보다도 사적 영역 = 친밀권으로 감금되는 여성들의 '주관성subjectivity' 분석으로 나타난다고 지적하고 있다.[46] 제1인칭으로 이야기된 사료에 새로운 빛을 비추는 것이 현장 사람들의 주관성 분석으로 이어지고, 그것이 실제 그러한 삶을 산 사람들의 입장에서 역사를 재검토하게 된다. 하세가와의 이와 같은 지적은 당사자의 입장에서 근대가족의 문제에 접근하기 위한 방법이라는 점에서도 시사적이다.

또한 근대가족규범과 가족의 실태를 둘러싸고 근대가족론에서는 거의 다루어지지 않았던 농촌의 주부문제에 대한 연구도 등장했다. 구라시키 노부코會敷伸子[47]는 근대가족규범이 현실화되고 근대가족이 대중화된 시대라고 일컬어지는 1950년대 후반부터 1960년대라는 시기의 농촌부 가족규범을 검토하고 있다.

그 결과 구라시키는 이 시기 농가에서 일어나고 있었던 변화는 근대가족규범의 전파·침투라는 일방적이면서 동시에 단선적으로는 파악할 수 없는 것, 또는 근대가족규범의 구성요소인 주부 역할과 어머니 역

---

45 【역주】최근 역사학계에서 주목받고 있는 개념으로서 개인의 편지나 일기, 회고록, 자서전과 같은 문헌 등을 가리킨다. 이 에고-다큐멘트는 글쓰기 교육을 받은 소수 교양계층의 전유물이 아니라 엘리트가 아닌 보통 사람들이 자신의 인생에 대해 글로 기록한 것들이 많았다는 것을 발견하면서 생겨난 장르이다. 공식적 국가 기억과 상충하기도 하고 충돌하기도 하는 일반 대중의 기록이다.

46 하세가와 다카히코, 「서평 오노 마코토 편 『근대 영국과 공공권』」, 『사학잡지史學雜誌』 121편 3호, 2012.

47 구라시키 노부코, 「근대가족규범 수용의 중층성 – 전업농가경영체 해체기의 여성취업과 주부·어머니 역할」, 『연보 일본 현대사年報 日本現代史』 제12호, 2007.

할을 여성들은 온도차를 가지고 받아들이고 "아이가 아직 어릴 때에는 어머니가 육아에 전념해야만 한다"는 규범을 어머니가 신체적으로 '아이 곁에 있는' 것이라고 읽어내는 것으로 육아기의 가업과 내직, 그리고 규범의 틈새를 메우고 있었다는 흥미 깊은 사실을 밝혀낸다.

근대가족론은 '근대가족'이라는 개념을 사용하는 것으로 근대사회를 파악하는 중요한 분석의 시각을 가져다주었는데, 다른 한편으로는 근대가족에 사는 사람들이 규범을 전적으로 수용하는 존재로 자리매김 시키는 것이기도 했다. 그러나 구라시키는 규범을 수용하는 입장 쪽으로 시선을 돌려 실증작업을 실시했는데 "근대가족규범의 수용을 전제로 한 시점에서만 자리매김하는 것은 실체에 들어맞지 않는다"고 결론짓는다.

더 나아가 근대가족의 연구에 새로운 전개를 가져다준 연구로 오기노 미호荻野美穂의 『'가족계획'에 대한 방법'家族計劃'への道』[48]이 있다.[49] 그러나 오기노의 연구는 성性과 생식에 초점을 맞춘 것이고 근대가족을 직접적인 테마로 다룬 것은 아니다. 그렇지만 '근대가족'에서 지금까지 은폐되어 온 '가정'이라는 내적 공간에 각인된 성과 생식의 역사적 성격을 100년에 걸친 역사적 프로세스를 통해 고찰한 것으로 사적 공간으로서 가족내부의 여성과 남성의 관계성, 그리고 국가와 사회라는 공적 공간과의 긴장관계나 근대가족의 성립과 대중화가 지닌 의미를 제시했다. 그런데 여기서 주목하고 싶은 것은 오기노가 구체적인 생식 콘트롤 방법과 당사자의 목소리를 골라내는 방법을 통해 관리하는 측끼리 서로 공방하는 양상을 성

---

48 오기노 미호, 『'가족계획'에 대한 방법 — 근대 일본의 생식을 둘러싼 정치近代日本の生殖をめぐる政治』, 岩波書店, 2008.

49 오기노 미호의 저서에 대한 평가는 사와야마 미카코, 「서평 오기노 미호 『'가족계획'에 대한 방법』」(『역사학 연구歷史學研究』 869호, 2010)를 참조하기 바란다.

과 생식을 컨트롤하려는 사람들의 절실한 바람과 함께 묘사해낸 점이다.

구라시키와 오기노의 근대가족의 정의와 규범, 개념이 아니라 사람들의 구체적 경험 속에서 근대가족이란 무엇이었는지를 탐구하는 시점은 본서의 시점과도 중첩된다. 그것은 첫째, 근대가족의 문제를 실제로 거기에서 살았던 한 사람 한 사람의 당사자 측면에서 삶을 사는 현장에 근거하여 규범 그 자체와 수용자의 관계 속에서 해독하는 시점이다. 둘째, 근대가족규범은 그것을 수용하는 측에서도 하나로 통일된 것으로 받아들인 것은 아니라고 했는데, 그렇다면 여성의 아내 역할과 어머니 역할, 남성의 남편 역할과 아버지 역할 상호의 관계 등 규범의 구성요소 상호의 관계성과 모순을 재문할 필요가 있다. 셋째, 그러한 규범의 구성요소를 받아들이는 방법의 차이는 세대와 성에 의해 구성되는 근대가족 내부의 구성원인 여성·남성·어린이의 관계와, 구성원 상호간에 갖고 있는 모순과 갈등이 어떻게 관계하고 있었는지를 분명하게 밝혀내지 않으면 안 된다. 그것을 통해 근대가족이란 사람들에게 무엇이었는지를 현장에서 직접 살고 있는 사람들의 입장에서 살펴보는 단서가 될 것이다.

본서의 구성

본서에서는 '근대가족'이란 사람들에게 무엇이었는지를 육아의 시점에서 근대가족으로서의 '가정'에서 사람들이 살아가는 현장과 구체적 경험을 통해 그 모순과 갈등 과정도 포함하여 입체적으로 묘사한다. 이를 위해 2부로 나누어 구성한다.

제1부에서는 사람들이 인식하고 있던 근대가족의 의미와 그 모순으

로 가득 찬 모습을 근대가족 형성의 역사적 프로세스와 주체라는 측면에서 재문한다. 이를 위해 '이에'에서 '가정'으로의 근대가족 형성이라는 역사적 프로세스를 밝혀내고(제1장), 근대가족모델로서의 '가정'을 형성한 한 쌍의 부부의 역사적 경험 측면에서 여성과 남성의 관계도 포함하여 거기에 내포된 모순과 갈등 양상을 탐색한다(제2·3장). 특히 가정이라는 사적 공간과 학교, 국가라는 공적 공간과의 관계성 속에서 사람들은 어떻게 근대가족규범과 모성·부성이라는 관념에 포섭되거나 혹은 저항하는지 육아에 초점을 맞춰 조감도를 그려낸다(제4장).

제2부에서는 근대가족 고유의 육아라는 육아모습에 초점을 맞춰 '가정' 안에서 '보호받는 어린이'의 '육아'를 가족, 특히 어머니가 배타적으로 떠맡게 된 것이 어떠한 국면을 가져왔는지 학력사회, 소산소사 사회의 성립이라는 사회적 배경 안에서 탐색한다. 이를 위해 먼저 '보호받는 어린이'의 반대국면에 놓여있는 '버려진 어린이'의 측면에서 '보호받는 어린이'관이 가져다준 것은 무엇이었는지를 역조명해본다(제1장). 더 나아가 근대가족, 특히 어머니는 왜 '육아'에 자기 스스로 관심을 집중시킨 걸까, '보호받는 어린이'관의 표현이기도 한 동심주의童心主義 어린이관의 내실을 어머니의 육아체험담을 통해 살펴본다(제2장). 특히 '육아'가 왜 '교육'적인 성격을 강화시켰고 근대가족은 '교육에 열성적'인 '교육가족'의 양상을 어떻게 노정하게 되었는지를 고찰한다(제3장). 마지막으로 그러한 근대가족과 '육아'를 재문하고 상대화하려고 모색한 시도에 초점을 맞춘다(제4장).

근대가족 안에서 삶을 산 사람들과 거기서의 '육아' 과정 측면에서 '근대가족과 육아'를 둘러싼 중층적, 입체적인 역사상을 제시할 수 있다면 그것은 또한 현대 가족, 그리고 육아에 대한 재문과도 연결될 수 있을 것이다. 본서는 그것을 위한 모색이며 시도이기도 하다.

제1부

'가정' 안의 여성 · 남성 · 어린이
생활세계로서 가정에서 살다

제1장 '가정'과 '아동'의 탄생

'이에'에서 '가정'으로

1. '근대가족'에 대한 의문

'근대가족'의 역사적 의미 재고

근대사회의 성립 속에서 사람들이 생활하고 살아가는 장소인 가족은 어떻게 변화한 것일까. 지금까지 가족은 역사적으로 보편적인 것, 특히 오늘날 우리들이 '가정'이라는 말로 이미지화되는 아버지와 어머니, 그리고 그 사이에서 태어난 어린이라는 생물학적인 혈연관계로 이루어진 가족, 부부와 부모자식의 애정에 기반을 둔 가족모습은 어느 시대에나 변하지 않는 것처럼 생각되어왔다.

그렇지만 서장에서 언급했듯이 실은 그러한 가족모습과 가족 이미지는 근대사회의 성립과 함께 서구의 '근대가족'을 모델로 하여 등장한 일본 근대 고유의 가족모습이라는 것이 가족사회사 연구에서도 지적되어왔다. 거기에는 우리들이 가족에 대해 품고 있는 남편과 아내, 부모와 자식의 애정에 기반을 둔 친밀한 관계, 성별 역할분담, 모성애에 의한 육아 이미지는 역사적으로 만들어진 것, 또한 이와 같은 '근대가족' 모델로서의 '가정'이 일본에서 어떻게 성립·전개해온 것인지가 테마로 등장한 것이다.

이러한 가족에 대한 의문은 가족의 중요한 기능이라고 생각되어온 성과 생식과 어린이의 사회화를 둘러싼 다양한 문제가 발생하고 있는 현대사회의 상황을 배경으로 등장했다. 비혼화非婚化 현상과 이혼의 증가, 또는 육아불안, 육아노이로제, 아동학대, 이지메라는 육아를 둘러싼 문제의 심각성, 특히 생물학적인 부모와 자식이라는 개념을 전복시키는 급속한 생식기술의 전개는 현대를 살아가는 사람들에게 '근대가족'의 흔들림을 강하게 인상짓게 하는 현상들이다.

그러한 가운데 사람들이 가족에 대해 품는 의식과 시선도 다양해지고 있다. 가족에 대한 흔들림의 진폭이 크면 클수록 가족의 과거, 현재, 미래를 둘러싸고 다양한 논의가 이루어져 가족사회사 연구가 전개되어온 것이다. 거기에는 일본에서 근대가족은 언제, 어떠한 프로세스를 거쳐 형성되어온 것일까. 또한 '가족'은 근대국민국가의 기초단위로서 어떠한 기능을 수행해온 것일까 등 국가와 가족관계에 주목하면서 '근대가족'의 역사적인 의미를 묻는 연구가 축적되어왔다.[1]

---

1 마쓰무라 나오코松村尚子, 「근현대 4−가족·사회」, 여성사종합연구회女性史總合研究會 편, 『일본 여성사 연구 문헌목록(IV) 1992~1996日本女性史研究文獻目錄(IV) 1992~1996』, 東京大學出版會, 2003.

'가족'과 '육아'

이들 가족사회사 연구의 특징은 근대 이후 가족이 "국민국가의 기초단위로서 파악되었고" 일본형 근대가족이 "국민국가의 기초단위로서 구축된" 것임을 중시한 점이었다.[2] 그러나 사람들이 생활하고 살아가는 장소로서의 가족이라는 입장에서 생각하면 가족이 근대국민국가의 기초단위로서 '구축'된 것은 가족에게 어떠한 의미가 있었던 것일까. 가족 안에서 살아가는 사람들의 측면에서 재문할 필요가 있을 것이다.

사람들이 가족을 통해 국가에 편입되었다면 그것은 어떠한 프로세스를 거친 것일까. 또한 거기에는 어떠한 공방이 있었던 것일까. 그 과정에서 가족, 특히 그 구성원인 여성·남성·어린이가 안고 있는 모순이란 무엇이었을까. 그러한 문제를 해명함으로써 비로소 가족 안에서 살아가는 한 명 한 명의 생활적인 측면에서 근대국민국가와 근대사회의 성립이 지니고 있는 의미를 밝혀낼 수 있을 것이다.

그런데 근대국민국가의 성립에 중점을 두고 국가와 가족관계에 주목하는 가족사회사 연구에서는 근세와 근대와의 단절, 다른 한편으로는 근대와 현대와의 연속을 중시하는 경향이 있다. 물론 메이지유신明治維新에 의한 근대국민국가의 성립이라는 정치적 변혁은 가족에게도 분명히 큰 사건이었을 것이다. 그러나 가족생활이라는 시점에서 보면 정치체제상의 변혁 아래에서도 가족생활에 연속성이 있었던 것도 분명

---

[2] 고야마 시즈코, 「가족의 근대」, 사카타 사토시坂田聰 편, 『일본 가족사 논집 4—가족과 사회 日本家族史論集4—家族と社會』(니시카와 나가오西川長夫·마쓰미야 히데하루松宮秀治 편, 『막부 말기·메이지기의 국민국가 형성과 문화변용幕末·明治期の國民國家形成と文化變容』, 新曜社, 1995), 吉川弘文館, 2002; 니시카와 유코, 『근대가족과 가족모델』, 吉川弘文館, 2000.

하다. 또한 메이지정부의 산육 정책으로 시선을 돌리면 거기에는 근세 후기에 시작되는 산육 정책과의 연속성이나 계승적인 측면이 엿보인다. 그렇다면 근세와 근대의 연속과 단절을 가족 측면에서 재문함으로써 근대사회의 성립이 사람들에게 지니고 있던 의미가 더욱 분명해지는 것은 아닐까 생각된다.

본장에서는 메이지유신에 의해 사회가 크게 변화된 메이지 초기에서 러일전쟁 후까지의 시기를 대상으로 가족에게 시점을 고정시켜 가족생활의 영위라는 측면에서 근대사회의 성립이 사람들에게 어떤 의미를 갖고 있었는지를 살펴보고자 한다. 특히 가족이 담당하는 성과 생식, 육아에 초점을 맞춘다. 근세 말기 이후 성과 생식의 문제, 그리고 그 결과로서 생기는 자식이라는 존재는 지배층에게도 또한 가족에게도 중요한 위치를 차지하게 된다. '가족', 그리고 성과 생식에 의해 생기는 자식의 '육아'를 단면으로 하는 것은 가족이 국가의 기초단위로서 '구축'되었다는 것만으로는 설명할 수 없고, 국가와 가족 사이의 복잡하고 다양한 측면을 통일된 방식으로 파악할 수 없는 관계로 접근하는 하나의 단서가 될 것이다. 더 나아가 현대사회 가족의 '흔들림'이라고도 볼 수 있는 것과 육아를 둘러싼 여러 문제가 의미하는 것을 재고하는 계기가 될 수 있을 것이다.

2. 근대국민국가의 형성과 가족

성과 생식의 통제

부국강병을 지향하는 메이지정부가 재빠르게 대처한 것은 인구의 양적·질적 강화를 위한 성과 생식의 통제였다. 그 성과 생식의 통제는 인구 감소로 인해 고민하는 모든 번藩과 막령幕領이 인구증가 정책의 일환으로서 근세 말기에 몰두한 낙태墮胎·산아조절 금지 정책을 계승한 것이었다.

낙태·산아조절 금지 정책은 가족과 그 산육행위를 통제하려는 것이었고 민중의 생활과 산육을 둘러싼 습속이 감시의 대상이 되었다. 낙태·산아조절을 금지하기 위해 임신·출산단속, 낙태·산아조절에 대한 처벌, 양육비를 보조해주는 출산장려, 절과 신사神社 혹은 유학자儒者 등을 통한 교유敎諭 등 다양한 방법이 취해졌다. 민중에게 낙태·산아조절이 악이라는 것을 깨우치게 할 목적으로 만들어진 산아조절 교유서敎諭書를 보면 낙태·산아조절을 금지하는 측의 논리를 읽어낼 수가 있다. 산아조절 교유서에서 강조하고 있는 것은 '이에'의 존속이고 어린이는 '이에'를 존속시키는 소중한 보물로 취급되었다. 예를 들면 '갓난아기 조절단속' 정책을 취한 쓰야마번津山藩의 신관神官이 1830년文政 13에 간행한 『자보변子寶弁』(〈그림 2〉)에는 "진정으로 귀중한 신이 하사한 소중한 보물"이라는 갓난아이관을 나타내고 있다. 또한 여성의 신체는 무엇보다도 소중한 보물을 낳기 위한 '낳는 신체'로 단정 짓고 있다.

공동체에 의한 낙태·산아조절의 상호감시가 충분하게 기능하지 않았던 근세 말기에 번이 의도한 것은 산육의 거점으로서 '이에'를 장악하

<그림 2> 「자보변子寶辯」, 1830[3]

는 일이었다. 그것을 위해서는 혼인을 관리하고 '이에' 안으로 여성을 가두어 출산을 통해 여성에게 심신을 자기 관리시킬 필요가 있었다. 여성이 몸을 조신하게 하는 것은 건강한 아이를 낳는 것과 연결된다고 하여 여성의 신체는 어린이의 이노치[4]와 건강, 특히 '이에'의 존속과 결부되었다.

또한 민중들 속에 존재했던 비교적 자유로운 성도덕, 특히 촌락 마을에서는 혼인 이외의 성과 생식에 허용적이었지만 종문개장宗門改帳[5]에 기재 없이 혼인하는 것은 금지되었다. 낙태·산아조절 금지 정책은 성과 생식의 일치, 혼인을 통한 출산을 요구하는 등 성과 생식의 통제와,

---

3 다카하시 봉센高橋梵仙, 『일본 인구사 연구日本人口史之研究』 제2, 日本學術刊行會, 1955, 767쪽.
4 여기서는 '이노치いのち'라는 단어를 사용한다. 일본에서 오래전부터 있었던 것은 '생명命'이라는 단어이고(오카노 하루코岡野治子, 「생명의 시작」, 『이와나미강좌 종교 제7권 —생명岩波講座 宗教 第7卷 －生命』, 岩波書店, 2004), '생명生命'이라는 말은 근대가 되어 Life의 번역어로서 등장한다(스즈키 사다미鈴木貞美, 『'생명'으로 읽는 일본 근대生命'で讀む日本近代』, 日本放送出版協會, 1996). 그러므로 문화인류학과 민속학 분야에서는 일반적으로 '생명生命'은 생물학적·의학적 혹은 과학적 의미를 지니고 있다. 한편 '이노치いのち'는 인간적·문화적인 관계성 속에서 일본인의 종교적 세계와 사람들의 생활레벨에서의 전통적인 생명관을 표현하는 것으로 사용되고 있다(다쓰카와 쇼지立川昭二, 『일본인의 사생관日本人の死生觀』, 筑摩書房, 1998; 이타바시 하루오板橋春夫, 『탄생과 죽음의 민속학誕生と死の民俗學』, 吉川弘文館, 2007; 오카노 하루코, 같은 글; 나미히라 에미코波平惠美子, 『생명의 문화인류학いのちの文化人類學』, 新潮社, 1996). 본서에서도 사람들의 관계성 속에서 또는 사람들의 생활레벨에서 이노치의 관념을 문제로 삼는다는 의미에서 '이노치'라는 말을 사용한다.
5 【역주】에도江戸시대에 기독교 신앙을 금지하기 위해 집집마다 불교 신도임을 등록하게 한 장부를 말한다.

'이에'를 거점으로 한 어린이와 여성의 신체관리에 의한 '이에'의 통제라는 성격을 띠고 있었다.[6] 낙태·산아조절 금지 정책이 지니고 있던 이러한 성격은 국가의 재산으로서 인구에 주목하는 메이지정부의 산육정책과도 연결되어간다.

1868년明治 元 12월 메이지정부는 "근래 산파라는 자들이 약을 팔거나 낙태처리 등을 하고 있는데 그 어떠한 사정이 있다 하더라도 당치않은 일"이라며 산파에 의한 낙태약 판매, 낙태 금지의 포달을 내걸었다. 그러나 사람들의 성과 생식에 관련되는 습속·관습을 대상으로 한 정부의 이러한 방침은 좀처럼 성공을 거두지 못했다. 『부현 사료 '민속·금지령'府縣史料'民俗·禁令'』[7]에는 메이지 초기 촌락공동체의 '민속'과 그들의 관행에 대한 '금지령'이 수록되어 있다. 거기에는 금지령을 내려도 여전히 뿌리 깊은 촌락공동체의 관행이 묘사되어 있다. 각 부현에서도 메이지 초기부터 낙태·산아조절, 버려진 어린이에 대한 금지령, 또는 낙태를 시행하는 산파에 대한 금지령을 내걸었다. 그러나 금지령으로도 그것은 쉽게 고쳐지지 않았다.

아오모리青森현에서는 '낙태나 아이를 해치는 악습 엄금법'이라는 금지령을 내걸었는데도 '그렇게 하지 않을 수 없는 상황'이라고 하여 1875년明治 8 '낙태를 엄금하고 임신 신고 및 구육教育[8]법'을 마련했다. 여기서는 근세의 출산관리 방법을 계승하고 임신신고서·사산死産·조산早産신고서를 제출하게 하는 한편, 의사와 산파의 관리가 근대에 탄생한

---

6   사와야마 미카코, 『출산과 신체의 근세出産と身體の近世』, 勁草書房, 1998b.
7   다케우치 도시미竹内利美·다니가와 겐이치谷川健一 편, 『일본 서민생활 사료집성 제21권－촌락공동체日本庶民生活史料集成 第21巻－村落共同體』, 三一書房, 1979.
8   【역주】 버려진 아동을 수용하여 기른다는 의미이다.

경찰과 많이 관련되어 있는 점은 주목할 만하다. 산아조절로 죽은 갓난아이를 강에 떠내려 보내는 것은 근세에도 많이 볼 수 있는 습속이었는데, 태아의 사체가 강에 떠 있는 것은 '추태악습'이라며 금지시켰다. 금지령에는 삶과 죽음에 관련되어 있는 민속이 '악습'으로 통제의 대상이 됨과 동시에 그것을 배제하여 위생적인 질서를 창출하는 역할을 담당한 자로서 경찰이 등장하게 된다.

낙태·산아조절과도 관련될 우려가 있는 존재로서 각 부현의 성·생식통제의 주요 대상이 된 것은 산파였다. 예를 들면 도치기栃木현에서는 1874년明治 7 산파의 '본분'은 "임산부의 허리와 배를 어루만져 태아의 순역順逆을 관찰하고", '임신 5개월이 되면 복대를 두르는 일'과 '갓 태어난' 갓난아이의 목욕에 관련되는 일이며 '함부로 수술'과 '침이나 뜸'을 뜨는 일, 약의 조합이나 투여, '약 판매 주선'은 산파의 '직업 이외의 일'로 간주되었다. '직업 이외의 일'이란 낙태·산아조절을 의미했다.

야마나시山梨현에서는 1873년明治 6에 '산파를 징계하는 법령'을 내놓았다. 그런데 거기에는 '사람의 생명'에 관계하는 산파가 '약 판매를 주선하거나 또는 낙태처리 등'을 하는 것은 당치도 않은 일이고, 산파와 산부인과 의사는 설령 낙태 의뢰를 받더라도 낙태와 같은 '어질지 못하고 착하지 아니한 일'을 해서는 안 되며 만약 의뢰하는 자가 있으면 그 자의 주소·성명을 기재하고 신속히 현에 신고해야만 한다고 되어 있다. 메이지정부와 부현에 의한 금지령을 살펴보면, 금지령이 나와도 여전히 민간인들 사이에는 낙태·산아조절의 습속이 여전히 뿌리 깊게 남아 있고 지역 산파가 낙태에 깊이 관계하고 있음을 알 수 있다.

그 이외에 어린이의 생명에 관련된 것으로 길에 버려진 어린이와 아이의 장례를 둘러싼 금지령도 내놓았다. 교토부京都府에서는 1868년明治 元

11월 '기아棄兒 금지를 게시하는 포고령'이 나왔음에도 불구하고 아이를 버리는 자가 적지 않다고 하여 이듬해 마을[9]의 관리층은 만약 '갓 태어난 어린이'가 이유도 없이 없어지는 일이 있으면 조속히 신고하도록 통달을 내걸었다.

또한 고치高知현에서는 1874년明治 7 '갓난아이 사망 때 그 장례방법'을 규정하고 있었다. 이에 따라 '갓 태어나 7일 이내에 죽은 자'에 대해서는 장례를 치르지 않던 '풍습'을 바꾸어 7세 미만에 사망한 어린이와 동일하게 '그 갓난아이에게는 물론 이름을 지어주고, 남자아이인지 여자아이인지를 신고'하게 하고 근처 친족에게도 알려 묘지에 묻을 것, 또는 조산이라고 해도 갓난아이로서의 형태를 갖추고 있는 경우도 동일하게 다루어야 한다고 되어 있다.

태어나서 7일 이내에 죽은 갓난아이에게는 장례도 치르지 않는 것이 '풍습'이었던 것은 이들 어린아이가 신의 세계와 인간사회의 경계에 위치하고 있다고 여겨 '이에'와 마을의 구성원으로는 인정하지 않았기 때문이다. 이들 금지령을 살펴보면 각 부현이 메이지유신 이후 즉시 어린이의 생명에 관련된 성과 생식의 통제에 나섰지만, 민중의 생명관에 기인한 생과 사에 관련되는 관습과 습속은 금지령으로도 쉽게 바꾸지 못했음을 간파할 수 있다.

메이지정부에 의한 성과 생식의 통제는 한편으로 근세 이후의 인구증가 정책을 계승하면서도 다른 한편으로는 마을의 관리인 층과 공동체가 담당하고 있었던 낙태·산아조절의 상호감시, 혹은 갓난아이와 길가에 버려진 어린이 양육의 상호부조를 재편성하고, 경찰 권력을 비롯한 근대적 권력

---

9 【역주】일본의 행정구역 단위로 정町/마치·촌村/무라이 있는데 본 역서에서는 이를 마을이라고 표현했다.

의 통제하에 두게 되었다. 또한 그 성과 생식의 통제는 자식을 낳아 기르는 역할을 가족에게 부과하는 가족통제의 의미를 지니고 있었다.

자식교육의 장소 '가족'

성·생식통제와 병행하여 메이지정부가 실시한 인구의 질적 통제의 일환으로서 어린이의 신체통제가 있었다. 『부현 사료 '민속·금지령'』을 보면 신정부가 메이지 초기부터 미래의 국민인 어린이들의 신체교화에 나서기 시작했음을 알 수 있다. 특히 중시된 것은 어린이의 놀이 통제였다. 지면에 구멍을 파고 그 안에 화폐를 넣어 승부를 겨루는 '돈치기穴一'[10]라는 놀이, 혹은 화폐와 물품을 걸고 서로 겨루는 '무늬 맞추기紋合わせ'[11]와 '메쿠리가루타捲り歌留多'[12]라는 놀이는 '어린이 구래의 폐습' 또는 '불량한 놀이'라 하여 금지되었다. 금지이유는 이것이 "도박에 가깝고 성장하면서 습관이 되어버려 결국 가산을 탕진하기에 이르는 것"(네무로根室현)이며 "소학교를 설치하여 교화하고 풍속을 순량"하게 하려고 할 때 방해가 되기 때문이었다.

제례에서의 '어린이 테오도리子供手踊'와 '연극' 등 테오도리[13]와 연극

---

10 【역주】아이들이 동전을 맞히며 노는 놀이로 주로 남자아이들이 모여 일정한 거리에 구멍을 파놓고 동전을 던져 그 속에 들어간 것을 따먹고, 또 구멍 밖에 있는 것을 돌로 맞혀 차지하는 놀이이다.
11 【역주】전전부터 있었던 놀이로 '돗코とっこ'라고도 불린다. 놀이 방법은 6종류의 무늬 중에서 하나를 지정하여 제비를 뽑아 같은 무늬를 맞추는 것을 말한다.
12 【역주】에도시대 후기에 유행한 카드놀이의 일종으로 48장의 카드를 쌓아놓고 한 장씩 젖히며 화투처럼 맞춰 끝수를 겨루는 놀이를 말한다.
13 【역주】앉은 채 손짓만으로 추는 간단한 춤을 말한다.

도 '소년이 배워 익히는 일'에 방해가 되는(사가佐賀현) 것이라 하여 또는 '한기를 느끼게 하는 목소리'로 여자아이들이 조직을 편성하여 시내를 도는 풍습도 '일신의 건강을 해치는 추태폐풍'(오카야마岡山현)이라 하여 폐지된다. 음력 정월 대보름날 마을의 경계신인 '사이노카미賽の神'[14]라는 행사도 '아동이 모여 오가는 사람들에게 돈을 구걸하는' 것은 어린아이들의 장난으로서 '풍속을 어지럽히는'(가나가와神奈川현) 일이라고 되어 있다.

어린이의 놀이가 금지된 이유는 '교화'와 '습업'에 방해가 되고 '건강에 해가 되는' '불량한' 놀이라는 등 실로 다양했다. 그러나 근세에는 어린이의 놀이에 대한 규제가 없었던 것을 감안해보면 위험방지, 건강유지 등을 목적으로 하는 신체에의 개입이 메이지 초기에 이미 시작되었다는 점은 주목할 만하다. 이러한 규제의 연장선으로 규칙에 기반을 둔 경기와 체조 등 규율, 훈련의 대상이 된 놀이를 학교교육 속에서 장려하게 된다.[15]

또한 이러한 놀이가 이루어지는 것은 '학부형'이 어린이의 교육에 '부주의'(가나가와현)하기 때문이라고 되어 있고 어린이는 '이에'의 어린이로서 '학부형'에 의해 '교육'받는 존재라고 되어 있다. 그와 동시에 어린이는 새롭게 등장한 학교에서 '교화'되는 존재라고 여겼다. 지역공동체에 뿌리를 내린 어린이의 놀이를 '구래의 폐습'·'불량한 놀이'라고 위험시하는 이들 금지령의 목표는 어린이의 신체를 지역으로부터 분리시켜 새롭게 설립된 학교라는 공간 속에서 '교화'시킬 것, 또한 '이에'의 어린이로서 부모의 관리하에 두는 것이었다.

---

14 【역주】 도로와 행인을 지키는 신을 일컫는다.
15 나루사와 아키라成澤光, 『현대 일본의 사회질서現代日本の社會秩序』, 岩波書店, 1997.

이러한 금지령의 속내를 들여다보면 1872년明治 5에 발표된 학제공표가 지니고 있는 의미가 보다 분명해진다. 학제는 지역공동체 속에 있던 어린 이들을 지역공동체로부터 분리시켜 '이에'의 어린이로서 또는 학교 안에서 교육받아야만 하는 '아동'으로서 제도적으로 자리매김 시키려는 것이었다. 근대사회의 성립 과정에서 어린이의 교육은 학교와 가족이 담당해야만 하는 것으로 규정되어 간다. 인구의 양적·질적 강화라는 관점에서 가족은 성·생식과 자식의 교육 장소로서 중요한 위치를 차지하게 된다.

다양한 결혼, 다양한 가족

근대사회의 성립 과정에서 근대국가의 기초단위로서 중시된 것은 '이에'였다. 메이지정부는 재빠르게 '이에'와 혼인규제에 나섰다. 1871년明治 4 4월에는 호적법을 제정했는데, 각각의 '이에'마다 호주를 통해 가족을 파악하게 함으로써 국민을 통제·관리하려는 의도였다. 호적법은 근세의 종문개장을 폐지하고 만든 가족의 지배와 파악을 위한 제도였다. 근세를 지나면서 사람들 사이에서도 널리 형성되어 있던 '이에'에 근거를 두면서도 국민통합을 위한 매개항으로써 '이에'를 자리매김 시키려고 한 것이다.[16]

원래 호적법은 종문개장과는 그 편성 원리를 달리 한다. 종문개장에 가족의 기재 방법은 남편과 아내, 그리고 어린아이를 그 출생순서로 기재하는 것이었다. 그러나 호적에는 호주라 불리는 가장을 필두로 하여

---

16 오토 오사무大藤修, 『근세 서민과 이에·마을·국가近世農民と家·村·國家』, 吉川弘文館, 1994.

호주와의 혈연관계로서 호주, 호주의 직계친족, 호주의 배우자, 직계비속, 호주의 형제자매, 그리고 그 가족 등의 방계친족 순으로 기재한다. 호주 다음에 기재되는 자는 아내가 아니라 장남이다. 호주는 가족을 총괄·지배하고 가산을 상속·유지하는 '이에'를 대표하는 주체가 된다.[17]

1872년明治 5에는 호적사무 처리를 위해 행정조직도 재편하게 되었고 쇼야庄屋[18]·나누시名主[19]·도시`요리年寄[20]라는 근세의 마을 관리인을 대신하여 구區로 나눈 지역마다 호장戸長·부호장副戸長을 두어 호주, 호장, 지방관, 중앙정부와 일원화된 행정질서가 만들어진다. 또한 1875년明治 8에는 '태정관太政官 포달 209호'에 의해 법률혼주의가 채용된다.

그러나 이와 같은 형태로 '이에'와 '혼인'에 대한 통제가 실시된다 해도 실제의 가족모습이 그것을 계기로 바로 변화되는 것은 아니다. 그것은 당시 민중들의 습관을 정리한 사법성판 『민사관례류집民事慣例類集』(1877, 사법성 편)과, 같은 사법성판의 『전국민관례류집全國民慣例類集』(1880, 법무대신 관방사법법제조사부法務大臣官房司法法制調査部 감수, 1989)에서도 엿볼 수 있다. 『민사관례류집』은 "위원을 각 지방에 파견하고 민간관행의 선례에 상세한 자들의 의견을 채록하고 이를 편집한" 것이다. 따라서 거기에는 지배층이 아니라 민중의 일이며 또한 삼도三都[21]와 같은 중심지가 아니라 '지

---

17 가나즈 히데미金津日出美, 「메이지 초기 '첩' 논의의 재검토」, 나가하라 가즈코永原和子 편, 『일본 가족사 논집 5―가족의 제상日本家族史論集5―家族の諸相』(마하라 데스오馬原哲男·이와이 다다쿠마岩井忠熊 편, 『천황제 국가의 통합과 지배天皇制國家の統合と支配』, 文理閣, 1992), 吉川弘文館, 2002.

18 【역주】 에도시대 마을의 사무를 맡아 보던 사람을 지칭한다. 간사이關西 지방에서는 쇼야庄屋라고 하고 도고쿠東國 지방어서는 나누시名主, 호쿠리쿠北陸과 도호쿠東北 지방에서는 기모이리肝煎라고 한다.

19 【역주】 에도시대 마을의 대표를 일컫는다.

20 【역주】 에도시대 마을의 행정을 맡은 우두머리를 지칭한다.

21 【역주】 큰 세 개의 도시, 즉 에도·오사카·교토를 가리킨다.

방'의 관행이 정리되어 있다.[22]

현실에서의 가족은 다양한 형태를 띠고 있었다. '혼인에 관한 사항'에는 '아이가 태어나는 것을 기다렸다가'[23] 처음으로 입적하는 경우 혹은 '가내 화합의 모습을 확인'[24]하고, '가풍에 적합하고 부모·부부 화합의 가능성을 확립한 다음'[25] 입적하는 경우, 평생 입적하지 않는 경우, 혼인을 해도 어머니의 성을 사용하는 경우 등 다양한 혼인의 형태가 보고되어 있다. 또한 사무소에 신고하는 것보다도 종문개장 때 실시하는 신고와 촌장이나 주선자에 의한 신고를 중시하고, 촌내혼村內婚과 촌외혼村外婚은 자리매김에 차이가 생기는 등 민중들 사이에는 근세 이래의 촌락공동체에 의한 혼인 승인의 기능이 남아 있었다. 민중의 혼인에는 공동체의 존속이라는 족쇄를 채워 '이에'는 촌락공동체 속으로 포섭되었음을 알 수 있다.[26]

또한 '출산에 관한 사항'에는 '부모가 혼인을 승낙하기 이전에 출생'한 자식을 어떻게 처리할지를 둘러싸고 각 지역의 습관이 기재되어 있다. 근세의 민중들 사이에서는 결혼 전에 자식을 출산하는 경우도 드물지 않았는데 그러한 상황은 메이지 초기에도 지속되었음을 알 수 있다. 혼인 전에 낳은 자식을 둘러싼 처리 방법도 또한 다양했다. 즉 남편 쪽으로 입적하거나 부인 쪽으로 입적하기도 하고 아이의 성별에 따라 남편 측 또는 아내 측이 입적하기도 했다.

그뿐만 아니라 '조부모의 자식祖父母の子',[27] '친척이나 친구親類朋友의 자

---

22 나루사와 아키라, 앞의 책, 1997.

23 아와노쿠니安房國 아와군安房郡 · 헤이군平郡.

24 미마사카노쿠니美作國 사이호쿠죠군西北條郡.

25 이와미노쿠니石見國 나마군邇摩郡.

26 가나즈 히데미, 앞의 글, 1997.

식'[28]으로 하는 등 관계자 사이에서도 입적·양육했는데, '양육비와 함께 다른 집으로 보내어 그 집에서 출생한 것처럼 처리'[29]하여 혼인을 승낙하는 다양한 처리방식이 보고되어 있다.

이들 혼인 전에 출생한 '밀통密通의 자식' 또는 '사생아'는 '하타코畑子',[30] '정생庭生',[31] '고아親なし子',[32] '아버지 없는 자식父なし子'[33] 등 지역에 따라 다양한 명칭으로 불리었다. 그러한 어린이를 다른 집에서 데려갈 경우 '몰래 데려온 아이'[34]라며 소문내는 경우도 있었는데, 어떠한 사정에 의해서 태어난 어린이든 그 자식들을 양육하는 시스템이 존재했다. 가가노쿠니加賀國 가호쿠군河北郡에서는 '혼인 전의 처녀가' 자식을 낳은 경우 출산한 딸의 '남동생이나 여동생으로 입적' 혹은 '타인에게 양육비와 함께 그 아이를 보내 개인적으로 양자를 데려가는 자의 친자식으로 간주하여 입적하는 풍습'이 기록되어 있다. 게다가 그 경우 양육비 등 모든 비용은 '밀통한 남자'가 부담하고 밀통한 남자가 복수인 경우에는 그 남자들이 분담하여 부담하게 했다.

이처럼 근대 초기의 민중세계에서는 다양한 결혼과 성의 세계가 존재하고 있었다. 개인과 '이에'는 고립되어 존재하고 있었던 것이 아니라 친족공동체와 촌락공동체라는 공동체 속에 포섭되어 있었던 것이다. 어린이는 '이에'뿐만 아니라 공동체와의 관계성 속에서 양육되는 관습이 있었는

---

27 엣츄노쿠니越中國 네이군婦負郡.
28 사도노쿠니佐渡國 사와타군雜太郡.
29 가가노쿠니加賀國 이시카와군石川郡.
30 히고노쿠니肥後國 구마군球磨郡.
31 에치고노쿠니越後國 고시군古志郡.
32 가이노쿠니甲斐國 야쓰시로군八代郡.
33 엣츄노쿠니 네이군.
34 가가노쿠니 가호쿠군.

데, 그것은 당시의 가족생활이 공동체와의 관계 속에서 영위되고 있었기 때문에 당연한 것이기도 했다. 어린이는 낳아준 부모 이외에 다양한, 말하자면 임시로 부모와 자식 관계를 맺는 것으로 생명과 성장을 보장받는 존재였다. 그와 같은 배경에는 어린이 생명의 유약함이 있었다.

『민사관례류집』에는 신사 참배할 때에는 '친어머니'뿐만 아니라 '유모'도 '아이를 데리고 씨족신에게 참배하는'[35] 풍습과, '아이가 태어나서 3일 후 젖 줄 것'이라고 되어 있어 '질병이 없는 부인을 선택하여 처음으로 젖을 주는 풍습', 혹은 남자는 15살로 '계약 부모契約親', 여자는 13살로 '임시 부모'를 정하고 가족의 불화 때 그 양부모는 실제 부모와 자식처럼 인간의 도리를 가르치는 풍습[36] 등이 기록되어 있다. 성과 생식, 그리고 어린이의 양육도 또한 가족만의 문제는 아니었다. 실제 부모 이외에도 유모, 젖 주는 부모, 계약 부모, 임시 부모 등과 인간적 유대관계를 만들고 자식을 둘러싼 공동체의 유대를 강화함으로써 어린이의 양육과 성장을 보장하는 것이었다.

이혼한 경우 자식에 대한 처리를 둘러싸고 '남자는 남편 쪽에서, 여자는 아내 쪽에서 양육한다'[37]며 자식의 성별에 따라 아버지가 맡을지 아니면 어머니가 맡을지가 달라졌는데, 젖을 뗄 때까지는 '아내의 집에서 기르는'[38] 등 자식의 연령에 따라 양육의 담당자가 달라지는 경우, '모자의 연정으로 의붓자식으로 보내는 것을 반대하고 이를 원할 경우에는 여자에 한해서 허용'하는[39] 등 부모의 애정이 중시되는 경우 등 이

---

35 치쿠고노쿠니筑後國 미즈마군三瀦郡.
36 이와미노쿠니 나카군那賀郡.
37 가이노쿠니 야마나시군山梨郡.
38 가이노쿠니 야마나시군.
39 시나노노쿠니信濃國 미노치군水內郡.

또한 다양했다. 여기서 주목해야 할 것은 자식의 양육책임을 어머니만이 담당한 것이 아니라는 점이다.

사생아 · 버려진 어린이

메이지 초기의 성, 혼인관계, 자식의 양육을 둘러싼 민중의 관행을 살펴보면 다양한 가족과 육아모습, 그리고 가족생활과 공동체와의 깊은 관련이 드러나 있다. 그러나 이러한 다양한 결혼과 가족모습, 자식의 양육을 둘러싼 가족과 공동체와의 연결은 점차 단절되고 부정되어간다.

호적법은 '이에'에 포섭되지 않는 '밀통의 사생아'가 된 아이의 존재를 더욱 드러나게 했다. 1873년明治 6에는 '처와 첩이 아닌 부녀자가 분만한 아이는 모두 사생아라고 논하고 부녀자가 맡아야만 하는 것'이라는 태정관 포고가 발표되어 '사생아'에 대한 규정이 명확해짐과 동시에 '사생아'는 출산한 여성이 양육해야만 한다고 되어 있다.

원래 법적으로 그렇게 규정되어 있다고 해서 반드시 현실에서는 다양한 남녀의 결합과 가족모습이 쉽게 소멸되지는 않는다. 그러나 모든 국민이 '이에'에 편입된다고 결정됨으로써 그곳으로부터 벗어나는 자들의 존재를 드러나게 했다. 즉 호적법의 창출은 '사생아'와 함께 '버려진 어린이棄兒'의 존재가 드러나게 되었다. 호적법이 나온 같은 해인 1871년明治 4에는 태정관 포달 '기아양육미급여방법棄兒養育米給與方式'**40**이 발표

---

40   이 '기아양육미급여방법'은 1932년에 구호법이 제정되기까지 존속했던 근대의 기아에 관한 기본적인 법령이다.

된다. '버려진 어린이'에게 매년 쌀 일곱 말(하루에 약 2홉)을 15살이 되기 전까지 급여하기로 결정했는데, 양육료 지급기간은 가령 양자·양녀로 입적된다 해도 호적에 '버려진 어린이'라고 명기하기로 되었다. 근세에는 공동체가 양육책임을 지고 있었던 버려진 어린이를 근대에는 국가가 직접 장악하게 된다. 근대국가는 촌락공동체와 친족공동체 등의 다양한 집단을 개입시키지 않고 호주에 의해 '이에'가 관리되는 시스템을 만들려고 했던 것이다.

이처럼 근대국가는 그 성립 당초부터 성과 생식의 통제와 국가통제를 통해 자식을 낳아 기르는 책임을 '이에'가 담당하도록 만들었다. 그러나 낙태·산아조절이 금지되어 다산이 어쩔 수 없게 된 민중이 태어난 자식을 기를 능력이 없다고 한다면 생겨버린 자식을 버릴 수밖에 없었다(〈그림 3〉). 도시의 빈민들을 그린 르포르타주Reportage[41] 『도쿄의 빈민東京の貧民』(1896)에는 구청과 경찰에 의해 도쿄시양육원으로 보내진 거리 어린이들의 '문답'과 '고백'이 기록되어 있다.[42] 버려진 어린이들과의 '문답'과 '고백'은 고유명사를 지닌 버려진 어린이들의 생활사와 함께 버려진 어린이가 태어난 배경이 역력히 드러난다(제2부 제1장).

근대국가는 공동체가 버려진 어린이를 부양하는 기능을 상실하게 하는 정책을 취하는 한편, 구제 대상도 제한했다. 1873년明治 6에는 기아양육미 급여를 15살에서 13살로 낮춘다. 국가 정책의 부족함을 보충한 것은 민간의 아동구제사업이었는데,[43] 그 배경에는 돌봐줄 사람이 없

---

41 【역주】사회현상이나 사건을 충실히 기록하거나 서술하는 보고기사 또는 기록문학을 말한다. 르포르타주란 원래 프랑스어로 탐방·보도·보고를 뜻하는 말이며 약칭하여 '르포'라고도 한다. 흔히 논픽션과 같은 뜻으로 쓰이기도 하지만 논픽션은 픽션의 상대어로서 좀 더 포괄적인 개념이며 르포르타주는 논픽션 중에서도 특히 저널리즘에 가까운 유형을 말한다.

42 나카가와 기요시 편, 『메이지 도쿄 하층생활지明治東京下層生活誌』, 岩波文庫, 1994.

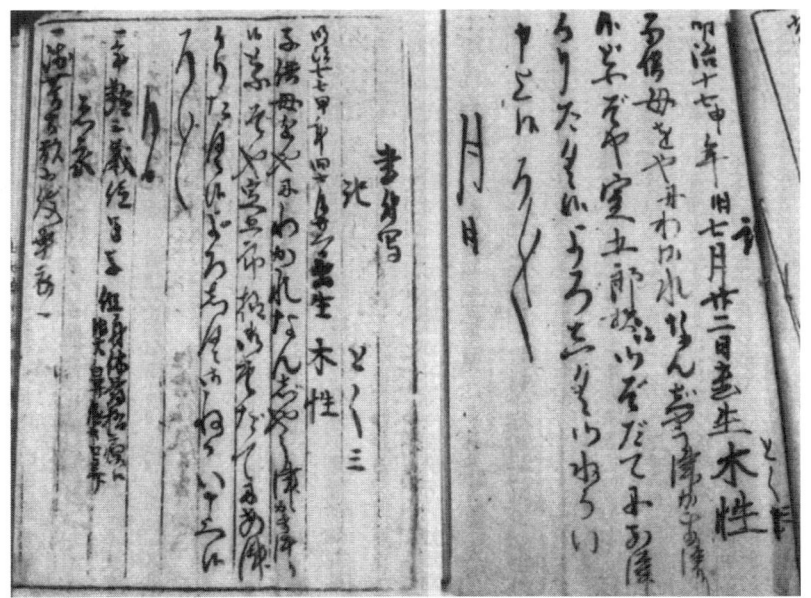

〈그림 3〉 버려진 어린이에게 첨부되어 있던 부모의 편지와 증서
(사이타마현립문서관 기탁, 「오쿠마 마사케문서大熊正家文書 422」, 1896)

는 버려진 어린이들이 방대하게 존재하고 있었기 때문이다.

농상무성農商務省이 조사한 오사카大阪·고베神戶의 빈민 가정조사 『직공사정職工事情』(1900)에는 주부가 버려진 어린이를 시청으로부터 위탁받아 1개월에 3엔'을 받고 있는 경단團子 세공 가족의 예가 수록되어 있다.[44] 이 가족은 남편이 위장병에 걸려 일을 그만두었기 때문에 성냥 공장에서 일하는 15살 장녀와 12살 아들이 하루에 각각 장녀는 12~13

---

43 민간의 아동구제사업은 1890~1910년에 걸쳐 주로 기독교조직과 불교조직 등 종교조 직에 의한 육아원과 고아원으로 가설된다(무로타 야스오室田保夫, 「어린이의 양호」, 무 로타 야스오·하치야 도시타카蜂谷俊隆 편, 『어린이의 인권문제 자료집성 전전편 제1~ 3권—어린이의 양호 I子どもの人權問題資料集成 戰前編 第1~3巻—子供の養護 I」, 不二出版, 2009). 이들 육아원과 고아원의 개설이 '가정'이라는 가족관의 등장 시기에 집중하고 있 는 점도 매우 흥미 깊다.

44 이누마루 기이치大丸義一 교정, 『직공사정職工事情』 중, 岩波文庫, 1998, 207~208쪽.

전錢, 아들은 7전을 벌고 있었다. 그러나 공장 사정으로 실제노동은 한 달에 20일뿐이었다. 월 3엔의 양육비는 하루에 10전에 해당한다. 따라서 버려진 어린이의 양육비는 이 가족에게 큰 수입원이었다. 도시에서는 버려진 어린이를 양육하는 것으로 간신히 생계를 유지하는 가족이 함께 공존하고 있었던 것이다.

'버려진 어린이'는 아니지만 호적이 없는 어린이들은 도시빈민 속에 다수 존재했다. 도시의 싸구려 여인숙木賃宿에서 생활하는 사람들의 모습을 그린 요코야마 겐노스케横山源之助의 『일본의 하층사회日本の下層社會』(1899)에는 그 모습이 다음과 같이 서술되어 있다.

> 기류자들이 많은 것은 틀림없이 하나의 빈민현상이다. 그래서 부부라고 칭하는 자들을 보더라도 정식으로 약혼자를 얻어 부부가 된 자들은 극히 적다. 실제로 조사해보면 하나의 골목에는 집이 수십 채가 있지만 실제 부부는 두, 세 쌍에 불과하다. 그리하여 하나의 공용주택에 몇 쌍만이 경찰수첩에 기록되어 있으며 구청 장부에 이름을 올리지 못한 아동이 수십 명에 달한다. 성인이 되어도 국적이 없으며 일본인이지만 일본국민이 아닌 자들이 수십 명이었다. 빈민굴에 국적 없는 아동이 많은 것은 내연으로 사생아를 낳았기 때문인데 도중에 부인이 도망가서 생긴 것만은 아니다.[45]

'정식으로 약혼자를 얻어 부부가 되는 자는 극히 적고', 또한 '국적 없는 아동이 많다'고 요코야마는 적고 있다. 호적도 국적도 없는 어린이 또한 일종의 버려진 어린이였고 학교에도 다니지 못하는 미취학 아동이

---

45   요코야마 겐노스케, 『일본의 하층사회』, 岩波文庫, 2007, 57쪽.

다. 요코야마 겐노스케의 『일본의 하층사회』가 출판된 것은 '메이지민법'이 공포되고 나서 1년 후의 일인데, 메이지민법이 공포된 1890년대는 근대국민국가의 기본적인 틀이 정비되는 시기이기도 하다.

1889년明治 22에는 대일본제국헌법이, 1890년明治 23에는 교육칙어가, 1898년明治 31에는 메이지민법이 공포된다. 그러나 근대국민국가의 기본적인 틀이 정비되고 부모와 자식 관계를 중심으로 하여 편성되는 가부장적인 가족으로서의 '이에'제도가 시행되었어도 여전히 도시하층에는 요코야마 겐노스케가 말했듯이 법적 수속을 밟은 '진정한 부부'는 '하나의 골목 안에 있는 수십 채' 중 두, 세 쌍밖에 없었고 법적 수속을 밟지 않았어도 '한 집안의 부부라고 일컬어지는' 사람들은 수없이 많았다. 게다가 메이지민법의 이념이 법적으로 공고해지는 메이지 20년대, 그 한편으로는 '이에'와는 다른 가족 이미지가 '가정'이라는 말로 이야기된다.

3. '가정'과 '아동'의 탄생

홈 = '가정'

홈home이라는 의미에서의 '가정'이라는 말은 1880년대에 탄생된 말이다. 동시기 주부라는 말도 또한 영국 빅토리아 조기早期의 베스트셀러 가정서, 이사벨라 비튼Isabella Mary Beeton의 저서 『가정관리Householder Management』(1861)를 번역한 호즈미 세켄穂積清軒의 『가내심득초家內心得草

일명一名 보가법保家法』(1879) 에 처음으로 등장한 번역어이다.[46] '남편亭主'과 '아내女房'를 대신하여 '가장主人'과 '주부主婦'가 대응어로 사용된 것도 1880년대의 일이었다.[47]

마찬가지로 이 시기 패밀리 family의 번역어로서 '가족'이 사회학자에 의해 채용되었고, 또한 소비생활 단위의 의미로 '세대'가 행정 관료에 의해 채용되었는데, 모두 '이에'에는 존재하지 않는 가치와 의미가 부여되었다.[48] '홈이라든가 스위트 홈'이라는 서구의 가정생활 이미지로 일컬어지는 '홈'에 '이에'와는 다른 이상적인 가족 이미지를 그린 사람들은 일본에서도 그 이상적인 가족을 실현시키려고 했다〈그림 4〉. 그러나 거기에는 그때까지 일본에 있었던 '이에'·'가족'·'가정'·'가내', 그 어떤 말을 적용시켜 보아도 '홈'이 의미하는 바를 실현시키지 못한다는 어려움이 있었다. 여성계몽지 『여학잡지女學雜誌』의 편집자인 이와모토 요시하루岩本善治는 다음과 같이 기술했다.

영국과 미국의 국어에는 홈이라는 문자가 있다. 어떤 사람은 이를 프랑스어로 번역하기에는 적당한 문자가 없다고 말한다. 우리들은 이를 우리나라 말로 번역하기에도 또한 동일한 안타까움이 있다.[49]

46　이마이 야스코今井康子, 「'주부'의 탄생」, 『여성학女性學』 창간호, 1992; 미키 히로코三鬼弘子, 「근대 일본 가족사상 성립을 둘러싼 일고찰」, 『사초史艸』 35호, 1994.

47　우에노 치즈코, 『근대가족의 성립과 종언』, 岩波書店, 1994.

48　모리오카 기요미森岡清美·모치즈키 다카시望月崇, 『가족관계家族關係』, 日本放送出版協會, 1978.

49　이와모토 요시하루, 「일본의 가족(제1) 1887호 3월, 일가의 화락단란」, 『여학잡지女學雜

이와모토가 직면한 문제는 '홈'을 일본에 소개하려는 사람들 모두가 느끼는 공통된 문제였다. 그 원인은 '화락단란和樂團欒'이라는 가족구성원 상호 간의 '사랑'에 의해 맺어지는 가족이라는 개념이 그때까지의 일본 가족과는 거리가 있었기 때문이다. 와카마쓰 시즈코若松賤子는 1890년明治 23 『여학잡지』 227호에 발표된 「소공자小公子」의 역자 서문에서 그 어려움을 극복하기 위해 '가정'에 '홈'이라는 후리가나フリガナ를 달았다고 적고 있다. 이후 '이에'나 '가정'에 후리가나를 달면서 차츰 '홈'은 '가정'이라는 말로 표현되었다. 그러나 이 '가정'과 '홈' 사이에도 차이가 있음이 의식되었다. "가정이라는 당시 유행한 신조어는 처음 누군가가 영어의 홈을 번역하면서 성립되었는데, 홈이라고 하면 폭이 더 넓어지고 가정이라고 하면 갑자기 좁고 답답하다"[50]라는 당시 사람들의 표현을 보면, '홈'이라는 말이 어떤 방식으로 그때까지 일본의 '가정'이라는 말로는 전부 다 표현할 수 없는 확대감과 해방감이 가득 찬 것으로 받아들이고 있었는지를 엿볼 수 있다.

이와모토는 "일부일처제는 가족의 필수요소"로 보는 '단란한 가족'을 이미지로 삼아 '가독상속'·'가명家名 상속'을 담당하는 직계가족으로서의 일본 가족을 '단란함이 없는 가족'·'불행의 소굴'이라고 비판한다. 부모와 자식 관계 중심의 '이에'와는 대조적인 부부관계 중심의 '가정'이념은 사람들 사이에 급속히 퍼져나갔다. 왜냐하면 자본주의의 진행과 도시화와 함께 가부장적 가족으로서의 '이에'는 실제 도시 중간층적 '가정'으로 전화되고 있었기 때문이다. 메이지민법의 공포로 인해 '이에'제도의 붕괴가 선명해졌기 때문에 또다시 '이에'제도에 의한 현실가족의

誌』 96호, 1888a.
50 『편지잡지手紙雜誌』 108호.

규제를 꾀했다[51]고 보는 것도 가능한 것은 그러한 시대상황 때문이다. 자본주의화의 진행으로 소생산자의 가부장적 가족으로 바뀌고 '이에'의 속박으로부터도 해방되고 노동의 장소와 분리된 '가정'을 도시의 신중간층들이 형성하고 있었다. 1890년대라는 시대는 '이에'와 '가정'이라는 두 개의 다른 가족관이 서로 경쟁하는 시대였다.

'가정'이라는 가정다움이나 '가정' 행복의 상징이 된 것은 '일가단란一家團欒'이다. 여성계몽지와 잡지에 마련된 '가정란'이 수행하는 역할은 일본 가족 속에는 아직 친숙하지 않은 '단란한 가정을 만드는 방법을 가르치는 일'(「가정란」, 『태양太陽』, 1895)이었다. 거기에는 '일가단란'이라는 이념을 설파하는 '가정화목론'과 담화나 가족게임,[52] 가족여행 등 '가정의 행복'을 실현하기 위한 방법이 설명되어 있다.[53]

이처럼 '일가단란'의 연출과 준비사항을 설명하지 않으면 안 되었던 것에서 '가정'이 그때까지의 일본 가족과는 다른 새로운 가족모습이었음을 알 수 있다.[54] 그러나 종래의 가부장적 가족으로서의 '이에'와는 다른 '진

---

51 이시다 다케시石田雄, 「'이에' 및 가정의 정치적 기능」, 『가족 정책과 법 I-총론家族 政策と法 I-叢論』, 東京大學出版會, 1975; 아리치 도루有地亨, 『근대 일본의 가족관-메이지 편近代日本の家族觀-明治編』, 弘文堂, 1977.

52 1915년에 출판된 『가정문고家庭文庫』의 1권인 『가정의 오락家庭の娛樂』(마쓰우라 마사야스松浦政泰, 婦人文庫, 1915)에는 '트럼프놀이' · '카드놀이' · '우타가루타歌かるた놀이'에 '단란團欒놀이'라는 '가정' 안에서 '일가단란'을 위한 게임으로서 명칭이 부여되어 있다. 가루타와 트럼프는 원래 가족 내의 게임이었던 것은 아니다. 오자키 고요尾崎紅葉의 『곤지키야샤金色夜叉』(1897) 모두冒頭의 가루타모임 장면에서 상징되어 있듯이 동시대의 젊은이들 혹은 상류사회의 사교게임이었다(가토 히데토시加藤秀俊 · 마에다 아이前田愛, 『메이지 미디어고明治メディア考』, 中央公論社, 1983, 171~175쪽). 그러나 '가정'의 성립과 함께 '일가단란'을 위한 도구로서 가정 안으로 수용된다.

53 야마모토 도시코山本敏子, 「일본 '근대가족'의 탄생-메이지기 저널리즘의 '일가단란'상 형성을 단서로」, 『일본의 교육사학日本の教育史學』 제34집, 1991.

54 사와야마 미카코, 「주부와 가정문화」, 『준세이단기대학 연구기요順正短期大學研究紀要』 24호, 1996a.

정한 애정'으로 맺어지고 서로 정조를 지키는 일부일처제의 부부관계와, 가족구성원 상호 간의 '화목함과 단란함'의 담당자로서 주부의 역할, 또한 '휴식·위안의 장소'로서 '홈'이라는 이념은 근대국가 형성이라는 급무를 담당하던 남성들, 그리고 가정 내의 자립을 요구하는 일부 여성들의 공감을 얻으면서 '가정'이라는 말과 함께 급속히 토급되어갔다.

〈그림 5〉 『소공자』의 표지(博文館, 1897)

'가정의 천사' 어린이

1890년대라는 시대는 새로운 어린이상이 편성되는 시대이기도 했다. 1870년明治 3에는 징병규칙과 함께 소학교규칙이, 1872년明治 5에는 학제가, 그리고 1879년明治 12에는 '교육령'이, 1880년明治 13에는 '개정교육령'이 발표되어 의무교육제도가 정비되어간다. 그러나 학교에서 교육받는 '아동'이 어떠한 존재였는가에 대해 논의된 적은 없다. 또한 확실하게 '아동' 취향의 아동서나 문화개 종류가 탄생한 것도 아니었다. 그렇지만 1890년대는 '가정'의 중핵으로서 어린이의 이미지가 창출되었다.

그러한 의미에서 '홈'이라는 뜻의 '가정'이라는 말이 처음 나온 것이 1890년의 『소공자』(〈그림 5〉)였던 것은 매우 상징적이다. 와카마쓰는 역자 서문에서 어린이를 어른의 입장에서 보면 불완전한 작은 어른, '불완전하고 부족한 존재'로 보는 어린이관을 비판하고 '부정한 세상에 핀 연꽃, 가정의 천사'라는 순진무구한 어린이관, 그리고 연령에 따른 어린이의 심리에 대한 이해를 설명하고 있다.

새로운 '가정'이념하에서 등장한 어린이와 어린이 시기를 중요한 가치로 인정하는 새로운 어린이관은 어린이를 둘러싼 당시의 일반적인 인식에 새롭게 도전해간다. 『여학잡지』를 비롯하여 『부인과 어린이婦人と子ども』 등의 여성계몽지는 그때까지의 어린이관을 비판한다. 그것은 첫째, 어린이를 어른의 입장에서 보면 "불완전하고 부족한 존재",[55] "어린이는 작은 어른처럼 대해야만 한다"[56]며 어린이를 작은 어른으로 간주하는 어린이관이다. 둘째, "오늘날의 부모는 어린이를 장난감으로 여겨 마치 어린이를 조롱하는 것 같다"[57]며 어린이를 응석받이 또는 귀여움의 대상으로 장난감 취급을 하는 어린이관이다. 그리고 셋째, "실로 어린이는 시끄러운 존재",[58] "성장해서 어엿한 성인이 되기까지는 참으로 손이 많이 가는 무익한 방해물"[59]이라는 '아귀餓鬼'로서의 어린이관이다. 와카마쓰는 "가정의 모든 일을 혼자서 떠맡고 어린이를 방해물로 여겨 하녀와 놀게 만들거나 하는 것은 실로 부모와 자식 사이의 친목을 깨뜨리고 교육상 적지 않은 해를 입힌다"[60]고 비판하고 있다.

어린이에게 어른과는 다른 '무구'성을 요구하는 어린이관은 바깥 세계에 대한 위안 장소로서의 '가정'관과 깊이 관련되어 있다. 안전하고 행복한 장소인 '가정' 안에서 어린이의 '무구'성은 지켜지고, '인간의 덕성'은 게으르고 방탕한 '사회세계'가 아니라 '건전하고 청결'한 가족 안

---

55 와카마쓰 시즈코, 「소공자 전편 자서」, 『일본 아동문학대계日本兒童文學大系』 제2권, ほ
　　るふ出版, 1977.
56 시미즈 시킨清水紫琴, 「어린아이의 육아법에 관한 주의」, 『여학잡지』 482호, 1898.1.
57 야마시타 세키오山下石翁, 「어린이는 교사이다」, 『여학잡지』 261호, 1891.4.
58 미카도 도모門とも, 「어머니와 자식」, 『부인과 어린이』 1권 3호, 1901.3.
59 와카마쓰 시즈코, 앞의 글, 1977.
60 와카마쓰 시즈코, 「어린이에 대하여(3)」, 『여학잡지』 348호, 1893.6.

에서 육성된다.[61] 또한 순진무구한 자식교육의 담당자는 가정의 담당자인 어머니의 몫이 되었다.

그러나 현실에서 어머니들의 모습은 그 기대와는 크게 차이가 있었다. 상·중류층 '이에'의 아내들은 많은 가사를 담당하고 있었는데 유모와 하녀, 아이 돌보는 사람을 고용하는 것은 지극히 당연한 일이었다. 한편 농민층과 도시하층의 가족에게 육아는 노동과 가사라는 생활의 일부여서 어린이들은 "대부분 방치되었다."[62] 그렇지만 아동 중심의 '사랑의 보금자리'인 '가정'에서의 어머니는 '애육愛育'의 담당자가 되어야만 했다. '애육'이란 "자식을 매우 사랑하고 소중히 하는 것으로 그것을 잃지 않았을 때 어린이를 가르쳐서 이끌어갈 궁리를 하는 것"이라고 되어 있다.[63]

그러나 이러한 부모와 자식의 정서적 이미지의 다른 한편에서 '가정'의 어린이는 양육과 교육이라는 투자의 대상으로서 '가정'의 행복을 실현시키는 존재로서 의미를 부여하고 있었다. "젖먹이를 거두는 것은" "식산의 방법"[64]이라는 이와모토의 발언은 그러한 어린이관을 상징적으로 보여준 예라 할 수 있다.

---

61 이와모토 요시하루, 「일본의 가족(제3)—화락 없는 가족에게 일어나는 해독」, 『여학잡지』 96호, 1888b.
62 사와야마 미카코, 「근대적 어머니상의 형성에 대한 일고찰」(『역사논평歷史評論』 제443호, 1987), 『일본가족사논집 10—교육과 부양日本家族史論集10—教育と扶養』, 吉川弘文館, 2003.
63 이와모토 요시하루, 「어머니의 마음가짐—애육이란」, 『여학잡지』 14호, 1886.2.
64 이와모토 요시하루, 「아이 돌보는 여자의 논論」, 『여학잡지』 57호, 1887.

애육의 변용

'애육'이라는 말은 근세에도 사용된 말이다. 산아조절 교유서에는 "전심전력을 다해 일하고 태어난 어린아이를 소중히 애육해야만 한다"[65]고 설명되어 있다. 근세의 농민가족은 많지 않은 경작지에 가족노동력을 집약적으로 투입시켜 농작물을 기르는 것으로 생활을 유지해왔다. 이러한 생활모습과 그 어린이관은 연속선상에 있다. '이에'의 계승자인 어린이, 산아조절되지 않고 살아남은 소중한 보배인 어린이는 농작물과 마찬가지로 시간을 들여 길러야만 하는 존재라고 되어 있다. 말하자면 일하는 것과 키우는 것은 근세의 농민에게는 분리될 수 없는 관계였다. "전심전력을 다해 일하고 태어난 어린아이를 소중히 애육해야만 한다"는 산아조절 교유서의 말은 그러한 농민들의 생활, 육아의식으로 작동하고 있는 것에서 낙태·산아조절의 습악을 교유하려는 것이었다. 여기서 어린이에 대한 '애육'은 '이에'의 존속을 보장하는 것으로 설명된다. 또한 '애육해야만 하는' 역할은 부모가 함께 담당해야만 하는 것이라고 되어 있다.

'애육'이라는 말은 근대적인 학교교육제도의 출발점이 된 1872년明治 5 8월 학제공포 전날에 내걸은 '학사장려에 관한 피앙출서'에서도 발견할 수가 있다. "반드시 마을에는 배우지 않는 집이 없고 집에 배우지 않는 사람이 없기를 기대한다"며 모든 국민이 교육을 받아야만 한다는 것을 규정한 '학사장려에 관한 피앙출서'에는 "학부형인 자는 이 뜻을 몸소 체험하고 잘 인지하여 애육의 정을 두텁게 하고 자제를 반드시 학업에 종사시켜야 한다"고 강조되어 있다. 부모의 자식에 대한 '애육'은 자식을

---

65   사와야마 미카코, 앞의 책, 1998b, 201쪽.

학교에 취학시켜야만 하는 것이고 자식은 부모의 사유물이 아니라 국가에 소속된 자라고 되어 있다. 여기서의 '애육'은 단순히 부모의 자식에 대한 사적인 애정만을 가리키는 것은 아니었다.

그러나 '가정'과의 관계로 설명되는 '애육'은 근세의 산아조절 교유서에 설명된 '애육'과도 '학사장려에 관한 피앙출서'의 애육과도 그 의미를 달리 한다. '애육'의 대상이 되는 것은 '이에'의 존속을 보장하는 소중한 자식으로서의 어린이도 국가의 어린이도 아니다. 어린이는 '가정'이라는 사적 공간 안에서 양육과 교육이라는 투자의 대상으로, 그리고 가정의 행복을 실현시키는 '식산'의 대상으로 규정되었다. 그 '가정'은 사회와도 국가와도 분리된 공간으로 보이지만, 실은 "권력 의사意思와 이해타산이라는 공사公私 욕망이 복잡하게 얽히면서 소용돌이치는"[66] 공간이었다. '젖먹이 거두기'를 실천하기 위해서는 학교와 밀접한 제휴가 필요했으며 '청결'한 공간이기 우해서는 국가가 요구하는 위생규범·위생실천[67]의 거점이 되지 않으면 안 되었기 때문이다.

새로운 가족모델 '가정'

러일전쟁 이후에는 어린이의 건강관리, 특히 어린이의 생명이 위험에 처하기 쉬운 생후 1년까지의 육아법을 설명하는 가정의학서가 수십

---

66 나카우치 도시오, 「일본 자본주의와 여학교」, 『나카우치 도시오 저작집 II 익명의 교육사中內敏夫著作集II 匿名の教育史』, 藤原書店, 1998b.
67 호게쓰 리에寶月理惠, 『근대 일본의 위생 전개와 수요近代日本における衛生の展開と需要』, 東信堂, 2010, 37쪽.

가지 등장한다. 가정의학서는 어린이를 매개로 의학적·위생적 지식을 '가정'으로 침투시켰다. 어머니에게 요구된 것은 자식의 건강을 감시하고 건강을 유지하기 위해 자식에게 규칙 바른 생활을 하도록 신체의 자기규율 태도를 내면화시키는 역할이었다.

메이지정부에 의한 성과 생식의 통제를 담당한 것은 앞에서도 서술했듯이 경찰이었다. 한편 경찰권력의 힘이 미치기 어려운 '가정' 안에서 의학적·위생적 지식을 침투시키는 역할을 수행한 것은 가정의학서와 거기에서 설파된 가정위생론이었다. 가정위생론은 의학적 지식을 '가정'으로 침투시킴으로써 개인의 행동을 규율화시키는 것을 목적으로 하는 장치였다.[68]

소아과 의사 오하라 요리유키小原賴之가 1908년明治 41에 출판했다가 순식간에 재판 인쇄를 간행한 『부모마음 육아일기親ごころ 育兒日記』(〈그림 6〉)는 소아과 의사의 '적절한' 조언을 따름으로써 '승리를 거둘 수 있는 고심의 일기'라며 칭송되었다. '자애 깊은 노모'가 정리한 '육아일기'의 형태로 쓰인 이 가정의학서에는 소아과 의사의 조언에 따라 가정에서 간호 방법을 배워 교육과 위생의 규율을 소중히 여기는 '노모'가, 구습과 구舊산파를 중시하는 '노모'에게 '승리'하여 어린이의 생명을 지키게 되는 과정이 그려져 있다. 의사의 조언을 주체적으로 받아들여 어린이의 어머니에게 그것을 전달하는 역할을 수행하는 자는 '노모'였다. 여기에는 어머니가 아직 육아의 담당자가 되지 않은 과도기의 상황이 드러나 있다.

그와 동시에 구세대와 학교교육을 받은 신세대 사이에서 육아를 둘러싼 대립이 생기고 있었던 당시의 상황도 소상히 보여준다. 가정에서

---

68 야마모토 기요코山本起世子, 「가족의 신체관리에 관한 역사사회학적 고찰」, 『소노다가쿠인여자대학 논문집園田學園女子大學論文集』 35호, 2000.

의 교육을 주제로 한 서적을 사람들이 받아들인 배경에는 새롭게 정착해온 학교교육에 알맞은 가정교육의 등장이 요구되었을 뿐만 아니라, 학교교육을 받은 세대가 부모가 되어 구세대의 조부모와 가정에서의 교육모습을 둘러싸고 대립이 일어났던 사정이 존재한다.[69] '가정'은 학교와 함께 자식과 어머니를 매개로 위생과 신체의

〈그림 6〉 오하라 요리유키의 『부모마음 육아일기』(文陽堂書店, 1908)

자기규율이 깊숙이 파고 들어가는 거점이 되었다.

이러한 '가정'관, 또한 어린이에 대한 교육적 시선이 성립되는 가운데 당시 사람들의 가족생활이 문제시된다. 그것은 1901년明治 34의 『여학세계女學世界』(4권 9호)에 게재된 도시, 농어촌의 생활실태에 관한 기록에서도 엿볼 수 있다. 거기에서는 "자식교육이라는 것은 물론 생각지도 못한다. 항상 놀게 할 뿐 일을 시킬 수 있을 정도가 되면 뭐든 상관없이 마구 시킨다", "도쿄 빈민의 생활"과 "어린이 중에는 취학하지 못한 자가 많고 입학시킨 아동도 (…중략…) 대부분은 도중에 퇴학시킨다", "어민의 생활"이 문제시된다.

---

69 고야마 시즈코, 『어린이들의 근대―학교교육과 가정교육子どもたちの近代―學校教育と家庭教育』, 吉川弘文館, 2002.

제1장 '가정'과 '아동'의 탄생   67

한편 "어린이의 양육도 어머니가 중심으로 되어 있고" "일가단란의 즐거움"을 갖는 "도쿄 부근 농가의 생활"이 칭찬받는다. 어머니가 어린이의 양육을 담당하고, 일가단란의 즐거움을 갖는 '가정' 모델이 보편적인 가치를 지니는 행복한 가족상으로 자리매김 되는 가운데 거기서 불거져 나오는 가족모습이 문제시되었던 것이다.

근대사회의 성립 과정에서 '이에'에 대한 새로운 가족모델로서 등장한 '가정'은 '이에' 속에서는 찾을 수 없었던 가족구성원 상호 간의 유대관계를 가져오는 것으로 사람들에게 기대를 품게 했던 것이다. 그러나 그 한편으로 여성을 교육하는 어머니에게, 그리고 어린이를 '가정' 속으로 새롭게 포위하는 것이기도 했다. 그러나 이러한 '가정' 그 자체가 가진 문제는 '가정'이라는 가족관이 이념 레벨에서 논의되었던 이 시기에는 아직 수면 위로 떠오르지 않았다. 종래의 직계 가족적 제도에 기반을 둔 '이에'를 비판하는 것으로 등장하고 어린이와 가족구성원 사이의 애정에 가치를 두는 '가정'이라는 새로운 가족형태가 이념 레벨이 아닌 실태 레벨로 그 실현 기반을 마련한 것은 조금 후의 일이다.

제2장 근대가족의 아내 · 어머니

미야케 야스코三宅やす子

1. 규범으로서의 '주부' 역할

살아가는 공간 '가정'

'근대가족'으로서의 '가정'이 현실에서 그 모습을 드러내게 되는 것은 러일전쟁 이후의 일이고 보다 본격적으로 나타난 것은 제1차 세계대전 이후의 일이다. 남녀의 성별 역할분담에 기반을 둔 '가정'에서 공적 공간과는 구분된 사적 공간인 '가정'을 중심적으로 담당하는 자는 '주부'인 여성의 역할로 되어 있다. 그렇다면 '가정'이란 어떠한 생활세계였을까. 사람들은 남성아버지과 여성어머니, 그리고 어린이자식와의 유대관계로 유지되고 있던 '가정'이라는 공간 속에서 어떻게 살아가고 생활했던 것일까.

생활의 영위도 또한 역사적 · 사회적으로 규정되는 인간의 활동이고 생활의 모든 양상과 그 의미 또한 역사적으로 변화된다. '가정'이란 무엇인가라는 물음에 답하기 위해서는 '가정'이라는 '살아가는 공간'에 각인된 역사적 성격이 분명해지지 않으면 안 된다. 그것을 위해서는 '가정'에서의 출산과 육아라는 구체적인 일상생활에 입각하여 여성과 남성, 부모와 자식이라는 성차性差와 세대차를 배경에 둔 여성·남성·어린이라는 가족 내의 인간관계를 리얼하게 직시할 필요가 있다.

1990년대 중반 이후 사회적·문화적 성차와 가족과의 관계를 묻는 젠더의 시점을 받아들이는 것으로 가족의 내부라는 지금까지 은폐되어온 공간의 문제를 역사의 주제로 삼아 가족 내부의 관계성을 밝히는 과제가 제기되었다.[1] 게다가 가족 내부의 관계성을 동시대의 사회적·문화적 상황과 관련지어 파악하는 것으로 국가나 사회라는 공적 공간과 '가정'이라는 사적 공간과의 긴밀관계와, 통합과 저항을 서로 경쟁하는 관계를 분명히 할 필요가 있다. 이를 통해 비로소 우리들은 근대가족으로서의 '가정'이 사람들에게 무엇이었는지 접근할 수 있을 것이다.

이를 위해 여기에서는 '가정'에서 삶을 산 한 명의 여성에게 초점을 맞춰 '가정'이라는 생활세계 내부의 여성·남성·어린이라는 가족구성원 간의 관계성과 생활세계의 구조에 접근해보기로 한다. 여성을 '가정'과 일체화된 존재로 보는 것이 아니라 한 사람의 개인으로 볼 때 어떤 문제를 들여다볼 수 있을까. 여성 개인을 통해 볼 수 있는 문제에는 '가정'이라는 생활세계가 가지는 구조적인 문제가 깊게 새겨져 있을 것이라고 생각한다. '가정'에서 삶을 산 한 명의 여성과 '살아가는 공간'으로서의 생활세계에 초점을 맞춰 '근대가족'으로서의 '가정'이란 무엇인지를 고찰하는 것이 본장의 목표이다.

---

1 기모토 기미코木本喜美子, 『가족·젠더·기업사회家族·ジェンダー·企業社會』, ミネルヴァ書房, 1995; 나카지마 미사키中嶋みさき, 「근대가족에 대한 물음과 여성사의 과제」, 『일본 가족사 논집 2 가족사의 전망日本家族史論集2 家族史の展望』(『역사논평』 제588호, 1999.4), 吉川弘文館, 2001.

'젊은 주부의 하루'

여기서 예로 든 것은 1911년[明治 44] 6월
호『부인의 벗[婦人之友]』에 기재된 〈젊은 주
부의 하루(이학사[理學士] 미야케 쓰네카타[三宅恒
方] 부인)〉라고 제목을 붙인 사진(〈그림 7〉)이
다. 우선은 아홉 장의 사진에 첨부된 설명
을 보면서 '젊은 주부'의 하루를 살펴보자.
젊은 주부는 ① 가정부에게 청소를 끝내게
하고 ② 30분 정도 독서를 한다 ③ 생선장
수가 왔기 때문에 뭔가 생각나는 것은 없
는지 부엌으로 나와 본다. ④ 오늘은 5월의
맑은 날, 이런 날에는 옷감을 말려야만 되
지라고 생각하고, 손을 걷어붙이고 부지런
히 정원으로 나온다. 이것이 주부의 오전
일과이다. 그리고 오후. ⑤ 조용한 오후, 꽃
꽂이를 하고 ⑥ 옆집 부인이 어린아이를
데리고 놀러온다. ⑦ 4시, 슬슬 저녁식사를
준비하기 시작한다. ⑧ 밤에는 재봉을 조
금 한다. ⑨ 가계부와 일기를 적는다.

1908년[明治 41]에 창간된『부인의 벗』은
가정모델의 계몽을 의도한 여성잡지이고
〈젊은 주부의 하루〉에는 '가정'에서의 '주
부' 역할이 제시되어 있다. 그렇다면 '주

〈그림 7〉 〈젊은 주부의 하루〉(『부인의 벗』 6월호 1911)

부'의 역할이란 과연 어떠한 것이었을까. 사진과 설명문이 의미하는 바를 해독해보자.

이 주부는 가정부를 한 명 고용하고 있다. 평균적인 '가정'이란 '가정부'·'하녀'라고 불리는 가사고용인을 한 명 두고 있는 가족이다. 주부는 가정부와 함께 청소를 한 후 '30분 정도 독서'를 한다. 러일전쟁 후에는 가사와 육아생활에 대한 기사를 게재하는 여성잡지가 수없이 많이 창간되었는데 발행부수도 점점 늘려간다. 『부인의 벗』의 전신인 『가정의 벗家庭之友』은 1903년明治 36에 창간되었고, 1914년大正 3에는 『요미우리신문賣買新聞』이 일간지로서는 처음으로 '부인란' 「요미우리 부인 부록」을 창간했다. 그리고 1917년에는 『주부의 벗主婦之友』이 창간되었다. 이들 여성잡지와 '부인란'의 창설은 '독서'하는 여성층의 확대를 배경으로 한 것이었다.

또한 '가정'에는 생선장수가 생선을 팔러 왔는데 '가정'주부의 일상적인 쇼핑은 물건을 팔러 다니는 상인을 매개로 이루어졌다. '가정'은 지역공동체로부터 폐쇄된 공간이기도 했다. '옆집 부인'이 '어린아이'를 데리고 놀러왔는데 '가정'주부의 교제범위는 이처럼 지극히 한정된 것이었다. 여성잡지와 신문의 부인란은 폐쇄된 '가정'에서 사는 주부들에게 다양한 정보를 제공함과 동시에 주부들을 연결하는 매개체로 혹은 '가정'을 둘러싸고 여러 가지 다양한 고민에 답을 제시하는 역할도 수행했다.

'부인奧樣'이라는 말도 이 시기에 널리 사용되기 시작한 말이다. 세대주는 밖에서 일하고 아내는 주부로서 가사와 육아 전반을 담당하는 성별 역할분담 가족으로서 '가정'의 아내를 가리키는 말, 그것이 '부인'이라는 단어였다. '가정'이라는 소우주 안에서 살아가는 '부인'의 생활은 '가정' 내의 인간관계에 관심을 집중시키게 되었다. 이러한 여성들의

'가정' 내 인간관계에 대한 관심이 고양되는 상황에 호응하는 형태로 여성잡지에는 남편과의 관계를 둘러싼 신상상담, 자식에 대한 육아상담 코너가 설치되었다.

화창하고 맑은 5월의 어느 날 주부는 정원수가 있는 정원에 나와 앞치마를 두르고 부지런히 천을 말린다. 또한 주부가 독서를 하고 꽃꽂이를 하기도 하며 혹은 옆집 주부를 맞이하고 있는 공간은 거실이다. 한 쌍의 부부에게 가정부가 딸린 '가정'생활은 거실, 부엌, 마루, 그리고 정원 딸린 단독주택에서 영위되고 있다. 남편은 부재중이다. 직장과 분리된 공간, 그것이 '가정'이었다. 그리고 4시가 되면 저녁식사를 준비한다. 저녁식사를 준비하는 주부의 복장은 소매 없는 일본식 요리복割烹着[2] 차림이다. 소매를 걷어붙인 앞치마에서 일본식 요리복 차림으로 바뀐다. 즉 주부 스타일은 '가정'의 탄생과 함께 가정부와 동일하게 소매를 걷어붙이고 앞치마를 두른 가정부 스타일에서 일본식 요리복 차림으로 변화된다.

1900년 최초의 발명품인 일본식 요리복 차림은 어머니에게서 딸로 전해지는 요리가 아니라 훨씬 고급스러운 요리를 가정 안으로 수용한다는 경험과, 또한 가정부들의 작업복과는 다른 주부 스타일을 제시하는 옷차림으로 등장한다. 일본식 요리복은 청결과 위생의 상징이기도 한 흰색이다. 이처럼 '가정'은 청결하고 위생적인 공간이어야만 했던 것이다.

주부가 저녁식사를 준비하는 부엌은 이미 시멘트 바닥이나 봉당土間이 아니라 마루 위이다. 그리고 거기에서 보이는 것은 하코젠箱膳[3]이 아니라 차부다이卓袱台[4]의 일종인 사각형의 좌탁과 둥근 접시들이다.

2　【역주】 요리할 때 덧입는 소매달린 가운을 말한다.
3　【역주】 식기수납을 겸한 뚜껑이 달린 상자 모양의 밥상으로 안에 식기를 넣어두고 식사 때에는 뚜껑을 거꾸로 하여 밥상으로 사용했다.

주부가 솜씨를 발휘하고 있는 것은 아마 '가정요리'일 것이다. '가정요리'란 여성잡지에서 조리법이 게재된 서양풍 요리, 좀 더 정확히 말하자면 어머니에게서 딸로 전해지는 전통적인 요리가 아니라 화양和洋절충으로 영양과 칼로리를 계산한 요리였다. 주부가 '뭔가 새롭게 떠오르는 것이 없을까'라며 매일 식단을 생각하고 남편과 가족을 위해 요리를 하는 애정표현의 요리이다. 그것이 바로 '가정요리'였다. 저녁식사를 준비하는 주부의 일본식 요리복, 네 개의 다리가 달린 밥상, '가정요리', 이것들은 모두 '가정'의 등장과 함께 새롭게 등장한 가정문화였다.[5]

〈젊은 주부의 하루〉의 마지막에 등장하는 것은 '재봉을 조금 하고', '가계부와 일기를 적는' 주부의 모습이다. 『부인의 벗』이 '가계부'를 별도로 발간한 것은 1904년明治 37의 일이다. 가계 관리를 위해 '가계부'를 적는 것은 성별 역할분담 가족의 아내에게 중요한 역할이었다. 『부인의 벗』의 전신인 『가정의 벗』은 1907년明治 40 주부 스스로가 가사 순서를 정하고 그것을 능률적으로 운영해갈 수 있도록 가사의 예산장부인 '주부일기'를 고안해서 판매하고 있었다.[6]

여기서 주부가 적고 있는 '일기'는 아마 이 '주부일기'일 것이다. 1911년明治 44 2월호 『부인의 벗』에 게재된 '주부의 시간표'에는 주부가 '조조'·'오전'·'오후'·'밤'에 각각 무엇을 해야만 하는지에 대해 서술되어 있다.

---

4 【역주】 일본에서 사용되는 네 개의 다리가 달린 식사용 좌탁을 말한다. 일반적으로 사각형 또는 원형 모양을 하고 있고 접을 수 있는 경우가 많다. 상석上座, 말석下座이라는 상하관계가 전혀 느낄 수 없고 쇼와昭和 초기의 가족 단란을 상징하는 심볼로 되었다. 1887년경부터 사용되어 1920년대 후반에 전국적으로 보급되었다. 그러나 1960년경부터는 의자식 식탁이 보급되기 시작하면서 이용가족이 감소되었다.

5 사와야마 미카코, 「주부와 가정문화」, 『준세이단기대학 연구기요』 24호, 1996a.

6 이토 미도리伊藤美登里, 「가정영역에 대한 규율적 시간의 침투」, 하시모토 다케히코橋本毅彦 · 구리야마 시게히사栗山茂久 편, 『지각의 탄생遅刻の誕生』, 三元社, 2001.

'가정'이라는 생활세계 속에서 주부가 완수해야만 하는 역할을 사진이라는 시각을 활용하는 형태로 구체화한 것이 이 〈젊은 주부의 하루〉였다.

〈그림 8〉 신문을 읽는 주부의 모습
(「24시간 가정 스고로쿠双六」, 『부인세계』 1월호 부록, 191ɔ)

주부에게 요구되는 것은 "아벌써 4시, 저녁식사를 준비해야 할 시간이네"라는 설명문에서도 드러나듯이 주부가 규율 있는 생활을 보내고 가사 역할을 주체적으로 처리하는 일이었다. 또한 규율 있는 생활에 따라 '30분 정도 독서를 하고' 주부로서 수양하는 시간을 만들어내는 것이 주부의 바람직한 모습이었다. 『부인세계婦人世界』(1910.1)의 부록이었던 「24시간 가정 스고로쿠双六」[7]에는 주부가 담당해야만 하는 가사와 육아를 시간 별로 기록하고 있는데, 거기에서도 신문을 읽는 주부의 모습이 그려져 있다〈그림 8〉). 가사시간을 단축하고 '주부 자신의 시간'을 확보하는 일은 여성 자신의 절실한 바람이었을 것이다.[8]

주부가 돈과 시간을 배분하기 위해 '가계부'와 '일기'를 쓰고 있을 때

---

[7] 【역주】두 개의 주사위의 끝수에 다라 말을 써서 승부를 겨루는 놀이를 일컫는다.
[8] 니시모토 유코西本郁子는 근대사회가 가사에도 능률을 요구하는 사회였음을 하니 모토코羽仁もと子를 대상으로 고찰하고 있다. 모토코는 앞날에 대한 전망을 계획하면서 가사에 시간을 할당하고 돈의 분배는 '가계부'에서, 가사의 시간분배는 '주부일기'에서 실행하는 것으로 '자신의 시간'을 확보할 필요성을 강력히 호소했다. 니시모토는 어째서 가사의 소요시간을 단축하지 않으면 안 되는지 그 근본적인 이유를 묻는 것 자체가 많은 여성에게는 생각지도 못한 일이었다고 지적하고 있는데, 가사의 단축으로 인해 자신의 시간을 갖는 것이 고등여학교를 나온 여성들에게는 매우 매력적인 호소였을 것이다(니시모토 유코, 『시간의식의 근대―'시간은 돈이다'의 사회사時間意識の近代―'時は金なり'の社會史』, 法政大學出版局, 2006, 239~254쪽).

그 옆에는 딸로 보이는 한 소녀가 책을 읽고 있다. 책상을 사이에 두고 서로 마주 앉은 어머니와 딸의 모습은 닮은꼴이다. 그것은 마치 '가정'에서의 여성 역할이 어머니에게서 딸로 이어지는 순환적 세계로 계승되고 어머니는 딸을 기르는 것으로 자아실현을 달성하고, 딸은 장래 성장하여 어머니와 같은 역할을 수행하는 것을 보여주는 것 같다.

〈젊은 주부의 하루〉에는 그 모델이 이학사 미야케 쓰네카타의 아내 야스코라고 적혀 있다. 그렇다면 〈젊은 주부의 하루〉는 야스코의 어느 하루를 그대로 모방한 '현실' 모습이었던 것일까. 야스코가 자신의 '가정' 생활에 대해 기술한 문장과 서로 비교해보면 실은 여기에서 묘사해내고 있는 것은 '현실'이 아니라, '주부의 하루'라는 선택된 '주제'에 따라 구성된 픽션의 '주부' 모델임이 분명해진다.

그러한 의미에서 이 사진에는 사회규범이나 문화가 가정 내부로 침투해가는 모습이 역력히 나타나 있다. 그와 동시에 모델로 그려진 상像과 실생활과의 차이를 통해 야스코가 '주부' 모델일 것이고, '가정주부'로서 규범을 내면화하는 과정에서 '어떠한 모순을 내포하게 되었는가'라는 점도 엿볼 수 있다. 모델로서 미야케 야스코라는 한 여성이 안고 있던 모순은 동시대의 주부가 안고 있던 모순이기도 했다.

'주부'의 역할 규범

야스코가 결혼한 것은 1910년明治 43으로 야스코가 21살 때이다. 남편은 10살 연상의 이학사인 미야케 쓰네카타였다. 〈젊은 부인의 하루〉가 게재된 것은 신혼 1년째로 아직 딸은 태어나지 않았다. 이것 하나만으로도 〈젊은 주부의 하루〉는 주부의 역할을 명시적으로 제시하기 위해 만들어진 픽션임을 알 수 있다.

〈젊은 주부의 하루〉가 게재된 1911년은 『청탑青鞜』이 창간된 해이기도 하다. 히라쓰카 라이초平塚らいてう는 창간호에 「원래 여성은 태양이었다」라는 논고를 게재했다. 그런데 히라쓰카는 그 논고 속에서 여성이 천재일 가능성을 '허무하게도 존재'시킨 것은 오랫동안 가사에 종사해야만 한다고 결정되어서 "정신 집중력을 완전히 무뎌지게 해버렸기" 때문에 자신은 "가사일체의 번거로움을 꺼린다"고 단언했다.[9]

이와 같은 라이초의 말은 여성을 가사 역할에 구속하고 '가정' 안에 가두는 성별 역할분담을 본질로 하는 근대가족으로서 '가정'의 존재기반을 뒤흔드는 것이었다. 성별 역할분담이라는 규범에 정면으로 도전하고 자기해방을 요구하는 라이초의 주장은 선구적이었기 때문에 비난의 의미가 담겨진 '신여성'이라는 호칭과 함께 논의되었는데, 남자들은 물론 여자들로부터도 비난받는다.[10]

그러나 라이초의 주장은 "'반감을 가진' 사람들 사이에서도 아직 명확히 자각되지 않은 채 그 안에서 싹트기 시작했을지도 모르는 규범에 대한 위화감을 최초로 거론한 것"이었다.[11] 라이초는 더 나아가 1913년 「세상의 부인들에게」[12]라는 논고에서 현재의 결혼제도는 '한평생 권력복종 관계'가 된다며 결혼제도를 비판하고, 결혼제도로부터의 탈각이야말로 '신여성'의 길임을 주창한다. 그러나 대부분의 여성들은 결혼이라는 제도 속

---

9   호리바 기요코堀場淸子 편, 『『청탑』 여성해방논집『靑鞜』女性解放論集』, 岩波文庫, 1991, 18~19쪽.

10 이와미 테루요岩見照代 편, 『시선집 '신' 여성들アンソロジー'新しい'女たち』, ゆまに書房, 2002.

11 가노 마사나오鹿野正直, 『전전・'이에'사상─총서 신체사상 9戦前・'家'の思想─叢書 身體の 思想9』, 創文社, 1983.

12 호리바 기요코 편, 앞의 책, 1991.

에서 '주부' 역할이라는 '규범'을 내면화하고 그 내면화 과정에서 새로운 모순과 갈등을 겪게 된다. 그렇다면 '신여성'으로 살아가는 것이 아니라 '주부' 역할을 내면화하는 것으로 자아실현을 추구한 미야케 야스코라는 한 여성에게는 과연 어떠한 모순과 갈등이 내포되어 있었을까.

라이초의 발언은 근대사회에 등장한 '가정'과 '주부' 역할에 대한 이의제기였다. 그에 반해 '주부' 역할을 내면화하려고 한 야스코가 안고 있던 모순은 근대가족으로서의 '가정'이 구조적으로 갖게 되는 모순과 깊이 관련되어 있었다. 야스코가 결혼생활을 보낸 시기는 일본에서 '가정'이라는 새로운 가족상과 '주부' 역할이 형성되는 시기이기도 했다. 그러한 의미에서 야스코의 삶의 궤적은 '가정'과 '주부'의 규범을 수용하려고 했던 사람들이 안고 있는 모순을 리얼하게 드러냈다.

'안온한 결혼'

야스코는 1890년明治 23 교토에서 태어나 어린 시절을 천황이 거처하던 어소御所 근처의 사범부속소학교에서 보냈다. 그 후 일가가 모두 도쿄로 이사하여 고지마치麴町의 반초番町소학교에 입학한다. 1903년明治 36 13살 때 제2고등여학교에 입학했는데 3년차부터는 오차노미즈고등여학교에 다니게 된다. 야스코에 의하면 어릴 적에는 '여성의 학문열이 왕성했지만, "여학교에 들어간 후부터는 여성이 독립생활을 보내는 것은 부자연스럽다거나 천직을 다하지 않는 것이라는 사상이 보급되어 여학교에서 가르치는 교과목도 단지 일상적인 부엌 취향으로 학과學課를 평이하고 실용적이게 하여 여성이 아무리 재능을 지니려고 하거나 대망을 품으려고 해도 하나로 통일하여 가정의 아내를 만들기 위해 힘쓴다"고 전했다.

야스코에 의하면 "그러한 시대적 상황 속에서 성장한 것"은 "상당한 손실"이었다고 적고 있다. 고등여학교령이 발표된 것은 1899년明治 32으로 야스코가 고등여학교에 입학한 것은 그로부터 4년 후의 일이었다. 고등여학교 시절 야스코는 당시 유일한 소녀 잡지였던 『소녀계少女界』에 글을 투고했는데 상을 받은 후, 『여학세계』·『여자문단女子文壇』 등 다양한 잡지에 글을 투고하게 된다. 이 소녀 잡지들은 고등여학교령에 의해 탄생된 '여학생'이라 불리는 계층을 대상으로 한 것이었다. 야스코는 자신의 자아형성에 소녀 잡지가 수행한 역할에 대해 여학교 교육에는 만족할 수 없었고 "어쩔 수 없는 요구로부터 마음의 반향을 전하고", "모르는 사람들끼리라도 사상 면에서 서로 이해하고 공명하고 있었던" 소녀 잡지는 "은인"이었다고 적고 있다. 고등여학교 교육은 '가정의 아내'라는 틀 안으로 여성들을 끌어들이는 것이었던 반면, 글을 통해 자기를 표현하는 여성들을 만들어내기도 한 것이다. 러일전쟁 이후에 여성잡지의 창간이 계속된 것도 고등여학교를 졸업한 여성들의 등장을 배경으로 하고 있다.

그러나 야스코는 '글 속에서 깊은 흥미와 집착을 가지면서도 아무렇지도 않게 부엌으로 들어간다'. 그것은 '여성이 독립한다는 것은 보통 고생이 아니기 때문'이라는 '타산'에서였다. 야스코에 의하면 "내가 결혼한 것은 결국 고생을 하고 싶지 않았기 때문"이라고 서술한다. 그러한 여성은 야스코뿐만이 아니었다. 야스코에 의하면 당시 "양처현모주의의 전성시대에 여학교 교육을 받은 여성들"은 "'남편'이라는 실체를 모르고 우상화하여 어렴풋이 머릿속에 그리면서 기계적으로 남편을 섬기는 아내의 모습에 자신을 치환시키며", "모두 '안온한 결혼'을 지향했다"고 한다. '안온한 결혼'이란 "생활비로 충분한 월급을 받는 사람과 가정을 이루는 것, 욕심을 부리자면 남편의 학력은 대학 출신이고 시어머니가 없는 곳으로 시집가는 것이 당시 처녀들의 유일한 이상"이었고 "성실한 주부가 되는 것은 월급 4, 50엔으로 쌀 살 돈과 된장 살 돈을 잘 변통하는 일이었다."[13]

야스코가 "월급생활자와 가정을 이룬다"고 서술했듯이 '가정'을 형성하는 것은 월급으로 생계를 유지하는 '봉급생활자', '샐러리맨'이라 불리는 신중간층의 사람들이었다. 이 시기에는 구직조건에 학력을 명기하도록 요구했으며 학력에 따라 임금에 뚜렷한 차이가 나타나기 시작했다. 덧붙여 말하면 봉급생활자의 초봉은 '대학 출신', 즉 관립대학 출신의 경우 35엔부터 40엔이었고 고등상업학교 출신의 경우 25엔부터 30엔이었다.[14] 야스코가 결혼한 시기에 해당하는 1910년明治 43부터 1920년大正 9에 걸쳐 평균 결혼연령(초혼)은 남성 27.0살부터 27.4살, 여성 23.0살부터 23.2살로 상승세를 보인다. 그 이유는 도시화 속에서 서로 이웃끼리 집안을 아는 것이 어렵게 된 점[15]뿐만이 아니었다. 남편의 월급만으로 가계를 유지하는 것이 가능한 연령은 27살 정도라는 점도 그 이유 중의 하나였다.[16]

이들 신중간층 가족의 대부분은 농어촌, 산촌 지방의 공동체로부터 이탈해온 구舊사족층과 중농층의 차남, 삼남이 도시에서 형성한 가족이었고 '시어머니가 없는' 핵가족을 구성한다. 야스코도 또한 부모가 권

13 미야케 야스코, 「나의 수학 시절」, 『미야케 야스코 전집三宅やす子全集』 제2권, 中央公論社, 1932b.
14 미나미 히로시南博 편, 『다이쇼문화大正文化』, 勁草書房, 1965.
15 야나기타 구니오柳田國男, 『메이지・다이쇼사―세태편明治大正史―世相編』, 講談社學術文庫, 1993(1967).
16 사와야마 미카코, 「'결혼의 조건'의 근대」, 고다마 미이코小玉美意子・인간문화연구회人間文化研究會 편, 『미녀의 이미지美女のイメージ』, 世界思想社, 1996b.

하는 혼담에 의해 형식상으로는 희망한대로 무난한 가정을 이룰 수 있었다. 그러나 실제로 가정을 가져보면 '자기를 비우지 않으면 가정을 형성할 수 없는 경우가 적지 않다'. 그것은 야스코가 직면한 결혼생활의 현실이었다. 그렇다면 '자기를 비우지' 않으면 '가정을 형성'할 수 없다는 여성주체와 주부 사이의 내면적 갈등이란 도대체 어떠한 것을 의미하고 있었을까. 특히 야스코가 말하는 현실 생활과 〈젊은 주부의 하루〉를 중첩시키면서 고찰해보기로 한다.

단란한 내실

두 사람이 살던 신혼초의 집은 숙부집 근처였는데 그곳은 남편이 학생 시절부터 20년 가까이 살아서 익숙한 곳이었다. 남편이 집에 돌아오는 시간은 매일 정확히 5시 15분으로 정해져 있었다. 야스코는 "그 시각이 1분이라도 늦지 않게 매일 변화무쌍한 많은 반찬과 진귀한 과자를 정리하는" 것에 신경을 썼고 "남편의 기호를 중심으로 평일 오후에는 경험이 많은 가정부와 부엌에서 음식을 준비하며 보냈고", '기모노'와 화장 솜씨를 거울에게 물어보며 "많은 그릇들을 사용하여 가정요리를 만들어 놓고 남편이 오기를 기다린다." 식사는 아내의 애정표시로 '변화가 많고' 특히 '진귀한' 것이 아니면 안 되었다.

그러나 〈젊은 주부의 하루〉에는 행복한 가정의 상징인 '일가단란'의 모습이 그려져 있지 않다. 사실은 야스코가 부부 사이의 틈을 느낀 것은 다름 아닌 단란한 시간이었다. 단란한 시간에 남편의 이야기는 "대부분 그날 밖에서 보고 들은 내용"이었고 "선배나 친구로부터 받은 불평을 입밖에 내는 일도 자주 있었다." 그러나 아내 측에서는 "집안에서 일어난 사소한 일을 남편에게 알려서는 안 되는 것으로 되어" 있었다. 또한 "경제상에 관한 이야기를 묻는 것도 안 된다며 거절당했다." 따라서 야스코는 "들어주기 바라는 내용 또는 상담하고 싶은 일들을 모두 마음속에 담아두고, 그저 남편이 하는 이야기의 유일한 청자가 되는 것에 만족해"한다.[17] 그것이 '단란함'의 내실이었다.

남편은 바깥 세계에서 '보고 들은 것'을 이야기하지만 일의 내용에 대해서는 말하지 않는다. 단지 이야기하는 것은 직장에서의 인간관계에 대한 '불평'뿐이다. 그리고 아내는 '남편이 하는 이야기의 유일한 청자'가 되기를 요구당한다. 왜냐하면 남편에게 '가정은 좋은 위안소'가 되지 않으면 안 되기 때문이다. 한편 남편에게 '집안에서 일어난 사소한 일'은 들을 가치도 없는 것이고 가계에 관한 일은 아내의 역할로 처리해버렸다.

여기서 성별 역할분담 가족의 남편과 아내의 현실이 여실히 드러난다. 성별 역할분담 가족은 남녀가 가정의 밖과 안에서의 역할을 각각 분담하기 때문에 마치 갈등이 적은 것처럼 보이지만 실은 본질적으로 부부의 단절을 내포한 가족이었다. 야스코에게 '남편의 부재'는 '부담 없는 시간'이기 때문에 "그때만큼은 자신으로 돌아오는 듯한 느낌"이 들었다. 남편과 함께 있을 때에는 "고통스러울 뿐 편히 쉴 수가 없었다." 밖에서 일하는 남편과 가사, 육아를 담당하는 아내 사이에는 공통된 화제가 없었다. 당시 이처럼 서로 이해할 수 없는 고민은 야스코뿐만이 아니었다. 여성잡지와 신문의 부인란에 게재된 신상상담에는 결혼생활 중에 생기는 부부간의 고민이 수없이 많이 이야기되고 있었다.

---

17 미야케 야스코, 「자서전의 일절」, 앞의 책, 1932b.

야스코는 남편과 서로 상통하지 못하는 것을 괴로워하며 '자기'에 대한 집착과 아내로서의 역할에 분열하면서 '가사에 몰두'하게 되었고, '생활의 목표'를 '남편 중심으로 가정을 위해 자신의 모든 것을 희생하고 아까워하지 않게' 되었다. 야스코에게 자아실현의 방법은 주부밖에 없었다. 그것이 현실이었다. 그러나 주부 역할을 내면화하면서도 '마음이 외롭다'고 느낀 것은 부정할 수가 없다.

이처럼 야스코가 이 생각 저 생각으로 괴로워할 때, 다만 자유스럽고 사랑스러운 자신의 모습을 상상하며 진정으로 "나는 어머니라는 이름으로 살고 싶다"고 야스코는 서술하고 있다.[18] 어머니가 되는 것은 야스코에게 고통과 갈등으로부터의 탈출을 의미했다. 야스코가 『부인의 벗』에 '도움'을 주게 된 것도 이 무렵의 일이다. 남편과의 거리를 느끼는 가운데 '자유스러운 자신'의 존재로서 자식을 갖기 원한다는 야스코의 심정에 주목하고 싶다. 왜냐하면 거기에는 자식을 자아실현의 대상으로 파악하려는 징조를 읽어낼 수 있기 때문이다.

임신이 확실해졌을 때 야스코는 "마침내 완벽한 가정을 이룰 수 있는 기쁨"을 느끼고 "어머니라는 희망 하나만으로 살아가려고 했다"고 한다. '완벽한 가정'은 자식이 생기면서 비로소 실현되는 것이었다. 야스코는 자식을 중심으로 하는 '완벽한 가정'을 이루려고 했는데 그것은 야스코만의 생각은 아니었다. 그러한 동향을 전형적으로 제시하는 것이 육아서이다. 메이지 말년에는 책 제목에 '가정'이라는 말을 붙여 간행된 육아서의 대부분이 다이쇼기大正期가 되면 책 제목에 '자기자식'·'사랑하는 아이愛兒'라는 말을 붙이게 된다. 육아는 '가정'의 중심적 역할로 자리 잡았고, 특

---

18 위의 글.

히 '가정' 안의 '자기자식'·'사랑하는 아이'에 대한 밀도 높은 '행위'로 의미화되어간다. '가정'이라는 공간은 자식을 중심으로 구성된 공간이었다. 그리고 주부의 관심은 '가정' 안에서 남편과 공동의 공간을 만들 수 없는 소외감에 대한 보상으로서 '자기자식'으로 수렴되어간다.

2. 가정이라는 공간 형성

아내 역할과 어머니 역할

1912년明治 45 야스코는 장녀 쓰야코艶子를 '이치가야市谷의 S병원'에서 출산한다. 핵가족을 형성하는 신중간층이 선택한 것은 산파의 손에 의해서가 아니라 병원에서 출산하는 새로운 형태의 출산이었다. 그러나 남편은 자식이 태어났을 때 '잠깐 들여다보러 왔을 뿐' 입원했던 3주 동안에는 한번도 모습을 보이지 않았다. 자식이 생겨 "집안 분위기는 그날부터 완전히 일변"했지만, 남편은 "우리들 모녀를 부양하기 위한 사람이라는 생각밖에는 안 들었고" "가정을 자식의 왕국으로 용인하는 것은 허용되지 않았다."

게다가 아내 역할과 어머니 역할 사이에는 끊임없는 갈등이 생겨났다. 근대국민국가는 우선 자식을 길러 교육시키는 어머니 역할을, 그다음으로 가사를 수행하는 아내 역할을 강조했다. 즉 여성에게 아내·어머니 역할을 요구하는 양처현모사상을 설파했다. 그러나 그 담당자인 여성들에게는 아내 역할과 어머니 역할이 때로는 모순되는 것으로 받아들여진다. 그것을 상징하듯 신상상담에는 '아내'로서 불행한 고백이 묘사되는 한편, 육아상담과 체험담에는 '어머니'로서 자아실현 양상이 그려진다.

야스코는 자신이 '진정으로 남편의 내조자로만 지내기에는' '너무나도 어머니다운 감정이 생겼다'는 것, 그리고 '곁에 있으면서 따뜻한 위안의 말을 해야 하는' 자신이 좋은 아내가 되는 것과 보다 좋은 어머니가 되는 것이 양립되지 않는 것에 대한 의문에 사로잡혀 있음을 깨닫는다. '가정을 온화하고 아름다운 위안 장소'로 삼는 것을 요구했는데, 갓난아기는 "매우 손이 많이 가는 존재"·"성가신 존재"라며 "집에서는 연구도 더 이상 할 수 없다"고 불평을 호소하는 남편과, "자식을 생각하는 애정과 숙달되지 않은 임무에 대한 걱정으로 가득" 차 있고 "자식에 관한 일 이외에는 여유"가 없는 아내 사이에는 갭[19]이 존재했다. 그것에 대해 야스코는 다음과 같이 서술한다.

> 어린아이가 생기면 아내일 때보다도 어머니로서 지내는 날과 어머니로서 소비해버리는 심정이 대부분이다. 그 때문에 직업상 지쳐 돌아오고, 또한 집에서 전문적인 일을 하려는 사람을 위해서는 가정이 좋은 위안 장소가 아니라 자식의 우는 소리와 그 이외에도 시끄러운 일들이 많은 고통의 장소이다.[20]

다른 한편 야스코는 밖에서 일하면서 가족을 부양하지 않으면 안 되는 남편의 입장도 또한 "가정생활의 즐거움이라기보다도 오히려 처자식

---

19 위의 글.
20 미야마 야스코, 「과학자의 아내로서」, 앞의 책, 1932b.

이라는 부양가족이 큰 부담이라고 생각되는 경우가 없는 것도 아닌 것 같다"고 서술한다. 성별 역할분담 가족의 아내로서 남편으로서의 규범을 내면화하는 가운데 아내와 남편 쌍방에서 생겨나는 갈등에 야스코가 무자각적인 것은 아니었다. '일가를 부양한다는 직업 관념에 좌우되고 있는' 남편에게 '안전하게 보호받고 있는' 자신이 '미안하다'는 '느낌을 강하게 갖는' 아내이기도 했다. 그러나 외부 사회로부터 폐쇄된 '가정' 안에서 생활하는 야스코의 인식은 그것에 대한 '느낌 정도'로만 머물렀던 것이다. 바깥 사회와는 관계없이 '가정' 안에서는 남성과 여성의 대등한 관계를 구축할 수 없다는 것을 리얼하게 간파해내지는 못했다.

야스코는 장녀에 이어 1914년大正 3에 장남 쓰네오恒雄를 출산했는데 1916년에 '사랑하는 자식의 죽음'을 경험한다. '그 어떠한 병도 어머니의 열성적인 간호로 나을 수 있을 것이라고 생각했던' 야스코는 '깊은 비탄'에 빠진다. 남편은 쓰네오가 죽은 후 "모든 것을 희생해서라도 자식을 위해라"라고 야스코에게 말했다. 아이러니컬하게도 야스코는 '처음으로 안심하고 자식을 돌보게' 된다. 육아는 어디까지나 어머니의 역할이었다. 쓰네오를 잃은 같은 해에 차남 고지恒二가 탄생하고 1918년에는 삼남 사부로三郎가 탄생한다. 그러나 뇌에 선천적인 장애를 가지고 태어난 차남 고지는 1919년에 사망하고 만다. 차남의 죽음은 '현대적인 주택으로 건물을 증축'하여 '작지만 새로운 밝은 방을 얻었'는데, '방이 생겨 기뻐하며 그곳에서 뛰어놀다' 넘어져서 머리 부분을 다친 것이 직접적인 원인이었다.

아동 중심의 공간

차남이 탄생한 이후 자식을 위해 '안전한 놀이터를 제공해주고 싶고' '자식들의 건강을 위해서라도 지금보다 조금 여유가 있는 곳에서 살고 싶다'는 야스코와, '집 따위는 아무래도 좋다'는 남편 사이에서 '집'은 종종 '일가의 평화'를 깨뜨리는 화제가 되었다. '현재 일본가옥'이 '사소한 용무에도 외출할 수 없는 불편함', '집을 편리하게 짓는다면' '살기 좋게 지어진 집의 필요성'을 주장하는 야스코와 남편은 '마음의 충돌'을 일으킨다. 야스코는 '현재 상황에 적응해갈 방법을 강구하면 좋겠다'는 남편의 생각에 대해 '일상생활에는 맞지 않는다'며 남편의 논리가 일상생활과 다름을 지적한다.

'집' 문제로 야스코와 남편 사이에는 자주 충돌이 일어났는데 마침 그 시기 『주부의 벗』・『부녀신문婦女新聞』・『부인공론婦人公論』 등에서도 가정개량, 생활개선에 관한 논설이 다수 게재된다. 거기에는 이전부터 행해져온 생활태도가 그것을 '문제'로 보는 시선에 의해 개량되어야만 하는 것으로 다루어진다. 그 하나가 손님을 중심으로 설계되고 청소에 시간이 많이 걸리는 집의 구조, 문단속하기 어려운 가옥구조와 그 결과 초래되는 가정부와 주문을 받으러 오는 상인의 존재, 건강과 자식의 발육을 해치며 동작이 느려지게 되는 다타미疊 중심의 생활이었다.[21]

집에 대한 야스코의 '개선' 요구도 생활개선을 요구하는 시대상황 속에서 생겨난 것이었다. 주택개선의 중심에 놓인 것이 바로 어린이방이었다. 야스코가 주택개선을 요구하는 이유 중의 하나도 자식의 '안전한

---

21 고야마 시즈코, 『가정의 생성과 여성의 국민화』, 勁草書房, 1999.

놀이터'와 '건강'을 위해서였다. 또 다른 이유는 '무지하고 취미생활이 다른 가정부라는 존재를 두지 않는다'는 가족의 프라이버시 중시와 문화생활에 대한 지향에 있었다.

거기에는 자식을 가정의 중심에 두고 가정의 프라이버시를 중요시하며 가정을 문화적인 것으로 만들고 싶다는 야스코의 소망이 담겨 있었다. 야스코가 증축한 '작지만 밝은 방'이라는 것도 어린이방이었을 것으로 짐작된다. 마침내 '가정'의 중심에 놓이게 된 어린이들은 '어린이방'이라는 어린이의 영역을 갖게 된다.[22] '가정'이라는 생활세계가 구체적인 방의 배치로 구현화된 문화주택에는 방 구조나 방 배치에도 '어린이방'이 중요한 위치를 차지하게 되었고, 어린이방의 관리도 주부 역할의 하나가 되었다.

그러나 야스코의 결혼생활은 11년으로 끝을 맺는다. 남편은 1920년大正9 2월 야스코가 32살 때 향년 42세로 장티푸스에 걸려 급사한다. 야스코는 남편이 죽은 3년 후에 쓴 「자서전의 일절」 속에서 '남편을 위해 아내'로 산 11년간의 '결혼생활이라는 것은' "'풀리지 않는 수수께끼'와 같은 것이었다"고 적고 있다. 당시 야스코에게 남겨진 것은 10살 된 딸과 3살 된 아들이었다. 야스코가 생활을 위해 집필활동을 시작한 것도 남편 사후의 일이다.

---

22 진노 유키神野由紀에 의하면 중류가정의 어린이방이 중간복도형 주거로 만들어진 것은 확실하다 해도 생활개선운동 속에서 어린이방에 관심을 모은 배경으로서 어린이를 독자적인 존재로 인정하는 아동연구의 움직임, 어린이를 존중하는 다이쇼 데모크라시의 사조 속에서 '어린이 본위'의 개념이 만들어진 것이 크다고 지적하고 있다(진노 유키, 『어린이를 둘러싼 디자인과 근대－확대되는 상품세계子どもをめぐるデザインと近代－擴大する商品世界』, 世界思想社, 2011, 152쪽).

3. '가정' 세계와 어린이

순진무구한 '착한 어린이'

천국에 계신 아버님께

아버님, 천국에서 재미있게 살고 계십니까. 우리들은 올해도 온주쿠御宿[23]에 왔습니다. 이번에 집을 새로 지어서 그런지 항상 기분이 좋습니다. 툇마루는 넓어서 거기서 밥을 먹기도 하는데 매우 맛있게 먹고 있습니다. 그네도 미끄럼대도 있기 때문에 심심하지 않습니다. 저는 수영을 잘할 수 있게 되었습니다. 이것도 모두 아버님이 처음에 잘 가르쳐주셨기 때문입니다. 사부로는 요즘 그림을 잘 그리게 되었습니다. 물뿌리는 것도 능숙합니다. 지금 살고 있는 집에도 베란다가 있기 때문에 아침에 일어나서 심호흡을 하면 가을바람이 솔솔 불어옴을 느낍니다. 그때마다 버드나무 잎이 베란다로 떨어집니다. 그러면 기분이 아주 좋아집니다. 어머님의 기분도 매우 좋아집니다. …… 아버님…… 부디 우리들을 지켜주세요. 쓰네오와 고지 모두 …… 그럼 안녕히 계십시오.

10월 21일

천국에서 즐겁고 건강하게 지내시는 아버님께

이 편지는 10살 된 장녀 쓰야코가 학교에서 선생님이 "누구에게라도 좋으니 편지를 쓰세요"라고 하여 돌아가신 아버지에게 쓴 편지이다. 이 편지에서 드러나는 것은 돌아가신 아버지의 가르침을 지키고 어머니와

---

23 【역주】 치바현千葉縣 남부에 위치하는 이스미夷隅 군내郡內에 있는 마을을 말한다.

남동생을 배려하며 자신의 건강을 챙기고 식사를 '맛있게 하고', '심호흡'하며 '기분을 밝게 하는' '착한 아이'의 모습이다. 야스코는 이 쓰야코의 편지에 대해 "미묘한 부드러운 마음의 작동으로 따뜻함을 갖고 자라고 있음을 대단히 기쁘게 생각"하고 있는 것, 그리고 "그 섬세한 마음을 언제까지라도 잃지 않기를" 바란다고 적고 있다.[24]

그러나 『자기자식의 성교육我子の性教育』(1924)에 적힌 쓰야코의 말에서 드러나는 것은 호기심으로 가득 차 "아기는 어머니의 배에 있는데 어디에서 나오는 것일까", "뭐든 좋으니까 아기가 '어디'에서 나오는지 그것만이라도 알려 주세요", "아버지의 세포와 어머니의 세포가 어째서 합쳐지는 거야" 하고 부모를 추궁하며 알고 싶어 하는 어린이의 모습이다.[25]

순진무구라는 어린이관은 현실에서 어린이 모습의 반영이라기보다

---

24 미야케 야스코, 「자기자식에게 보낸다」, 앞의 책, 1932b.

25 미야케 야스코는 『자기자식의 성교육』 안에서 아직 이성에 대한 관심이 없고 성적으로 무관심한 유아기에서 어린이를 성으로부터 격리시키고 어린이 세계에 성에 관한 사항을 반입하지 않는 것으로 어린이의 성에 대한 관심의 싹을 봉입해버리거나 혹은 '지극히 근본이 되는 생물학적인 지식만'을 가르쳐 어린이의 성에 대한 호기심을 만족시키는 것으로 어린이가 어머니의 감시의 시선이 미치지 못하는 곳에서 성적인 지식을 얻는 것을 막아야만 함을 서술하고 있다. 미야케는 특히 여자아이가 남녀의 성적인 관계에 대한 호기심을 품음으로써 미혼여자는 '순결'해야만 한다는 제도적 '성'으로부터 일탈하는 것을 두려워하고 있었다. 그러한 의미에서 그녀가 어린이의 시선에서 가장 은폐시켰던 것은 부부의 성생활이다. 그러나 어린이에게 가장 흥미 있는 의문도 역시 부부의 성생활에 관한 것인데 아이는 어떻게 생길까 하는 의문이다. 미야케의 『자기자식의 성교육』 안에서 가장 흥미 깊은 것은 이 부부의 성과 생식에 관한 쓰야코와 주고받은 것을 기록한 부분이다. 거기에서는 자신의 의문을 풀려고 부모를 추궁하는 쓰야코와, 끝내 '그것은'이라고 말할 뿐 대답하지 못하는 야스코의 모습이 그려짐과 동시에 순진무구한 어린이라는 어린이관이 현실의 어린이모습과는 얼마나 동떨어진 관념적인 것이었는지를 엿볼 수 있다(사와야마 미카코, 「근대가족'과 섹슈얼리티」, 야스이 노부코安井信子·사와야마 미카코·이마제키 도시코今關敏子, 『성숙과 늙음成熟と老い』, 世界思想社, 1998a).

는 근대사회가 창출한 어린이를 둘러싼 관념이었다. 야스코의 말에 제시되어 있는 것처럼 어린이의 '상냥한 마음'과 '섬세한 마음'을 가치 있는 것이라고 보는 부모의 심성은 근대사회 고유의 것이고, '가정'의 어린이에게 기대된 것은 순진무구한 마음을 '잃지 않는' '착한 아이'인 것이다. 순진무구란 사회로부터 격리된 '가정'이라는 소우주 속에서 브호받고 자라는 가운데 길러져야만 하는 어린이의 특성임에 틀림없다.

야스코는 한 명의 딸과 세 명의 아들을 얻었지만 딸과 아들의 장래에 대한 기대는 각기 달랐다. 야스코는 "여자아이에게는 아직 만나지 않았지만 그 아이의 남편 모습을 상상했고 남자아이에게는 중등·고등학교에 진학하는 바로 그 아이 자신의 모습을 그렸다"고 서술한다. 성별 역할분담 가족의 아내인 야스코의 자식에 대한 시선은 성별로 구분되는 젠더의식이 짙게 깔려 있었다. 딸의 행복한 미래는 남편에 의해, 아들의 경우에는 학력에 의해 보장받는다. 원래 딸의 경우에도 이 시기에는 고등여학교 졸업이라는 학력이 행복한 결혼조건으로 되어가고 있었다.[26]

이처럼 근대사회의 어린이는 '가정'이라는 사회로부터도 성으로부터도 격리된 공간 속에서 순진무구한 어린이로 자라는 것이 기대되는 한편, 학력에 의해 보장받는 미래를 개척하고 불안한 자본주의사회를 살아나가기 위해서는 학력과 능력을 겸비하는 것도 기대되는 존재였다. 그러나 야스코는 '장래의 희망'을 건 아들 두 명이 각각 3살, 4살의 나이로 죽고 만다. 야스코는 한 명만 남은 삼남 사투로를 '부디 무사히 성장하게 하여 좋은 곳에 취학시키고 싶은 바람'으로 '수고와 노력'을 기울여 기른다.

죽은 '위의 두 명의 아들이 유치원에서 전염병에 걸려온 것에 질려서'

---

26 사와야마 미카코, 앞의 글, 1996b.

사부로를 유치원에도 보내지 않고 가정 안에서만 기른다. "이런 손이 많이 가는 어린이라도 매우 조심스럽게 해줄 것이다"[27]라며 야스코가 선택한 것은 20세기 초두에 등장한 어린이의 개성과 능동적 활동의 존중을 설파하는 '신新학교' 중의 하나인 1917년大正6에 개교한 세이죠成城 소학교였다. 세이죠소학교에 입학시키기 위해 야스코는 입학하기 '2, 3년 전부터 통학하기에 좋은 곳으로 이사하고 그날을 위해 대비한다.' 야스코가 전거한 곳은 '오다와라小田原 급행선'이 다니는 교외였다.

야스코는 입학시험 때 "유치원에도 가지 않고 게다가 세상에 나오는 일이 없고 친구와 노는 일도 없습니다. 부디 잘 부탁드립니다"라며 '몇 번이나 담임선생님과 다른 선생님들에게 설명과 당부를 반복한다.' 야스코는 학교에 입학하고부터도 줄곧 자식의 곁을 따라다닌다. '사부로 취학일기'라는 제목을 붙인 일기 속에서 야스코는 "벌써 3일째가 되었는데도 역시 공동적인 동작이 되지 않는다. 친구와 놀아본 적도 없어 '친구와 그네타고 오세요'라고 말하면 그네가 있는 곳에 가지만 혼자서 놀고", "누구에게도 따르지 않고 누구에게도 부끄러워하지 않는다." 줄을 서서 교실에 들어가는 것도 제대로 하지 않기 때문에 "내가 교실로 따로 데리고 갔다"고 적고 있다.

자식의 입학을 위해 이사까지 하고 학교 안에까지 들어가서 자식을 관찰하고 안내하는 교육열은 야스코뿐만이 아니었다. 신학교에 자식을 입학시키기 위해 전거하거나 혹은 아버지와 별거하고 어머니와 자식 둘만의 생활로 들어갔다는 사례는 그 밖에도 많이 있다.[28] '가정'을 형성하

---

27 미야케 야스코, 「사부로 취학일기」, 앞의 책, 1932b.
28 나카우치 도시오, 「신학교의 사회 과정」, 『나카우치 도시오 저작집 Ⅱ 익명의 교육사』, 藤原書店, 1998a.

는 신중간층의 가족은 학력을 생활향상의 수단으로 삼지 않을 수 없다는 '가족의 성격상' '교육가족'의 성격을 농후하게 띠게 된다(제2부 제3장).

양면적인 어린이관

야스코는 1924년大正 13 사부로가 6살, 쓰야코가 12살 때『어머니의 교육母の教育』·『자기자식의 성교육』을 출간했다. 거기에는 어머니 역할이란 "첫째, 자식의 건강에 주의를 기울이고 나쁜 질병에 걸리지 않도록 조심시키고, 좋은 학교에 보내 바른 학습을 시키고 성 교육을 그릇되지 않게 시켜 착한 청년으로 기르는" 일, '자식의 성에 대한 순결을 보장'하는 일이라고 되어 있다.

그것을 위해서는 '오늘날 우리들이 사는 세상은 제법 거짓으로 가득 찬 세계이기 때문에 어머니는 자식이 사는 세계를 순수하고 아름다운 것'이라며 '투명한 가정'이라는 가정의 순진무구함을 보장할 필요가 있다. 왜냐하면 '어린이 마음은 순수'하기 때문이다. 또한 야스코는 "착한 어린이로 잘 길러내려고 한다면 자식을 함부로 많이 낳는 것을 자제해야만 한다", "자녀에게 충분한 교육을 시키지 못하면 생존경쟁에서 패자가 되어 불행한 생애를 마치게 된다"고 적고 있다. 신중간층은 자식교육을 위해 다른 계층에 앞서 소자화를 선택한 계층이기도 하다.

'어린이 세계'나 '어린이 마음'의 순진무구함을 지키려는 어린이관, 착한 어린이를 잘 기른다는 어린이관은 어느 한 측면에서는 어린이의 독자성과 개성을 중시하는 부분도 있다. 그러나 그 어린이관은 다른 측면에서는 우생학적 논리를 농후하게 띠고 있었다. 신학교는 어린이의 자발성을 존중하는 학교임과 동시에 능력주의의 학교이기도 했던 것이다. 세이죠소학교는 개교 때 '능력별 학급편성, 능력 본위의 상하 학급 간의 이행'을 내걸고 있었다. 야스코의 어린이관에도 어린이에 대한 사랑스러움, 천진난만함에 대한 착목과 동시에 어린이의 비범함, 능력에 대한 착목이 엿보인다.

야스코는 '머리에 떠오르는 것은 단순히 순박하며 사물 그대로의 모습'인 '어린이 마음'을 가치 있는 것이라고 보고 "그네를 타서 재미있었다", "나는 오늘 일어나서 아침 놀이를 했습니다"라고 적은 사부로의 심상專常소학교 2학년 여름방학 때 쓴 일기를 발췌하여 적고 있다(미야케 야스코, 「소학교 무렵」). 그러나 어린이는 '단순함에서 복잡함으로' 이끌어 가지 않으면 안 된다. 심상소학교 6학년이 된 사부로는 "신문광고를 보고 약을 파는 방식을 모아 비교 연구하고", "항상 오다와라 급행전차를 타고 각 역의 경사면과 거리에 의한 속도 문제를 연구"하는 '연구심'이 왕성한 어린이로 성장한다.[29] 세이죠소학교의 졸업생들이 편집한 『세이죠문화사成城文化史』[30]에 따르면 소·중학교의 개설 초기에는 '소천재小天才'가 출현했다고 되어 있는데, 그 교육은 공동체로부터 자립한 교육가족으로서 신중간층 가족의 기대에 호응하는 영재교육적인 측면을 지니고 있었다.

---

29 미야케 야스코, 「단편」, 앞의 책, 1932b.
30 오구치 이이치小口偉一 편, 『세이죠문화사』, 成城高等學校同窓會, 1936.

어머니와 자식의 공간

사부로가 탄생한 1918년大正 7 '어린이의 순수성을 보전개발하기' 위해 발간된 어린이 취향의 잡지『빨간 새赤い鳥』의 지지자는 '신학교'의 지지자이기도 한 신중간층의 부모들이었다. 1928년昭和 3 이후『빨간 새』는 '가정잡지'라고 부제목을 붙였는데,『빨간 새』는 문자 그대로 '가정'이라는 생활세계에 사는 사람들이 지지하는 잡지였다.『빨간 새』에 게재된 광고를 살펴보면 '가정'이라는 공간을 어떠한 세계로 이미지화했었는지가 제시되어 있다. 광고에 그려진 도상의 대부분은 어머니와 자식이 관련된 도상이고 아버지의 도상은 거의 나타나 있지 않다.[31] 자본주의사회가 진행되는 가운데 성립한 '가정'은 구조적으로 부친부재의 공간이었다.

『빨간 새』에 게재된 광고 중의 하나로 '가정비누カテイ石鹼'라는 광고(〈그림9〉)가 있다. 여기에는 '모성애'를 강조하는 프랑스의 여성화가 엘리자베스 비제 르 브륑Élisabeth-Louise Vigée Le Brun의 자화상이 교묘하게 삽입되어 있다. 이 엘리자베스 비제 르 브륑의 자화상은 이미 1901년明治 34『여학세계』9월호에 '서양 명화'로 소개되었다. 그리고 시모다 지로의『태교』(1925)에도 모성애를 상징하는 도상으로서 게재

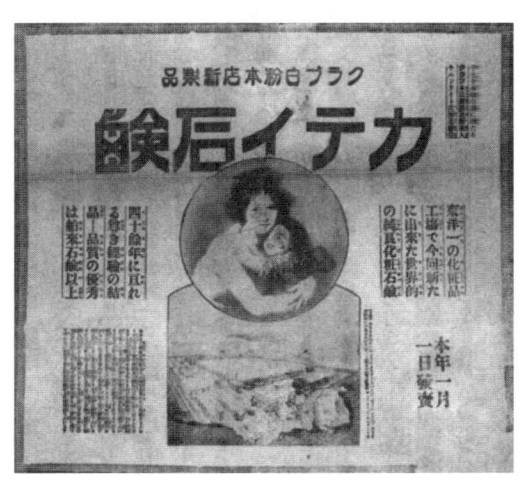

〈그림 9〉 '가정비누'의 광고(『빨간 새』 6권 1호, 1921)

---

[31] 가시와기 히로시柏木博,『초상 속의 권력肖像のなかの權力』, 講談社學術文庫, 2000.

된(제2부제4장) '가정'은 '비누'의 이미지와 관련된 청결하고 위생적인, 그리고 무엇보다도 어머니와 자식의 주된 공간이었다.

특히 『빨간 새』 광고의 문면을 연결해서 살펴보면 거기에는 다음과 같은 '착한 어린이'의 모습이 드러난다. '여름휴가'라는 제목의 글에는 '위생에 주의하고 신체를 건강하게 하고, 그리고 열심히 공부'하고(미쓰코시三越 포목점의 수영복과 스케치북과 그림물감 등의 광고, 1922.8) '학교가 시작'되면 '더욱 열심히 공부하고'(미쓰코시 포목점의 과외독본, 복습 방법 등의 책 광고, 1922.9), 또한 '운동 전후에는 반드시 라이온치약으로 양치질'을 하고 '몸이 건강해지고 두뇌도 명석해지고 학교공부도 잘 할 수 있는'(라이온 물치약 광고, 1922.3) 어린이라고 적혀 있다.

여기서 묘사되는 '착한 어린이'의 모습은 쓰야코의 편지내용과도 중첩된다. 특히 '착한 어린이'상은 '수영복' · '스케치북' · '과외독본' · '치약' 등의 상품과 관련지어 이야기된다. 그러나 『빨간 새』는 거기에 게재된 광고까지 포함해서 살펴볼 때 순진무구한 어린이상만으로 채색된 잡지는 아니었다. 어린이는 순진무구한 존재로서 '가정'이라는 어머니와 자식의 공간에 둘러싸임과 동시에 자본주의사회 속에서 시장에 노출되어 소비의 대상이 된다. '가정'으로 시장경제가 들어가는 입구 중의 하나가 어린이였다. '가정'은 '착한 어린이'를 기르는 공간이기 때문에 외부로부터 격리된 공간이어야만 했다. 그러나 '가정'은 소우주로서 자기 완결성을 가질 수 없었고 시장경제와 학력사회 시스템 속으로 수용되어간다.

'모순 속에서 살다'

지금까지 살펴본 것 같은 모순된 구조를 지닌 '가정'의 여성들도 또한 "모순 속에 사는"[32] 존재였다. 아내들은 주체로서의 자신과 아내로서의 자신이 서로 길항하는 가운데 생겨나는 소외감을 어머니로서 사는 것으로 극복하려고 했다. 자아실현을 이룰 수 없는 폐색감은 어머니인 것에서 자신의 존재를 찾지 않으면 안 되는 심정을 만들어냈던 것이다.

그러나 어린이를 자아실현의 대상으로 여긴다는 것은 야스코의 말을 빌리자면 '자기자식'은 '자신의 자유를 대신해주는 사랑스러운 모습', 순진무구한 '착한 어린이' 속으로 감춰지게 되었다. 성性과 세대로 결합된 '가정'은 여성·남성·어린이 상호 간의 갈등을 내포하는 가족이었는데, 그것은 '가정'이 사회로부터 격리된 소우주로서 자기 완결성을 가질 수 없는 것의 반영이기도 했다.

남편의 사후 문필가로서 생계를 유지하려고 한 야스코는 자신의 경험을 바탕으로 1924년大正 13 『어머니의 교육』[33]과 『자기자식의 성교육』[34]이라는 두 권의 육아서를 저술한다. 야스코는 그 저서에서 근대사회가 여성에게 부여한 '모성'이라는 여성성을 강조하고, '순수한 사상으로 진정한 연애를 얻을 때까지 성스럽게 몸을 지키는 것'이야말로 '어머니의 성교육'이 지향하는 바라고 설파한다. 주부 역할과 모성애가 강조되는 근대사회 속에서 다양한 핸디캡을 짊어진 과부 야스코가 세상에 나오기 위

---

32 미야케 야스코, 「모순 속에서 살다」, 앞의 책, 1932b.
33 미야케 야스코, 이시카와 마쓰타로石川松太郎 감수, 『'어린이와 가정'문헌 총서子供と家庭'文獻叢書』 제6권(『어머니의 교육』, 1924), クレス出版, 1997.
34 미야케 야스코, 『성교육 연구 기본문헌집 제1기 제6권─자기자식의 성교육性教育研究基本文獻集 第1期 第6卷─我子の性教育』(『자기자식의 성교육』, 文化生活研究會, 1924), 大空社, 1990.

해서는 사회가 기대하는 여성의 역할을 역으로 이용할 필요가 있었다.

두 권의 저서는 야스코가 주체를 가지려고 고투하면서도 살아가기 위해 성별 역할분담, 남녀의 비대칭적인 성, '모성'이데올로기라는 근대사회의 젠더규범을 내면화하는 한편, 그것을 역이용하면서 그 규범에 깊이 관련되지 않으면 안 되었던 모습을 드러낸다. 그와 동시에 '여성의 가장 올바르고 강력한 역할은 아내로서 어머니로서 진실하게 살아가는 것'을 특히 강조하고 있는 점에서 아내나 어머니로서만 자아실현을 꾀할 수밖에 없었던 야스코가 안고 있던 잠재적 불안을 엿볼 수 있다. 그러나 자기 자신이 빠진 자기모순을 응시하기에는 야스코의 생애가 너무나도 짧았다. 야스코는 1932년昭和 7 42살의 나이로 세상을 떠난다.

'가정'과 그 수행자로서 주부가 안은 모순이 표면화되는 것은 야스코의 손자세대가 되고 나서의 일이다. '가정'과 거기에서의 여성과 어린이가 안은 모순은 '가정'이 대중화되고 노동자와 농민가족의 '신중간층화'와 교육가족화가 드러나는 전후, 특히 1980년대 초두에 이르러 '아내로 어머니로' 사는 것이 '진정한 삶일까'라는 아내들의 고뇌에 대한 토로로써,[35] 또한 능력주의사회 속에서 '어린이들의 복수'[36]로써 극적인 형태로 분출된다.

---

35 사토 시게오齊藤茂男, 『아내들의 사추기妻たちの思秋期』, 講談社, 1994(1982).

36 혼다 가쓰이치本多勝一 편, 『어린이들의 복수子供たちの復讐』, 朝日新聞社, 1986.

제3장 근대가족의 남편·아버지

미야케 쓰네카타三宅恒方

1. 형체가 보이지 않는 남성들

가족의 초상

여기 〈모某 씨 가족의 초상〉(1919)이라고 제목을 붙인 한 장의 그림(〈그림 10〉)이 있다. 이시바시 와쿤石橋和訓의 솜씨로 그려진 이 그림에는 '모 씨 가족'이라고 말하면서도 '모 씨' 본인의 모습은 보이지 않는다. 미술사가에 의하면 다이쇼기부터 쇼와 초기에 걸쳐 그려진 가족초상화와 가족의 단란함을 그린 그림의 특징으로서 아버지이며 남편이기도 한 남성의 모습이 빠진 경우가 많다는 점이다.[1] 남성은 '**모 씨의 가족**'(강조는 저자)이라는 것과 가부장인 것은 명시되어 있지만 '모 씨'라는 익명으로 등장한다. 그것은 일본의 근대가족사 연구 상황을 고려할 때 이중의 상징적 의

---

[1] 아리카와 이쿠오有川幾夫, 〈가족의 초상〉, 『가족의 초상—일본 가족 초상화' 도록家族の肖像—日本ファミリーポートレート'圖錄』, 宮城縣美術館, 1995.

미를 갖는다. 첫째로는 일본의 가족사 연구 속에서 근대가족에게 남성의 문제는 오랫동안 공백인 채로 남아 있다는 의미에서이다. 둘째로는 근대가족 내부에서 삶을 산 남성들의 실상이 익명이 아닌 구체적인 고유명사로 접근하는 연구가 아직 미개척 영역이라는 의미에서이다.

최근 가족사회사 연구는 서장에서 기술했듯이 근대가족에 강한 관심을 보여왔다. 그중에서도 관심이 집중된 것은 근대가족의 규범과 이념, 그리고 구조이다. 거기서 남성의 문제는 후경화되었다. 왜냐하면 공공 영역과 분리된 가정이라는 사적 영역은 여성과 어린이의 공간이었기 때문이다.

최근 들어 근대가족에서 남성의 문제를 부성론의 담론 레벨에서 밝히려는 연구[2]가 등장했다. 그러나 근래의 '부성의 복권론'에서 '부성의 상실론'까지 '여전히 근대가족의 틀 내에서 이야기되는 부친론父親論'[3]을 상대화하고, 현대의 남성들이 안고 있는 모순을 탐구하기 위해서는 부성론이라는 담론 레벨에서 보는 것만으로는 불충분할 것이다. 담론

---

[2] 가이즈마 게이코, 『근대 일본의 부성론과 젠더·정치학』, 作品社, 2004.

[3] 데라사키 히로아키寺崎弘昭, 「18·19세기 영국의 아버지－그 강박성과 불안」, 구로야나기 하루오黑柳晴夫 외편, 『아버지와 가족 부성을 묻는다－시리즈 비교가족대 II기 2父親と家族 父性を問う－シリーズ比較家族代II期2』, 早稻田大學出版部, 1998.

과 현실이라는 문제로 남녀관계를 대응시켜 남성들이 안고 있는 모순의 구조를 아버지로서뿐만 아니라 남편으로서 동시에 직업인으로서의 입장을 포함하여 아버지·남편·직업인이라는 상호관계성의 문제로 고찰할 필요가 있다.

근대가족 속의 남성

근대가족에서 남성이 역사적으로 안고 있던 모순이란 가족사회사 연구가 규범 레벨에서 밝힌 바에 의하면 근대적 성별분업, 공적 영역과 사적 영역의 분리라는 근대가족의 구조[4]에서 유래한다. 왜냐하면 사회라는 공적 공간에서 직업인으로서의 모습과 사적 공간에서 가정인으로서의 모습, 남편으로서의 측면과 아버지로서의 측면은 서로 모순되는 내용을 지니고 있기 때문이다. 공적 영역의 담당자인 남성들은 부양자로서의 역할을 수행하고 가장으로서 가족을 통솔하는 권력을 지니면서 아내에게는 애정으로 맺어진 남편, 자식에게는 자애로 가득 찬 아버지이어야만 한다는 이율배반적인 구조를 띠게 되었다.[5]

그러나 근대가족의 규범과 이념 레벨에서는 그렇다 하더라도 남성 한 사람 한 사람의 입장에서 보면 그 모순은 하나의 전형적인 형태로 규정화되는 것은 아니었을 것이다. 남성성과 여성성이라는 규범을 특화하는

---

4   오치아이 에미코, 『근대가족과 페미니즘』, 勁草書房, 1989; 니시카와 유코, 「주거의 변천
     과 '가정'의 성립」, 여성사종합연구회 편, 『일본 여성생활사 제4권 - 근대 日本女性生活史
     第4卷 - 近代』, 東京大學出版會, 1990.
5   가이즈마 게이코, 『근대 일본의 부성론과 젠더·정치학』, 作品社, 2004; 데라사키 히로
     아키, 앞의 글, 1998.

근대사회 속에서 직업인인 것과 가정인인 것, 남편인 것과 아버지인 것은 한 남성의 내부 안에서 복잡하게 얽혀 있다고 생각한다. 그러므로 그 내면적 갈등과 뒤엉킴의 양상이 밝혀지지 않으면 안 될 것이다.

현실에서 삶을 산 남성의 구체적인 경험 측면에서 아내와 자식, 그리고 사회의 다양한 관계성 속에서 근대사회를 경험한 남성에게 구체적으로 무슨 일이 일어나고 있었는지를 고찰할 필요가 있다. 예를 들어 근대가족의 당사자인 남편과 아내의 이야기, 거기에서 드러나는 어긋남과 차이, 그리고 남성과 여성 사이의 뒤틀림이 바로 그것이다. 그러한 당사자의 리얼리티에 착안하여 근대가족의 현실을 재구성하는 과정을 통해 근대가족에서의 남성문제를 생각하는 것이 본장의 과제이다.

원래 이 문제에는 큰 어려움이 있다. 다시 말해서 근대가족의 여성들이 신상상담, 체험담, 특히 수필과 소설에 이르기까지 다양한 미디어에서 자신이 아내로서 어머니로서의 모순을 이야기하고 있는 것에 비해 남성들이 사적인 사항에 대해 이야기하거나 남편으로서 아버지로서의 이야기한 것을 찾아내기는 어렵기 때문이다. 그러나 근대가족이 성별 역할분담 관계에서 성립된 가족임을 생각한다면 남성과 여성, 즉 부부관계의 실태에 접근하기 위해서는 남성과 여성 쌍방의 당사자들 이야기를 대조하여 고찰할 필요가 있다. 왜냐하면 아내의 이야기, 남편의 이야기를 대조해볼 때 나타나는 어긋남과 차이, 모순과 갈등 속에서 근대가족의 남성과 여성의 현실모습을 엿볼 수 있다고 생각하기 때문이다.

제2장에서는 '가정' 속에서 삶을 산 미야케 야스코라는 한 여성에게 초점을 맞춰 '살아가는 공간'인 생활세계의 레벨에서 '근대가족'의 '가정'이란 무엇인지에 대해 고찰했다. 그 의도는 '가정'에서 삶을 산 한 개인 여성의 입장에서 살펴볼 때 그 개인을 통해 보이는 문제 속에는 '가정'

이라는 생활세계가 가지는 구조적인 문제가 깊이 아로새겨져 있다고 생각하기 때문이다.

본장에서는 야스코의 남편인 미야케 쓰네카타를 다룬다. 〈표 1〉에서 두 사람의 연보를 제시했는데 쓰네카타는 결혼생활 11년째 되던 해에 장티푸스로 급사한다. 그가 죽은 후에 야스코는 여러 권의 저서를 간행했는데, 그 중에는 자신의 부부관계에 대해 이야기한 수필과 쓰네카타가 살아 있었다면 간행되지 않았을 야스코 앞으로 보낸 서간도 포함되어 있다. 그것들이 결코 많다고는 할 수 없지만 근대가족에서의 남성이 전한 귀중한 이야기라고 말할 수 있다. 한편 남편의 사후에 문필가로서 생계를 꾸려나가려고 한 야스코는 자서전을 비롯해 자신을 모델로 한 소설이나 평론, 교육론 등 많은 저서를 남겼는데, 그것들은 『미야케 야스코 전집』으로 간행되었다. 그 전집 안에는 자서전의 집필을 권유했지만 한 글자도 적지 못하고 세상을 떠난 남편과의 생활을 적은 야스코의 「자서전의 일절」도 수록되어 있다.[6]

그러한 의미에서 쓰네카타와 야스코의 저서는 남편 이야기와 아내 이야기를 대조해보기 위한 아주 좋은 소재를 제공해준다. 또한 딸 쓰야코가 아버지에 대해 쓴 문장도 남아 있다. 본장에서는 쓰네카타와 야스코의 일상생활을 가로축으로 두 사람의 부부생활을 세로축으로 아내, 그리고 어린이를 네거티브로 하여 남편·아버지인 쓰네카타의 모습을 상기시키는 것으로 근대가족에서의 남성 모습에 대해 접근해보기로 한다.

6　미야케 야스코, 「자서전의 일절」, 『미야케 야스코 전집』 제2권, 中央公論社, 1932b.

<표 1> 미야케 쓰네카타 · 야스코 관련 연보

서력	和歷	쓰네카타	야스코	관련연표
1880	明治 13	이시카와石川현 가나자와金澤에서 태어남. 평론가 미야케 세쓰레이三宅雪嶺의 조카		
1890	明治 23		나중에 교토사범대학교장이 되는 가토 마사노리加藤正矩의 딸로 태어남	여자고등사범학교 설립, 교육칙어 발포, 대일본제국헌법 시행
1903	明治 36		13살로 제2고등여학교에 입학, 3년차부터는 오차노미즈 고등여학교에 다님	사카이 도시히코堺利彦, 『가정잡지』 창간
1905	明治 38	도쿄제국대학 이과대학 동물학과를 졸업 후, 대학원에서 곤충학을 전공		나쓰메 소세키, 『나는 고양이로소이다』 발표
1907	明治 40	도쿄제국대학 농과대학의 조교助手가 됨		
1910	明治 43	쓰네카타 31살, 야스코 21살 때 결혼		
1911	明治 44		『부인의 벗』 게재 〈젊은 주부의 하루〉로 등장	대역사건, 『청탑』 창간
1912	大正 1	장녀 쓰야코 탄생		
1914	大正 3	장남 쓰네오 탄생		제1차 세계대전(~1915)
1916	大正 5	차남 고지 탄생, 쓰네오 사망		『부인공론』 창간
1916	大正 5	농과대학 조교에서 농상무성 농사시험장 곤충부 주임이 됨		
1917	大正 6	『곤충학범론』 상, 쓰네오의 1주기에 간행, 조선출장		세이죠소학교 개교
1918	大正 7	삼남 사부로 탄생		쌀 소동, 스즈키 미에키치 『빨간 새』 발간
1919	大正 8	고지 사망		세계적 인플루엔자(스페인감기) 유행
1919	大正 8	농학부 강사가 됨		
1921	大正 10	장티푸스로 41살에 급사함		하니 모토코, 자유학원 창립
1922	大正 11	『여행과 나』 발간	「자서전의 일절」 집필, 『미망인론』 발간	생어Sanger 부인 일본 방문
1924	大正 13		『어머니의 교육』 · 『자기자식의 성교육』 발간	
1929	昭和 4	『학자도보여행學者膝栗毛』 발간		
1932	昭和 7		42살로 사망, 『미야케 야스코 전집』 발간	

2. 이상적인 '가정'

남성에 의한 '가정' 이미지의 계몽

두 사람은 러일전쟁1904~05과 제1차 세계대전1914~15 사이인 1910년
明治 43 쓰네카타가 31살, 야스코가 21살 때 결혼하여 제1차 세계대전 종
결 후인 1921년에 쓰네카타가 죽음으로써 11년의 결혼생활을 마친다.
야스코의 자서전에는 약혼 시절인 1910년 3월 7일에 쓰네카타로부터
받은 편지의 일부가 게재되어 있다.

> 당신으로부터 듣고 싶고 편지를 받고 싶은 것은 '저는 영원한 당신의 아내
> 입니다'라든가 '평생 함께 하고 싶습니다'라는 말들입니다. 당신이 진정으로
> 나를 사랑해준다면 당신에게 최선을 다할 것입니다.

여기서 제시된 것은 '이어'를 위한 것이 아니라 '나' 개인의 의사를 중
시하는 연애가 근대에 새롭게 생겨나 보급된 관념이라는 점이다. "'남
편'이라는 실체를 모르고 우상화하여 어렴풋이 머릿속에 그리면서 기
계적으로 남편을 섬기는 아내의 모습에 자신을 치환시키며",[7] '안온한
결혼생활'을 지향했던 야스코는 "나는 이것을 읽고 매우 놀랐다"고 서
술하고 있다.[8] 쓰네카타가 이상으로 삼은 것은 당시 새로운 가족상으
로서의 '가정'이었고 그 중심축에 놓인 것은 연애에 기반을 둔 결혼, 사

---

[7]   미야케 야스코, 「나의 수학 시절」, 의의 책.
[8]   미야케 야스코, 「자서전의 일절」, 위의 책.

랑으로 가득 찬 부부의 정신적인 결합이었다.

　부모와 자식 중심의 '이에'가 아니라 부부 중심의 '가정' 이미지를 사람들에게 침투시키는 계몽적인 역할을 수행한 것은 '가정'을 제목으로 한 잡지들이었다. 그중에서도 도쿠토미 소호德富蘇峰의 『가정잡지家庭雑誌』(1882~98), 『가정잡지』의 종간 5년 후 다시 시작한 사카이 도시히코堺利彦의 『가정잡지』(1903~09), 하니 요시카즈羽仁吉一 · 하니 모토코羽仁もと子의 『가정의 벗家庭之友』(1903~11)이 수행한 역할은 실로 다대하다.[9] 도쿠토미는 주부 역할에 일정한 권한을 주기 위해 '주부일기'를 권장했는데 그 필자는 가장이 아니라 주부임을 요구했다.[10]

　그러나 『가정의 벗』이 가사시간표인 '주부일기'를 고안하여 판매한 1907년明治 40이 되면 '주부일기'를 적는 주체는 주부임이 명확해진다. 일본에서 '가정' 이미지가 어떻게 빠르게 침투했는지 또는 가사의 담당자가 가장에서 주부로 급격히 변화했는지를 엿볼 수 있다. 그것을 상징하듯이 1911년 『가정의 벗』은 『부인의 벗』으로 명칭을 바꾸고 가정 이미지의 보급 주체는 가정잡지에서 여성잡지로 바뀌게 된다.

　도쿠토미의 제안은 주부가 아직 그 권한을 갖지 않은 시기에 나타난 제안이었다. 즉 '가정' 이미지를 계몽하는 주체는 남성이었고 여성은 계몽의 대상이었다. 이 관계는 쓰네카타와 야스코에게도 적용된다. 신혼여행에서 생물학자인 남편으로부터 성에 관한 많은 이야기를 '성실히 듣고' '성생활이 단지 호기심, 유희심, 그러한 도전이 아니라는 것을 안' 야스코는 '두 사람이 장래 각오해야만 하는 항목'을 기록한 '맹세의 글'

9　니시카와 유코, 「잡지 『문화생활』과 남성 본위의 가정이데올로기」, 『문화생활文化生活』 해설 · 총목차 · 색인, 不二出版, 1995.

10　니시카와 유코, 앞의 글, 1990.

에 대한 서명을 남편으로부터 요구받는다. 그 후 '매월 21일(두 사람의 결혼기념일)'에는 '맹세의 글'을 반드시 읽고 '그 어느 때보다도 풍성한 식탁을 준비하고 그 시간을 기다리는 일'이 습관화되었다〈그림 11〉.

결혼 후 반년이 지났을 무렵의 일이다. 바쁜 야스코는 그날이 결혼기념일인 것을 잊고 평상시와 다름 없는 식탁을 차렸다. 식사 후 "바빠서 21일을 잊었겠지만 이제부터는 가능한 한 주의하기 바란다"고 쓴 쓰네카타의 편지가 테이블 위에 놓여 있었다. 야스코는 "한방 맞은 듯한 기분이 들었다. 여성은 가사에 몰두하면 부부의 아름다운 정을 등한시해버리기 쉬운데 남성은 영원히 가

〈그림 11〉 미야케 쓰네카타와 미야케 야스코 결혼 후 얼마 안 되었을 무렵의 결혼기념일에 촬영 (『미야케 야스코 전집』 2, 1932)

정을 온화하고 아름다운 위안 장소로 여긴다"고 생각했다고 한다. 기념일을 준비하고 부부의 애정이라는 불확실한 유대를 항상 확인해야만 하는 가족. 그것이 쓰네카타가 요구하는 '가정'이었다.

쓰네카타는 자신이 요구하는 '가정' 이미지를 아내가 공유하고 아내가 주체적으로 '가정' 이미지의 실행에 힘써야만 한다며 아내를 교육시킨다. 그렇다면 남편인 쓰네카타가 '가정'에 요구한 것은 무엇이었을까. 그리고 아내인 야스코가 요구한 것은 무엇이었을까. 그럼 '가정'·'부부'라는 두 개의 키워드로 살펴보기로 한다.

'가정'에 대한 이상

두 사람은 '이에'에서 '가정'으로 이행되어가는 과도기를 살았고 '가정'에 자신의 이상을 맡겼다. 그것은 두 사람의 성장 과정에서 영향을 받은 바가 크다. 1880년明治 13에 태어난 곤충학자 쓰네카타는 도쿄제국대학 이과대학 동물학과를 졸업하여 1907년明治 40 27살 때 동대학 농과대학의 조교助手가 되었고, 농상무성農商務省 니시가하라西ヶ原 농사시험 기사를 겸임한 후 강사가 된다. 학문에만 전념하는 한편 '정몽한인丁夢閑人'이라는 호를 사용하여 수필과 사회비평을 발표했지만 1921년大正 10 2월 41살의 나이로 장티푸스에 걸려 급사한다. 쓰네카타는 혜택 받은 가정에서 성장한 것은 아니었다. 쓰네카타의 숙부 미야케 세쓰레이三宅雪嶺는 그 사후에 간행된 『제육감을 섞어서第六感を交えて』라는 저서에서 「서문을 대신하여」라는 글을 통해 다음과 같이 적고 있다.

> 정몽한인은 불행한 사람이라고 말해야만 하는가. 3살 때 어머니의 슬하를 떠나 조부모의 손에서 자라 8살에 조부를 잃고 16살에 아버지를 잃고 42살에 죽고 3남 1녀 중 두 아들이 요절했다. 33살까지 조모와 함께 한 것이 유일한 것이었다.

반면 쓰네카타보다 10살 아래인 야스코는 1890년도에 태어났는데 아버지는 교토사범학교 교장이 된 가토 마사노리加藤正矩이다. 야스코의 어머니는 아버지가 모리오카盛岡중학교에 부임했을 때 '사랑한' 30살 연하의 여성으로 본처는 아니다. 야스코는 "어릴 적부터 유모라고 생각하는 아주머니의 자식"으로 알았는데 "아주머니가 내 어머니라고 생각하면 언제나 얼굴이 바로 빨개졌다"고 한다.[11]

아버지는 야스코가 오차노미즈고등여학교에 재학 중이었던 16살 때 돌아가시고 어머니와 본처, 딸 두 명은 숙부이며 추밀원樞密院의 고문관 가토 히로유키加藤宏之의 보살핌을 받는다. 가토라는 아버지의 이름을 쓰고 돌아가야만 하는 생가를 잃은 야스코가 현실세계를 살아갈 유일한 방법은 결혼하는 것이었다. 야스코는 여학교 졸업 2년 후인 1910년에 쓰네카타와 결혼하게 된다. 아내와 첩이 동거하는 '이에', 거기서 어머니와 딸의 복잡한 관계는 야스코의 '가정'에 대한 동경이 있었던 만큼 그 때문에 실망도 또한 큰 것이었다고 생각된다. 어릴 적에 어머니와 헤어진 쓰네카타, 낳아준 어머니를 유모라고 여기고 자란 야스코의 성장 과정이 '가정'을 꾸리는 것을 자신의 이상으로 삼게 했던 것이다. 쓰네카타는 1918년大正 7 1월 5일 여행지 이토伊東에서 아내에게 다음과 같은 편지를 보냈다.

부부라는 관계는 부모와 헤어진 사람들에게는 절대적이어야 한다. 나도 부모가 없고 처음으로 아내를 얻어 가족이 만들어진 이상 절대적인 가정이라고 여겨야 한다. 우리들은 아내를 제외하고 가정을 이루지 못하며 남편을 떠나 돌아갈 곳이 없다. 이러한 의미에서 우리 두 사람은 세상의 일반적인 부부 이상으로 친밀하고 서로 의지하지 않으면 안 되는 것이다.[12]

두 사람의 결혼생활을 둘러싸고 각각의 이야기는 '절대적인 홈'이고 '가정', '서로 의지해야만 하는' 부부라는 이상과 현실 사이를 요동친다.

---

11   미야케 야스코, 「분류」, 『미야케 야스코 전집』 제1권, 中央公論社, 1932a.
12   미야케 쓰네카타, 『여행과 나旅と私』, 實業之日本社, 1922a.

3. '남편 이야기', '아내 이야기'

가장과 가족부양자

쓰네카타는 농상무성의 발령으로 감귤 조사차 규슈九州로 자주 출장을 가거나 또는 조선총독부의 명을 받아 해충을 조사하러 조선으로 출장을 가는 등 가정을 비우는 일이 잦았다. 그 여행지에서 야스코 앞으로 보낸 서간 중의 일부를 모아 간행한 『여행과 나旅と私』(1922)에서는 '여행지로부터 받은 편지'라는 제목으로 수록했다. 편지는 모두 42통에 달했다. 그것은 결혼한 해인 1910년明治 43 7월 17일에 시작해서 급사하는 1918년大正 7 1월 8일까지 11년간의 결혼생활 중 8년 동안에 주고받은 편지이다.

거기에는 가정과 아내 또는 자식에 대한 사적인 감정과 자신의 직업을 둘러싼 울적한 마음 등이 적혀 있다. 이것은 사적인 심정을 드러내는 경우가 적은 근대가족에서 삶을 산 남성의 심정에 접근할 수 있는 귀중한 단서를 제공해준다. 한편 야스코는 「자서전의 일절」에서 쓰네카타의 편지가 발표된 시기 자신의 상황을 기록했다. 이상적인 가정을 의식적으로 실현하려고 한 남성과 여성의 관계란 어떠한 것이었을까. 남편 이야기, 아내 이야기라는 쌍방의 이야기를 서로 맞춰보는 것으로 근대가족의 현실은 어떠했을까라는 수수께끼에 접근해보고 싶다.

쓰네카타의 편지 말미에는 자식과 집안일을 부탁한다는 짧은 글이 반드시 첨부되어 있었다. 그것이 우선 눈길을 끈다. 쓰네카타와 야스코는 1912년明治 45에 장녀 쓰야코, 1914년大正 3에는 장남 쓰네오, 1916년에는 차남 고지, 1918년에는 삼남 사부로 네 명의 자식을 얻는다〈그림 12〉. 그러나 1916년에는 쓰네오가, 1919년에는 뇌에 선천적인 장애를 갖고 태어난 고지가 죽고 만다. 쓰네카타의 편지에는 자식들의 이름이 등장한다. 예를 들면 "쓰야코, 쓰네오야 문단속을 명심해라"[13]라는 방식으로 쓰여 있다.

때로는 "쓰야코에게 구두를 사줘야 한다",[14] "자식들에게 신경 쓰고 날씨가 좋은 날에는 교외로 나가는 것도 좋을 것이다"(휴가에서, 1916) 등 구체적으로 아내에게 행동을 지시하는 경우도 있었다. 근세 말기 아버지의 편지에서도 "자식에게 신

〈그림 12〉 미야케 야스코와 자식들. 왼쪽부터 쓰야코, 고지, 무릎 위는 사부로(『미야케 야스코 전집』 2, ¯932)

경 쓰고"라며 아내에게 명령하는 가장으로서의 일면을 엿볼 수 있다.[15] 쓰네카타의 그것도 가장으로서의 행동이라고 말해도 좋을 것이다. 또한 출장 중인 남편이 일에 전념할 수 있도록 "남편에게 쓸데없는 편지를 하지 않는 재치를 갖는 등 항상 마음을 쓰라"고 명령했다. 그런데 그것이 불가능한 경우 예를 들어 "더군다나 출장 중에 이렇게 바쁠 때에는 한 통이라도 쓸데없는 편지를 보내지 않는 것이 좋다. (…증략…) 무례하다"며 아내에 대한 불만을 터뜨리기도 했다.

---

13 휴가日向 노베오카延岡에서, 1914.
14 가고시마鹿兒島에서, 1915.
15 일례를 들어보면 무쓰노쿠니陸奧國 이치노세키一關번의 의사, 치바 리안千葉理安이 하나오카 세이유華岡靑洲 밑으로 의학 수행하러 나올 때 아내 앞으로 보낸 1814년 3월 26일자 편지에는 "세 명의 자식을 매우 만족스럽지 않게 키워"라고 되어 있다(하나이즈미마치 교육위원회花泉町敎育委員會 편, 『하나이즈미마치 문화조사보고서 제8집─관음당문서 1花泉町文化調査報告書 第8集─觀音堂文書1』, 2001).

2,3일씩 각 현을 돌아보는 출장 중인 쓰네카타는 '항상 전보로 거처를 알려주는' 남편이었다. 그에 반해 야스코에게서 온 편지는 쓰네카타가 "여러 곳을 돌아다니기 때문에 소식을 전할 길이 없었다"거나 하여 쓰네카타의 편지에 비해 비교적 간단했던 것 같다. 1916년 여름, 규슈에서 보내온 편지를 보면 "쓰구미津組로 구연산 제조 방법을 강습하러 오는 새로운 ××의 농학박사, 매우 달콤한 가정, 듣자하니 부인은 오차노미즈라는 것 같고 매일같이 편지가 오고 모두 서양봉투에 잉크(…중략…) 불행하게도 나는 받은 일이 없는데 약간 부럽다"라고 적혀 있다. 아내의 편지에 위안을 찾는 남편에 비해 아내는 일상생활에 쫓기고 있었던 것이다.

남성 본위의 아내상

쓰네카타가 기관지 카타르katarth를 위해 이즈伊豆의 이토로 전지 요양한 1918년大正7 1월 5일에 보낸 편지에는 "집을 떠나 6일째 되던 날 드디어 네 줄四行의 엽서를 받았다", "네 줄의 엽서를 받고 그 당시는 매우 화가 났는데 화를 낼 필요도 없다. 노력해서 그 이상을 쓰게 하면 된다고 생각했다"고 적고 있다. 야스코가 보낸 엽서에는 '고지의 병'이라고 되어 있었다. 그러나 쓰네카타에게는 자식의 병보다 야스코가 네 줄밖에 편지를 못 쓰는 것에 화가 난 것 같다. 쓰네카타는 "고지의 병간호를 잘 부탁한다. 신년이니 용무도 많기 때문에 편지를 쓸 수 없을지도 모르지만 그것(네 줄밖에 못 쓰는 것─저자 주)을 보고 한편으로는 그 미숙함에 놀랐다"고 적고 있다.

이때 야스코는 6살 쓰야코, 3살 고지 두 명의 자식을 거느리고 3월에 출산예정인 임신한 몸이었다. 야스코는 그렇지 않아도 피로해지기 쉽고 잠이 필요한 임신부였던 것이다. 게다가 야스코는 뇌에 선천적으로 장애를 갖고 태어난 고지가 '매일 밤 1시부터 1시간 정도' 우는 것에도 괴로워하고 있었다. 그렇지만 쓰네카타는 그러한 아내의 고생스러움에는 전혀 생각이 미치지 못했다. 쓰네카타는 때때로 여행지에서 연구재료를 보내는 적도 있었다. 1919년大正8 기슈紀州에서 보내온 편지에는 "'중요함'이라고 쓴 것은 연구재료이니까 흩어지지 않도록 다른 상자에 넣어 잘 보관하고 (…중략…) '이 상자를 열 때 사부로가 장난을 쳐서 손을 쓸 수가 없어서 상자 속의 자료가 흩어졌다'라는 등의 변명은 안 돼"라고 적혀 있었다. 이때 사부토의 나이는 한 살이었다. 그러나 쓰네카타가 부재중으로 1살 된 갓난아이를 혼자서 돌보는 아내의 고생스러움은 전혀 안중에도 없었던 것이다.

편지에는 아내로서보다는 어머니로서 사는 야스코, 그리고 가장으로서 행동하고 아내에게 위안을 찾으려는 남편이라는 어긋남을 가진 가정의 현실이 엿보인다. 쓰네카타가 편지에 '잉크와 서양봉투'가 좋다고 말하자 야스코가 그 요구에 호응하여 서양봉투로 편지를 쓰면 '남편이 바라는 서양봉투를 사용하는 착한 아내. 남편이 바라듯이 늘 사랑의 말과 양념을 덧붙이는 것을 잊어서는 안 된다", "야스코는 역시 남성 다루는 법을 모른다. 사랑한다거나 그립다거나 하는 것은 틀에 박힌 말이지만 여성이 남성을 녹이는 문구를 적어 주기 바란다"[16]고 적혀 있다.

그는 자신이 "약간 별난 남성이고 어떤 점에서는 남편으로서가 아니라 단지 남성으로서 교제자의 위치에서 생각해도 — 만약 다소 평범하

---

16   이토에서, 1918.1.8.

지 않은 여성이라면 — 좋아하게 될 것이며 분명히 비범한 면이 있었다"고 서술한다. 근대사회는 '평범'한 것이 아니라 '비범'한 것이 가치가 있는 경쟁원리에 기반을 둔 사회였다. '비범'한 자신을 "다소 평범하지 않은 여성이라면 — 좋아하게 될 것이다"라는 말에는 근대사회에서 삶을 산 남성 본위의 사고가 엿보인다.

근대사회는 남녀의 불평등 위에 성립되는 사회이기도 했다. 쓰네카타는 "야스코의 큰 결점은 늘 말하듯이 두뇌가 민첩하지 않은 점이다. (…중략…) 집안의 평화가 깨지는 것은 항상 두뇌의 우둔함에서만 생기는 것이니 조심해야 한다"[17]며 아내의 '두뇌가 우둔함'이 '집안의 평화'를 깨뜨린다고 서술한다. 그 배후에는 남성보다도 여성이 열등하고 가정의 평화 담당자는 아내라는 사회규범이 존재하고 있는 것이다. 가정이라는 공간은 사회의 젠더관계를 보여주는 축약도이기도 했다. 남성 본위의 아내상은 다음 문맥에서도 엿볼 수 있다.

여행 중에 생각하는 아내와 현실의 아내는 크게 다르다. 첫째, 야스코는 여행 이야기에 관심을 갖지 않는 여성이다. 그렇기 때문에 집으로 돌아와 식탁에서 이야기하는 여행담도 이쪽에서 일방적으로 이야기하는 것 이외에 뭔가 질문을 한 적이 결코 없다. 조선은 더웠다. (…중략…) 그렇겠지요……. 조선의 산은 민둥산이다. (…중략…) 그렇습니까……. 침묵 (…중략…) 끝. 좀 더 이야기를 유도하는 능숙함을 보이지 않으면 안 된다.[18]

남성 본위적이고 자기 본위적이면서 "노력해서 보다 더 많이 쓰게 해

---

17 구마모토熊本 도기야陶器屋에서, 1914.
18 조선에서의 소식 중에서, 1917.7.24.

야만 한다", "이야기를 유도하는 능숙함을 보이지 않으면 안 된다"고 명령이 아닌 남성 자신의 노력에 의해 여성 스스로가 자신의 의지로 남성의 이상에 맞추도록 유도하려고 한다. 여성에게 요구되는 것은 어디까지나 남성이 요구하는 여성이었다. 그렇기 때문에 "여행 중에 생각나는 아내와 현실의 아내는 크게 차○"가 나는 것이다. 그러한 남편 곁에서 아내는 "그렇겠지요"라고 대답하는 것만으로 자신의 생각을 이야기하는 주체를 가지려고 하지 않는다. 야스코가 스스로 이야기하는 주체로 변모해가는 것은 남편 사후의 일이다.

쓰네카타가 여행지에서는 "단란한 가정" · "가정을 중심으로 하는 것이 더없이 큰 즐거움인 것처럼 생각되어" 가정으로 돌아갈 날만을 손꼽아 기다리면서도 가정으로 돌아갈 날이 막상 다가오면 "처음만큼 즐겁지" 않다고 한다. 그 이유는 "너무나 그 날에 대한 희망이 컸고", 또한 "가정 그것이 꽤 유쾌하지만은 않았기 때문이다." 그리고 "자식의 병에 대한 걱정과 이전문제" 등이었다.[19]

가족부양자의 고뇌

쓰네카타가 가정과 아내에게 위안을 요구하는 배경에는 가족의 생활비를 벌기 위해 관공서에서 일하는 근무 시간으로 생활의 대부분을 빼앗겨 자신이 보람을 느낄 수 있는 연구에 시간을 할애할 수 없는 것에 대한 고뇌가 있었다. 쓰네카타는 편지에 "이번 출장이 자신에게 맞지

---

19 조선에서의 소식 중에서, 1917.

않았다는 것을 깨달았다거나 어디까지나 자신은 역시 학자로서 일어서고 싶고"[20] "자신은 주위 동료들에게 무리하게 부탁을 하지 못하는 너무나 학자다운 스타일이다"[21] 등 일과 자아실현의 괴리, 즉 자아괴리감이라는 불안을 아내에게 호소하고 있었다.

다른 한편 "자신의 집에서는 아내가 ××엔이라는 돈을 하늘에서 그냥 던져주는 돈인 것처럼 생각하고 있다. 이 정도로 높은 급료는 없다. 더운데도 타향에서 니시가하라(농사시험장)보다 더 많이 일하지 않으면 안 된다. 가능한 한 그만두고 싶다"[22] 등 가족의 생활비를 버는 부양자라는 존재에 대한 부자유스러움, 관료로서 익숙하지 못한 것에 대한 고민, 또한 그것을 아내가 이해하지 못하고 있는 것에 대한 불만을 드러낸 것이다.

같은 시기 아내 쪽은 전후의 고물가 시대에 고생이나 '일상의 불편함'에 대한 불안, '착한 아내가 되는 것과 착한 어머니가 되는 것을 잘 양립하고 있는지에 대한 의문'을 품고 있었다. 그러나 쓰네카타는 자신도 일 때문에 소비되고 있는 것에 대한 소외감, 일 속에서 자신의 존재가치를 찾아낼 수 없는 고뇌를 품고 있음에도 불구하고 아내의 불안이나 또는 자신은 자아실현을 찾으려고 하면서도 아내에게는 남편을 위해 존재하기를 바라는 것에 대한 모순을 깨닫지 못한다.

쓰네카타는 쓰네오가 태어난 1915년大正 4『곤충학범론昆蟲學汎論』의 집필에 착수한다. 매일 아침부터 오후 4시까지 보내는 직장에서는 '저서를 쓰는 것에 대해 무시하는 경향이 있었다. 그 때문에 집으로 돌아온 후 침실에 들기 전까지 집필에 소비하는 것으로 간신히『곤충학범

---

20   휴가에서, 1914.
21   오이타현大分縣 쓰구미에서, 1915.
22   조선 수원에서, 1918.

론』(상)은 1917년大正 6 쓰네오의 1주기에 출판되어 사망한 쓰네오에게 헌사했다.

거기에는 "이 책을 기고했을 때 태어난 장남을 충분히 사랑해주지도 못했는데, 가장 귀여운 3살의 나이로 세상을 떠난 것은 매우 유감스러운 일"(미야케 쓰네카타, 「자기자식 해부」, 1920)이라는 '사고'가 담겨 있다. 이는 1918년 쓰네카타 자신이 발견한 신종 이름에 'Daus Tsunecnis Miyake'라는 쓰네오의 이름을 붙인 것에서도 역력히 드러난다.

쓰네오가 죽은 1916년이라는 해는 야스코에 의하면 "잇달아 (…중략…) 불행한 해였다." 쓰네카타는 그해 농과대학 조교에서 농상무성 곤충학부의 주임으로, 즉 사회적으로는 '부임관에서 고등관'으로 출세했다. 그러나 그것은 "과학자로서 성공해야만 하는 남편에게는 (…중략…) 치명적인 타격"이었다.

"물질적인 보수가 적어도 연구에 편의를 얻는 위치와 어느 정도 자신의 시간이 절대적으로 필요한 남편에게는 무의미하게 사무적인 일을 하게 하는 관공서에서의 근무가 얼마나 불행한 일인가 하는 것은 아무것도 모르는 나조차도 충분히 짐작하고도 남는 일이었다"고 야스코는 기술하고 있다. "과감히 사표를 내려고도 생각했지만 집에 있는 아내와 자식을 생각해서 사표내는 것을 그만두었다"고 말하는 남편이었다. 그 얼굴을 '아무렇지도 않게 보고 있을 수는 없었지만' '조금만 더 참고 견뎌주세요'라고 말해야만 하는 아내[23]이기도 했다. 이것이 근대가족의 남편과 아내의 현실이었다.

"'하루 종일 귀찮고 익숙하지 않은 사무에 쫓겨 연구고 뭐고 할 수 없

---

[23] 미야케 야스코, 「자서전의 일절」, 앞의 책, 1932b.

어'라고 탄식하며 초췌하게 집으로 돌아오는 남편을 어떻게 위로하면 좋을까하고 생각하며 어찌할 바를 모르고 지내는 날도 많았던" 야스코에게 어느 날 쓰네카타는 "저런 곳에서 5년 근무하게 된다면 자신은 아마 죽어버릴 것 같다"며 진지하게 호소했다고 한다. 쓰네카타는 그 말대로 '주임이 된 후 5년이 되어' 세상을 떠난다. 야스코가 "윗사람에게는 아부하고 아랫사람에게는 권위적인 관공서의 분위기 속에서 사는 것은 타인의 상상 이상으로 괴로운 일임에 틀림이 없었다", "죽고 싶을 정도로 싫은 곳에 나는 매일 남편을 내보냈던 것이다. 그리고 오로지 연구하는 것에 뜻을 둔 남편이 희생을 치르면서 매달 받아온 봉급을 별 생각 없이 가족의 생활비로 사용하고 있었다"[24]며 후회하는 심정을 적고 있다.

쓰네카타의 사후 10살이 된 쓰야코는 「천국에서 즐겁고 건강하게 살고 계시는 아버지께」라는 편지를 쓴다(제1부 제2장, 미야케 야스코, 「자기자식에게 보낸다」). 쓰야코에게는 아버지가 죽기 전 잊을 수 없는 광경이 있었다. 어느 추운 밤이었다. 잡지에 발표된 쓰네카타의 논문을 읽은 어느 독일인 곤충학자 부부가 도쿄까지 쓰네카타를 만나러 온 것이다.

번지도 아무것도 모르고 일본의 도쿄 미야케 쓰네카타라는 이름만 가지고 사방에 물어서 찾아온 것이라고 한다. 어떤 논문을 읽고 무엇을 이야기하러 온 것인지는 잘 몰랐지만 어쨌든 그날 밤 아버지는 기뻐한 것 같았다. '세상에는 이런 사람도 있구나. 뭔가 일을 하면 봐주는 사람이 세상에는 있는 거야'라며 아버지는 그것이 갖고 있는 의미를 몇 번이나 어머니에게 이야기했다. 어머니도 흥분한 얼굴로 듣고 있었다.[25]

---

24 위의 글.
25 아리시마 유키미쓰有島行光 외, 『아버지의 서재父の書齋』, 筑摩叢書, 1989.

쓰네카타는 관료로서 자신의 직업, '부패한 학계', 그리고 자신의 삶의 보람인 연구 사이에서 분열하고 있었다. 근대가족에서 삶을 산 여성이 아내·어머니로밖에 자아실현을 꾀할 수밖에 없고 자립을 방해받았던 것에 비하면 남성은 여성보다도 그나마 선택지가 넓었다. 그렇다고는 하지만 가족의 생활비를 버는 부양자로 내몰리는 것과 자아실현과는 거리가 먼 직업공간 속에서 살아가는 것이 분리된 상태에 놓이게 된 남성도 또한 자아실현을 방해받고 있었던 것이다.

나쓰메 소세키夏目漱石의 서간집을 애독하고 아내에게도 "재미있겠지"라고 동의를 구한[26] 쓰네카타는 남편의 불만을 "자신의 것으로 소화해서 써라"라고 말하며 야스코에게 소세키를 소개한다. 손녀 기쿠코菊子는 어머니 쓰야코로부터 다음과 같은 말을 들었다. 가족을 부양하기 위해 일하는 것이 불만족스러운 쓰네카타는 어느 날 야스코에게 "작가로서 입신출세하여 한 가정을 부양해달라"고 부탁했다. 야스코는 가계를 유지하기 위해 여성이 일하는 것은 "좋은 일이 아닙니다"라고 말이 끝나자마자 거절했는데, 그 일을 나중에 후회하고 "아버지(쓰네카타－역자 주)에게 너무나 죄송하다"라고 말했다고 한다.[27] 미망인이 된 야스코가 문필가로서 생계를 유지하게 된 것은 남편 사후의 일이다.

---

26 미야케 쓰네카타, 「머리말」, 『신자카미치에서新坂町から』, 實業之日本社, 1922b.
27 미야케 기쿠코, 「미야케 야스코, '부인의 입장에서'」, 『총서여성론별권·일본의 페미니즘─일본여성 발언의 역사叢書 女性論 別 卷·日本のフェミニズム─日本女性の發言の歷史』, 大空社, 1997.

남성 공간과 여성 공간

근대가족을 형성한 신중간층이라 불리는 지식층과 샐러리맨층의 주택은 "가장 지배의 가정생활을 넣은 용기容器라는 성격을 지니고(겉-접객 공간 : 현관과 서양풍 응접실 혹은 마루·선반이 붙은 다타미방(집이 작은 경우에는 주인의 거처를 겸한다), 서재 등과, 안-가족의 침실, 식사실(거실), 가정부방, 부엌 등) 두 부분으로 구성되어"[28] 있다. 그중에서 거실은 가족의 일체감을, 서재 겸 응접실로 사용하는 서양식으로 꾸민 방洋室은 집 가장의 외부로 향한 얼굴[29]을 나타내고 있었다. '가정'의 용기로서 주택은 방 배치에 따라 '겉'과 '안'이라는 남녀의 성별 역할분담을 형태화하는 한편, 가족의 일체감을 확인하는 단란한 장소로서의 공간이기도 했다.

전형적인 것은 집의 한 가운데를 관통하는 복도를 만들어 각 방마다 독립성을 살려 서재라는 공적 공간과 가족의 거실이라는 사적 공간을 분리할 수 있는 '중간복도형 주택양식'이라 불리는 주택이었다. 그것은 선행 연구가 지적하듯이 남성의 공간이라는 서재와 여성의 공간이라는 거실로 구분된 젠더화된 공간[30]이었던 것일까. 남성에게 서재란 어떠한 공간이었을까. 딸 쓰야코에게 서재는 아버지의 존재 그 자체를 상징하는 장소였다.

아버지는 집에 계실 때 식사를 위해 아주 잠깐 동안만 가족과 함께 있었고

---

28 니시야마 우조西山卯三, 『주거고금학─현대 일본주택사すまい考今學─現代日本住宅史』, 彰國社, 1989.

29 니시카와 유코, 앞의 글, 1990.

30 위의 글; 이시타니 지로石谷二郎·아마노 마사코, 『물품과 남성의 전후사モノと男の戰後史』, 吉川弘文館, 2008.

평상시에는 2층 서재에만 계셨다. 어린 나는 아버지가 연구 중일 때에는 서재 가까이에 가는 것이 물론 허용되지 않았기 때문에 서재에 있는 아버지가 어떻게 일을 하고 있었는지는 모르지만, 그럼에도 불구하고 아버지라고 하면 회전의자에 앉아 뭔가 쓰고 계시던 모습이 떠오른다.[31]

서재는 아버지의 거처이고 가족의 단란함이라는 사적 공간과는 거리가 멀고 어린 자식도 '가까이 가는 것이 허용되지' 않는 장소였다. '연구나 공부'라는 공적 공간에서의 일로 이어지는 장소였다. 아버지의 서재를 둘러싸고 쓰야코의 기억은 메이지・다이쇼・쇼와라는 일본 근대를 경험한 37명의 『아버지의 서재父の書齋』를 둘러싼 자식들의 추억과도 중첩된다. 아버지들의 대부분은 식사 때에만 거실에 등장하고 식사가 끝나면 또 "혼자서 서재로 돌아간다."[32]

그렇다면 남성에게 서재란 어떤 장소였을까. 『아버지의 서재』에는 딱 한 군데에만 남성 자신이 이야기하는 부분이 있다. 그것은 1925년大正 14 기사에 실린 "이것은 나의 서재 겸 응접실 겸 거실이다"라고 말하는 오마치 가게쓰大町桂月(1869~1925)의 기술이다. 서재는 남성에게 거실이기도 했다. 가족의 단란한 장소인 공동의 거실에는 식사 때에만 등장하고 자신의 거실인 서재로 돌아가는 아버지였던 것이다. 그렇다면 가정 안에서는 여성의 거실과 남성의 거실, 즉 두 개의 거실이 존재하게 된다. 이 거실을 둘러싼 비틀림은 도대체 무엇을 의미하고 있었던 것일까. 그 의미를 푸는 열쇠는 바로 쓰네카타가 고민한 문제의 하나였던 '이전문제'였다.

'이전문제'란 남성의 공간인 서재와 여성의 공간인 어린이방을 둘러

---

31 아리시마 유키미쓰 외, 앞의 책, 1989.
32 위의 책.

싼 언쟁을 의미했다. 즉 자식을 위한 '안전한 놀이터'와 '건강'을 위해 지금보다 조금 더 여유가 있는 곳에서 살고' 싶다고 요구하는 아내와 '집 따위는 아무래도 좋다'는 남편 사이의 말다툼이었다. 두 사람이 살던 집은 쓰네카타가 학생 시절부터 살아서 익숙한 집이었다. 그러나 쓰야코에 의하면 "좁고 햇볕이 잘 들지 않아 어머니가 몇 번이나 다른 곳으로 이사할 것을 권유했지만 결코 듣지 않았다"고 한다. 어린이방의 증축을 둘러싸고 두 사람의 언쟁은 쓰야코의 기억에 선명하게 남아 있다.

아버지가 이사를 승낙하지 않았기 때문에 어머니의 의견으로 내가 8살 때 정원에 방을 증축했다. 그러자 아버지가 2층 창에서 바라보던 작은 정원의 경치가 전혀 보이지 않게 되었고 그 대신 함석지붕만이 반짝반짝 빛날 뿐이었다. 아버지가 그것을 몹시 부담스러워 했고 싫어하고 있었던 것을 나중에 어머니가 쓴 책을 보고 자세히 알게 되었는데, 당시 어린아이의 심정으로도 그것을 잘 알 수 있었다. "아아, 이제는 녹음이 보이지 않기 때문에 머리도 식힐 수 없다", "하지만 좁아서 어쩔 수 없지 않습니까"라고 내 앞에서 언쟁을 결코 한 적이 없었던 아버지와 어머니가 말을 서로 주고받았던 것을 기억한다.[33]

어린아이의 마음속에도 선명한 기억으로 남아 있는 부모의 말다툼이다. 그것은 여성이 관리하는 장소인 어린이방과 남성의 거실인 서재를 둘러싼 언쟁이었다. 그와 동시에 그것은 '가정'이라는 사적 공간의 관리자인 아내와 가정을 위안 장소로 여기는 남편과의 말다툼이기도 했다. 그뿐만이 아니다. 성별 역할분담이 진행된다는 것은 실은 집 안

33 위의 책.

에서 남성의 거실이 없어진다는 것을 의미하고 있었다. 집안문제가 두 사람의 언쟁으로 이어진 시기는 『주부의 벗』·『부녀신문』·『부인공론』 등 여성잡지에 가정개량과 생활개선에 관한 논설이 다수 게재되는 시기이기도 했다.[34] 가정개량의 담당자는 주부였고 개량 대상의 중심은 어린이방과 부엌이었다.

쓰네카타는 이러한 "가정에서의 개량설비는 쓰네카타 자신의 입장에서 보면 비교적 불필요한 점에 무게를 두고 있었고 가장 중요시해야만 하는 서재의 개량은 등한시한다"고 비판한다. 서재는 "남편이 세계적 분투를 이루어야만 하는, 말하자면 본영本陣이라고 할 만한" 장소였기 때문이다. "부엌과 마찬가지로 서재 쪽의 고심도 알아주기 바란다"고 쓰네카타는 말한다.[35] 그에 의하면 남성의 서재가 '서양풍으로 만들어지기를 바라는' 것도 '서양사람'과의 '생존경쟁에서 이기기' 위해서였다. 경쟁원리에 깊이 관련되는 남성의 일터인 서재는 '남편'이 혼자서 '분투'하는 장소였던 것이다.

쓰야코가 아버지의 서재는 작은 셋집 2층의 다타미 6장짜리 방으로 실은 허술한 방이었다고 기술하고 있다. 그 서재는 남성의 거실이라는 것 이상으로 다양한 의미를 함축하고 있었다. "이제는 녹음이 보이지 않기 때문에 머리도 식힐 수 없다"는 쓰네카타의 말은 일터임과 동시에 거실이기도 한 거처가 좁아져가는 것에 대한 탄식으로도 읽을 수 있다. 서재는 가족모두의 단란함을 상징하는 장소인 거실에 대한 또 하나의 거실, 즉 남성들의 가족으로부터의 도피 장소이기도 하고 가정 안에서 남성의 부재를 추동하는 장소이기도 했던 것이다.

---

34 고야마 시즈코, 『가정의 생성과 여성의 국민화』, 勁草書房, 1999.
35 미야케 쓰네카타, 「오늘날의 주택개량 연구가에게 제공한다」, 앞의 책, 1922b.

자식에 대한 시선

쓰네카타는 아내 앞으로 보낸 편지의 대부분이 자식, 특히 장녀 쓰야코에 관한 글을 적는 아버지이기도 했다. 1915년大正 4 여름, 오이타현 쓰구미에서 보낸 쓰야코에 대한 편지가 있는데 다음과 같은 문구로 시작된다.

> 쓰야코는 이제 어른이고 아주 영리하지. 아버지가 돌아가면 이노카시라no-kashira와 파울리스타paulista에 가자.

쓰야코는 그 당시 3살이었다. "어른스럽고 영리한" 쓰야코에게 쓰네카타는 자주 "얌전하게 잘 지내고 있습니까"라며 말을 건넨다. 여기에

는 "어른스럽고 영리한"이라거나 "얌전하게 잘 지내고 있습니까"라는 순진무구한 어린이를 이상으로 삼는 어른 입장에서의 어린이관이 제시되어 있다. 자식이 '어른스럽고 영리하게' 된 이후 처음으로 그는 아버지로서 딸을 대하게 된 것이다〈그림 13〉.

쓰야코가 갓난아기였던 시절 갓난아기는 "매우 손이 많이 가는 존재"・"성가신 존재"라고 말했고, "집에서는 연구도 이래서는 도저히 불가능하다"며 불평을 호소하는 아버지였다.[36] 이때 야스코는 "착한 아내가 되는 것과 착한 어머니의 역할을 잘 양립하지 못하는

〈그림 13〉 1917년 6월 25일 촬영한 가족사진.
자식은 왼쪽이 쓰야코, 오른쪽이 고지
(『미야케 야스코 전집』 3, 1932)

것 같은 의문"에 사로잡혀 있는 자신을 깨달았다고 한다. 쓰ㅇ코의 딸이자 야스코의 외손녀인 기쿠크는 "(쓰네카타는) 연구만이 중요하다. 갓난아기를 울리지 마라"라는 등 두리한 말도 서슴지 않는 남편이었다. 밤에 갓난아기를 안고(왜냐하면 울음소리가 들리지 않도록 하기 위해서) 밖으로 나가 집 근처를 배회하면서 '눈물을 흘린' 적도 있다"는 할머니 야스코의 말을 어머니로부터 들었다고 한다.[37]

당시 "갓난아기를 울리지 마라"라는 요구는 쓰네카타만이 아니었다. 『주부의 벗』(1917.3)에는 여학교를 졸업한 아내와 고등교육을 받은 남편들 각각의 「주문 20개조」가 게재되어 있다. 남편은 "아이를 울게 하는 아내는 남편에게 사랑받지 못한다"・"자식 때문에 남편을 소홀히 하지 않도록"이라며 아내에게 주문한다. 반면 아내는 남편에게 "한 집안의 기둥"인 존재, 그리고 "아이와 함께 놀아 주세요"라고 주문하고 있다. 자식, 특히 손이 많이 가는 자식은 남편 입장에서는 때로 부부관계를 침해하는 존재이기도 했다. 또한 아내의 요구항목에도 제시되어 있듯이 가족을 부양하는 것을 기반으로 한 가부장권과 아버지는 모순된 관계에 놓여 있었다.

잠재적 별거생활

밖에서 일하는 남편과 '가정'이라는 공간 안에서 가사와 육아를 담당하는 아내는 시간상으로도 공간상으로도 공통된 의식을 갖는 것이 어

36 미야케 야쓰코, 「과학자의 아내로서」, 앞의 책, 1932b.
37 미야케 기쿠코, 앞의 글, 1997.

려운 상황에 놓여 있었다. 매일 오후 5시 15분이 되면 집으로 돌아오는 쓰네카타였지만 식사 때를 제외하면 서재에 틀어박혀 있었다. 또한 쓰네카타는 쓰야코와 쓰네오 두 아이를 돌보는 것에 정신이 없는 야스코를 남겨두고 "불평을 호소할 곳을" 찾아다니며 "일요일마다 근교로 사생이나 하러 나가고", "모든 불평불만을 잊는 것을 행복한 일"로 삼는데다가 출장도 잦았다.[38] 부부로 살아온 세월 중 함께 지낸 시간보다 공백의 시간이 더 많았다.

야스코와 쓰네카타가 결혼한 1910년明治 43 나쓰메 소세키의 『문門』[39]이 발표된다. 『문』은 일요일이나 휴일 혹은 정월연휴, 그리고 밤에 일어난 사건밖에 없는 그야말로 휴일과 밤에 관한 내용뿐인 소설이다. 그것은 "근대 자본주의사회 속에서 '직업'을 갖고 있는 남성과 결혼한 여성이 안고 있는 숙명"이었다. 에도시대까지는 노동 혹은 생산 장소와 생활 장소가 대부분 일치하고 있었기 때문에 결혼한 부부는 아침・점심・저녁, 노동일과 휴일에도 싫든 좋든 함께 생활했다. 그러나 근대 자본주의사회에서 급여노동자는 노동・생산 장소와 생활 장소가 분리되어 있었기 때문에 출퇴근하는 직장 남성은 평일의 대부분을 집 밖에서 지낸다.

고모리 요이치小森陽一는 "아무리 강력한 '사랑'으로 출발한 결혼생활이라 하더라도 도시의 급여노동자 부부는 잠재적 별거생활에 놓여 있는 것이 『문』에 폭로되어 있다"[40]고 지적한다. 근대가족은 당사자들이 의식하지 못하는 사이에 그 '사랑'을 차츰 풍화시켜가는 잠재적 별거생활을 필연적으로 초래하는 가족모습이기도 했다.

---

38 미야케 야쓰코, 「자서전의 일절」, 앞의 책, 1932b.
39 나쓰메 소세키, 『문』, 新潮文庫, 2010.
40 고모리 요이치, 『소세키를 다시 읽는다漱石を讀みなおす』, 筑摩新書, 1995, 87~98쪽.

두 사람 사이에 주고받은 편지는 이 공백의 시간 축적에 의한 의식 차이를 메우는 의미를 지니고 있었다. 그러나 아이러니컬하게도 편지는 두 사람의 차이를 오히려 더욱 드러나게 했다. 이 부부의 차이와 단절을 완화시키는 존재는 바로 자식이었다. 야스코가 여행지로 편지를 보내오지 않은 것에 대해 쓰네카타는 6살 된 딸에게 다음과 같은 질문을 던진다.

쓰야짱 도쿄는 춥니, 어머니는 왜 편지를 보내주지 않는 거니, 쓰네오는 어떻게 지내니, 이제 곧 돌아갈 거다.[41]

어째서 야스코는 편지를 보내지 않는 걸까. 보통은 아내에게 해야 하는 말을 쓰네카타는 딸에게 하고 있다. 남편과 아내의 대립이나 쌍방이 함께 자리를 해야 하는 숨 막히는 자리를 완화시켜주는 존재가 바로 자식이었던 것이다. 자식은 두 사람의 관계성의 상징이기도 했기 때문이다.

쓰야코에 의하면 '최초의 독서'는 1917년大正 6 『어린이의 벗子供の友』의 "전쟁이 끝나고 평화가 찾아왔습니다. 세상의 어린이는 모두 사이가 좋습니다"라는 문장을 한자 한자 떠듬떠듬 읽었다고 한다. "가타카나片仮名와 히라가나平仮名를 유치원에 들어가기 전부터 알고 있었다"[42]는 쓰야코는 당시 5살이었다. '전부 혼자서 읽은' 것에 대해 의기양양해 하고 있는 것을 보면 6살 쓰야코가 이 편지를 혼자서 스스로 읽은 것일까. 그렇다면 쓰야코가 소리를 내어 읽는 남편의 편지내용이 야스코의 귀에는 어떻게 들렸을까.

---

41   이토에서, 1918.
42   미야케 쓰야코, 『젊은 날의 독서若き日の讀書』, 東都書房, 1962, 13쪽.

4. 근대가족의 실상

짧은 시간의 단란함

쓰네카타는 쓰야코가 3살 때의 편지에서 "이노카시라와 파울리스타에 가자"(1915년大正 4 여름)고 약속한다. 여기서 '이노카시라'는 월급쟁이라 불리는 샐러리맨층의 일요일 오락의 최고 장소로서 1917년에 개원한 이노카시라井の頭공원이었다. 그리고 '파울리스타'는 '긴자金座의 카페 파울리스타에서 브라질 커피를 마신다'는 것에서 '긴자거리의 산책金座ブラ'이라는 어원이 되었다고 전해지는 긴자의 커피점이었다.[43]

쓰네카타가 『신소설新小說』에 처음으로 발표한 수필 「나의 전차관」(1929)에는 3살 쓰야코를 데리고 전차를 탔을 때의 체험이 기록되어 있다. 휴일에는 전차를 타고 공원과 긴자라는 오락의 장소에서 기분전환을 하기 위해 외출한다. 그것은 당시 단란한 근대가족의 하나의 전형적인 형태였다.

그러나 쓰야코에게 '잊을 수 없는 순간', 그것은 일요일의 외출이 아니다. 아버지, 어머니, 자식이 모두 식탁에 둘러앉아 어머니는 보라색 바탕에 아버지의 박사논문의 재료가 된 곤충을 수놓은 기모노를 입고 세 명이 각각 신춘휘호를 쓰는 정월 초하루의 광경이다. 쓰야코가 기억하는 것은 마치 근대가족의 상징이기도 한 가족의 풍경이다. 야스코의 자전에 따르면 그것은 1920년大正 9 정월의 일이었다. 또한 쓰야코는 "그 신춘

43　모리 마유미森まゆみ, 『메이지・다이쇼 맛집을 걷는다明治・大正を食べ歩く』, PHP新書, 2004.

휘호를 쓴 직후였던가. 아니면 그 다음 날 밤이었던가. 처음으로 아버지와 어머니가 가르쳐줘서 하나아와세花合わせ[44]를 했다. 그리고 주로쿠무사시十六指[45]라는 것을 했다. (…중략…) 아버지는 매일 2층에 틀어박혀 공부만 한다고 생각했다. 그래서 그렇게 웃는다거나 함께 놀아주는 아버지를 본 적이 없었기 때문에 이상할 수밖에 없었다"고 적고 있다.

쓰야코는 계속해서 다음과 같이 쓰고 있다. "어머니가 나를 보면서 '이렇게 함께 놀 수 있게 되었네'라고 말했다. 아버지도 '정말로 이제 그렇게 되었네'라고 말하며 애정 어린 눈으로 나를 바라보았다. 나는 쑥스러워 살짝 외면하면서 주위를 바라보았다. 그러자 북쪽 벽에 금이 하나 있는 것이 눈에 들어왔다."[46] 이 광경을 야스코도 자서전 안에서 언급하고 있다. 그러나 쓰야코의 기억과 달리 그것은 이듬해인 1921년 정월의 일이었다. 야스코에게는 "자식 때문에 괴로웠던 몇 해가 어느 덧 지나가고 성장한 자식과 함께 즐기게 되어 기쁜" 정월이었다. 또한 쓰네카타 쪽은 '괴로운 관리생활'을 그만두고 '정몽한인'이라는 호를 사용하며 새로운 길을 가려는 결의 속에서 맞이한 정월 초하루였다. 그러나 그로부터 2개월 후에 쓰네카타는 급사한다.

응축된 형태로 어린아이의 기억에 각인된 가족의 단란한 광경, 반대로 뒤집어 보면 그것은 단란함이 아주 짧은 시간이었음을 말해주고 있는 것이다. 단란한 풍경을 구성하는 아버지 혹은 남편으로서의 남성, 어머니이며 아내인 여성 사이에는 쓰야코의 눈에 비친 벽의 '금'처럼 본

---

44 【역주】헤이안平安시대에 사람들이 좌우 두 편으로 나누어 꽃, 특히 벚꽃을 내보이며 비교하거나 꽃에 대한 와카和歌를 읊어 우열을 가리던 놀이를 말한다.
45 【역주】고누의 한 가지로 대장말 1개와 16개의 작은 말로 한 금씩 움직이면서 승부를 겨루는 놀이를 일컫는다.
46 아리시마 유키미쓰 외, 앞의 책, 1989.

인들에게도 명확하게는 의식되지 않는 생활의 벽에 숨겨진 미세한 차이가 생겨나고 있었다. 이러한 남성과 여성의 차이를 메우기 위해서라도 '일가단란'이라는 장치와 그 제반 준비로서 '단란한 놀이'라는 '가정문화'를 필요로 하는 가족, 그것이 바로 근대가족이었던 것이다.[47]

남편으로서의 자아상, 아버지로서의 자아상

쓰네카타는 결혼 10년째 "(부부문제는) 결코 나와 아내의 사적인 문제는 아니라고 믿기 때문에 과감히 이런 제목으로 글을 써 보려고 생각한다"며 「아내와 소생小生」이라는 제목으로 글을 적고 있다.[48] 그는 결혼 초 자신의 '부부문제'에 관한 지식은 기가 막힐 정도로 '유치'하고 그것은 지인들에게도 공통되는 '약점'이었다고 적고 있다. 부모자식 중심의 '이에'에서 부부 중심의 '가정'으로 이행되는 시기에 태어난 사람들에게 '부부문제'는 중요한 문제였다. 그중에서도 쓰네카타에게 문제였던 것은 남편으로서의 모습, 즉 '부도夫道'였다. 소학교부터 고등학교에 이르기까지 '자식으로서의 가르침이나 신하로서의 가르침'은 교육받았지만 '남편으로서의 가르침, 부모로서의 가르침을 교육받은 적은 한번도 없었다'. 따라서 대학을 졸업해도 "남편으로서의 자격은 유치원급이었다"고 쓰네카타는 서술한다.

> 게다가 대학을 졸업한 후부터는 실제 세상에서 활동하지 않으면 안 되었기 때문에 남편의 길을 배울 여유는 전혀 없었다. 배우고 싶어도 가르쳐주는 곳

---

47 사와야마 미카코, 「주부와 가정문화」, 『준세이단기대학 연구기요』 24호, 1996a.
48 미야케 쓰네카타, 『제육감을 섞어서』, 實業之日本社, 1920.

도 없었다. 따라서 결혼하면 아내에게 단순히 본능에서 나오는 애정으로 대하는 것밖에 다른 것은 몰랐던 것이다.

근대사회의 형성기에 삶을 산 쓰네카타는 공적인 장소에서 사회인으로서 직업인으로서 자아를 확립시켜나가는 시기와, 사적인 가정이라는 장소에서 남편으로서 아버지로서 자아를 형성해가는 시기가 중첩되고 있었다. 쓰네카타가 적은 이 문장을 통해 다양한 역할들의 모순 속에서, 특히 남편으로서 혹은 아버지로서 자아를 형성하지 않으면 안 되는 어려움을 엿볼 수 있다.

나쓰메 소세키에게 깊은 공명을 받아 자기 자신을 "왠지 구샤미苦紗彌[49]같다"[50]고 평가한 쓰네카타는 '정몽한인'이라는 호를 붙여 수필과 사회비평을 썼다. 그것들은 쓰네카타가 죽은 지 1개월 후에 쓰네카타가 직접 적은 서문을 덧붙여 간행한 『제육감을 섞어서』(1921.6) 이후 1922년 3월에 걸쳐 미야케 세쓰레이와 친구, 그리고 야스코가 서문을 덧붙인 『여행과 나』・『신자카미치新坂町에서』가 모두 실업일본사實業之日本社에서 간행되었다.

또한 1929년昭和 4에는 그중에서 6편을 수록한 『학자도보여행學者膝栗毛』이 간행되었다. 그중에서도 평판을 받은 「나의 전차관」・「나의 기차관」[51]에는 기차라는 "개개인을 가득 싣고 달리는 상자에서 '근대의 리얼리티'를 보았다"[52]고 적혀 있다. 나쓰메 소세키와 상통되는 근대에 대한

---

49 소세키의 소설 『나는 고양이로소이다吾輩は猫である』(1925)의 주인공 고양이의 주인이자 중학교 영어교사인 친노 구샤미珍野苦沙彌를 의미한다.

50 이토에서, 1918.1.8.

51 미야케 쓰네카타, 『학자도보여행』, 富士書房, 1929.

52 사토 이즈미佐藤泉, 『소세키-끝나지 않은 '근대漱石-片付かない '近代』, NHKライブラリー, 2002.

비판적인 시선을 엿볼 수 있다.

나쓰메 소세키의 '소세키'라는 필명과 긴노스케金之助라는 본명 사이의 분열과 흔들림은 "취미로 사는 개인私人과 오카미御上 = 국가의 명령에 따라 살아야만 하는 공인이라는 이중성의 표상"[53]이기도 했다. 쓰네카타도 역시 개인으로서 '정몽한인'과 공인으로서 '쓰네카타'의 분열과 흔들림 속에서 산 인물이었다. 개인과 공인의 분열이라는 문제는 소세키와 쓰네카타만의 문제가 아니라 근대사회를 살아간 남성들이 안고 있던 모순이기도 했다. 그것은 또한 공과 사가 분리되는 근대사회 속에서 생겨난 사적 공간으로서 '가정'이 안고 있는 모순이기도 했다.

이상과 현실 사이의 '가정'

> 우리들은 역시 하나의 건물을 구성하는 한 개의 벽돌 같은 것으로 그 위치가 정해져 운명적으로도 어떻게 할 수 없는 것이다 ─ 사회를 하나의 유기체라고 생각하면 오히려 잘 이해할 수 있다. 착한 아내를 얻기 어려운 것, 착한 남편이 없는 것도 마찬가지일 것이다.[54]

이상적인 '가정'을 현실에서 의식적으로 찾으려고 한 쓰네카타가 야스코에게 토로하는 편지 속에서 전달한 말은 근대가족이란 원래 좌절이 운명처럼 정해져 있었다는 고백에서도 읽어낼 수 있다. 지금까지의 사회사 연구에서는 근대가족의 이념이 일본에서는 언제 등장했는가라

---

53 고모리 요이치, 앞의 책, 1995.
54 이토에서, 1918.1.8.

는 '이념'과 그것이 실태를 수반하게 된 것은 언제부터인가라는 '실태' 관계가 주로 논의되어왔다. 그러나 성별 역할분담 가족으로서의 근대가족이 실현된 것처럼 보이자마자 모순을 드러내버린 것은 아니었을까. 쓰네카타와 야스코의 모습은 이념이 현실화되었던 바로 그 시기에 당사자 사이에서 이미 갈등을 낳고 있었음을 말해준다.[55]

여기서 예로 든 것은 근대가족을 실현하려고 노력한 한 명의 남성, 한 쌍의 부부에 불과하다. 이것이 근대가족의 전형적인 남성 모습이나 부부모습이라고 말할 수 있을까. 아니면 쓰네카타와 야스코의 경우를 어디까지 일반화시킬 수 있는지를 묻는다면 지금의 저자에게는 그것에 답할 수 있을 만한 것이 준비되어 있지 않다. 그러나 많은 사례를 예로 들 수 있다면 근대가족의 부부, 그리고 남성과 여성이 안고 있던 모순의 구조가 분명해질 것이다.[56] 그렇다면 쓰네카타와 야스코라는 당사자에게 초점을 맞추는 것에서 무엇을 엿볼 수 있을까. 또는 풀 수 없는 문제로 무엇이 남아 있을까.

쓰네카타에게 모순이라고 의식되는 것은 일하는 것과 사는 것으로 분열되는 자아, 일하는 것과 자아표현과의 괴리이지 일하는 것과 사는 것에 대한 모순은 아니었다. 그가 가정에 요구한 것은 자아실현을 위한 시간과 아내의 위안이었다. 쓰네카타는 남편으로서 아버지로서의 역할로부터 도피하듯 서재에 들어박힌다. 그것은 삶의 장소인 가정에서

---

55 나카타니 아야미中谷文美(「가족을 둘러싼 '자연'과 '문화'」, 혼다 도시로本多敏郎・오무라 게이치大村敬一 편, 『세계화의 인류학グローバリゼーションの人類學』, 放送大學教育振興會, 2011)는 '일본 '근대가족'의 형성과 부부 갈등'을 드러내는 전형적인 예로서 미야케 부부를 예로 들고 있다.

56 그것은 근대의 유명인 부부를 많이 예로 든 저서(하야시 에리코林えり子, 『이 결혼―메이지・다이쇼・쇼와의 저명인 부부 70실태この結婚―明治大正昭和の著名人夫婦70態』, 文春文庫, 2005)가 다양한 사례의 나열에 머물러 있는 것에서도 엿볼 수 있다.

남성의 부재를 가져오는 것이기도 했다. 그럼 야스코의 입장에서 보는 가정이라는 공간은 남편을 위로하는 아내이며 자식을 기르는 어머니로서 살아갈 수밖에 없는 폐색감을 어머니로서 사는 것에서 보람을 찾으려는 것으로 메우려고 한다.

두 사람은 애정으로 맺어진 부부였고 각기 한 명의 인간으로서 살아가기를 간절히 바랬다. 그러나 아쉽게도 그 희구가 중첩되는 부분이 없었다. 남성과 여성이 각기 자신의 역할을 수행하는 것으로 존립이 가능해지는 근대가족에서 삶을 사는 두 사람 사이에는 오히려 각각의 역할을 수행하기 위해 공백의 시간이 축적되어간다. '근대가족'은 구조적으로 남성의 부재를 초래하는 가족이었고 역할에 따라 서로를 이해할 수 없는 가족이었다. 그러한 의미에서 '근대가족'은 부부의 깊은 유대를 갖기 위한 기반 그 자체가 매우 취약하여 운명적으로 좌절을 겪을 수밖에 없는 가족이었던 것은 아닐까.

현대사회로 시선을 돌려보면 직장 생활이 더욱 엄격해지는 가운데 직업을 갖는 것과 삶을 사는 것 사이의 모순을 어떻게 극복하고 삶의 현실을 어떻게 충실하게 해갈까라는 문제는 남녀 모두의 과제이다. 그러한 가운데 부부가 함께 생활하는 장소에서 시간과 공간을 어떻게 공유할까. 또는 생활 = '일상적인 삶'의 시점에서 파악하는 것이 과제로 되어 있다.[57] 근대가족에게 남성과 여성의 관계사를 바로 그 당사자인 남성과 여성의 측면에서 고찰하는 작업은 현대사회의 가족과 부부문제를 재고하기 위한 하나의 단서가 되는 것은 아닐까.

---

57 구라치 가쓰나오, 「요약 강의」, 구라치 가쓰나오·사와야마 미카코 편, 『남성과 여성의 과거와 미래男と女の過去と未來』, 世界思想社, 2000.

제4장 육아를 담당하는 어머니·사라지는 아버지

1. 근대의 육아에 대한 문제

남성과 여성의 관계

실제 육아의 담당자가 설령 어머니였다고 해도 자식에 대한 교육기능의 발휘라는 점에서 남성＝아버지, 여성＝어머니의 역할분담은 어느 시대에나 존재했다. 그러한 의미에서 그 시대 시대마다 남성과 여성의 관계 속에서 육아문제를 생각할 필요가 있다.

이를 세 가지의 시점에서 생각할 수 있을 것이다. 첫째는 육아에 아버지와 어머니가 '어떻게 관여해야만 하는가'라는 규범과 이념문제, 그리고 실제로 과연 '어떻게 관여했는가'라는 현실과의 관계이다. 둘째는 남성과 여성의 관계, 즉 부부관계가 육아에 어떠한 영향을 미쳤는가라는 문제이다. 특히 성별 역할분담의 부부관계에서 여성이 어머니로서 육아를 담당하는 상황은 남성이 아버지로서 자식에 대한 애정을 발휘할 수 없는 상황이기도 하다는 표리 관계이기도 하다. 셋째는 남성 혹은 여성이 자신의 바람직한 모습을 '어떻게 그렸을까'라는 자아상과 자식에 대한 태도, 그리고 어린이관은 밀접한 관계라는 점이다.

지금까지 육아에 대한 연구는 여성과 어머니만을 대상으로 삼은 것이 많았다. 그러나 1990년대 이후 남성과 여성의 관계성을 시야에 넣은 연구가 등장했다. 특히 근대의 육아를 상대화하는 연구에서 착목하고 있는 것은 에도시대의 육아이다. 하급무사의 일기를 소재로 한 연구[1]에 따르면 에도시대는 이념상 '아버지가 자식을 기른 시대'였고 육아서의 대부분은 남성이 남성독자를 위해 집필한 것이었다.

이를 구체적으로 살펴보면 아버지에게는 자식을 '이에'의 훌륭한 계승자로 만들기 위해 이성적 판단과 배려하는 역할이 요구되었고, 어머니와 할머니에게는 직접 손수 기르는 실질적인 역할이 요구되었다는 것이다. 또한 일기를 살펴보면 가사분담을 담당하는 아내대신 육아에 상세하게 관여하는 아버지의 모습도 엿볼 수 있다.

그러나 에도시대의 아버지들이 육아에 자주 관여하고 있었다고 이해하는 것은 오류일 것이다. 에도시대의 아버지들이 단지 자식을 끔찍히 사랑했다고 하더라도 단혼單婚 가족이었기 때문에 육아를 도와야만 했던 것은 아니다.[2] 아버지가 육아에 관여하는 것은 가장으로서의 임무였다. 육아에 대한 문제를 생각하기 위해서는 이러한 이념과 실제의 양면을 여러 각도에서 생각해보지 않으면 안 된다.

---

1   오타 모토코, 『에도의 부모자식江戶の親子』, 中公新書, 1994; 오타 모토코, 「'이에' 계승을 위한 육아」, 『근세의 '이에'와 가족近世の'家'と家族』, 角川叢書, 2011.

2   고야마 시즈코, 「가족의 근대」, 사카타 사토시 편, 『일본 가족사 논집 4─가족과 사회』(니시카와 나가오·마쓰미야 히데하루 편, 『막부 말기·메이지기의 국민국가 형성과 문화변용』, 新曜社, 1995), 吉川弘文館, 2002.

본장에서는 어머니 혼자서 육아 부담을 갖는 것에서 오는 문제, 현대 가족이 교육집단화된 문제의 기원이 표출되는 근대가족의 성립기에 초점을 맞춰 성별 역할분담에 기반을 둔 부부관계가 어떠한 육아의식을 창출하게 되었는지를 살펴보기로 한다. 그럼으로써 종래의 어머니와 아버지의 측면에서만 이루어진 연구에 비해 훌륭한 부모나 자식과의 관계성 혹은 육아모습에 접근할 수 있는 것은 아닐까 생각한다. 왜냐하면 성별 역할분담이라는 부부관계는 가정 내의 남편과 아내의 심리, 그리고 부모와 자식의 상호작용의 양뿐만 아니라 질도 규정하면서 생각할 수 있기 때문이다.

일본 육아의 특징에 초점을 맞춘 선구적인 연구로서『예의범절しつけ』[3]이 있다. 거기에는 육아를 남성과 여성의 관계 속에서 생각할 때 주목해야만 하는 점 세 가지가 지적되어 있다. 첫째는 '육아'라든가 '예의범절'이라는 것은 '어머니가 담당하는 일'이라는 상식 때문인지 '젖먹이의 보살핌은 여성의 일이고, 남성이 그 일에 관여하는 것은 아니다'라는 감각이 있는 점이다. 둘째는 일본의 근대화 과정이란 직업과 가정의 분리에 의해 아버지가 자식에게 일하는 모습을 보일 기회가 점점 감소하는 과정이었던 점이다. 셋째는 아버지가 어떠한 역할을 가진 존재인가라는 이미지를 자식에게 심어주는 것은 어머니였고, 일본의 가정에서 아버지의 존재는 어머니아내가 지지함으로써 비로소 성립되었다는 점이다.

그렇다면 '육아'는 어머니가 담당하는 것으로 남성이 관여하는 것은 아니라는 '상식'과 '감각'이 근대화 과정에서 어떻게 만들어진 것일까. 또한 어머니들은 왜 아버지의 역할을 '자식에게 심어주는 역할'을 담당

---

3   하라 히로코原ひろ子・와가쓰마·히로시我妻洋,『예의범절―민족 총서 1しつけ―ふぉるく叢書1』, 弘文堂, 1974.

하려고 했던 것일까. 부친부재란 어떠한 의미에서 부재였는지를 묻지 않으면 안 될 것이다.

'메이지기와 다이쇼기부터 부친부재'라고 지적한 것은 아리치 도루有地亨이다.[4] 아리치에 의하면 아버지는 "자식교육에 관한 한 별로 관여하지 않았고 그러한 의미에서 오늘날 못지않게 그 시절부터 부친부재였다"고 지적하고 있다. 그러나 다른 한편으로 "그와 같은 아버지라도 자식을 대할 때에는 지금의 아버지와는 전혀 다른 모습으로 자식에게 이야기를 한다거나 책을 읽어준다거나 또는 자식과 놀아주었다"고 한다.

이 지적을 통해서도 알 수 있듯이 아리치가 말하는 '부친부재'란 아버지와 자식들과의 다양한 교류나 신체적 접촉이 아니라 '자식교육'에 관한 아버지의 '부재'를 의미한다. 그러나 이는 근대사회가 만들어낸 '교육'이라는 카테고리에 사로잡힌 시선에 의한 분석이라고 할 수 있을 것이다. 그러한 의미에서 '부친부재론' 그 자체가 근대적인 교육개념과 근대가족규범에 강하게 얽매인 것이었다고 말할 수 있다.

그렇다면 육아가 근대적인 '교육'이라는 카테고리로 가려지는 과정에서 아버지들이 자식들과 실행하고 있던 다양한 교류가 어떻게 육아의 범주로부터 배제되었던 것일까. 또한 '자식교육'에는 관여하지 않았다고 해도 자식과의 접촉시간이나 수단을 갖고 있었던 아버지가 그 접촉 자체도 잃었다고 한다면, 그와 같은 부친부재가 생겨난 시기와 배경을 밝히지 않으면 안 될 것이다. 그러한 의미에서 근대의 육아를 남성과 여성의 관계 속에서 묻는 것은 일본의 근대에서 남성과 여성의 관계를 묻는 것과도 연결된다고 볼 수 있다.

---

4   아리치 도루, 『일본의 부모자식 200년日本の親子二〇〇年』, 新潮社, 1986.

육아사의 획기적 시기 1910~20년대

여기서 대상으로 삼는 일본의 1910~20년대는 역사상 육아나 어린이 관에 영향을 준 중대한 시기이다. 왜냐하면 현대의 어린이관, 부모자식 관계의 직접적인 기원이라고도 할 수 있는 자식을 '만드는' 기술과 사상이 일부 계급에서 나타나기 시작하는 시기, 일본에서 소산소사형 사회로의 태동과 시발점의 시기이기 때문이다. 자기 스스로 수태의 메커니즘을 지배하여 자식을 '만든다'거나 '점지받았다'는 의식과는 분명히 다른, 자식에 대한 새로운 심성, 그 배경에 있었던, 즉 자식에게 보다 좋은 교육을 제공하는 것으로 생활수준을 끌어올리려는 것을 중심에 둔 신중간층 사람들의 등장이다.

제1차 세계대전을 계기로 일본의 자본주의는 급격한 발전을 이루게 되었고 돈을 벌기 위해 농촌을 떠나 도시로 이동하는 인구가 늘어났다. 이러한 변화 속에서 주목할 만한 현상은 당시 '봉급생활자'·'중등계급'이라 불리는 기술자, 샐러리맨 및 자영업자들이 증가한다는 점이다. 이 사람들은 자본가와 임금노동자의 중간위치에서 새롭게 생겨난 계층이라는 의미에서 신중간층이라 불린다. 그들은 생산수단을 소유하지 못했고 학력에 따라 생활을 개척하는 것을 자신의 생활스타일로 삼는 새로운 계층이었다.

이 시기는 일본에서 학력사회가 성립되는 시기이기도 했으며 신중간층 사람들은 자식교육이나 학력을 높이는 것이 가족생활을 향상시키는 하나의 열쇠라고 의식했던 것이다. 이들 신중간층 가족의 성립과 소산소사형 사회로의 출발 등은 자식에 대한 새로운 심성과 밀접한 관계가 있다.

主婦之友
五月号推奨
多産福の者

音

産児調節器

他人の手をか
りずに自分で
出來る調節器

目下歐米の御婦人間か
ら自然的歡迎をうけて
ゐる理想的産児調節器

「常児調節器」

△説明書進呈▽

〈그림 14〉『주부의 벗』에 수없이 많이 게재된
'산아조정'의 체험담 속에서 가장 독자의 반향을
부른 '우메코ぅめ子'가 고안한 '산아조절기'의 광고
(『주부의 벗』 6월호, 1928)

또한 소산소사화의 변화 배경으로써 여
성들의 의식변화도 간과할 수 없다. 여성들
은 가사와 육아의 담당자로서 역할을 내면
화하면 할수록 자식교육과 가계의 어려움을
초래하는 잦은 출산이나 다산을 피하고 싶
다는 바람을 강화시켜갔다. 여성들은 '산아
제한'이라는 말로 피임과 계획적인 임신에
대한 의사, 또는 '가정' 안에서 출산과 육아
에 대한 부담을 혼자서 떠맡지 않으면 안 되
는 부담감에 대해 어필하기 시작한다. '주부'
를 대상으로 한 잡지 중 최대의 발행부수를
자랑하고 있었던 『주부의 벗』이라는 여성잡
지에는 1920년대 중반부터 독자들의 '산아조
절'을 둘러싼 체험담(〈그림 14〉)을 비롯하여
피임 방법에 대한 기사를 다수 게재한다.[5]

이 1910~20년대의 육아를 특징짓는 키
워드는 '모성'과 '모성애'이다. '모성'이라는
말은 1910년대 초기 10년 사이에 번역어로
등장한다.[6] 역사가 오래되지 않았음에도
불구하고 '사랑'이라는 말과 결부되어 '모성

5   오기노 미호, 『'가족계획'에 대한 방법－근대 일본의 생식을 둘러싼 정치』, 岩波書店,
    2008, 48쪽.
6   사와야마 미카코, 「근대 일본의 '모성' 강조와 그 의미」, 인간문화연구회 편, 『여성과 문
    화－사회 · 모성 · 역사女性と文化－社會 · 母性 · 歷史』, 白馬出版, 1979.

애'라는 말로 사회에 널리 유포되어간다. '모성애'라는 말이 널리 확대된 요인 중 가장 큰 원인은 모성애의 유지자, 육아담당자로서 어머니의 권위를 높인다는 점에서 어머니의 지지를 받았다는 점과, 소자화 속에서 어머니의 '자기자식'이라는 '자식' 의식의 고양과 맞닿아 있는 점이다. 거기에는 모성애를 가지고 위생에도 주의를 기울이면서 '자기자식'의 육아에 전념하는 모자관계가 당당한 모델로 등장하여 현실의 다양한 모자관계의 모습은 부정되어간다(제1부 제1장).

그렇다면 어머니 역할 비대화의 그늘에 가려진 것처럼 보이는 아버지들은 정말로 육아의 담당에서 사라져버린 것일까.

2. 어머니 역할의 비대화와 사라지는 아버지

육아일기, 체험담을 쓴 것은 누구일까?

육아일기와 체험담을 살펴보면 아버지는 집필자로서도 또는 육아일기의 내용으로부터도 사라져간다. 〈표 2〉에서 다룬 것은 당시의 대표적인 육아잡지로서 육아에 관한 계몽을 기도한 잡지 『아동연구兒童研究』(1898년 창간)와 『부인과 어린이婦人と子ども』(1910년 창간)에 게재된 육아일기이다. 여기서 발견할 수 있는 것은 육아일기 최초의 필자는 남성이었다는 흥미 깊은 사실이다. 어머니에 의한 육아일기가 처음으로 등장한 1899년明治 32의 『아동연구』(제2권 5호)에 게재된 문장은 그것을 뒷받침해준다.

일기명	집필자	게재지
새 잎파리 소나무嫩葉の松(아동관찰기록)	아버지(교원 같음)	『아동연구』 2권 3~4호(1899)
아동교육일지	어머니	『아동연구』 2권 5호
아동교육일지	아버지(교원)	『아동연구』 2권 6호
여자아이의 관찰일지	아버지(교원)	『아동연구』 2권 9호
젖먹이 발육에 대한 기록	아버지	『아동연구』 5권 5호(1901)
어느 어머니의 일기	어머니(아버지는 소학교 교원)	『부인과 어린이』 1~2권(1901~02)
사소한 일기	어머니	『부인과 어린이』 1~2권(1901~02)
후지富士 짱의 일기	어머니	『부인과 어린이』 3권(1903)
유아의 운동 및 언어조사	아버지(소학교 교원)	『아동연구』 7권 12호(1904)
데이이치真一의 일기	어머니(교원)	『부인과 어린이』 4~6권(1904~06)
겐謙 짱의 일기	어머니(아버지는 의사)	『아동연구』 7권 12호(1904)
겐지謙二 일기	어머니(아버지는 의사)	『아동연구』 9권 4~12호(1906)
유아발육일지	아버지	『아동연구』 10권 4~12호(1907)
색연필, 크레파스 등	아버지(교원)	『부인과 어린이』 12-16권(1911~12)

종래 본지에 나타나는 일지는 **대개 남성의 손으로 이루어진다.** 부인의 솜씨로 이루어지는 것은 세키關 씨가 그 효시이다. (…중략…) 우리들이 관찰할 기회를 가지고 있는 부인은 세키 씨의 예를 모방하기를 바라는 것이다(강조는 저자).

『아동연구』에 게재된 육아일기는 대부분이 남성의 손에 의한 것이 었다. 잡지에는 여성이 육아일기의 필자가 되는 것을 장려했지만 그 이 후에도 아버지에 의한 육아일기가 사라지는 것은 아니었다. 아버지의 육아일기가 앞의 두 잡지에서 모습을 감춘 것은 1912년大正元의 일이다. 같은 해 『아동연구』에는 "어머니가 자식에 관한 일기를 적는 것은 최근 무척 활발해진 것 같다"(제15권 9호)고 적혀 있다. 아버지의 육아일기가 사라져가는 것과 병행하여 나타나는 문구는 "유전은 아버지로부터 물 려받는 것일까, 아니면 어머니로부터 물려받는 것일까"(제6권 5호), "소학교 우등생 및 열등생이 태어나는 것과 아버지 연령과의 관계"(제18권 10호)라는 육성자인 아버지에 대한 기대가 사라지고, 단지 아버지의 유전형질과 학력 관계를 이야기하는 논고이다.

육아일기의 집필자 대부분은 신중간층의 전형이라고도 말할 수 있는 선생님 또는 그의 아내들이었다. 「젖먹이 발육에 관한 기록」을 적은 아버지는 집필 동기를 "젖먹이를 기르면서 부쩍부쩍 성장하는 것을 유심히 살펴보면 심신발육이 왕성해지는 것"에 놀라게 되고, "또한 흥미로운 점도 있다"고 적고 있다.

아버지에 의한 육아일기와 어머니에 의한 육아일기가 병행해서 나타나는, 말하자면 아버지에서 어머니로 육아일기의 전환기에 해당하는 1900~10년의 육아일기는 내용면에서도 매우 흥미롭다. 왜냐하면 거기에는 부모가 함께 육아에 관여하는 모습이 기록되어 있기 때문이다. 집필자가 아버지인 경우 '집필자인 젊은 아버지와 교열자인 젊은 어머니'라는 말에서 드러나듯이 아버지는 실제로 육아에 관여했고, 자신이 직접 관찰한 자식의 모습과 아버지가 직장일로 부재중일 때에는 자식의 모습을 어머니가 대신 기록했다. 또한 집필자가 어머니인 경우에는 육아에 관한 아버지의 의견이 "데이이치眞一의 영양법은 어디까지 규칙적이었을까. (…중략…) 아버지 적음"이라고 기재되어 있다.

그러나 『부인과 어린이』·『아동연구』라는 당시 육아를 리드하는 입장이었던 잡지에 아버지들의 육아일기가 게재되었다고 해서 당시의 아버지들이 육아에 적극적으로 관여하고 있었다고 보는 것은 경솔한 생각일 수도 있다. "아동관찰의 흥미를 세상 사람들에게 퍼뜨리고 동료들의 지혜가 점점 늘어가기를 바란다"(「새 잎파리 소나무」)는 아버지의 말에서도 드러나듯이 '동료'는 지극히 소수였다. 그러나 아버지의 육아일기가 계몽적인 역할을 담당하는 잡지에 등장했다는 것은 독자들에게 의식적으로 육아에 관여하는 아버지상이 매력적인 것으로 비쳐졌기 때문이라고도 말할 수 있을 것이다.

아버지에 의한 육아일기를 보면 자식에게 '목욕'과 '산보'를 시키고 밤에 깨서 자식이 울고 있을 때에는 '기저귀를 갈거나 또는 안아'주고 '손톱을 깎아'주고 '죽을 먹이고', 자식이 병들었을 때에는 병원에 데리고 가는 아버지의 모습이 부각되어 있다. 그중에는 '업어주기와 안아주기'라는 '신체적 고통'을 느끼는 것에서 "인생에서 노력의 대부분을 바쳐 자신감을 갖게 되었다"는 기술도 엿볼 수 있다. 아버지들은 또한 아이의 이가 난 시기, 걷기 시작한 시기, 말을 하기 시작한 시기를 기록했다.

아버지들에 의한 육아일기의 집필 동기는 '아동연구 자료의 일부분이 된다면 매우 다행'이라는 아동연구의 소재 제공 혹은 아동연구의 전문가로부터 '양육상·교육상 비평을 바라는 것'이었다. 아버지들의 육아일기에 대한 이러한 성격은 가족의 육아가 심리학자와 교육학자들의 육아론으로 흡수되고, 가정교육도 학교교육의 하청으로 자리매김 되어 그 후의 흐름을 예측할 수 있게 만든다. 게다가 잡지로 한정하여 살펴보면 육아일기의 집필자가 아버지에서 어머니로 이행되는 기간은 10년이나 짧은 기간으로 아버지는 육아의 원조자 위치로 물러나게 된다.

예를 들면 도쿄시 사회교육과가 모집한 육아체험담에 대한 기록 『사랑하는 아이의 예의범절과 양육愛兒の躾と育て』(1924)에서 아버지들은 자신의 육아체험담이 아니라 아내의 육아체험담을 서술한다. 아버지들은 "아내를 맞이함으로써 여성에게 육아에 대한 재능이 있는지 없는지는 가장 중요한 위치를 차지하는 첫 번째 조건"이고, 남편은 "육아 중인 어머니에게"·"최대한 원조하고 이를 존경해야만 한다"고 적고 있다(「어린

이를 훌륭한 예의범절로 가르친 실례」의 제5례 「자기자식의 학령까지」).

그러나 아버지가 육아일기의 집필자에서 사라져 육아방침의 제공자에서 협력자로 바뀌었기 때문에 아버지들이 육아에 관여하지 않게 되었다고 보는 것은 오류일 것이다. 거기에는 아버지들의 육아와 자식과의 관계가 '육아'와 '자식교육'으로 간주되지 않게 된다는 육아를 둘러싼의식 변화가 함께 일어나고 있었다. 그것을 신중간층의 어머니들에게커다란 영향을 준 하토야마 하루코鳩山春子의 육아체험담 『자기자식의교육我が子の教育』(1919)을 통해 살펴보기로 하자.

'가정교육' 개념의 등장

하토야마는 일본에서 서구의 양처현모관을 충실하게 체현한 인물로잘 알려져 있다.[7] 하토야마의 이상은 서구적인 부부와 자식으로 이루어진 '가정 형성'이었다. 그렇다면 거기에는 아내·어머니의 이상과 함께남편·아버지의 이상도 이야기되고 있다고 해석할 수 있다. 하토야마의서구적 양처현모관에서 남편·아버지상이란 과연 어떠한 것이었을까.

남편이나 아버지상은 가부장제하의 '가장'이 아니라 '가정'에서의 '남편'이었다. 거기에는 부권夫權의 등장을 지적할 수 있다.[8] 하토야마가 서술한 것은 '자신 스스로가 실천했다는 자신감을 부여한 명확한 성별 역할분담 사상이었다. 그 가정 만들기는 아내 선택에서부터 시작된다. 아내

---

7   다카무레 이쓰에高群逸枝, 『여성의 역사女性の歷史』 하, 講談社文庫, 1972(1958).
8   다치 가오루舘かおる, 「양처현모」, 여성학연구회 편女性學硏究會 편, 『강좌 여성학 1―여성의 이미지講座女性學1―女のイメージ』, 勁草書房, 1984.

선택의 '첫 번째' 조건은 '재산'이나 '용모'가 아니라 '자기자식을 충분히 교육시키는 것이 가능한가'에 있었다. 또한 아내에게 '매우 바르고 현명한 남편이 가장 주의해야 하는 것은 아내이며 어머니인 것에 대한 권위를 충분하게 부여하지 않으면 안 되었다.' 왜냐하면 아버지가 자식의 면전에서 '어머니를 모욕하는 것 같은 언동'을 하면 '교육'의 담당자인 아내는 '아버지가 부재중일 때 어떠한 가정교육도 할 수 없기 때문'이다. 여기에는 이미 부친부재를 전제로 한 어머니의 '가정교육'이 설명되었다.

게다가 하토야마는 남편에게 '어머니로서 내 쪽이 오히려 엄격한 지위에 있고 아버지로서 당신의 자애를 주입시켜주기 바란다'며 '자부엄모慈父嚴母'를 요구한다. 어째서 아버지는 '자애로운 아버지'이어야만 하고 어머니는 '엄한 어머니'이지 않으면 안 되는가. 그 이유 중의 하나는 '어머니의 사랑이 절대적'이기 때문에 아버지가 '자식에게 사랑을 쏟지 않으면' 안 되는 점에 있다. 그리고 둘째는 '어머니가 엄격한 성향에 치우쳐 있었다 해도 어머니는 자식과 함께하는 시간이 많기' 때문이라는 점에 있다.

'자부엄모'론은 어머니의 사랑, 어머니와 자식의 관계를 아버지의 그것과 비교하여 절대적인 것으로 간주하고 아버지가 현실적으로 가정에 있는 시간이 적은 것을 전제로 설명한 것이다. 자주 부재중인 아버지를 존경하게 만드는 것은 아내의 역할이었다. 하토야마는 "자식이 간단한 말을 할 수 있게 됨과 동시에 아버지에게 감사의 말을 할 수 있도록 가르치고", "항상 외출할 때에는 가족을 위해 일하는 것을 자식이 생각하도록 주의"시켰다고 한다. 바로 여기에는 전형적인 성별 역할분담 사상이 명확히 드러나 있다고 볼 수 있다.

그러나 남편 하토야마 가즈오鳩山和夫는 자식과 가능한 한 많이 접촉하고 '일요일 또는 휴일에는 반드시 집 앞에 '부재중'이라는 표시를 내걸고' 자식들을 데리고 동물원이나 교외로 산보하러 가는 아버지였다. 이러한 아버지의 역할이 적어도 하토야마의 의식 속에서는 '2차적인 교육'이라고 파악하고 있었다. '자식의 공부를 상대하는 것은 오로지 나'이고 남편은 '놀이상대', '부모라 하더라도 자식교육상, 특히 어머니 쪽이 중요한 것'이었다.

그렇다면 하토야마에게 교육이란 어떠한 것이었을까. 그것은 '인격의 완성'을 목적으로 '격리'된 교육적 세계 속에서 자식의 두뇌를 '명석하게 만드는' 일이었다. '놀이'조차 '두뇌를 명석하게 하기' 위한 수단이되었다. 육아권의 소유자가 아버지에서 어머니로 교체되는 과정은 "교육개념을 인간만의 고유한 것으로 생각하고 오성悟性, 즉 언어 사용능력과 자아 속성을 도출해내는 것"⁹으로 삼는 근대적인 '교육'개념이 등장하는 과정이기도 했다.

하토야마에 의하면 이 시기어는 '가정교육'이라는 말'이 '비교적 새로운 말'이었고 '학교교육과 함께 가정교육이 매우 중요한 것'으로 인식되기 시작한 시대였다. 하토야마는 첫 아이를 1883년明治 16에 출산했는데 그 전년도인 1882년에는 『문부성 시유文部省示諭』 속에서 처음으로 '가정교육'에 대한 정의가 등장한다. 거기에는 "가정교육이란 학교교육에 대한 반대 호칭으로서 반드시 가족의 단란함을 통해 실시되는 교육을 가리키는 것으로 한정한다"며 '가정교육'은 가족이 학교의 대리자로서 실시하는 교육이라고 정의했던 것이다.¹⁰

'가정교육'이 학교교육의 하청으로서 자리매김 되는 시기에 하토야

---

9 나카우치 도시오, 『새로운 교육사―제도사에서 사회사로의 시도新しい教育史―制度史から社會史への試み』, 新評論, 1987a.
10 나카우치 도시오, 『교육학 첫걸음教育學第一步』, 岩波書店, 1988.

마는 근대가족의 양육권 소유자이며 '가정교육'의 담당자로서 자신 스스로를 자리매김 시킨 것이다. '가정교육'의 담당자는 어머니라고 규정하는 한편, 아버지들의 자식을 기르는 행위는 '교육'이라고 간주되지 않게 된다. 아버지들이 육아의 표면 무대에서 사라져가는 이유 중의 하나는 바로 여기에 있었다.

하토야마의 '자애로운 아버지론'은 공동체로부터 자립을 꾀한 근대가족에게 가부장권도 사랑으로 지탱될 수밖에 없다는 것에 대한 표현이었다. 다른 한편 가족이 학교의 대리장치가 된다는 문맥 속에서 살펴보면 그 '자애로운 아버지론'은 가족구성원에 대한 가장의 권한을 약하게 만들고, 국가의 공교육 측으로 흡수하려는 국가·공교육의 의도에 따르게 된 것이 아니었을까.

하토야마의 자식에 대한 강한 관심과 성공에 대한 기대는 국가·공교육의 의도를 대신하는 것으로 기능했다. 실제 그 후 공교육은 아버지를 대신하여 지육知育은 물론, 직업기술교육도 포함하여 교육기능을 비대화시켰고 어머니는 학교교육의 하청인 '가정교육'의 담당자로서 그 역할을 비대화시켜가게 되었다. 이처럼 학교교육의 하청으로서 '가정교육' 개념의 성립과 보급 속에서 아버지들은 육아의 표면 무대에서 사라져간다.

어린이의 신체, 건강의 가치화와 아버지의 배제

아버지들이 사라져가는 또 하나의 이유는 '가정교육' 개념의 보급과 연동하여 진행된 심리학, 생리학, 의학 분야에서 아버지 배제의 움직임에서 찾을 수 있다. 심리학과 의학 분야에서 제시된 바람직한 어머니상은 어린이의 건강과 바람직한 어린이의 성장을 제시하는 '어린이의 신체와 건강의 가치화'이기도 했다.[11] 어린이의 신체와 건강의 가치화는 임신, 수유라는 점에서 어린이의 신체, 건강과 강한 연결성을 지닌 어머니와 자식의 관계를 가치화했다. 한편으로 유방을 갖지 않은 아버지는 배제되어간다.

이 시기 모유는 단순한 '인간의 젖乳'도 아니다. "실모포유實母哺乳(친어머니가 젖을 먹여 자식을 기르는 것 – 역자 주)"[12]라는 명칭이 주어지고 실모, 즉 낳은 어머니로 특정화된다.[13]

건강의 가치화가 유유아乳幼兒[14]의 전문가로서 남성 소아과 의사를 클로즈업시키는 한편, 같은 남성인데도 아버지가 배제된다는 것은 큰 모순이었다. 그러나 그 모순은 '공적' 영역에서의 전문가는 남성, '사적' 영역의 장소, 즉 "가정의 위생을 완벽하게 하는 것은 당연히 주부의 책

---

11 이 시기, 특히 어린이의 지능과 깊은 관련을 지닌 것으로서 유아기 어린이의 신체와 건강이 클로즈업된다. 예를 들면 아동연구는 그 중요한 테마로서 '지능과 신체의 관계'를 다루고 있다(산다야 히라쿠三田谷啓, 「지능과 신체와의 관계」, 『아동학 연구기요兒童學研究紀要』 제1권, 1918 등). 또한 육아론의 대표적 논자인 시모다 지로가 "'건강한 마음은 건강한 신체에 있다'고 말한 것처럼 건전한 정신의 발달을 꾀하기 위해서는 신체를 건강하게 발달시키지 않으면 안 된다"(시모다 지로, 『어머니와 자식母と子』, 實業之日本社, 1927(1916))라고 설파한다.

12 쓰카모토 하마코塚本はま子, 『가정학 문헌 집성 – 속편 메이지기 VIII家政學文獻集成 – 續編 明治期VIII』(『가사교본家事教本』, 金港堂, 1900), 渡辺書店, 1970.

13 그러나 현실에서는 모유가 나오지 않아 곤란한 여성들도 존재하고 있었을 것이다. 그러므로 당시의 여성잡지에서는 젖이 잘 나오는 약 광고가 게재되었다. 그러나 모성애를 강조하는 논자에 의하면 "포유는 생리적으로는 포유이지만 윤리적으로는 사랑이다. 포유하지 않는 것, 모자의 유대가 없는 것은 포유동물의 사멸이다"(시모다 지로, 『고등교육 여자교육학高等教育女子教育學』, 東洋圖書, 1935, 229쪽)라고 한다. 모유수유의 장려는 여성 한 사람 한 사람의 신체의 다양성을 사상시키고 수유에 좋은 어머니인지 아닌지를 식별하는 주제로서의 의미를 제공해준다.

14 【역주】 어린아이幼兒와 젖먹이乳兒를 아울러 이르는 말로, 학령 이전의 어린이를 통틀어 이르는 말이다.

임"[15]이라는 공과 사, 남녀의 성별 역할분담 도식에서 은폐된다.

생물학적으로 어린이의 신체를 설명할 때 여성과 남성의 성행위가 있었기 때문에 임신과 출산이 성립되는 것이고 여성과 남성의 관계가 없다면 종種으로서 인간의 재생산도 있을 수 없다. 그러한 의미에서 남성과 여성은 출산 부분에서 동등한 역할을 담당한다. 그러나 지능과 깊은 관련을 갖는 것으로서 어린이 신체의 가치화와 의학화의 움직임은 어머니의 수유기능을 중요시하는 것을 통해 아버지를 배제시킨다.

생리적으로 아버지는 어머니를 이길 수 없다는 담론은 이 시기의 육아서와 고등여학교 교과서, 특히 육아상담에 이르기까지 넘쳐나고 있었다. 예를 들면 고등여학교의 교과서 『가사교본家事敎本』(1900)에는 다음과 같이 쓰여 있다.

어머니는 분만이나 자식에게 젖을 주어 양육하는 것처럼 선천적으로 자녀 양육에 대해 어머니는 직접적인 관련이 많고 (…중략…) 아버지는 늘 의무적으로 집 밖에서 보내고 있어 항상 자녀의 보호감독을 실시하는 능력이 없는 사정도 있고, 그와 동시에 선천적으로 남성의 성질이 육아에 적합하지 않은 경향도 있다고 한다면 그저 어머니의 상담상대로서 주의主義나 방침을 하나로 하여 자식에 대한 명령이 두 가지로 나오지 않도록 주의해야만 한다.[16]

또한 육아상담에는 다음과 같은 회답이 이루어지고 있다.

세상에는 아버지가 있어도 실제로 없는 것과 마찬가지로 아버지와 자식 사이

---

15 시모다 우타코下田歌子, 『가정家庭』, 實業之日本社, 1915.
16 쓰카모토 하마코, 앞의 책, 1970.

에 아무런 교섭이 없는 경우의 사람도 많이 있습니다. 아버지는 자식이 일어나기 전에 근무하러 나가고 그들이 잠든 후에 집으로 돌아오는 생활이 도시에는 많이 있습니다. 자식을 기르는 것은 거의 어머니의 힘입니다.[17]

이 담론들을 살펴보면 자본주의 발전에 수반되는 아버지의 역할을 방해하는 노동, 생활조건이 생겨나고 구조적으로 부친부재가 생겨나고 있음을 엿볼 수 있다. 그와 동시에 어머니야말로 '부모'라는 관념의 등장을 인정하게 된다. '어머니야말로 부모'라는 주제는 이후 고등여학교 교과서와 육아서에 반복해서 설명되는 테마가 된다.

3. 신중간층의 부부관계와 육아

남편의 기대, 아내의 기대

자본주의화의 진행은 남편·아버지에 대한 기대의 변화를 가져왔다. 그것은 배우자 선택의 모습에서도 변화를 찾아볼 수 있다. 배우자 선택의 조건과 부부상의 이미지가 시대에 따라 변하는 것은 말할 필요도 없지만, 이 시기 신중간층의 여성들 중에는 결혼조건에 대한 자각이 싹트기 시작한다.

---

17 『아동연구』 제24권 7호, 1921.3.

〈그림 15〉 『주부의 벗』의 연애와 결혼호 표지
(『주부의 벗』 7월호, 1922)

성별 역할분담 가족을 형성하려는 여성들에게 결혼은 일생을 결정짓는 중요한 사건이었고, '몸도 마음도 깨끗한' 처녀[18]로서 연애결혼하여 '스위트 홈sweet home'을 만드는 것을 동경하고 있었다. 1922년 『주부의 벗』의 '연애와 결혼호' 표지는 처녀를 이미지로 했는데 순백의 얇은 망사와 드레스로 장식된 신부의 모습(〈그림 15〉)으로 꾸며져 있다.

그러나 이는 남녀의 사랑에 기반을 둔 결혼관의 등장만을 의미하지 않는다. 마찬가지로 『주부의 벗』의 「나의 이상적인 남편」(1918.4)에는 처녀들이 요구하는 결혼조건이 적혀 있다. 처녀들은 남편을 선택할 때 서로의 애정 이상으로 부양자로서 장래성을 요구했다. '이상적인 남편'의 조건은 '관리라면 판임관判任官[19] 이상, 또는 회사원이라면 일반적으로 인정받는 회사의 본

---

18 결혼 전 자유로운 성 교섭이 인정되었고 결혼 전에 자식을 낳는 것도 드문 일은 아니었던 메이지 초기까지는 '처녀'란 문자 그대로 '집에 사는 여성', 즉 미혼여성을 의미했다. 그러나 메이지 원년 재빠르게 낙태약의 판매금지를 결정하는 가운데 메이지 말기부터 다이쇼 초기에 걸쳐 '처녀'란 '성교경험이 없는 여성'을 의미하게 되었다. 1925년 7월호 『주부의 벗』의 특집 「정조의 위기를 면한 젊은 부인의 고통」을 보면 여성들 자신의 '처녀'관을 엿볼 수 있다. '처녀'라는 신체관은 여성의 신체를 위험한 외부세계로부터 격리시켜 가정 안으로 가두어 여성은 수동적인 존재, 범할 수 없는 존재로서 성별 역할분담의 사회질서를 지지하는 신체관이었다. 그뿐만이 아니다. '처녀'는 바로 자신의 것으로 여성들 자신이 여성의 성을 유린하는 것으로부터 자신의 신체를 지키는 신체관이기도 했다. 특집에 게재된 여성들의 수기를 살펴보면 그러한 처녀라는 신체관의 이중성을 읽어낼 수 있다.

19 【역주】구제舊制의 최하급 관리를 말한다.

사 직원'이나 '성실한 초등학교 교원', '근면 노력가' 또는 '고생을 이겨내면서 한 가지 일에만 노력을 기울이는 각고면려의 사람', '고등교육을 마친지 얼마 안 된 사람', '무일푼인 상황에서도 재산을 일으킬' 수 있는 사람, 즉 '재산만 본다기보다는 기량 있고', '자신의 실력으로 높은 지위에 도달할 능력'이 있는 '장래 유망한 청년'이었다.

여기에는 '재산'과 '가문'을 갖지 못한 신중간층의 처녀들 중에 늘 몰락의 위기에 처해 있는 자본주의사회에서 생활향상을 위한 열쇠가 되는 것은 재산과 가문보다도 학력學力이나 학력學歷과 연관된 인식이 나타났음을 읽어낼 수 있다. 게다가 생활수준의 상승에 대한 기대를 남편에게 맡기는 것은 부양자로서의 부권夫權을 강화하고 가정의 경영주체는 남편이라는 가부장적 질서를 받아들이는 기반으로 작동했다. 신중간층의 처녀들이 이상으로 삼은 핵가족은 공동체로부터 자립하는 한편, 지연이나 혈연에 기댈 수 없고 남편의 수입에만 의지한다는 점에서 가족의 경제가 결코 풍요롭고 안정된 것은 아니었다. 성별 역할분담 가족의 가계유지는 남편에게 맡기지 않으면 안 되었고 그것은 남편의 가부장으로서의 권위를 강화시키는 원인이 되었다.

『주부의 벗』(1917.3·4)에는 여학교 출신의 아내와 고등교육을 받은 남편 각각의 「주문 20개조」가 게재되어 있다. 거기에는 밖에서 일하는 남편과 안에서 남편을 맞이하는 아내라는 성별 역할분담 구도가 명확히 드러나 있다. 남편과 아내는 서로를 역할 수행자로 보고 있다. 아내는 남편에게 '가정의 왕'·'한 집안의 기둥'으로서 부양자의 역할을 기대하고 남편은 아내, 특히 어머니로서의 능력을 평가한다. 말하자면 "자식을 울게 하는 아내는 남편에게 사랑받을 수 없고", "자식의 병은 대부분 어머니의 부주의에서 오기 때문에 자식을 병들게 하면 어머니의 신용은 하락하기 때문에 각오하지 않으면 안 된다." 아내는 남편을 가정의 경영주체로 간주하고 남편은 아내를 '아내와 어머니'의 역할로 평가한다. 게다가 가족을 부양하는 점에 기초를 두어 부권夫權이 우월하면서도 부권父權은 오히려 부재였다. 아내는 남편에게 "자식과 함께 놀아주세요", 남편은 부인에게 "자식 때문에 남편을 소홀히 하지 않도록"이라고 주문하듯이 서로의 요구는 상충되고 있었다.

신중간층의 아내들은 생활향상을 위해 남편에게 부양자의 역할을 기대하고 오히려 스스로 자진해서 가부장적 질서를 받아들였다고 생각된다. 그러나 그녀들 중에는 남편과의 관계와 자식과의 관계는 그 성질을 달리하는 경우가 있었다. 그녀들이 자진해서 선택한 것은 아내 역할이 아니라 어머니 역할이었다(제1부 제2장).

그것은 신중간층 여성들의 자기고백 장소였던 신상상담 코너에서도 발견된다. 거기에 실려 있는 것은 '남편'과의 관계에서 '아내'의 불행한 고백과 상담이지 '자식'과의 관계에서 '어머니'의 불행한 고백은 아니었다. 그 고백내용을 크게 나누어보면 승진하지 못하고 돈벌이와 직업이 없는 남편에 대한 불만과, 직장은 있어도 바빠서 부부가 각기 다른 세계에서 살아 마음이 서로 통하지 않는다는 불만으로 나눌 수 있다. 이러한 것은 모두 성별 역할분담에서 기인하는 것이거나 또는 아내들이 남편과의 인격적, 정신적 연결을 요구하는 것에서 나오는 불만이기도 했다. 게다가 신상상담에서 '아내'의 불행한 고백과 육아상담, 그리고 체험담에서 '어머니'로서 자아표현의 표명과 병행하여 나타난다. 그렇다면 여성들에게 아내인 것과 어머니인 것의 관계는 어떻게 변화되고 있었을까.

『모성애일기』에 나타난 '아내'와 '어머니'

여성 자신의 심성 표현을 보여주는 예로서 무로이 기사코室井きさ子의 『모성애일기母性愛日記』[20]가 있다.[21] 『모성애일기』는 나스那須 여관의 여주인 무로이 기사코가 적은 1913년大正 2 10월 10일부터 1920년大正 9 5월 7일까지의 육아기록이다. 그러나 육아기록이라고 보기에는 좀 특이한 기록이다. 왜냐하면 무르이는 딸이 3살 때 "가풍에 맞지 않는다"는 이유로 남편과 헤어졌는데, 도시의 신중간층 가족의 이상 ― 즉 단란한 가족과 자식을 중심으로 남편과 아내가 마주 대하는 ― 과는 거리가 멀었고, '여성 혼자의 힘으로', 즉 요즘시대의 말로 표현하면 싱글맘이 딸을 키운 기록이기 때문이다.

당초 이 기록은 1915년大正 4『도쿄니치니치신문東京日日新聞』에 「다미코民子의 어머니」라는 제목으로 연재된다. 『도쿄니치니치신문』 기자가 쓴 『모성애일기』의 권두언에 따르면 연재당시에는 "모성애라는 말 (…중략…) 그다지 사용되지 않았고, 또한 신문에도 모성애에 대한 기사가 매우 적었을 무렵이었다"고 한다. 그러나 이 연재는 "열렬한 투서를 꽤 많이 받았기" 때문에 같은 해『시집가는 딸에게嫁ぐ娘へ』라는 제목을 붙여 단행본으로 완성되었는데, 기사코가 죽은 후 1929년昭和 4『모성애일기』라는 제목으로 바꾸어서 출판된다. 그 경위를 살펴보면 모성애라는 말이 사회에 많이 유포되었고 고성애에 대한 관심이 증대되는 과정에서『모성애일기』라는 책 제목이 선택되었음을 알 수 있다.

---

20 표지에는 '무로이 사키코室井きき子'라고 되어 있는데 「권두언」에는 '무로이 기사코室井きさ子'라고 되어 있기 때문에 븐서에서는 '기사코'라고 했다.
21 무로이 기사코,『모성애일기』, 万理閣書房, 1929.

그뿐만이 아니다. "너 한 사람을 착한 부인으로 길러내고 싶은 바람으로 이 어미는 모든 사회성을 버리고 부인의 욕망도 차단하고 늙은이라 할지라도 아직 마음은 26살의 아름다운 모습이 남아 있는데, 노파의 후반생을 희생하며 너를 기를 것이다"[22]라며 모든 것을 육아에 걸은 자기희생의 메시지가 어머니들에게 받아들여졌음을 드러낸다.[23]

그 기록을 발견하고 출판을 권장한 『도쿄니치니치신문』 기자는 이 기록의 가치에 대해 다음과 같이 논한다.

세상의 어머니가 생각하고, 기뻐하고, 울고 웃고, 사색, 감정, 모성의 전부를 털어놓고, 꾸미지 않고, 정직하게 자기의 마음을 응시하여 기록해두는 것은 소중하다. 기사코 씨가 기록한 일들은 누구나 생각하고 누구나 실행하고 — 그렇다고 하지만 누구나 생각하고 누구나 실행하는 것을 그렇게 정직하게 열거하여 적는 것이 쉽지만은 않은 일이다. 이것만으로도 세상의 모든 모성을 대표하는 기술자로서 훌륭하다고 생각한다.

원래 출판을 의도하여 쓴 것이 아닌 이 기록이 가진 의의는 '누구나 생각하고 누구나 실행하는 것'을 표현할 수 있는 점, 그러므로 '모성을 대표'하고 있는 점에 있다고 한다. 그러나 무로이의 저서가 여성들에게 환영받은 이유는 단지 그것뿐이었을까.

---

22 위의 책, 2쪽.
23 데이비드 노터는 '모성론'에 담긴 메시지의 하나가 어머니의 완벽한 자기희생이고 어머니는 자식을 위해 모든 것을 희생하지 않으면 안 된다고 되어 있다고 지적하고, 자기희생의 메시지가 받아들여진 하나의 사례로서 무로이의 『모성애일기』를 예로 들고 있다 (데이비드 노터, 『순결의 근대─근대가족과 친밀성의 비교사회학』, 慶應義塾大學出版會, 2007, 159쪽).

독자인 여성들은 '어머니'로서뿐만 아니라 '아내'로서 자기고백의 부분도 포함하여 많은 공감을 불러일으킨 것이 아니었을까. 그렇게 생각하지 않는다면 '아내의 길을 버리고 부모의 길을 걸어왔다'는 육아환경의 정당모델로부터 벗어난 기록이 여성들에게 널리 받아들여진 이유가 보이지 않게 된다.

여성들의 공감을 불러일으킨 무로이, 그것은 당시 가부장적 질서에 대한 저항을 무로이가 몸소 보여주었다는 점에 있었다. 무로이가 이혼이라는 길을 선택한 것은 '철저하지 못하고 불쾌하며 아무런 희망도 없는 가정에 얽매어 많은 자식을 낳고 마지못해 살아가는 것은 참을 수 없는 일이었기 때문'이다. 또한 무로이는 '부부가 마음이 없는 가정인데도 자식이 우후죽순처럼 생기는 것은 확실히 일종의 고통이다'라며 소산에의 의지를 서술하고 있다. 이처럼 무로이가 '가정에 얽매이는' 것을 거부하고 이혼함으로써 자신의 운명을 개척한 것에 여성들의 공감을 불러일으켰다고 말할 수 있다.

게다가 그녀는 가부장적 질서에서 여성을 무능력자로 자리매김 시키고 자식의 후견에 대한 법적 차별, '현대의 불완전한 법률에 구애' 받고 '법률을 핑계 삼아' 자식의 호적을 건네는 것을 거부하는 남편에게 '자연', 즉 어머니의 '사랑'으로 대치한다. "부모가 자식을 사랑하는 것은 자연이다. 법률상이나 경제상으로 나는 너를 키운 것이 아니라 사랑으로 너를 키워온 것이기 때문에 그것을 알고 이 어머니에게 최후의 승리와 만족을 제공해줘라"라고 그녀는 말한다. 부권夫權·부권父權을 보장하는 '법률'에 무로이는 어머니와 자식의 자연적 결합인 '사랑'을 대치시킨다. 아내 지위의 불안정함이 무로이를 보다 '어머니' 역할에 기대게 했던 것이다.

자식을 키우는 일은 '살 수 있는 의미'를 갖는 것이라는 무로이에게 '최후의 승리와 만족'이란 자식을 '전부 1등 성적'의 학교우등생으로 만드는 일이었다. '법률'을 비롯한 '공적' 세계가 남성에게 독점되는 가운데 여성이 '공적' 장소에서 승리를 거두는 방법, 즉 그것이 무로이에게는 자식을 '공적' 학교교육의 장소에서 승리자로 만드는 일이었다. 그러한 과정 속에서 무로이의 목표는 딸을 양처현모로 키운다는 국가의 교육목표에 종속되어간다. 이러한 자아실현의 모습은 여성들이 처해 있던 상황이 만든 하나의 귀결점이기도 했다. 무로이는 그것을 다음과 같이 적고 있다.

벌써 학교를 졸업한 지 13년, 그 사이에 나는 인간으로서 사회를 위해 가정을 위해 무엇을 했는지 생각해보면 이제껏 스스로 만족하며 회심의 미소를 지을 정도의 일을 한 적이 없다. 다만 그중에서 조금 자랑할 만한 것이 있다면 그것은 자식을 낳은 일이다.

무로이에 의하면 남편은 '아버지다운 일도 하지 않은' 인물이었다. 무로이는 "오늘날까지 너의 아버지라는 사람에게서 돈 한 푼이나 옷감 한 필 받아서 너를 키우고 있는 것이 아니다"라고 기술하고 있다. 아버지라는 존재는 무엇보다도 가족의 생활을 책임지는 역할을 담당하는 것을 의미하고 있었다. 그러나 그것은 아버지의 경제적인 역할을 가장 중요한 것으로 생각하고 있는 점에서 아버지의 의미를 왜소화시키는 것이기도 했다.

무로이의 기록은 남편의 '법률'에 어머니로서의 '자연'을 대치시켜 가족의 생활보장을 아버지의 역할로 요구하고 자식을 공교육에서 성공시키는 것에서 자신의 역할을 발견하는 등 여성의 자기주장이기도 했다. 이 점이 여성들의 공감을 불러일으킨 것이다. 그러나 이러한 형태의 자아표현은 가정에서의 육아를 공교육의 가치로 종속시키게 되었다.

4. 사라지지 않으려는 아버지들

파더구스의 세계

지금까지 살펴본 것처럼 신중간층의 부부관계와 어머니의 육아에 비해 신중간층의 아버지에게서 두 가지의 비판적 계보가 드러난다. 말하자면 그들은 사라지지 않으려는 아버지들이었다. 그럼 그들은 어떻게 사라지지 않으려고 노력했던 것일까. 지금부터는 스즈키 미에키치鈴木三重吉와 노무라 요시베野村芳兵衛라는 두 명의 아버지를 예로 들어보기로 한다.

신중간층의 부모들이 자식에게 어울리는 문화재로서 지지한 잡지로 『빨간 새』(1918년 창간)가 있다. 주재자는 스즈키 미에키치로 일본 파더구스의 한 명이다. 파더구스Father Goose란 이 시기 자식에 대한 아버지의 애정을 주축으로 하는 아동문학에 관련된 사람들을 가리킨다. 아동문학사에 따르면 "일본의 창작동화는 마더구스Mather Goose가 될 수 없는 파더구스"인 것에서 일본 근대화의 특색이 드러난다. 그 이유는 "남녀동권은 그림의 떡"이었고 '근대 일본의 여성들은 자아표현이 허용되지 않았던 것"에 있었다.[24] 육아일기 최초의 필자는 아버지였다. 마찬가지로 아동문학 최초의 필자도 역시 아버지였던 것이다.

미에키치를 비롯한 『빨간 새』라는 작품은 '동심주의 문학'이라 불린다. 학력學力과 학력學歷에 의한 사회적 성공과 지위향상을 지향하는 '교육'열이 높은 신중간층은 한편으로 어린이 마음과 내면이라는 어린이의 존재 그 자체에 가치를 두는 동심주의의 지지자이기도 했다. 그러한 의미에서 미에키치에게 '동심주의란 무엇이었는지'를 밝히는 것은 신중간층의 모순된 심성의 해명작업으로도 연결될 수 있을 것이다.

미에키치가 『빨간 새』를 창간한 이유에는 두 가지가 있다. 하나는 현실세계를 벗어난 소小세계에 매몰되는 소설밖에 쓸 수 없다는 창작상 막다른 곳에 이르게 되어 작가로서 집필을 그만둔 일이고, 다른 하나는 장녀 스즈すず를 얻은 기쁨이다. 이러한 창간 사정은 미에키치와 동심주의의 관계를 생각할 때 중요한 의미를 지닌다. 왜냐하면 동심주의는 현실사회에서 도피하여 어린이 속에서 평온을 찾는 측면과 어린이라는 존재의 보편적 가치를 인정하는 두 가지 측면을 가진다고 생각할 수 있기 때문이다.[25]

미에키치는 그 서간에서 자식에 대한 애정을 공언하는 것을 꺼려한다. 그는 친한 친구들에게 보낸 서간에서 자주 자식의 성장모습과 질병, 자식에 대한 애정을 기록하고 "자식을 위해 살고 있는 거예요"라며 자식을 삶의 보람으로 삼는 심정을 이야기한다.[26] 그러나 한편으로 미에키치의 동심주의는 이기주의적 현대사회를 어린아이의 순진무구함으로 대치한다는 현실사회에 대한 비판이나 불만과 결합하고 있었다.

---

24 가미 쇼이치로上笙一郎, 『일본 아동문학사상日本兒童文學の思想』, 國土社, 1976.

25 요코쓰카 가오루横須賀薫 편, 『근대 일본 교육논집─아동관의 전개近代日本教育論集─兒童觀の展開』, 國土社, 1969.

26 스즈키 미에키치, 「서간」, 『스즈키 미에키치 전집鈴木三重吉全集』 6, 岩波書店, 1938.

그것은 미에키치의 일본인식에서 기인한다. 그는 일본의 전통문화가 어린이에게 산문의 주제로 제공할 만한 '수준'이 결여되어 있고, 또한 문체도 지니지 않고 있다고 여겨 서구의 것을 번역하고 번안하는 작업으로 시종일관한다. 파더구스들의 작품은 "일부일처一夫一婦제에 기반을 둔 가정생활에서 여성이 가사와 육아를 담당하는 시스템 (…중략…) 아버지가 직접 육아에 관여하지 않는다는 사정에 기인한 실체가 결여된 추상적인 것"[27]이라고 평가된다. 그러나 미에키치의 추상적 원인은 오히려 그의 현실인식이었다고 말할 수 있다. 또한 미에키치의 아버지·남편으로서의 측면으로 시선을 돌리면 그것은 성별 역할분담에 기반을 둔 근대적인 아버지·남편상이라고는 말하기 어렵다.

두 명의 자식, 즉 스즈와 산키치珊吉가 말하는 아버지에 대한 추억은 가부장적인 모습이었음에 틀림없다. 산키치에 의하면 아버지 미에키치는 "음식에 대해 항상 주의를 주었고 영양제를 먹게 하는 방법과 함께 (…중략…) 학교공부에 관해서도 철저한 주의主義를 단호하게 (…중략…) 취했다."[28] 또한 스즈는 자신의 어린 시절을 회상하며 양장 색깔까지 세심하게 제시하고 "늘 흰색과 검정, 또는 밝은 감청색 등 수수한 색의 한정된 옷만 입게 하여 다른 사람들처럼 핑크색 양말과 빨간색 양장을 입고 싶어서 참을 수가 없었다"고 적고 있다.[29]

게다가 미에키치는 그 내용을 아내에게 '엄명'했는데 아내도 자식이 아무리 졸라도 "아버지가 싫어하니까"라며 남편의 명령에 복종하고 있

---

27   가미 쇼이치로, 앞의 책, 1976.
28   스즈키 산키치鈴木珊吉, 「아버지─빨간 새의 마음」, 『아사히 저널朝日ジャーナル』, 1964.8.9.
29   스즈키 스즈鈴木すず, 「아버지와 나」, 스즈키 미에키치 빨간새모임鈴木三重吉赤い鳥の會 편,
     『스즈키 미에키치에의 초대鈴木三重吉への招待』, 敎育出版センター, 1982.

었다. 그래서 두 남매에게 분별심이 조금 생겼을 때 가장 기뻐한 것은 "그것은 뭐니 뭐니 해도 아버지의 외출이었다." "어머니까지 왠지 부랴 부랴 남동생과 나에게 '그럼 둘 다 집안을 뛰어다니며 놀아도 좋아. 그 런데 저녁밥은 무엇으로 할까. 뭐든 좋아하는 것으로 해줄게'라는 말을 해서 온 집안이 들떠 있었다"고 스즈는 회상하고 있다. 그렇다면 미에 키치의 가부장적인 행동을 어떻게 이해하면 좋을까.

아버지의 자아실현과 동심주의

미에키치가 죽었을 때 스즈는 자신의 탄생이 계기가 되어 만들어졌 고, 또한 미에키치가 그 생애를 소비한 『빨간 새』 운동에 대해서가 아니 라 "나는 마지막으로 뭔가 좋은 것을 쓰고 죽을 것이다"라는 만년의 말 에서 미에키치의 진수를 발견할 수 있다. 또한 오랜 친구인 고미야 도 요타카小宮豊隆는 미에키치가 죽은 후 신문들이 입을 모아 미에키치를 동화작가라고 부르는 것에 대해 "단지 동화작가로만 결말지어버리는 것은 매우 아쉬운 느낌이 든다"고 적고 있다.[30] 미에키치는 『빨간 새』에 자신의 모든 정력을 쏟으면서 그 말년에 이르기까지 여전히 소설가이기 를 바라고 있던 것이다.

미에키치에게 문학세계의 '공'이란 소설가이지 동화작가는 아니었 다. 게다가 미에키치에 의하면 소설가의 세계에 사는 것조차도 일반 남 성의 삶의 방식으로는 세상으로부터 정당성을 인정받지 못하는 '불안'

---

[30] 기무라 후지오木村不二男, 「스즈키 미에키치」, 『동화童話』, 1972.9.

한 삶이었다. '공적' 세계에서도 자아실현을 이룰 수 없다는 생각 또는 '공적' 세계는 자아실현을 가능케 하는 사회가 아니라는 현실사회에 대한 환멸이 있었다. 그것이 미에키치를 한편으로는 어른사회의 가치나 학력에 의한 사회적 성공과 지위와는 다른 차원에서의 어린이에 대한 가치적 파악인 동심의 세계로 향하게 했던 것이다. 다른 한편으로는 '사적'인 가정에서 아버지로서의 자아실현이나 아내와 자식에게 가부장적으로 행동하게 된 것은 아니었을까. 그러한 의미에서 여성인 무로이가 자아실현의 장소를 어머니에게서 찾은 것과 마찬가지로, 미에키치는 남성으로서의 자아실현을 아버지로서 남편으로서 가정이라는 장소에서 찾았다고 말할 수 있다.

그러나 '공적' 세계로의 등장을 저지당한 여성의 자아실현이 자식들을 공교육의 성공자로 만드는 쪽으로 경도되었던 것에 반해 '공적' 세계에 대한 비판, 부정에서 출발한 미에키치는 학교 가치의 부정으로 경도되었던 것이다. 그는 아들에게 "학교공부 잘 하라는 말은 일체 하지 않는다는 이론을 관철시켰다", 또는 딸에게 보낸 서간에서도 "스즈코는 너무 공부에 신경 쓰지 말 것"이라고 썼다. 미에키치가 보여준 아버지로서의 행동은 신체발달과 감정지도의 영역으로 한정되었고 지혜에 대해서는 현실의 공교육과 전혀 무관한 태도를 취한다. 무로이로 대표되는 어머니들이 공교육을 지지하는 것으로서 가정에서의 지식육성을 받아들였던 것에 비해 미에키치는 공교육 비판에서 지식육성을 포기한다. 양자가 방법론적 구조는 달랐지만 지식을 공교육에 빼앗겨버리고 있는 점에서는 동일했다.

일본에는 배울 것이 없다는 인식에서 출발한 미에키치가 '사적' 세계에서는 틀림없이 일본적 현실 그 자체라고도 말할 수 있는 가부장적인 행동으로 시종일관했다는 모순이 존재한다. 그것은 현실사회가 자아실현을 가능케 하지 않는다는 그의 현실인식에서 기인한다. 그러한 사정은 동시대 신중간층 아버지들의 경우에도 마찬가지였다.

신중간층의 대중화와 학력사회로의 진행, 학력별 연공임금^{年功賃金}체계의 확대는 '교육'과 '학력^{學歷}' 없이 살아서는 안 되는 신중간층의 아버지들에게 성공과 사회적 이동에 대한 가능성의 폭이 좁아지고 있음을 인식시키는 것이었다. 그러한 아버지들에게 동심은 자아실현을 방해하는 실생활로부터의 도피, 즉 위안적인 측면을 지니고 있었다. 그와 동시에 현실에서 육아에 관여하지 않는 아버지들이 동심을 소중히 여기는 것은 아버지인 것에 대한 대상행위로서, 또한 아버지이고 인간인 것에 대한 증거로 인식되었을 것이다. 그러한 의미에서 무로이로 대표되는 여성들과 미에키치로 대표되는 남성들의 자아실현 모습에는 표리관계를 이룬다.

근대 서구에서 배운 근대 일본의 모순을 극복한다는 시도와 현실 가정에서 남녀관계의 변혁을 수반하지 않으면서 아버지의 자아실현에 대한 추구가 낳은 어린이관이 현실과 격리된 곳에 어린이를 두거나, 혹은 어린이 자신의 현실과 단절된 곳에 어린이를 두는 동심주의 어린이관으로 귀결하는 것은 어쩌면 당연한 일이었다.

이러한 서구 근대의 모방과 악의 세계인 어른 사회에 어린이의 순진무구함을 대비시키는 것으로 일본의 근대를 개척하려는 미에키치의 시도가 있었다. 다음으로 미에키치와는 반대로 민중들의 육아 세계를 비판적으로 계승 발전시키는 형태로 일본의 근대를 개척하려고 한 노무라 요시베의 시도를 예로 들어보기로 한다.

'남녀협력의 생활' 모색

동시대 신학교의 대표적 존재였던 아동을 위한 마을소학교의 준準기관지적 역할을 겸하고 있던 잡지 『교육의 세기敎育の世紀』에서 1926년大正 15 국정교과서 「남성의 임무와 여성의 임무」(성별 역할분담 사상을 서술한 것)를 둘러싼 논쟁[31]이 벌어졌다. 여기서의 논점은 세 가지였다. 첫째, 남녀의 성차는 '아이를 낳는가 또는 낳지 않는가라는 것만의 차이인가.' 그렇지 않으면 '아이를 낳는가 또는 낳지 않는가의 차이가 남녀의 '모든 차이의 기본'인가 하는 점이다. 둘째, 자식교육에 남녀 어느 쪽이 담당하는 것이 좋은가. 그렇지 않으면 둘 다 관여하는 것이 좋은가 하는 점이다. 셋째, 육아에 남녀 모두 관여한다면 아버지의 역할이란 무엇인가. '정신적인 쪽'일까. 그렇지 않으면 '자식을 키우는 것의 중심은 뭐니 뭐니 해도 업어준다거나 안아주는' '손발을 직접 움직이는 일'이고, 그것이야말로 자식에 대한 애정을 낳는 것인가 하는 점이다.

이 논쟁에서 주목할 만한 논점을 제시한 것은 아동을 위한 마을소학교의 교사인 노무라 요시베이다. 논쟁의 과제가 '남녀협력의 생활은 어떠한 것이 바람직한가. 그리고 그것을 어떻게 실현할까'에 있다고 파악한 노무라는 신중간층의 가족에게서 볼 수 있는 성별 역할분담은 '개성적 차이'에서 생겨난 것이 아니라, '물질적 경제 부분에서 산출된 것'이라고 했다. 그것은 성별 역할분담 가족이 자본주의에 가장 적합한 가족형태로서 출현한 것에 대한 지적이기도 했다.

특히 성별 역할분담에 기반을 둔 사회는 예를 들어 '남성에게는 사정

---

31 『교육의 세기』, 1926.11.

이 좋게 보였다 해도 '그것은 표면상의 일로 실제로는 여성에게 결코 나쁜 것이 남성에게만 좋다고는 생각할 수 없다'고 한다. '여성의 요구를 덧붙여 세운 문화가 지금보다 발전이 느려진다' 해도 '협력을 통해 세운 문화 쪽이 인생의 의미가 깊기' 때문이다.

그러한 관점에서 그는 성별 역할분담 가족에서 아버지가 자식의 육아에 관여하고 싶은 생각을 갖고 있어도 실제로는 '밖에서 지쳐 녹초가 되어 돌아오기 때문에 도저히 할 수 없는' 상황을 문제시한다. '남성이 자식에 대한 임무를 분담하지 않는 것은 자식에 대한 사랑을 여성에게 빼앗기게 되기' 때문이라는 것이다.

이러한 노무라의 생각은 당시의 남성과 여성, 아버지와 어머니의 일반적인 모습에서 보면 이단이었다. 당시 남성 = 부성, 여성 = 모성이라는 생각에 대해 그는 남성에게도 여성에게도 부성과 모성 두 측면이 갖추어져 있다고 논한다.

> 인간에게는 남성에게도 여성에게도 부성과 모성이라는 두 가지 사랑의 발로가 있다고 생각한다. 자연스럽게 가만히 손을 놓고 자식의 생활을 조용히 관찰하는 것은 부성이다. 나는 그 부성의 발동이 자식의 좋은 성장에 깊은 의미를 지니는 것을 믿는 자이다. 그리고 나는 이번에는 자식을 안아보고, 자식의 기모노를 꿰매고, 게타下駄의 끈을 메주고, 또 소변을 보는 것을 도와주는 태도에서 나오는 사랑을 모성이라고 생각하고 있다. 모성애가 자식의 성장에 중요한 것은 말할 필요도 없다.[32]

32   노무라 요시베野村芳兵衛, 「신교육의 학급경영」, 『노무라 요시베 저작집野村芳兵衛著作集』 2, 黎明書房, 1973a, 226쪽.

민중의 육아계승

노무라의 이러한 생각은 어디에서 도출된 것일까. 노무라는 '서민생활의 사상을 교사 사상의 근저에 둔다는 것은 공무원으로서 동시대 교사들의 사상형성사에서는 상당히 특이한 지향을 선택했다'고 보는 인물[33]로, 1896년明治 29 기후岐阜현 산촌부의 몰락서민층에서 태어났다. 그의 부모는 근대 학교에 취학한 경험이 없는 정토진종淨土眞宗의 열렬한 신자였다. '날이 어두워지면 괭이를 짊어지고 들에서 돌아오는' 생활로 세월을 보내는 아버지는 가령 자식이 어리다 하더라도 스스로 행동하고, 어느 정도는 자치적인 것을 요구하는 '자아 본위의 교육'으로 그를 대했다고 한다.

또한 '일을 좋아하는 사람으로 만들지 않으면 안 된다'는 사고에서 소학교공부를 하며 틈틈이 어른과 같은 수준으로 노동에 종사하게 했다. 놀고 싶은 기분이 먼저 앞서는 노무라에게 어머니는 '아버지를 보라'고 훈계하면서 노무라의 바람을 아버지에게로 전한다.[34]

그와 부모와의 관계는 '동행', 가족 모두 노동을 통해 부모에게서 배운다는 것이었다. 또한 부모 모두가 노동에 종사하는 모습은 근대적인 남녀평등은 아니라 하더라도 대등한 관계를 만들어내는 무언가가 있었다. 노무라의 육아사상은 남편도 아내도 함께 농업노동에 종사한다는 근세 이후 민중들의 부부관계와 육아 유산을 근대로 계승해서 살리려는 것이었다고 말할 수 있을 것이다.[35]

---

33 나카우치 도시오, 「해설」, 『느무라 요시베 저작집』 8, 黎明書房, 1973, 396쪽.
34 노무라 요시베, 앞의 글, 1973a, 80~92쪽.
35 부부가 역할을 분담하면서 협동을 농작업에 힘쓴다는 민중의 부부상은 '부부가 서로

그는 자신이 자란 민중들의 향토사회에는 하나의 훌륭한 '도덕'이나 '인정'이 있다는 입장에서 향촌의 교육유산을 재편성하여 그것을 '생활교육'이라 불렀다. 그가 자신의 이상으로 삼은 교육을 '생활교육'이라 부르는 것은 "교육이 자신을 키웠다기보다도 환경이 자신을 키웠다고 말하는 쪽이 얼마만큼 타당한지는 모르지만"[36]이라는 그의 어린 시절의 체험, 즉 교육은 생활에 의거하지 않으면 안 된다는 인식에 기반을 둔 것이었다. 노무라는 학교가 교과목에 의한 '지육知育 = 문화전달'의 장소인 동시에 생활 장소였으며 '지식'의 전달과 학습을 '악'으로 활용하지 않기 위해 '체험을 중심으로 성실하게 사색하고 반성할 필요가 있다'고 논한다.

그것은 하토야마가 자식을 '교육'적 세계로 에워싸는 것과는 다른, 생활 그 자체가 지니는 교육의 가능성에 대한 물음이었다. 그러한 의미에서 노무라의 사상은 민중의 생활원리와 육아사상을 근대에 되살려 재편성하려고 한 시도였던 것이다.

그의 어린이관은 '어린이는 야만인이다'라는 어린이의 '잔혹함' · '야만성' · '변덕스러움'을 인정하는 것이고, 어린이의 순수함에 대해서도 "어린이가 순수하다고 해도 (…중략…) 오히려 동물처럼 순수한 것이다"라고 한다. 또한 어린이는 어른이 갖추고 있는 '모방성, 잔혹성 (…중략…) 복종하는 마음, 반발하는 마음'도 겸비하고 있다고 보았다. 그의 육아일기에는 어린이의 잔혹함과 변덕스러움을 기록하고 있다.[37] 그것

다른 곳을 쳐다보는 것'이라고 표현된다(구라치 가쓰나오, 「어권御卷과 기箕」, 『성과 신체의 근세사性と身體の近世史』, 東大出版會, 1998). 부부가 중요한 노동의 담당자인 소농가족에게 여성노동의 비중은 높은데, 예를 들면 센다이仙台번의 근세 후기의 갓난아기 양육방법 중 농민들로부터 나온 양육료 지급원에는 '부부 둘이서' · '부부 두 사람에 의해' 농업노동과 육아에 종사하고 있다는 문장이 자주 등장한다(사와야마 미카코, 『출산과 신체의 근세』, 勁草書房, 1998b, 104쪽).

36　노무라 요시베, 앞의 글, 1973a, 89쪽.

은 신중간층의 아버지와 어머니의 육아일기가 성적만으로 자식의 발달
사항을 기록하는 것 또는 조숙함이나 순수함을 기록하는 것(제2부 제2장)
과는 대조적이다.

게다가 그는 장녀가 태어났을 때 '열심히 생각해서 적은 육아일기조차
'들어맞지 않을 때가 있다'고 했다. 그 이유는 "자식이 뭔가 할 때에는 일
기를 적으려는 목적을 갖지 말고 무심히 바라만 보고 싶다……. 가만히
자식을 쳐다보기만 해도 자식에 대한 사랑이 생겨나고 어린이관도 생겨
난다고 믿었기 때문"[38]이다. 말하자면 '교육'적 시선을 버리고 자식을 있
는 그대로 살아있는 모습 그 자체로 보는 시선을 복권시키려 했다고 말해
도 좋을 것이다. 그는 "진심으로 자식을 차분하게 바라보는 눈은 자동적
인 애정을 일단 부정하고 동행애로서 그것을 재생하면서 비로소 만들어
지는 것"이라고 말한다.[39]

그에게는 "(부모가) 본디 부모답게 사는 것을 통해 자식도 아이답게 키
우게 되는 것"·"자식과 함께한 생활이 교육 그 자체"였다. 그렇다고는
하지만 하루의 대부분을 교사일로 소비하는 그는 아버지처럼 자식과
노동을 공유하고 일하는 모습을 보여줄 수가 없었다. 안아주거나 업어
주거나 하는 것을 통해 자식과 직접적으로 접촉하고 '사소한 생활 접촉
도 조금씩 말한다거나 듣는다거나' 하는 것을 중시한 것은 근대 시기에
존재한 '동행'의 시도였다. 또한 육아목표로 선택된 것도 공교육의 경쟁
원리에 의해 '비범'하게 되는 것이 아니라 향촌공동체의 교육목표였던
'평범한 사람이 되는 것' 또는 자식의 욕구나 활동에 대한 해방이었다.

---

37 노무라 요시베, 「생명신뢰의 수신교수법」, 『노무라 요시베 저작집』 1, 黎明書房, 1974.
38 위의 글, 139쪽.
39 위의 글.

어른과 어린이가 '동행'이라는 노무라의 부모자식관은 어른의 현실 사회를 악으로 보고, 현실로부터 도피하는 동심주의에 대한 어린이와 어른이 함께 살아가는 장소로서 현실사회를 파악하는 것으로 현실을 개척하려고 했던 것이다.

육아사의 조감도

육아는 '보통' 어머니가 하는 일, 그것은 임신이나 수유를 통한 어머니와 자식의 결합이라는 점에서 남성은 모성애를 지닌 여성에게는 도저히 이길 수 없기 때문이라는 '상식'은 의외로 역사가 그리 오래되지는 않았다. 그것은 20세기 초두인 1910~20년대라는 시기에 지극히 한정된 계층이었던 신중간층에서 생겨난 '육아'라는 근대 고유의 육아관이었다.

그러한 상황 속에서 미에키치와 무로이가 역설적인 형태로 제기한 남성과 여성의 자아실현을 둘러싼 문제, 그리고 노무라가 제기한 남성과 여성의 협력을 둘러싼 과제는 그 후 충분한 전개를 보이지 않은 채 역사 속으로 사라져갔다. 그러나 자식의 자살 끝에 부모가 겨우 도달한 부모자식관으로서 노무라가 제기한 '동행'으로서의 부모자식관이 나타났고,[40] 학력과는 별개의 곳에서 어린이의 가치를 찾거나 혹은 어린이를 치유의 대상으로 보는 동심주의 어린이관도 역시 경쟁사회가 저류에 흐르고 있었던 것이다.

---

40 오카 유리코岡百合子, 「동행삼인」, 고사명高史明·오카 유리코 편, 『나는 12살─오카 마사후미 시집僕は12歳─岡眞史詩集』, 筑摩書房, 1976.

우리들을 사로잡고 있는 육아를 둘러싼 '보통'과 '상식'을 상대화하기 위해서는 역사의 표면에서 사라져버린 혹은 역사의 표면 무대에는 등장하지 않았던 익명의 부모들이 지낸 다양한 생활과, 그 생활 내부에서 생겨나는 육아의 계보를 포함하여 일상생활사로서 육아사가 밝혀지지 않으면 안 될 것이다.

본장에서는 그 단서의 하나르서 아버지와 어머니, 남성과 여성, 가족이라는 사적 공간과 학교·사회·국가라는 공적 공간과의 관계구조에 두었다. 특히 1910~20년대라는 한정된 시기의 육아를 둘러싼 조감도를 남성과 여성의 관계를 측으로 하여 하토야마, 무로이, 미에키치, 노무라라는 인물로 대표되는 형태로 묘사해보았다. 그러나 그들에 의해 전형화되기도 했지만 역시 부모들의 현실모습은 훨씬 다양하고 복잡했을 것이다. 제2부에서는 그것들을 좀 더 고찰해보기로 한다.

제2부
'보호받는 어린이'와 '육아'

제1장 '보호받는 어린이'의 근대

부모자식 동반자살과 버려진 어린이

1. '보호받는 어린이'에 대한 시좌

'보호받는 자' '아동의 발견'

본장의 과제는 근대의 '보호받는 자'로서 '아동의 발견'이 어린이에게 지닌 의미를 근대사회의 성립, 특히 가족의 변용과 관련시켜 탐구하는 것이다. 이 문제를 둘러싸고 아리에스의 『'아동'의 탄생』(1980)을 동기로 한 연구가 이미 축적되어 있다. 아리에스는 근대의 '보호받는 자'로서 '아동의 발견' 과정을 사회구조, 특히 근대의 산물인 '근대가족' = 가정의 성립관계에서 분석했는데 근대의 '아동의 발견'이란 근대 산업사회 속에서 학교, 가족에 의해 관리 · 통제되는 '보호받는 어린이'의 발견이기도 했음을 밝힌 바 있다.

일본에서도 아리에스에 의해 촉발된 '보호받는 어린이'의 발견을 둘러싼 연구가 축적되어왔다. 오카도 마사카쓰에 의한 연구사 정리[1]에 따르면 거기에는 두 가지의 시좌가 있다. 하나는 근대 '아동'의 탄생을 학교에 다니는 '아동의 탄생'에서 찾고 학교에 의한 어린이의 신체의 규율화·국민화에 주목하는 '아동=어린이'의 발견이라는 시좌이다. 다른 하나는 '근대가족과의 관계로 어린이를 자리매김 시키는' 근대가족론에 의한 어린이상이라는 시좌이다. 오카도에 의하면 이들 연구는 '학교'와 '근대가족'에 의해 '보호받는 어린이'의 문제를 근대 일반의 특징으로 강조하고 어린이를 수동형으로 그리고 있는 점에서 공통성이 있다고 지적한다.

그러나 근대의 가족모델이 '근대가족'이었다고 해도 현실에서의 가족이 '근대가족' 일반으로 해소되는 것이 아니라는 것은 두말할 필요도 없다. 게다가 아리에스 연구에 대해 포로코 린다Porco Linda가 비판[2]한 것처럼 어느 시대에나 어린이는 단순히 수동적 존재가 아니라, 요구를 추구하는 능동적 존재이고 부모와 어른은 그것을 받아들이지 않고서는 어린이를 키울 수 없는 것도 사실이다. '학교'에 의한 '아동'의 규율화·국민화 혹은 '근대가족'에 의해 '보호받는 어린이'의 성립이라는 측면만으로는 어린이의 근대를 파악할 수 없는 것이다.

'가정'에 의한 '어린이 보호' 규범

일본에서 사회사업의 성립과 '보호받는 어린이'의 문제를 제도에 초점을 맞춘 최근의 연구에서도 오카도가 지적한 것과 동일한 특징과 문제점을 지

---

1   오카도 마사카쓰, 『민중의 교육경험民衆の教育經驗』, 靑木書店, 2000.
2   포로코 린다, 나카치 가쓰코中地克子 역, 『잊혀진 어린이들-1500~1900년의 부모자식 관계忘れられた子どもたち-1500~1900年の親子關係』, 勁草書房, 1988.

니고 있다. 스즈키 도모미치鈴木智道의 「일본의 전간기戰間期 가족질서의 문제화와 '가정'의 논리―하층사회에 대한 사회사업의 인식과 실천에 착목하여」,[3]와 히라쓰카 마키平塚眞樹의 「일본에서 어린이 '보호'의 제도화와 '어린이 권리'」,[4]가 그것이다. 이 두 연구는 근대비판의 시점에서 종래의 사회사업사 연구를 비판하고 근대의 사회사업사 연구의 틀을 제시하고 있다.

스즈키는 '다이쇼기 사회사업의 성립을 역사적 발전 과정의 하나로 그린 것에 불과했던' 지금까지의 사회사업사를 비판하고, '아동보호'·'모성보호'에서 '가정'모델이 규범으로써 계층을 뛰어넘어 확대되어가는 구체적인 전개 양상을 고찰한다. 히라쓰카 역시 연구 분야에서 주로 의도성이나 이념을 문제 삼아온 종래의 사회사업사 연구를 비판하고, '살아있는 역사'나 '사회적 기능의 생성과 고유화'를 밝히기 위해 "보호 = '교육적 배려'를 받는 존재로서의 어린이"라는 어린이관이 사회적 제도로 생성되는 과정을 고찰한다.

스즈키에 의하면 '가정'이라는 가정모델은 다이쇼기부터 쇼와 초 전간기의 사회사업에 의해 사회질서 유지를 위한 '규범'으로써 구상되었다고 한다. '보호받는 어린이'라는 어린이관이 '아동보호'라는 형태로 제도화되는 과정은 '가정'이 "애정성·친밀성이라는 성격에 의해 자리매김되어가는 과정"이고, "문제가정의 사회적인 '보호' = '관리'를 수반하면서 진행"되었다는 것이다.

또한 히라쓰카는 '아동보호', 즉 어린이에 대한 관여 양상이 사회적 제

---

3 스즈키 도모미치, 「일본의 전간기 가족질서의 문제화와 '가정' 논리―하층사회에 대한 사회사업의 인식과 실천에 착목하여」, 『교육사회학 연구教育社會學研究』 60집, 1997.

4 히라쓰카 마키, 「일본에서 어린이 '보호'의 제도화와 '어린이 권리' 상·하」, 호세이대학 사회학부法政大學社會學部 편, 『사회노동 연구社會勞動研究』 39권 2·3호, 1992.

도로서 성립하는 1920년대를 대상으로 어린이 보호의 제도화가 학교도 가정도 아동보호제도의 일환으로 편입되었다고 보았다. 게다가 아동보호제도는 신중간층에 의한 '하층'·'무산노동자' 계층에 대한 지도 논리로 기능하고 신중간층의 육아가 '표준화'되었다고 결론짓는다.

이처럼 이 두 연구는 '보호받는 어린이'의 제도화로서 '아동보호'라는 어린이에 대한 관여가 '가정'을 규범으로 하는 근대적 질서로 창출되어 하층, 무산계급의 가족을 통합하는 것으로 기능했다고 한다. 그러나 그것만으로는 그러한 근대적 질서가 사람들에게 "수용될 때의 다양한 반발과 대항, 융합 과정을 역사적으로 해명할 수는 없을"[5] 것이다.

'가정'규범은 신중간층, 하층, 무산계급, 각각의 가족과 어린이 자신에게 어떠한 의미를 지니고 있었던 것일까. 보호의 대상이 된 어린이와 부모의 측면에서 '가정'에 의해 '보호받는 어린이'규범이 내포하고 있었던 의미를 분명히 하지 않으면 안 된다.

버려진 어린이의 입장

사회사업사 연구의 선구자인 요시다 규이치吉田久一는 이미 1960년대에 "종래의 구빈제도의 연구라고 말하면, 그 법률형식과 국가권력의 문제로 초점이 맞춰져 그것을 받아들이는 구제 대상이 소외받기 쉬웠다"고 지적하고 있다.[6] 그러나 1990년대의 스즈키와 히라쓰카의 연구에서도 보호의

---

5   오카도 마사카쓰, 앞의 책, 2000.

6   요시다 규이치, 「메이지유신에서 빈곤의 변질」, 일본사회사업대학구빈제도연구회日本社會事業大學救貧制度硏究會 편, 『일본의 구빈제도日本の救貧制度』, 勁草書房, 1960.

대상이 된 어린이와 하층가족은 규범을 '받아들이는' 존재로서 수신적으로 파악되고 거기에는 고유명사를 지닌 어린이의 모습이 드러나 있지 않다.

본장에서는 다음 세 가지에 중점을 두고 '보호받는 어린이'의 문제를 생각해보고 싶다. 첫째, '보호받는 어린이'라는 어린이관을 창출한 근대란 어떠한 시대였을까. 어린이는 어떻게 태어나서 삶을 이어온 걸까. 어린이를 둘러싼 주변 사람들의 관계와, 어른과 어린이의 관계 속에서 생각해보고 싶다. 아동보호와 모성보호제도가 성립하는 전간기와 1920년대에 초점을 두는 것이 아니라 좀 더 긴 역사적 시간 축 안에서 근세에서 근대로의 전개, 그리고 근대에서 현대로 전환의 조짐이 보이기 시작하는 1930년대까지를 시야에 넣어 고찰한다.

둘째, '보호받는 어린이'의 문제를 가정 외부에 있는 어린이, 그 상징적 존재라고 볼 수 있는 버려진 어린이들[7]에 초점을 맞춰 생각해보고 싶다. 근대 국가에 의한 어린이 보호는 버려진 어린이의 보호에서부터 시작됨과 동시에 버려진 어린이는 근대를 통해 나타난 현상이기도 하다. 그렇다면 버려진 어린이는 어떻게 버려지고 보호받으며 살았을까. 버려진 어린이를 둘러싼 제도, 그리고 버려진 어린이에 대한 사람들의 시선에 초점을 맞추는 것으로 근대의 '보호받는 어린이'로부터 이류의 가능성을 생각해보고 싶다.

셋째, 당시 보편화되고 추상화된 카테고리로서 '어린이'가 아니라 역사적·사회적 문맥 속에서 살아가고 고유명사를 지닌 어린이의 구체적인 삶과 경험에 입각하여 생각해보고 싶다. 그것은 어린이 일반children이 아

---

7   아이 버리기에 대해서는 지금까지 가족사와 어린이사, 여성사 안에서 부분적으로 언급된 적은 있었다. 그러나 사회의 그림자 부분으로 취급되는 경우가 많고 아이 버리기를 사람들의 산육과 어린이의 삶을 유지하고 있는 장소의 구조를 밝히는 것으로 고찰한 적은 거의 없었다(사와야마 미카코, 『에도의 버려진 어린이들江戸の捨て子たち』, 吉川弘文館, 2008, 14~17쪽).

니라 그 아이the child에 대한 인권보장[8]이 중시되는 현대사회의 문제에 비춰보아도 유의해야만 하는 시점이라고 말할 수 있을 것이다. 어린이의 구체적인 모습에 대해 살펴보는 것으로 근대에 태어난 어린이의 중층적인 모습과, 학교와 가족에 의해 '보호받는 어린이'로 일원화되지 않고 근대 어린이의 현실이 밝혀지는 것은 아닐까 생각된다.

2. 근대의 기아와 버려진 어린이

근대 초기의 산육 정책과 기아

메이지 초기의 산육 정책은 낙태·산아조절, 버려진 어린이에 대한 단속과 보호에서 출발한다. 메이지 초기의 규정 속에 낙태·산아조절 금지와 버려진 어린이에 대한 구제항목이 있었던 현은 미야기宮城, 아키타秋田, 이와테岩手, 치바千葉, 사이타마埼玉, 가나가와神奈川, 야마나시山梨, 아이치愛知, 교토, 효고兵庫, 오카야마, 미야자키宮崎, 나가사키長崎 등 다수였다. 이들 현은 '공동체에 의한 단속과 구제'라는 측면에서 근세에서부터 연속적인 성격을 띠고 있었다(제1부 제1장).

예를 들면 1870년明治 3 센다이와 이치노세키一關 두 개의 번, 도메登米,

---

8   이치반가세 야스코一番ヶ瀬康子, 「아동복지 연구를 생각하다」, 『사회사업사 연구社會事業史研究』 26호, 1998.

이사와肥澤, 에사시江刺, 모리오카盛岡 4개 현의 소관원所管員 회의 때 제정된 '육아법'에는 '낙태나 어린이를 버리는 등의 나쁜 일을 행하는 자는 사람을 죽인 것과 동일한 죄에 속해 엄벌에 처해야만 한다'고 정해져 있었다. 또한 하나의 풍습으로 존재하는 '아이를 지우거나 낙태하는' 상황을 단속만으로는 막을 수 없다고 여겨 '도지사知事 이하 관원'으로부터 육자금育子金을 모았는데, 그야말로 '자식을 기르기' 위해 '낳는 자'가 있으면 우선 금 2푼二分을 주고 그 이후에는 2개월에 금 한 푼을 세 살까지 주기로 결정했다. 이와테현에서는 1872년明治 5 9월에 '자식을 음살陰殺하거나 낙태할 수 없는 건'에 관한 포달을 내리고, 또한 1873년 4월에는 위반자의 석출을 장려하고 생활이 어렵고 양육불가능한 자를 구제할 것과 기아 양육료 건을 관내에서 철저히 관리하도록 지시했다.

이러한 각 현 레벨의 '육아'규칙에 의한 낙태·산아조절, 버려진 어린이 단속과 육아구제는 1872년의 기사라즈木更津현, 1873년의 치바현 등에서도 찾아볼 수 있다.[9] 근대 초기의 어린이 보호는 도시부에서가 아니라 촌락공동체의 동요가 문제시 되고 있던 지방의 각 부현에서 근세 말기의 낙태·산아조절 금지 정책을 계승하면서 새로 틀을 짜게 되었던 것이다.

이러한 전국적인 움직임을 배경으로 메이지정부는 1871년明治 4 6월 「기아양육미급여방법」(태정관포달 300호)을 내걸었는데, 15세 미만(1877년부터는 13세 미만)의 양육기아에게는 '연간 7말斗의 쌀'을 지급하고 형식상으로는 국가가 부양하기로 했다. 같은 해 4월에는 호적법이 발표되었는데 이 호적법은 '이에'의 외부에 존재하는 '버려진 어린이'의 존재를 부상시켰던 것이다.

호적법에 사용된 명칭은 에도시대의 동물 살상 금지령生類憐れみ令으

---

9   요시다 규이치, 앞의 글, 1960.

로 사용된 '버려진 어린이'가 아니라 '기아'였다. 덧붙여 말하면 '기棄'라는 문자는 신생아의 머리를 아래로 향하게 하여 쓰레기통에 넣어서 버리는 것을 나타내는 의미였는데, 나중에는 '물건을 버리는 것'을 의미하는 것으로 바뀌었다.[10] 거두는 사람이 존재함을 짐작하게 하는 에도시대의 '버려진 어린이'가 근대의 '기아棄兒'로 변했던 것이다. 버려진 어린이를 가리키는 이 명칭의 변화는 근대의 버려진 어린이가 처한 위치를 상징적으로 나타내는 것이었다.

버려진 어린이들이 예를 들어 양자 또는 양녀로 들어갔다 하더라도 '호적'에는 '기아'라고 명기되었다. 또한 1874明治 7에 제정된 구휼救恤규칙(태정관포달 162호)에는 그 부조扶助 대상 안에 13세 이하인 자로 극빈의 독신자가 포함되어 있었다. 구휼규칙은 '정으로 쌓아진 상호 친분'의 범위 이외에 존재하게 되는, 즉 이미 해체되어버린 가족에서 태어난 고아나 버려진 어린이, 바꾸어 말하면 '독립 무원無援의 유약자幼弱者'를 구제 대상으로 삼았던 것이다.[11] 그렇다면 근대 초기 버려진 어린이들이 가진 배경이란 어떠한 것이었을까. 도쿄시양육원에 수용된 버려진 어린이들의 사례를 바탕으로 살펴보기로 하자.

후쿠와 가메타로의 사례

도쿄시양육원은 1872년明治 5 도쿄부의 관할하에 설립되어 1885년明治 18부터 버려진 어린이와 고아를 수용하기 시작한다. 입소 아동은 '길가 또는

---

10   아쓰지 데쓰지阿辻哲次, 『한자의 지혜漢字の知恵』, ちくま新書, 2003.
11   나카가와 기요시, 『일본의 도시하층日本の都市下層』, 勁草書房, 1985.

인가 옆에 버려진' 기아, '부모의 사망 또는 그 밖의 원인으로 홀로 남겨진' 유아遺兒, '길거리를 방황하는' 미아가 그 대상이었다. '다만 미아는 1개월을 경과했을 때에는 기아로 편입'되었다. 그 대부분이 추정 연령이지만 만 13세까지의 기아, 유아, 미아에게는 '기아양육미'가 지급되었다.

어린이들은 도대체 왜 버려진 것일까. 『도쿄의 빈민東京の貧民』(1896)[12]에 수록된 도쿄양육원의 간사인 아다치 겐츄安達憲忠가 도쿄양육원에 수용된 어린이들과 나눈 일문일답의 기록을 살펴보기로 하자. 이를 자세히 살펴보면 버려진 어린이들은 과연 어떠한 가족의 어린이였는지 또는 왜 버려진 것인지 그 경위가 뚜렷하게 드러나 있다.

그 하나가 1896년明治 29 4월 13일 '미아로서' 시타야下谷 구청에서 양육원으로 보내진 오카모토 후쿠岡本フク라는 8살 어린이의 사례이다. 후쿠는 도시의 싸구려 여인숙에서 일본식 버선足袋 가게를 하는 아버지와 샤미센三味線으로 속요俗謠[13]를 연주하는 어머니가 입양하여 함께 살고 있었다. 그러나 아버지가 돌아가신 후 어머니도 결국 돌아가셨다. 그 후 후쿠는 거지 부부에게 발견되어 속요에 맞춰 춤을 추는 역할을 하며 살고 있었는데 후쿠가 병이 들자 거지 부부에게서도 버려진 것이다.

또 하나는 같은 해 7월 24일 역시 '미아로서' 교바시京橋 경찰서에서 양육원으로 보내진 나루세 가메타로成瀬龜太郎라는 11살 어린이의 사례이다. 가메타로의 증언에 따르면 가메타로의 고향은 '산슈參州'(현재 아이치愛知현의 동부)이고 아버지는 농업을 하는 요로즈 고로萬五郎, 어머니는 신シン, 그리고 두 명의 누나와 남동생이 있었다. 아버지는 어릴 적에 돌아가셨고 7살 때 새 아버지를 맞이했다. 가메타로는 이 계부와 2년 전에

---

12 위의 책.
13 【역주】민간에서 널리 불리는 속된 노래를 말한다.

도쿄로 나와 공사판 노동을 하고 있었는데, 아버지로부터 도망쳤기 때문에 공사판 주인집에서도 있지 못하게 되어 거지가 된 것이다. 가메타로는 학교에 다닌 적도 없다고 했다.

후쿠와 가메타로의 사례를 살펴보면 도시하층사회의 어린이들과 근대화 과정에서 농촌을 떠난 농민의 어린이들이 버려지고 도시에서 살아가기 위해 걸인이 되어가는 모습을 엿볼 수 있다. 『도쿄의 빈민』에 의하면 음식을 구걸하게 된 어린이들은 대개 부모가 죽어 혼자가 된 어린이, 집이 가난하여 버려진 어린이, 여러 차례의 결혼과 이혼, 그리고 이동 중에 태어나 호적상 신고도 하지 못한 채 '호적이 없는 무리'가 된 어린이들이다.

메이지정부가 이미 1868년明治 元에는 '산파의 매약賣藥 주선 및 낙태 등의 단속법'을 포달하고 1880년明治 13에는 낙태죄를 규정하고 있었다. 그러나 낙태죄의 성립은 낙태·산아조절을 면할 수 있었지만 '호적이 없는' 잠재적으로 버려진 어린이를 도시의 하층사회 속에서 수없이 낳고 있었던 것이다.

후쿠의 편지

아다치 겐쥬 자신이 쓴 『걸식악화의 상황乞食惡化の狀況』(1895)[14]에 따르면 거지가 되는 것은 대부분이 '기아와 유아'였다. 아다치는 "도쿄의 하층사회에는 한 달에 몇 번이나 이전하는 자가 있고 생계곤란을 이유

---

14 아다치 겐쥬, 「걸식악화의 상황」, 『일본 아동문제 문헌선집日本兒童問題文獻選集』 2, 日本圖書センター, 1983.

로 자식을 떠나거나 또는 추방하는 자가 적지 않다", "하층사회에는 결혼이나 이혼이 매우 쉬워 표면적 수속을 밟지 않아도 되는 자가 적지 않다. 따라서 거기서 태어난 자녀도 입적시키지 않는다. 그리하여 전처의 자식을 후처가 싫어하여 내쫓기 때문에 무교육 사회에서 벗어날 수 없는 상황"이라고 서술하고 있다. 버려진 어린이가 발생한 배경에는 도시하층 사람들 가족의 불안정함이 있었다.

그렇다면 양육원의 설립취지는 어디에 있었던 것일까. 그 취지는 버려진 어린이, 미아, 유아의 보호에만 그치지 않았다. 즉 이들 어린이들이 범죄자가 되는 것을 방지하고 그들을 국가의 유용한 멤버로 만드는 것이었다. 아다치는 가메타로에 대해 "이미 방종적인 거지 처지에 만족해하고 오히려 규율적인 양육원을 꺼렸을 뿐만 아니라, 지금은 연장자가 도둑이 되는 것을 부러워하여 나도 빨리 그 계급으로 승진하기를 바라며 그것을 기다리고 있다"고 적고 있다. 양육원의 목적은 이러한 범죄자 예비군이기도 한 버려진 어린이에게 교육을 제공함으로써 '선량한 노동자'를 얻는 '사회적 이익'이었다.

그러므로 양육원은 사토나가레제里流れ制[15]라 부르며 일반에 대한 양자결연, 위탁이 성립하기까지의 일시적인 위탁보호를 취지로 삼고 있었다. 아다치가 "위탁을 바라는 자가 매우 많고", 게다가 "유아와 기아를 얻거나 또는 인수하는 자는 적자嫡子로 삼거나 또는 다른 필요에 의한 자"라고 서술하고 있듯이 양자 또는 양녀 혹은 대를 이을 아들을 찾아 위탁을 원하는 자는 많이 있었다. 위탁제도의 배경에는 '이에' 계승을 위해 혈연이 아닌 어린이를 양자로 삼는 것을 거부하지 않는 가족관,

---

15 【역주】수양아들이 그대로 양부모의 자식이 되는 일 또는 그 자식을 일컫는다.

어린이를 노동력으로 요구하는 어린이관이 존재하고 있었다.

따라서 '구휼미대恤救米代'를 지급하지 않아도 '불편함'은 없었다. 수용된 걸식아동들에게 교육의 기회를 베풀어 교육받게 하고 위탁으로 하게 되면 비용도 싸게 해결되었다. 이처럼 아다치는 위탁의 이점을 주장했다. 아동결연, 위탁제도를 생각해낸 아다치의 목표는 버려진 어린이들에게 가족을 보장함으로써 '선량한 성격을 갖게 하고' 순종적인 노동자로 만드는 것이었다.

오카모토 후쿠도 마찬가지로 위탁이었다. 『도쿄시양육원월보東京市養育院月報』(16호, 1902.6)에는 '보관처'의 하라元 부인이 양육원 교사 앞으로 보낸 후쿠(12살)의 편지가 '원아의 편지'라는 제목으로 게재되었다.

> 오카 선생님
>
> 간단히 말씀드리겠습니다. 하루 이틀 추운 것 이외에는 잘 지내고 있습니다. 때마침 선생님을 비롯하여 모든 분들께 별고 없으신지 문안드립니다. 그리고 저는 잘 근무하고 있으니까 걱정하지 마세요. 그런데 저는 매일매일 모든 분들이 지금쯤은 무엇을 하고 계실까하고 생각하기도 합니다. 저도 덕분에 기모노와 여러 가지 물건을 만들고 있고 참으로 기쁘게 생각하며 일하고 있습니다. 부디 그럼 안녕히, 안녕히 계십시오.
>
> 후쿠

어린이에게는 위탁제도가 '업무'로 인식되는 것이었다. 후쿠는 '업무'의 대상으로서 '기모노와 여러 가지 물건을 만들고 있다'고 적고 있다. 버려진 어린이들은 자신이 노동력으로 받아들여지고 있음을 명확히 인식하고 있었다. 후쿠의 편지는 그것을 말해주고 있는 것이다.

버려진 어린이들의 장래상

그렇다면 '선량한 어린이'나 순종적인 노동자가 되는 것을 기대하는 양육원의 교육 속에서 버려진 어린이들은 어떠한 의식을 갖고 있었던 것일까. 양육원에서는 1898년明治 31부터 원내교육이 조직적으로 편성되었다.[16] 〈표 3〉은 1902년明治 35의 『도쿄시양육원월보』에 게재된 '장래 어떠한 사람이 되고 싶은가'라는 교사의 물음에 심상과尋常科 1학년 학생들의 회답이다. 어린이들 중에는 '강하고'·'돈을 많이 벌었기 때문에'라는 회답이 있는데 이를 살펴보면 가족의 보호로부터 추방당한 버려진 어린이들의 강인함과 풍요로움에 대한 희구가 엿보인다.

또한 남자 어린이인지 또는 여자 어린이인지는 불분명하지만 '남편'·'부인'이라고 적는 장래상도 읽어낼 수가 있다. 그 이유를 살펴보면 '남편'

〈표3〉 학생의 답안 '장래 어떠한 사람이 되려고 하는가'(심상과 1학년)[17]

	인명수	그 이유
가토 기요마사加藤淸正	4명	강한 사람입니다. 창으로 호랑이를 찔러 죽였습니다.
요리미쓰賴光	5명	강한 사람입니다. 오에야마大江山에서 도깨비를 죽였습니다.
구스노키 마사시게楠正成	3명	임금님께 충의를 다했기 때문입니다.
사이고西鄕	3명	강인한 사람입니다.
요시쓰네義經	2명	강하기 때문입니다.
하나사키 옹花咲爺	2명	정직하므로 돈을 많이 벌었기 때문입니다.
선생님	5명	없음
사무소 간부	2명	없음
남편	3명	편하게 살고 싶다.
부인	5명	훌륭해지고 싶다.
재봉교사	4명	없음

16　도쿄도양육원東京都養育院 편, 『양육원 100년사養育院100年史』, 東京都, 1974, 123쪽.
17　『도쿄시양육원월보』 21호, 1902.11.

이라고 적은 것은 '편하게 살고 싶다'로, '부인'이라고 적은 것은 '훌륭해지고 싶다'로 연결되는데 이는 매우 흥미롭다. 가족을 형성하는 것은 편안한 생활에 대한 보장이고 '부인'이 되는 것은 여성으로서의 '지위'라고 의식하고 있었다. 덧붙여 말하자면 이 조사가 실시된 1900년대 초기는 성별 역할 분담에 기반을 두고 '부인'이 '가사'와 '육아'를 담당하는 '가정'은 어린이들의 이상일 뿐만 아니라 실질적으로도 성립되는 시기에 해당된다.

그것을 뒷받침해주는 것은 1900년明治 33경부터 이혼율의 급격한 저하와 버려진 어린이 수의 감소(〈그림 16〉)이다. 이혼율이 저하되는 배경에는 두 가지의 원인이 있었다. 하나는 1898년明治 31에 공포된 메이지 민법에 의해 결혼과 이혼절차가 엄격해지고 아내의 이혼청구권이 제약을 받는다는 '이에'제도에 의한 외측으로부터의 제약이다. 다른 하나는 자식 중심의 애정으로 가득 찬 '가족'을 만드는 것이 여성의 역할이라는 근대가족규범의 등장으로, 여성들이 자식의 장래를 위해 이혼을 망설이는 심성이 창출되는 내측으로부터의 제약이다. '이에'와 '가정'이라는 두 개의 가족형태가 복잡하게 서로 얽혀 사람들의 의식을 속박하는 가운데 형성된 것이 이혼율의 저하와 버려진 어린이 수의 감소였다.[19]

다음으로 '학문은 무엇을 위해 하는가'라는 교사의 질문에 심상과 4

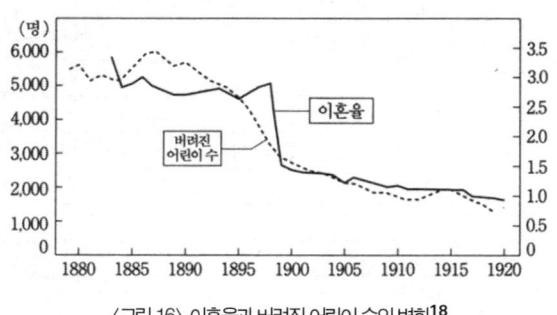

〈그림 16〉 이혼율과 버려진 어린이 수의 변화[18]

---

18 위의 책, 318쪽.
19 마키하라 노리오牧原憲夫, 『전집 일본의 역사 제13권 — 문명국을 지향하며全集 日本の歴史 第13卷 — 文明國をめざして』, 小學館, 2008.

학년 학생 어린이들이 쓴 작문(『도쿄시양육원월보』 28·29호, 1903.6·7)을 살펴보도록 하자. 어린이들은 '이치닌마에一人前'[20]가 되는 것을 자신의 목표로 삼고 있었다. '이치닌마에'가 되는 것은 읽고 쓰는 것이 가능하며 편지를 쓰는 등 커뮤니케이션 수단을 익히고 사람들에게 비웃음당하지 않고 바보가 되지 않는 인간이 되는 것이었다.

우에노 소토키치上野外吉(15살)는 "성인이 되어 사람들에게 비웃음당하지 않기 위해 또는 창피를 당하지 않기 위해 학문이 있는 것입니다"라고 썼다. 그리고 고바야시 사다키치小林貞吉(14살)는 "문자를 모르면 무엇을 해도 곤란합니다. 또한 가게를 차려도 글자를 모르면 사람들에게 바보취급을 받기 때문에 학문에 힘써 사람들과 통하고 싶다고 저는 생각합니다. 그리고 옷가게 주인이 되고 싶습니다"라고 썼다.

여자의 경우에는 특히 재봉·예의범절行義을 익히는 것이 추가된다. 호리 다메堀ため(14살)는 다음과 같이 적고 있다.

> 학문이 없는 사람은 바보취급을 받기 때문에 지금부터 학문을 해두지 않고 있다가 어른이 되어 편지가 오면 읽지 못해서 곤란에 처하기 때문에 어릴 때부터 학문을 시작하고 있습니다. 저는 이 학교 4학년을 졸업한 후에는 이치닌마에가 되려고 생각하고 있기 때문에 열심히 공부하려고 합니다.

이들 양육원의 조사를 1898년 유럽에서 아동심리학과 아동발달론을 학습한 학자들에 의해 창간된 잡지 『아동연구』(1898년 창간)에 게재된 소

---

20 【역주】어린이들은 공동체의 구성원으로서 이치닌마에가 될 것을 강요받았다. 즉 이치닌마에가 되어야만 비로소 공동체의 공식적인 구성원으로 인정받을 수 있었다. 그러므로 어린이들은 이치닌마에를 목표로 삼았다.

	왜 공부를 하는가 (시가현, 심상과 2~4학년)	인명수 (102명 중의 %)	학문의 목적은 무엇인가 (양육원, 심상과 2~4학년)	인명수 (42명 중의 %)
1	멋있고 훌륭한 사람이 되고 싶기 때문에	37(36%)	착한 사람이 되기 위해, 훌륭한 사람이 되기 위해, 착한 사람이 됨, 훌륭한 사람이 됨, 멋 있는 사람이 됨, 정직한 사람이 되기 위해	22(49%)
2	천황님께 충의를 다하기 위해	26(26%)	편지를 쓰기 위해, 사람으로부터 편지가 와 도 읽지 못하면 곤란하니까, 글자를 쓰기 위해, 장사를 하기에 불편하지 않기 위해	11(49%)
3	나라를 위하는 사람이 되고 싶기 때문에	15(15%)	어른이 되어 곤란하지 않기 위해, 성인으 로 문맹이 되지 않기 위해	6(13%)
4	편지를 못 쓰면 불편하기 때문에	5(5%)	나라를 위해	3(7%)

학교 조사와 비교해보자. 양육원 어린이들과 소학교 어린이들은 그 의
식을 달리한다. 〈표 4〉는 시가현의 소학교와 양육원 심상과 2학년부터
4학년까지의 어린이들을 대상으로 한 공부와 학문의 목적에 대한 조사
를 비교한 것이다.

시가滋賀현 어린이들의 경우 '천황폐하에게 충의를 다하기 위해'·'나
라를 위해'라고 대답한 어린이는 전체 비율의 41%를 차지한다. 그에 비
해 양육원 어린이의 경우는 '천황폐하에게 충의를 다하기 위해'라는 회
답은 0명, '나라를 위해'라는 회답도 전체의 7%에 불과하다. 또한 시가
현 어린이들의 경우 '어른이 되어 편지를 쓸 수 없으면 불편하기 때문에'
라는 회답이 5%인 것에 비해 양육원 어린이의 경우는 '편지를 쓰기 위
해'와 '어른이 되어 곤란하지 않기 위해'라는 회답이 37%를 차지한다.
또한 양육원 조사에서는 '세상에 가장 무서운 것이 무엇인가'라는 질문
도 던졌다. 거기에는 일반적인 어린이의 회답에는 나오지 않은 기근과
사람의 마음이 무섭다는 회답이 엿보이기도 한다.22

---

21 『아동연구』 2권 7호, 1900.3; 『도쿄시양육원월보』 37호, 1904.3.
22 마키하라 노리오(「메이지 후기의 민중과 천황(그 두 번째)」, 『인문자연과학논집人文自
然科學論集』 제117호, 2004)는 일반민중의 의식을 찾는 데에 귀중한 단서로서 『아동연

엄격한 자본주의사회 속에서 혼자서 '강하게' 살아가지 않으면 안 되는 양육원 어린이들이 학문을 익히는 것은 무엇보다도 자신의 힘으로 살아가는 '자립할 수 있는' 원기를 북돋우는 것을 의미했다. '자립할 수 있다'는 말 그 자체는 지역공동체에 뿌리를 내린 향촌의 교육목표를 의미하는 말이었다. 그 목표는 사람에게 비웃음당하지 않도록 독립할 수 있는 힘을 기르는 것이었다. 양육원 어린이들의 자기의식 속에도 '사람들에게 비웃음당하지 않도록'이라는 부분과 연결된 측면이 있었다. 그러나 동일한 '자립할 수 있도록'이라는 말이 의미하는 바는 한 사람 한 사람이 고립된 혹독한 근대사회를 꿋꿋이 살아나가는 힘으로 의식하고 있었던 것이다.

3. 버려진 어린이에 대한 시선

자식을 버린 부모의 편지

도쿄시양육원에 수용된 어린이들의 연령에 대해 살펴보기로 한다. 1887년明治 20부터 1902년明治 35까지의 「기아명부」(『시부기아명부市部棄兒名簿』, 1902; 『자비양육·기아명부自費養育·棄兒名簿』, 1888~1901)에 따르면 버려진 어

구』에 게재된 각지의 교사들에 의한 어린이 자신의 관념(의식)에 대한 실태조사에 나타난 어린이들의 천황에 대한 의식을 분석하고 있다. 마키하라가 분석하는 어린이들의 '되고 싶은 것, 두려운 것'과 양육원 어린이들의 조사를 비교해보는 것은 흥미 깊은 과제이다. 그러나 여기서는 지적에 머물러 있다.

린이가 발견되었을 때 혹은 양육원에 수용되었을 때의 추정연령으로 0세 아이가 5%, 2세 미만의 어린이가 약 8%를 차지한다.[23] 그러나 거의 5%를 차지하는 0세 아이의 경우는 연령도 어린이의 발육상태를 통해 추정하지 않으면 안 된다. 더구나 버려진 사정에 대해서는 발견되었을 당시의 복장과 발육상태를 보고 추정할 수밖에 없다. 존재하는 것은 '버려졌다'는 엄연한 사실뿐이다.

앞의 〈그림 16〉에서 나타나듯이 전국의 버려진 어린이 수는 1900년 이후 이혼수의 저하와 평행하여 감소하는 경향을 보인다. 그러나 도쿄부의 버려진 어린이 수는 러일전쟁이 시작된 1904년明治 37부터 차츰 증가하고 1906년明治 39 이후 전후의 중세重稅와 전국 각지의 흉작, 1908년明治 41의 경제대공황하에서 계속해서 상승된다. 도쿄부의 관공사비官公私費 양육 기아수가 1906년에는 394명, 1907년明治 40에는 408명, 1908년에는 444명을 헤아린다. 그 1908년의 『도쿄시양육원월보』 93호에 「가엾은 기아」라는 제목을 붙인 버려진 어린이의 기록에는 부모의 편지가 게재되기도 했다.

1908년 10월 20일 9시쯤 후카가와구深川區 가메즈미초龜住町 법정원法情院 경내에서 버려진 어린이가 발견되었다. 갓난아기의 울음소리를 알아차린 것은 순찰 중이던 순사였다. 갓난아기는 원내의 엔마도閻魔堂 앞의 새전賽錢 상자 속에 '보라색 모슬린merinos[24] 속옷에 붉은 목면 중간크기의 솜옷이 입혀진' 채 버려졌는데, 그 갓난아기는 '큰 울음소리를 내고 있었'다. 순사가 놀라서 갓난아기를 발견한 부근을 조사해보았더니 그 옆

---

23 마쓰모토 소노코(「메이지기 도쿄양육원 입소 아동」, 『슈쿠토쿠단기대학 연구기요淑德短期大學硏究紀要』 40호, 2001)에 의하면 추정 1개월 미만이 8.3%, 1개월 이상 1세 미만이 41.9%, 1, 2세가 19.5%, 2세 아동이 19.5%, 3~5세 아동이 16.2%, 6세 이상이 13.2%라고 되어 있다.

24 【역주】얇고 부드럽게 짠 모직물을 말한다.

에는 '서양종이 봉투에 들어있는 두 장의 편지'가 있었다. "용지는 모두 서양용지에 연필로 바쁘게 쓴 편지였는데 하나는 본원(도쿄시양육원-저자주) 앞으로 쓴 것이고 다른 하나는 불쌍한 기아 앞으로 보낸 것'이었다.

부모의 편지도 그 시대를 반영한다고 볼 수 있다. 편지는 에도시대와 같은 일본 종이에 붓으로 쓴 것이 아니라 서양 종이에 연필로 쓰여 있었다.

도쿄시양육원 귀하

삼가 편지를 드립니다. 우리는 고향을 떠나 아무런 부족함이 없이 생활하고 있었습니다만, 작년부터 계속된 재난으로 지금은 많은 빚을 졌고 오늘은 하는 수 없이 가족 모두 죽음을 각오하게 되었습니다. 그렇지만 사후의 일을 생각해보니 그렇게 할 용기도 없어 여러 가지 생각한 결과 이 아이를 양육원의 자비에 맡기기로 했습니다. 제발 잘 부탁드립니다. 이 아이는 아직 이름을 정하지 못했습니다만 도요하라 요리마사豊原賴正라고 명명해주시면 감사하겠습니다.

10월 20일 부모로부터

다른 별지에는 요리마사가 성장한 후에 건네주라고 되어 있다.

요리마사 앞

인간 세상에서 살려면 반드시 자식을 생각하지 않으면 안 되는데 내게도 육십 남짓의 부모가 있지만 불행하게도 아직 효를 다하지 못했다. 이러한 상황으로 네가 성장한 후에는 나를 부모라고 생각하지 마라. 용서해라. 용서해라. 후세에 태어나면 손을 잡고 놓지 않으마. 이번만은 용서해라. 내가 비는 것은 하치만신八幡大菩薩神 님의 은총이 있기를 빌 뿐이다.

10월 26일 무정한 부모로부터

두 통의 편지 중 양육원 앞으로 보낸 편지에는 어린이를 버리게 된 사연이 적혀 있었다. 버려진 어린이의 '부모'는 지방에서 도쿄로 상경하여 '아무런 부족함이 없이 살고' 있었다. 그러나 '많은 빚을 지고' 부모자식 동반자살親子心中을 하려고 했으나 '사후의 일을 생각해보니' 죽을 수도 없어 죽음을 단념하고 '자식'을 양육원에 '맡기기'로 결정했다고 한다.

편지를 통해 지방에서 도시로 나온 사람들이 지연 또는 혈연을 벗어나 형성한 가족은 깨지기 쉽다는 것을 엿볼 수 있다. 그러한 사람들이 의지할 곳은 이미 친척이나 지역공동체 혹은 지역의 자산가와 명망가가 아니었다. 에도시대에 버려진 어린이의 보호를 주로 담당하고 있었던 것은 지역공동체와 부유층이었다.[25] 그러나 편지에 기재된 '양육원의 자비에 맡긴다'는 문맥에서도 엿볼 수 있듯이 도쿄시양육원이라는 공적 시설에 대한 기대였다.

어린이의 양육을 기댈 곳이 친부모라고만 되어 있는 경우 그 부모에게 약간의 생활상, 양육상 어려움이 생기면 자식을 버리거나 혹은 부모자식 동반자살이라는 사태가 생긴다. 이 부모에게 주어진 선택지는 부모자식 동반자살 또는 자식을 버리는 것이었다. 또한 버려진 갓난아기는 '아직 인연을 만나지 못한 채' 호적에 실리지도 못하고 '이름도 명명' 받지 못했다. 그러나 부모는 자식에게 이름을 붙여주기를 바란다고 적고 있다. 그것은 양육원에 수용된 어린이들이 버려진 어린이임을 표시

---

25 동물 살상 금지령에서 아이 버리기는 버려진 마을 등의 지역공동체가 양육책임을 진다고 되어 있다. 그러나 예를 들면 오사카에서는 버려진 어린이의 양육을 마을이 싫어하여 버려진 어린이가 있었던 장소의 쵸닌町人에게 양육시키는 경우가 많기 때문에 빈민은 '부유한 쵸닌의 집 앞에 버리게 되는 것이 마을에 대한 '포달'이라고 지적하고 있다 (사와야마 미카코, 「도시와 농촌의 관계에서 본 근세 오사카의 버려진 어린이들」, 『문화공생학 연구文化共生學硏究』 11호, 2012).

하는 것에 대한 배려였다고 생각된다.

　1887년明治 20부터 1902년明治 35의 16년간 도쿄시양육원에 수용된 버려진 어린이들의 대부분은 발견된 지역의 관할 경찰서의 이름을 따서 명명되었다. 예를 들면 '우에노에키타로上野驛太郎'・'아사쿠사당마에淺草堂まへ' 등이 바로 그것이다. 그러므르 버려진 어린이임을 역력히 알 수 있는 이름이 매우 많다. 자식의 이름을 명명하는 것에 대한 부모의 희망은 자기자식이라는 것이 각인되지 않도록 하기 위한 것이었다고 말할 수 있을 것이다.

'무정한 부모'

　에도시대 후기와 근대 초기에 버려진 어린이에게 첨부된 편지에는 양육을 부탁하는 상대방의 이름이 기록되는 경우는 있어도 부모의 서명이 적혀 있는 경우는 드물다. 만약 있다 해도 '아이의 주인'이라는 정도로 부모임을 나타내는 서명이 적혀 있는 것에 불과하다.[26]

　더군다나 버려진 어린이들 앞으로 보내온 편지에는 더욱더 찾아볼 수가 없다. 그러한 의미에서 '무정한 부모'라고 적은 편지는 부모의 어린이관에 대한 변화를 나타내는 것으로 매우 흥미롭다. '부모로서 자식을 생각하지 않는' 부모는 없고 자식을 버리는 부모는 애정이 결여된 '무정한 부모'라는 점이다. 이 말을 살펴보면 자식에 대한 부모의 사랑이 가치화되어 있는 당시의 상황을 엿볼 수 있다. 또한 자식을 버리는 것이 용서받을 수 있는 행위는 아니라고 자각하면서도 부모자식 동반자살보다는 자

26　사와야마 미카코, 앞의 책, 2008, 66쪽.

식을 버리는 쪽을 선택한 부모의 죄책감과 갈등을 읽어낼 수 있다.

그에 반해 에도시대의 버려진 어린이에게 첨부된 편지에 기록된 '자식을 버릴 덤불은 있어도 나를 버릴 덤불은 없다'(곤궁하면 가장 사랑하는 자식이라도 덤불 속에 버리지만 자신을 버릴 수는 없다)는 속담을 보아도 버려진 어린이에 대한 죄악감과 갈등을 읽어내기란 오히려 어렵다. 에도시대에 어린이를 버리는 것은 스스로 생활을 유지하기가 어려운 사람들이 자식의 생존과 양육을 타자에게 맡기는 수단이기도 했다.[27]

자식 앞으로 보낸 편지에는 '성장한 후'에 전해주기를 바라는 부모의 소망이 적혀 있다. 야나기타 구니오柳田國男는 메이지·다이쇼기의 세태에 대해 '자식의 행복한 장래가 가장 중요한 가정의 과제'가 되어 부모가 '자식의 장래에 대한 생각을 집중시키게 되었다'며 '가정애의 성장'과 함께 자식의 장래에 대한 관심이 고조되었음을 지적하고 있다.[28] '무정한 부모'로부터의 편지에 기록된 '성장'이라는 말에서 '자식의 장래'에 대한 마음을 읽어낼 수 있다.

버려진 어린이는 3일 후인 10월 23일 혼죠本所 구청에서 부모의 소망대로 도요하라 요리마사라고 명명되어 도쿄시양육원에 맡겨졌다. 그후 얼마 되지 않아 도요타마군豊多摩郡 나이토신주쿠內藤新宿 기타우라초北裏町의 목수로부터 양자로 삼고 싶다는 출원이 제출되었다. 그러나 요리마사는 그로부터 1개월도 지나지 않은 11월 12일에 병사한다. 양자로 삼고 싶다는 목수는 그 아이를 가엾게 여겨 '석정염동자釋正念童子'라는 이름을 붙여주고 17일 장례를 치러 아이의 명복을 빌었다고 한다.

도쿄시양육원의 통계에 따르면 1885년明治 18부터 1922년大正 11까지

---

27   위의 책.
28   야나기타 구니오, 『메이지·다이쇼사―세태편』, 講談社學術文庫, 1993(1967), 301쪽.

양육원에 수용된 '기아'의 누계는 3,171명, 출원자는 53%(1,663명), 사망자는 33%(1,044명)였다.[29] 여기서 양육원을 나온 후에 사망한 어린이까지 포함하면 사망률은 33%가 넘는다. 양육원에 수용된 버려진 어린이의 30% 이상이 사망한다는 비율은 꽤 높은 사망률이라고 할 수 있다.

또한 버려진 어린이 중에는 죽어서 발견된 아이도 많았다. 『경시청통계서警視廳統計書』에 따르면, 1908년明治41 도쿄시에서 버려진 어린이의 18%가 발견되었을 때 이미 사망했다고 한다(생아生兒 : 남자 56명, 여자 38명, 합계 94명, 사아死兒 : 남자 11명, 여자 10명, 합계 21명). 발견되었을 대 이미 죽은 어린이들은 장시간 건물 바깥에 방치되었기 때문에 사망했는지 그렇지 않으면 버려진 어린이를 가장한 사체유기였는지는 불분명하다. 그러나 당시의 『산파학잡지産婆學雜誌』(140호, 1912)에는 낙태범이 증가하자 '기아'의 수가 감소한다는 의미 깊은 지적도 있다.[30] 1907년明治40 시행의 현행 형법에 어린이를 버리는 것은 유기죄의 대상이라고 되어 있다.

'편지'

『도쿄시양육원월보』(183호, 1916.5)에는 버려진 어린이에게 첨부된 또 한 통의 '편지'가 게재되어 있다. '무정한 부모'가 자식을 버린 8년 후인 1916년大正5 4월 17일 밤 12시가 넘었을 때의 일이다. 아사쿠사구 가와라츠 8번지 오

---

29 시부사와 에이치澁澤榮一, 『일본 '어린이의 역사' 총서 27 – 회고 50년日本'子供の歷史'叢書27 – 回顧50年』, 久山社, 1998.
30 『산파학잡지』 140호에는 1909년부터 1910년에 걸쳐 낙태범이 835건에서 1,091건으로 낙태에 의한 사망자는 27명에서 75명으로 증가하고 있는 것에 비해 기아는 319명에서 263명으로 감소한다. 그런데 이러한 현상은 이 두 해에 머물지 않고 최근의 현상이라는 지적이 있다.

가와야마小川山의 집 처마 밑에서 생후 6개월로 보이는 남자아이에게 '어두운 보라색의 얇고 부드러우며 윤이 나는 비단으로 만든 소매없는 하오리羽織에 솜으로 된 기모노를 입힌 후 큰 타월을 깔고 그 위에 재워서 버려졌다.' 순찰 중이던 경찰관리가 그 아이를 발견하여 도쿄시양육원으로 보냈다. 버려진 어린이에게는 가타카나로 '편지'라고 쓴 봉투가 첨부되어 있었다.

'편지'의 문맥을 살펴보면 편지를 쓴 '나'는 12살 된 누나이다. 그 내용은 다음과 같다. 아버지가 죽은 3개월 후에 이 남자아이가 태어났지만, 아버지의 사망으로 몸이 약한데다가 산후회복도 나빴던 어머니마저도 죽고 66살의 조모와 12살의 누나만이 남은 것이다. 친척은 없고 원래는 신분이 높은 집안이었는데 조부가 모두 탕진해버린 것이다. 그러므로 자신은 건강이 나쁜 조모를 돌보지 않으면 안 된다는 것이다. '그 아이를 불쌍히 여겨' '뒷집 아주머니'가 젖을 자주 주었지만 그 아주머니마저도 멀리 떠나가 버렸다고 한다. 그 뒤에는 다음과 같은 말로 이어진다.

제발 이 아이를 살려주십시오. 아저씨와 아주머니가 길러 주십시오. 제가 성가시게 하는 일은 없을 것입니다. 안심하고 이 아이를 귀여워해주시고 길러주십시오. 부탁드립니다.

또한 별지에는 다음과 같은 문자가 적혀 있다.

진심으로 죄송하다는 말씀을 드립니다. 이 일을 경찰에게는 신고하지 마시고 아저씨와 아주머니가 받아 주십시오. 만약 이 아이를 아저씨 집에 제가 버렸다는 것을 경찰에게 알리면 저도 아주머니도 단속 대상이 되므로 이 일은 말하지 말아 주십시오. 잘 부탁드립니다. 고향은 50리 정도 동쪽입니다.

이 어린이가 버려진 곳은 도시하층의 사람들이 사는 아사쿠사구였다. 그런데 여기서는 공적 시설에 부탁하는 것이 아니라 개인에게 부탁하여 버려지고 있는 점에 주목하고 싶다. 또한 이 편지가 과연 12살 누나의 손으로 쓴 것인지에 대한 확증은 없다. 그러나 만약 그렇다고 한다면 학교교육은 어린이들에게 자신이 놓인 상황을 파악하게 하고 타자에게 설명하는 능력, 그리고 그것을 편지에 쓰게 하는 읽고 쓰기 능력과, 어린이를 버리는 것은 죄가 된다는 지식, 또한 그 아이가 불쌍하다는 섬세한 감각을 배양하는 기회를 부여했다고 말할 수 있을 것이다. 그러나 그 이상으로 중요한 것은 이 편지를 살펴보면 '이에'제도의 붕괴하에 가족의 부양능력의 저하, 전통적인 공동체의 상호부조로는 대응할 수 없는 상황이 생겨났음을 읽어낼 수 있는 점이다. 이러한 상황은 1920년대 이후 보다 한층 더 진행되어간다.

4. 버려진 어린이와 부모자식 동반자살

사회문제화된 부모자식 동반자살

'기아양육미급여방법'과 '구휼규칙'의 기본방침은 어디까지나 '아동' 개인에게 대상을 한정하고 가족 중에서 부양하지 못하는 아동을 개별적으로 구제하는 일이었다. 그러나 1910년 말부터 1920년대가 되면 어머니와 자식을 일체화하여 보호해야 할 필요성이 언급되기 시작한다. 1919

년大正 8과 1926년大正 15에 내무성內務省에서는 전국 규모의 빈곤과부조사를 실시했는데, 1926년 조사의 서문에서는 당시의 사회상황에 대해 다음과 같은 세 가지를 지적하고 있다. 첫째, 이에제도의 붕괴에 따라 가족의 부양능력이 저하된 점, 둘째 그 결과 경제적으로 곤궁한 어머니자식 동반자살 및 기아가 이어지고 있는 점, 셋째 서구 여러 나라에서는 모자母子가구 및 혹은 어린이가 있는 곤궁가족을 보호하기 위한 법률이 제정되어 있는 점 등이 바로 그것이다. 거기에는 전통적인 인보상부隣保相扶로는 대응할 수 없는 사태가 진행되고 있음이 기록되어 있다.[31]

1910년대부터 1920년대라는 시기는 다산다사에서 소산소사로 인구동태상의 전개변화를 엿볼 수 있는 시기이고, 소산화를 택한 신중간층의 가족을 주요 담당자로 '가정'에 의한 '어린이 보호'의 규범화는 모순을 내포한 것이었다. 「빈곤과부조사」가 지적하는 '동반자살과 기아'가 '이어지는' 사태는 그것을 여실히 말해준다. 그렇다면 '가정'이 가치화되고 규범으로써 구속력을 지니고 사람들이 어린이에 대한 관심을 높여가는 바로 그 시기에 왜 '동반자살과 기아'라는 사태가 생겨난 것일까.

부모자식 동반자살이 사회문제화되어가는 가운데 1937년昭和 12 고미네 시게유키小峰茂之에 의한 「메이지・다이쇼・쇼와 연간 부모자식 동반자살의 의학적 고찰」[32]이 발표된다. 이 조사에 따르면 에도시대에는 부모자식 동반자살이 적었고 아이 죽이기殺兒[33]나 낙태가 많았음을 밝히고

---

31 후지사키 히로코藤崎宏子, 「모자보건사업조사」, 사회사업조사회社會事業調查會 편, 『전전 일본의 사회사업조사戰前日本の社會事業調查』, 勁草書房, 1983.

32 고미네 시게유키, 「메이지・다이쇼・쇼와 연간 부모자식 동반자살의 의학적 고찰」, 『고미네 연구소 기요小峰研究所紀要』 5, 1937.

33 【역주】 부모의 사정으로 자식의 생명이나 인생을 좌우하는 사례는 많이 있다. 일본에서는 부모가 자살할 때 자식을 죽이는 사례도 많았고 동반자살(살해 동기로서 자식만 남기고 죽으면 불쌍하기 때문에 데리고 간다)하는 경우가 많았다.

있다. 그와 동시에 1872년明治 5부터 1934년昭和 9까지 63년간의 『도쿄니치니치신문東京日日新聞』을 바탕으로 부모자식 동반자살의 역사적 추이를 고찰하고 있다. 고미네가 주목한 것은 다이쇼 초기까지 10건도 안 되었던 부모자식 동반자살이 1918~19년에는 다이쇼 초기의 2배, 특히 1931년昭和 6에는 30배인 313건이 넘었다는 점이다.

이 고미네의 조사결과와 『일본제국통계연감日本帝國統計年鑑』에서 도출된 버려진 어린이 수를 대조한 이와모토 미치야岩本通彌는 버려진 어린이와 부모자식 동반자살 사이에는 '역상관관계를 읽어낼 수 있다'고 했다〈그림 17〉).[34] 이와모토에 의하면 '버려진 어린이는 근대화와 더불어 급격히 줄어들었지'만, 그것은 '아이 버리기가 어려워졌거나 어려운 상황이 생겨났기 때문에 부모자식 동반자살을 급증시키는 요인이 되었다'고 한다. 이전의 일본 '이에'에서 근대가족으로라는 '이에의 구조전환'이 "육아는 모두 피를 나눈 친부모의 책임이라는 관념을 만들어냈고, 또한 부모와 자식은 운명을 함께하는 것으로 부모자식 동반자살을 증가시킨 것은 아닐까"라는 것이다.

'이에'에서 '근대가족'으로라는 '이에의 구조전환'은 어린이의 양육자를 '친부모'로 한정했기 때문에 역설적으로 부모자식 동반자살은 증가시킨 반면 '타인을 신뢰하여 육아를 맡기는' 버려진 어린이 수는 감소시켰다. 이와모토의 이러한 지적은 매우 흥미로운데 이와모토가 작성한 그림에도 주의할 필요가 있다. 더 자세히 말하자면 거기에는 '기아' 1,000명당 '부모자식 동반자살' 50명이 대응되기 때문이다. 그러므로 〈그림 17〉에는 마치 버려진 어린이에서 부모자식 동반자살로 전환한 것처럼

---

34 이와모토 미치야, 「혈통환상의 병리—근대가족과 부모자식 동반자살」, 『도시민속학의 권유 1—혼돈과 생성都市民俗學へのいざない 1—混沌と生成』, 雄山閣出版, 1989.

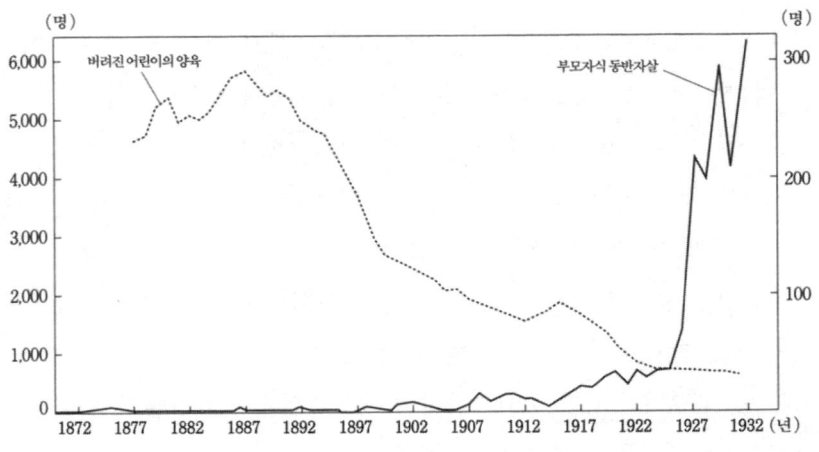

〈그림 17〉 버려진 어린이의 양육과 부모자식 동반자살의 연대적 추이[34]

보이지만 실제 숫자를 비교하면 그것은 그렇게 단순하지가 않다.

〈그림 17〉에는 버려진 어린이에서 부모자식 동반자살로 전환된 것처럼 보이는 1922년大正 11과 1923년大正 12의 버려진 어린이 수(관공사비의 13세 미만의 기아는 1922년 : 755명, 1923년 : 666명)는 부모자식 동반자살(기수미수旣遂未遂 합쳐 1922년 : 34명, 1923년 : 29명)의 20배를 넘어서고 있다.

경향적으로 보면 버려진 어린이 수가 감소하고 부모자식 동반자살이 증가하고 있다고 말할 수 있다. 그러나 '버려진 어린이' 쪽에서 '부모자식 동반자살' 쪽으로 전환했다고 보는 것은 정확하지가 않다. 「빈곤과 부조사」가 지적하듯이 '동반자살과 기아'가 '계속해서 이어지고 있다.' 즉 버려진 어린이와 부모자식 동반자살이 병존하고 있는 것이 더 실태에 가까웠다. 그렇다면 버려진 어린이와 부모자식 동반자살은 어떠한 관계였고 거기에는 어린이와 가족을 둘러싼 어떤 문제가 제시되

---

35 위의 글.

어 있는 것일까. 또한 '보호받는 어린이'관이 내포한 어떠한 모순을 제시하고 있는 것일까.

어머니자식 동반자살의 증가

지금까지의 사회사업사 연구에서는 부모자식 동반자살 문제는 모자혹은 모자가구의 문제, "당시 빈곤 모자의 비참한 상황을 상징하는 토픽"[36]이라고 파악되어 있다. 그러나 고미네의 조사, 그리고 고미네의 조사와 같은 해인 1937년昭和 12에 발표된 「도쿄시내의 기아조사」[37]에서는 부모자식 동반자살이 근대가족으로서의 '가정'문제와 깊이 관련되어 있음을 상기시킨다.

「기아조사」는 1933년昭和 8부터 1935년昭和 10 3년에 걸쳐 경찰서와 지역방면 사무소, 구청이 취급한 '기아, 유아 및 미아의 경우'에 관한 개별조사와 각 육아시설이 현상과 함께 실시한 종합적 조사, 그리고 1927년昭和 2부터 1935년까지 8년간 신문지상에 보도된 부모자식 동반자살에 대한 기사를 분석한 것이다. 동반자살에 관한 총 기사 건수는 1,735건인데 그중 어머니자식 동반자살母子心中은 70%를 차지한다. 메이지・다이쇼・쇼와의 긴 시기를 대상으로 한 고미네의 조사에서도 데이지부터쇼와 시기 전반을 통해 '어머니자식 동반자살은 아버지자식 동반자살父子心中의 약 3배를 웃돌고' 있었다.

두 조사 모두 부모자식 동반자살이 대도시에 많은 도시적 현상이고

---

36   후지사키 히로코, 앞의 글, 1983.
37   도쿄시 사회국, 1937. 이하 「기아조사」라고 약칭한다.

동행하는 어린이는 2살이 가장 많다고 지적한다. 동행하는 어린이 수는 1건당 평균 1.6명으로 핵가족화와 소자화의 상황에서 부모자식 동반자살이 일어나고 있음을 알 수 있다. 또한 동반자살을 한 부모의 연령은 메이지·다이쇼·쇼와를 통해 남자 31~35살, 여자는 26~30살로 육아기의 부모들이다.

그렇다면 동반자살의 동기는 어떠한 것이었을까. 「기아조사」에서는 '직접 생활곤란에 의한다고 인정받을 수 있는 것'이 26.5%, '가정불화'가 18.6%, '정신이상'이 17.2%, '자신 또는 배우자의 병'이 10.8%이고 '생활곤란'과 '가정불화'라는 가족의 유약함을 드러내는 결과가 나타나 있다. 또한 고미네의 조사를 살펴보면 동반자살의 동기에서도 남녀의 차이가 드러난다. 아버지의 경우에는 '생활난', 어머니의 경우에는 '가정불화'가 많은데(〈표 5〉) 여기에는 남성은 '생활'을 여성은 '가정'을 담당한다는 젠더규범이 짙게 각인되어 있다.

부모자식 동반자살은 '살해당하는 어린이', 바꾸어 말하면 부모에 의해 보호받지 못하는 어린이의 문제임과 동시에 어린이를 키우지 못하

〈표 5〉 부모자식 동반자살의 원인(상위 3위까지)[35]

1872~1926년에 이르는 부모자식 동반자살자의 원인		남자(%)	여자(%)
원인	병고	22(23.9)	69(29.9)
	생활난	27(43.5)	43(18.0)
	가정불화	7(0.7)	32(13.4)
	합계	56(92건 중)	144(238건 중)
1927~34년에 이르는 부모자식 동반자살자의 원인		남자(%)	여자(%)
원인	병고	58(16.76)	177(18.22)
	생활난	119(34.3)	200(20.5)
	가정불화	42(12.1)	246(25.3)
	합계	219(346건 중)	623(971건 중)

고 죽음을 선택하는 부모의 문제이기도 하다. 그 부모들은 아버지의 경우 부양의 책임을, 어머니의 경우 가정의 책임을 진다는 젠더규범에 얽매여 있는 것이다. 고미네는 어머니자식 동반자살이 많은 원인에 대해 "어머니는 자식을 분만에서 육아까지 거의 자신의 손으로 양육하기 때문에 자연히 애정도 커지고 자식을 자신의 소유물, 또는 자신의 분신처럼 생각하는 소유 관념에 의한 것"이라고 서술하고 있다. '보호받는 어린이'라는 어린이관은 자식을 부모, 특히 육아담당자로 여기는 어머니의 사유물로 보는 어린이관이기도 했다.

어머니의 목소리

동반자살의 원인을 살펴보면 그중에서 어머니의 동반자살 원인의 1위는 메이지·다이쇼기에는 '병고'였는데 쇼와시대가 되면 '가정불화'가 1위를 차지한다. '가정불화'가 원인인 것은 메이지기와 다이쇼기에는 실제 숫자상으로도 어머니는 아버지의 약 4배, 어머니의 동반자살 원인의 13.4%였다. 특히 쇼와시대가 되면서 '가정불화'를 원인으로 삼는 어머니는 아버지의 약 6배, 어머니의 동반자살 원인의 25.3%로 배나 증가한다.

고미네에 의하면 어머니의 동반자살 원인 중 '가정불화'가 많은 것은 "아내로서 어머니로서의 생활을 많이 하는 여성에게는 역시 가정이 유일한 세계였고 생명이기 때문에 가정불화에는 치명적인 고통을 느끼고 번민"하는 것이라고 적고 있다. 정서성에 가치를 두는 '가정'모델이 가

---

38 고미네 시게유키, 앞의 글, 1937.

진 가치화는 가정에서 사는 여성들에게 '가정불화'를 강하게 의식화시켰던 것이다.

부모자식 동반자살의 직업구성을 보면 아버지의 경우는 농업, 직인職人, 직공, 일용직, 점원 등 '박봉의 노동자'와 잡화상, 막과자상, 생선장수, 우동가게 등 '하층계급의 직업자'가 많다. 그에 비해 어머니의 경우는 '유부녀'가 많고 메이지·다이쇼기에는 67%, 쇼와시대가 되면 47%를 차지한다.

이들 부모자식 동반자살의 원인을 조사한 통계를 살펴보면 어린이에 대한 보호의 책임이 가정, 특히 '가정'을 '유일한 세계'라고 여기는 여성들에게 부과되는 모습을 엿볼 수 있다. 그것은 동반자살의 장소를 통해서도 알 수 있는데 호수, 바다, 강에 이어 자살 장소로 많이 선택되는 곳은 자택이다. 고미네에 의하면 자택은 "경제적으로도 사람의 눈을 피할 수 있는 점에서 택하게 되는 것이 아닐까"라고 적고 있다. 여기서도 가정의 폐쇄성, 그리고 육아가 사회를 향해 열려 있는 것이 아니라 닫혀 있는 모습을 엿볼 수 있다.

고미네의 조사에서 흥미로운 것은 부모자식 동반자살을 하려다가 미수로 끝난 당사자인 어머니의 목소리가 수록되어 있는 점이다. "오직 좋은 어머니로서 장녀 ○코의 교육에 전념"해왔는데, 가정불화로 자택에서 만 7살의 장녀와 동반자살을 꾀한 28살의 '부인 ○○이다'라는 글 속에서 자식을 동반한 자살 심경에 대해 "자신이 죽어 버리면 과연 ○코는 행복해질지 모르겠다. (…중략…) 결국 ○코는 누구에게도 주지 않겠다고 생각해서 함께 죽을 생각이었다"고 적고 있다. 또한 폐결핵이라는 진단을 받고 '번민과 자포자기에 빠져' 3살인 막내를 동행하여 동반자살을 꾀한 28살의 '부인 ○○'은 자식을 "나중에 남기고 가면 어떠한 사람에게 키워질지 모르기 때문에 귀여운 자식을 남기는 것이 가여워 자신과 함께 죽을까 생각했다"고 적고 있다. 타인에게 자식의 육아를 맡기지 않겠다는 심정이 어머니들에게 등반자살을 선택하게 만들었던 것이다.

일본적 현상으로 자주 지적되는 것이 부모자식 동반자살인데 고미네의 연구는 부모자식 동반자살이 '다이쇼·쇼와시대의 산물', 바꾸어 말하면 근대라는 시대에 생겨난 역사적 산물임을 밝히고 있다. 이러한 부모자식 동반자살을 둘러싼 고미네의 해석과 결론에 따르면 '모성애'론의 영향이 짙게 깔려 있다고 한다. 고미네의 연구 또한 시대의 산물이었다. 어머니자식 동반자살이 아버지자식 동반자살의 두 배 세 배를 차지하고 그 대부분이 가정'부인', 특히 육아기(25~30살) 여성들이라는 것에 대해 고미네는 '자식을 자신의 소유물 또는 자신의 분신처럼 생각'하여 '동반'하는 어머니자식 동반자살은 '모성으로서의 육아와 사랑하는 아이에 대한 본능의 '발로'라는 '의학적 고찰'을 실시하고 있다.

고미네의 '의학적 고찰'로 상징되듯이 어머니자식 동반자살이 사회문제화되는 다이쇼·쇼와라는 시대는 '모성'과, 어머니와 자식의 결합이 자리매김 되었고 어머니에 의한 자식의 보호가 강조되는 시대이기도 했다. 친부모에 의한 육아를 설명하는 모성애론은 "어머니가 없는 어린이, 가엾은 어린이는 없다"라고 설파되는[39] 가운데 안타깝게도 어머니자식 동반자살이 증가하고 있었던 것이다. 어머니자식 동반자살은 '가정'에 의해 '보호받는 어린이'라는 어린이관이 사회에 유포되는 것과 함께 등장한 근대의 '가정'이 안고 있는 모순의 산물이었다. 그렇다면 버려진 어린이는 그러한 부모자식 동반자살과 어떠한 관계가 있었던 것일까.

---

[39] 오바라 구니요시小原國芳, 『어머니를 위한 교육학母のための教育學』, イデア書院, 1925, 34쪽.

아이 버리기와 부모자식 동반자살

'기아에 대한 조사'는 아이 버리기가 '사회제도와 관념의 관계에서 행해지는 것'이라는 시점에서 가족문제에 주목한다. '자식의 양육에 대한 책임을 부모와 이에에 의무를 주는 사회'는 한편으로 부모와 '이에'에 '자식의 처치에 대한 자유를 권리로' 부여하는 사회이다. 그러나 만약 '부모와 이에가 빈곤 등의 이유로 자식의 양육이 곤란한 경우'에는 그 자식의 생명을 부모와 '이에'가 자유롭게 처치함으로써 아이를 버리는 사태에 이르는 사회라고 지적한다.

이 조사를 살펴보면 부모자식 동반자살과 아이 버리기는 부모의 심정, 배경 모두 그 성격을 달리하고 있음을 간파할 수 있다. 아이 버리기 원인의 87%는 '직접 빈곤, 생활난에 의한 것'이다. 그중 '부모 합의하에 유기한 경우 인정받을 수 있는 것'은 37%를 차지한다. 앞에서 말한 버려진 어린이와 함께 첨부된 편지의 서명도 '부모'였다.

또한 아버지와 어머니 중 어느 쪽이 버리는지를 비교해보면 '아버지가 버리는 경우가 어머니가 버리는 경우보다' 많다. 그 이유는 어머니의 경우에는 내직 등 가정 내에서 할 수 있는 일이 많기 때문에 '자식을 돌볼 수 있는 것'에 비해, 아버지는 '밖에서 일하지 않으면 안 되므로 자식을 돌볼 수가 없기' 때문이다. 아이 버리기의 경우는 그 원인의 대부분이 빈곤함이었고 '부모 합의하에서'가 가장 많은 점에서 또는 아이를 버리는 것이 어머니보다 아버지가 많은 점은 가정불화를 원인으로 삼는 어머니의 동반자살과는 대조적이다.

부모자식 동반자살과의 비교에서 간과해서는 안 되는 것은 바로 버려진 장소이다. 부모자식 동반자살의 경우 사람의 눈에 띄지 않는 장소가 선택되었다. 그에 비해 아이를 버리는 곳은 시타야, 아사쿠사, 혼죠 등 메이지 30년대부터 도시하층의 사람들이 생활하고 있는 지역이 많이 선택되었다. 또한 버리는 장소는 도로가, 역 구내, 지인의 집, 신사·불당 등 '대개 버리는 장소는 눈에 띄지는 않지만', '반드시 사람들에게 발견될 가능성이 높은 곳'이 선택되었다〈표 6〉. 조사에 따르면 버려진 장소에서 '사람에게 발견되기를 바라는 부모의 마음'을 엿볼 수 있다고 지적하고 있다.

〈표 6〉 버려진 장소 및 연령별 버려진 어린이[37]

( )안은 %	1개월 미만	3개월 미만	6개월 미만	1세 미만	3세 미만	5세 미만	5세 이상	불분명	합계
도로가	8(25)	7(21)	3(0.3)	3(0.9)	3(0.3)	8(25)	1(0.3)	1(0.3)	32
역 구내	7(26)	7(26)	2(7.6)	3(15.7)	1(5.2)	3(15.7)	3(11.5)	-	26
지인의 집	3(15.7)	7(37.6)	1(5.2)	3(15.7)	1(5.2)	-	8(42.1)	-	23
공원	2(16.6)	6(33.3)	3(16.6)	-	3(16.6)	2(11.1)	1(0.5)	1(0.5)	18
처마 밑	5(41.6)	4(33.3)	-	-	3(25)	-	-	-	12
신사·불당	1(10)	1(10)	1(10)	-	3(30)	1(10)	3(30)	-	10
백화점	1(16.6)	1(6.6)	1(6.6)	-	2(33.3)	-	1(16.6)	-	5
공터	4(66.6)	3(33.3)	-	-	-	-	-	-	5
현관 앞	1(20)	1(20)	1(20)	2(40)	-	-	-	-	5
극장 또는 영화관 앞	1(25)	2(50)	-	1(25)	-	-	-	-	4
불분명	1(25)	-	-	1(25)	-	-	1(25)	-	3

다음으로 아이 버리기의 월별 발생 건수를 살펴보면 어린이가 자라기 쉬운 5월과 7월, 그리고 '생활곤란이 가장 심한 동절기에 많은 것이 눈에 띈다'. 그에 비해 부모자식 동반자살의 월별 발생 건수는 계절성과 경제적 이유와의 명확한 상관관계를 엿볼 수 없다. 또한 부모자식 동반

---

40   도쿄시사회국, 「도쿄시내에서의 기아조사」, 1937.3.

자살의 경우는 2살 아이가 가장 많은 것에 비해, 아이 버리기의 경우는 젖먹이와 아직 기어다니는 아이 등 낮은 연령층의 어린이들이 많고 1세 미만의 버려진 어린이는 전체의 47%를 차지한다. 그렇지만 이 버려진 어린이들이 시설에 수용되어도 40% 가까이가 얼마 안 되어 죽을 운명에 놓여 있었다. 보고에 따르면 그 원인은 '태어날 때부터 빈곤과 그에 수반되는 안 좋은 생활환경 속에 노출되어 있었기 때문'이라고 분석하고 있다. 버려진 어린이의 연령이 낮고 사망률이 높은 것은 자식이 양육하기 곤란한 상황 속에서 태어났음을 말해준다.

이상과 같은 부모자식 동반자살과 아이 버리기의 비교를 통해 분명하게 나타나는 것은 아이 버리기를 선택한 부모들과 부모자식 동반자살을 선택한 부모들의 계층차와 어린이에 대한 심성의 차이이다. 부모자식 동반자살을 선택한 사람들은 성별 역할분담 가족으로서의 '가정'을 형성하는 사람들, 아이 버리기를 선택한 사람들은 도시하층에서 세대를 형성한 사람들, 즉 그것을 유지할 수 없는 사람들이었다고 생각된다. 게다가 '가정'에 의해 '보호받는 어린이'라는 규범과의 관계에서 논하면, 부모자식 동반자살을 선택한 부모들은 어린이의 보호를 타인에게 맡기는 아이 버리기를 선택한 부모들에 비해 규범에 강하게 얽매인 사람들이었다.

아이 버리기와 부모자식 동반자살이 병존하는 사태는 '가정'에 의해 '보호받는 어린이'가 규범화되어가는 다이쇼 중기, 후기에서 쇼와시대에 걸쳐 일반 사람들의 어린이에 대한 의식과 육아를 둘러싼 상황이 중층적인 것이었음을 나타낸다. 거기에는 '가정'과 '보호받는 어린이'라는 규범이 '하층'·'무산노동자'에게 침투되는 것만으로는 파악할 수 없는 중층적인 상황이 존재하고 있었던 것이다.

그런데 부모자식 동반자살은 쇼와공황에 의한 빈곤이 진행되는 이 시기 도심만의 문제가 아니라, '유행으로 변질되어' 농촌에서도 일어나고 있었다〈그림 18〉. 농촌에서 부모자식 동반자살이 일어나는 배경의 하나로는 공동체의 붕괴 내지 이완이 있었다. 그것은 안타깝게도 전시하에 공동규제·공동감시체제가 심각해지는 가운데 부모자식 동반자살이 또 다시 감소하는 것을 통해서 알 수 있다.[41] 그렇다면 부모자식 동반자살과 아이버리기의 배경에는 어떠한 가족문제가 있었는지를 고찰해보기로 한다.

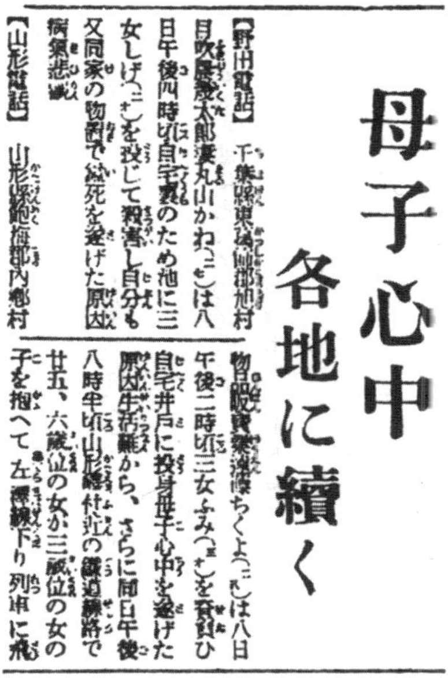

〈그림 18〉 「어머니자식 동반자살 각지에 속출하다」
(『도쿄아사히신문』, 1930.7.10)

---

41 예를 들면 1935년 3월 13일의 『야마나시니치니치신문山梨日日新聞』에는 시부모와의 불화로 젖먹이를 떠맡은 28살 농가의 아내가 동반자살한 기사가 게재되었는데, 6월 26일 자의 같은 신문에 투고한 '종이뭉치' 코너에는 어머니자식 동반자살이 왕성하게 행해지고 있는 배경으로 '빈곤'과 '가족제도'의 '악폐', 그리고 '자기자식의 생살권을 좌우할 수 있다'는 '잘못된 모성애'가 지적되어 있다. 또한 '해설'에는 '쇼와 초기에 유행하기까지 한 부모자식 동반자살'이 "전시하에 공동규제·공동감시체제가 강화되는 가운데" '또다시 감소한다'는 것을 주목해야만 한다는 지적이 있다(야마나시현 편, 『야마나시현사 자료편 17 – 근현대 4山梨縣史 資料編17 – 近現代4』, 山梨日日新聞社, 2000, 937~938·1070쪽).

5. '보호받는 어린이'로부터의 이륙

자식과 부모의 근대

고미네의 조사, 그리고 도쿄시의 「기아조사」가 실시된 1930년대 중반 부모자식 동반자살과 아이 버리기에 주목한 인물이 있다. 그것은 바로 일본 근대사회의 현실을 기존의 학문체계에 속하지 않는 민간학 시점에서 비판적으로 파악하려고 한 야나기타 구니오와 아루가 기자에몬有賀喜左衛門이다.

야나기타가 「소아생존권의 역사」를 애육회愛育會의 기관지 『애육愛育』에 쓴 것은 1935년昭和 10의 일이다. 야나기타는 '부모자식 동반자살이 왕성하게 일어나는 상황'에 대해 다음과 같이 서술한다.

현재 생활고 상태에 놓인 여성이 자식을 동반하며 자살하는 것을 세상은 '그 여성이 자살할 정도라면 데리고 가는 것이 당연하다'고 말하며 일종의 모럴·정당성을 지니고 있다. 만약 그것이 '자신이 죽고 싶어도 자식까지 데리고 죽을 놈이 있을까'라는 시대라면 오늘날처럼 부모자식 동반자살이 왕성하게 일어나지 않을 것이라고 생각한다. 요컨대 부모자식 동반자살을 가능하게 하는 하나의 원인은 일종의 유행도 있을 것이고 또는 히스테리도 있겠지만, 오늘날 하나의 원인은 사회가 소아생존권을 부여하고 있지 않기 때문이라고 생각한다. 거기에 우리들이 생각하지 않으면 안 되는 큰 문제가 배후에 존재하고 있는 것은 아닐까.[42]

야나기타는 모성애론에 의한 모럴 · 정당성이 어머니자식 동반자살에 대한 공감 · 동정을 부름과 동시에 동반자살을 정당화하고 있는 것, 그리고 '소아생존권'이 없음을 문제로 지적했다. 야나기타가 그러한 근대사회와 대비하고 있는 것은 '생활적인 어려운 문제에서' · '자식을 많이 낳지 않는다'는 것으로, '자식이 태어났을 때 이를 유기하는 습관'이 있었던 에도시대 말기부터 야나기타가 '13, 14살 무렵', 즉 1880년대 말엽의 사회였다. 야나기타에 의하면 자식의 '유기'가 행해진 시대에는 그것만으로 '자식을 살리고 자식의 생존을 승인하는 것'이 큰 의미를 지니고 있었다. 생존권을 승인하고 '자라서 그 마을사람이 될 어린이'라고 인정한 어린이에 대해서는 이웃 사람들과의 관계 속에서 길러지게 되었다는 것이다.

다른 한편 아이 버리기에 주목한 사람은 1921년大正 10 야나기타의 곁에서 민속학 · 민족학의 종합잡지 『민족民族』의 편집 일을 돕고 민속학에 접근한 아루가 기자에몬이다. 아루가의 「아이 버리기의 이야기」는 1933년昭和 8부터 이듬해 2월까지 『법률신문法律新聞』에 나누어 게재된다. 아루가에 의하면 "그 무렵 기아 등은 무슨 의미가 있을까. 거의 아무도 생각해내지 못했다"고 한다. 그러나 아루가는 "아이 버리기의 풍습에 사회적 · 경제적인 배경이 존재하기 때문에 일본의 생활조직을 알수 있는 흥미로운 문제"임을 일찍부터 깨닫고 있었다.[43]

"지난1932년 8월 24일 『도쿄니치니치신문』 지상에 대략 다음과 같은 기사가 실려 기억하고 있는 사람도 거의 없을 것이라고 생각하는데"라

---

42   야나기타 구니오, 「소아생존권의 역사」, 『정본 야나기타 구니오집定本 柳田國男集』 15권, 筑摩書房, 1963.
43   아루가 기자에몬, 「아이 버리기의 이야기」, 『아루가 기자에몬 저작집』 Ⅷ, 未來社, 1969.

는 서두로 시작되는 「아이 버리기의 이야기」는 우시고메구牛込區의 도로에 버려진 생후 3주밖에 안 되는 아기를 버린 내용이 담긴 기사이다. 아루가에 의하면 어린이에 대한 애정이 가치를 지니는 근대에는 아이 버리기를 이해하기 어려울지도 모르는데, 부모의 자식에 대한 애정은 사회적 규범에 의해 그 드러내는 방식이 다르다고 보았다. 그러므로 아이 버리기를 이해하기 위해서는 '오늘날의 시각에서 바라보면 애정의 유무를 문제 삼아야만 하는 것은 아니고', 아이 버리기를 받아들이는 사회생활과 그 생활의식을 알지 않으면 안 되는 것이라고 서술한다.

아루가에 의하면 에도시대의 아이 버리기는 자식을 부양할 의무가 약한 사회의 소산임과 동시에 아이 버리기를 받아들일 여지가 있었음을 나타낸다고 한다. '아이 버리기'는 자신을 대신하여 자식을 길러줄 부모를 찾는 수단이기도 했다. 그러나 '개개의 이에가 독립성이 강해지고 이에와 이에의 연쇄가 약해'진 근대사회에서는 아이 버리기를 받아들일 여지가 없어졌다고 아루가는 결론짓는다.

'보호받는 어린이'의 말로

1930년대 중반이라는 거의 동시기에 근대비판의 관점에서 쓴 야나기타 구니오의 「소아생존권의 이야기」와 아루가 기자에몬의 「아이 버리기의 이야기」가 있다. 한쪽은 어머니자식 동반자살에 관한 내용이고 다른 한쪽은 아이 버리기에 관한 내용으로 다룬 사상事象도, 또한 연구 대상도 각기 다르다. 야나기타는 어린이의 생존권이라는 어린이의 입장을, 아루가는 부모의 부양의무라는 부모의 입장을 각각 연구의 대상으로 삼았다. 그러나 공통적으로 지적하는 것은 근대사회 속에서의 가족, 특히 어머니에 의해 '보호받는 어린이'라는 부모와 자식 관계의 규범화가 초래한 문제이다.

야나기타는 부모에 의한 어린이의 사물화 결과, 어머니자식 동반자살이 생겨나고 근대의 어린이들은 산아조절과 아이 버리기가 존재하고 있었던 시대의 어린이들과 비교해보면, 사람들과의 교제 속에서 자랄 기회를 잃고 사회의 어린이로서 어린이의 생존권은 오히려 근대사회 속에서 약해졌다고 지적한다.

아루가에 의하면 이에와 이데가 고립되고 있는 상황 속에서 근대인들은 마침내 자식의 양육을 타자에게 맡길 '마음'을 갖지 못했다고 지적한다. "버리는 것이 정말로 버리는 것이라는 의식을 갖게 되면서 아이를 버리는 것은 어머니의 애정이 그것을 허락하지 않으며, 또한 유기죄로 물어질 위험성도 수반되기 때문에 자식을 버릴 정도라면 아예 집안 전체의 동반자살로 변해버릴 가능성도 있다"는 것이다.

1930년대의 어머니자식 동반자살은 어린이가 가족, 더구나 어머니의 힘만으로는 보호받을 수 없는 것, 바꾸어 말하면 '보호받는 어린이'로부터 떠날 필요성을 단적으로 드러내는 사상이기도 했다. 그러나 어머니자식 동반자살이 사회병리로서 주목받는 것과 때를 같이하여 '모성'을 둘러싼 사회제도가 성립된다. 1931년昭和 6 3월 6일 황후의 탄생일인 '지구절地久節'을 축하하는 '어머니날'이 시행되고 '어머니날' 운동의 담당자로서 대일본연합부인회가 발족된다.[44] '어머니날'의 시행은 "국가에 의한

---

44 곤도 가즈코近藤和子, 「여성과 전쟁―모성 / 가족 / 국가」, 오쿠다 아키코奥田曉子 편, 『여성과 남성의 시공 일본여성사 재고 V―서로 싸우는 여성과 남성의 근대女と男の時空 日本女性史再考V―鬪き合う女と男 近代』, 藤原書店, 1995, 486쪽.

'모성'의 전통화가 시작되었다는 점에서 상징적인 날이었다."[45]

　게다가 1938년昭和 13에는 모자보호법이 시행된다. 이 모자보호법의 목표는 '경제생활 보장'이 아니라 '어린이의 심신이 건전하게 성장하는 것'에 두었고, 어머니의 슬하가 가장 바람직한 양육환경이라는 '모자 일체 관념'에 기반을 두고 어머니와 자식을 동시에 보호하는 정책을 채용한다.[46] 같은 해 1938년에는 국가총동원법이 성립된다. 1940년昭和 15의 '기원 2600년'에 발표된 「어머니 세기世紀의 서문」[47]에서 이후쿠베 도시코伊福部敬子는 "전쟁과 모성존중이란 항상 때를 같이 하여 발생한다"고 서술하고 있다. 그 후 어린이의 생존권 보장에 대한 기반을 뿌리 채 빼앗는 전쟁이라는 사태가 진행되어간다.

45　오쓰카 에이지大塚英志, 『'전통'이란 무엇인가傳統とは何か』, ちくま新書, 2004, 70쪽.

46　가토다 게이코加藤田惠子, 「아동보호사업조사」, 사회사업조사회 편, 앞의 책, 1983.

47　이후쿠베 도시코, 「어머니 세기의 서문」, 『근대 여성문헌 자료총서 6─여성과 전쟁 제6권 近代女性文獻資料叢書6─女と戰爭 第6卷』, 大空社, 1992.

제2장 '만드는 것'으로서 '보호받는 어린이'

만들어진 '동심'

1. '만드는 것'으로서의 '어린이'

'신이 주신 선물'에서 '만드는 것'으로

오늘날 어린이들은 '신이 주신 선물'이 아니라 '만드는 것'이라고 되어 있다. 부모들이 자식을 언제 낳을지, 몇 명 낳을지, 어느 정도의 간격을 두고 낳을지를 미리 계획하는 계획출산은 의문을 품을 여지가 없을 만큼 자명한 일이 되었다.[1] 특히 최근 산부인과의 의학이나 생명과학의 진보, 인공수정 등 생식기술의 발달은 임신과 출산을 점점 부모가 선택 가능한 것으로 변화시키고 있다.

그렇다 하더라도 자식이 태어날 때 '건강하게 태어나주는 것은 정말로 기적'·'신이 주신 선물'이라고 느끼는 어머니들의 실감이 사라져버

---

[1] 가시와기 게이코柏木惠子, 『어린이라는 가치－소자화시대의 여성심리子どもという価値－少子化時代の女性の心理』, 中公新書, 2001, 64쪽.

린 것도 아니며 불임으로 고통받는 남녀에게 자식은 '신이 주신 선물' 바로 그것이다. 그럼에도 불구하고 다른 한편으로 어린이학대로 인해 상처받는 어린이가 생기거나 생명을 잃거나 하는 참혹한 뉴스는 완전히 사라지지 않는다. 그 요인 중의 하나로 '만드는 것'이라고 보는 어린이관이 초래한 문제를 제시할 수 있는 것은 아닐까 생각된다. 왜냐하면 '만드는 것'으로 여기는 어린이관은 생각하는 대로 낳았기 때문에 생각하는 대로 기를 수 있다는 어린이의 사물화나 관리적인 육아태도, 그리고 '자식 만들기'를 스스로 선택했기 때문에 부모, 특히 어머니는 자식의 육아에 책임이 있다며 어머니에게 부담을 강요하는 태도와도 연결된다.

지역 또는 이웃관계가 단절된 좁은 공간 안에서 어머니 한 사람에게만 육아에 대한 부담을 강요한다면 모든 것을 떠안은 어머니는 그 초초함을 자식에게 풀게 된다. 그러한 상황은 부모에게도 자식에게도 좋은 환경이라고는 말할 수 없다. 그러한 위기의식은 다양한 육아 네트워크 만들기와 육아 지원이라는 육아 안전망 구축의 필요성을 낳았다.

그렇다면 자식을 '만드는' 기술과 사상은 근대 일본에서는 언제, 어떻게 등장한 것일까. 거기에는 어떠한 어린이관, 친자관, 육아관이 있었던 것일까. 본장에서는 그것을 살펴보는 것을 과제로 삼는다.

1917년大正 6 히라쓰카 라이초는 일반 사람들 또는 요사노 아키코与謝野晶子와 같은 지적인 부인에게서도 지배적이었던 '신이 주신 선물'이라는 어린이관을 다음과 같이 비판하고 있다.

우리나라의 일반적 현상은 어떻습니까. 우리들은 오늘날 여전히 교육받은 사람들조차 자식은 신이 주신 선물로 이것만은 인간의 힘으로 어떻게 할 수 있는 것이 아니라는 이야기를 많이 듣습니다. 이 생각은 사람들의 마음에 상당히 깊게 스며들고 있는 것으로 보여 일반인은 여전히 무제한적인 다산에 대해 자기 자신은 아무런 책임도 느끼지 않고 있습니다.[2]

라이초가 이처럼 '신이 주신 선물'이라는 어린이관을 비판한 배경에는 그녀에게 '만드는 것'이라는 어린이관이 있었다. 라이초는 1914년大正3「독립하는 것에 대해 부모에게」라는 논문 안에서 어린이에 대해 "경제상의 여유도 정신상의 여유도 없기 때문에 만들지 않는다"[3]고 기술했다. 또한 라이초는 1915년大正4「개인생활과 성생활 간의 투쟁에 대하여」,[4]에서 '아무런 욕망도 의미도 없이 자식을 만드는 것'은 "자신에게도 자식에게도 죄악이며 무책임한 것"이라고 서술했다.

말하자면 라이초는 강렬한 자아의 탐구 속에서 스스로 의식에 대해 음미하면서 성의 자기관리라는 연장선상에서 '만드는 것'이라는 어린이관을 도출해냈던 것이다. 그러나 이 어린이관은 특수한 재능을 가진 비범한 존재로서 라이초 한 사람의 어린이관에 머물지 않는다. 서두에서 라이초의 어린이관을 예로 든 것은 '신이 주신 선물'에서 '만드는 것'으로 어린이관의 전개가 본장에서 다루는 1910~20년대의 어린이관의 상징적인 궤적을 드러내고 있다고 생각했기 때문이다.

분명히 '만드는 것'이라는 어린이관을 그 시대상황 속에 두고 살펴볼 때 그것은 라이초의 비범한 재능이 만들어낸 어린이관이라기보다도 하나의 역사적 상황 속에서 생겨난 어린이관이라는 것이 분명해진다. 왜

---

2   히라쓰카 라이초, 「피임의 가부를 논한다」, 『히라쓰카 라이초 저작집』 제2권, 大月書店, 1983c.
3   히라쓰카 라이초, 「독립하는 것에 대해 부모에게」, 『히라쓰카 라이초 저작집』 제1권, 大月書店, 1983a.
4   히라쓰카 라이초, 「개인생활과 성생활 간의 투쟁에 대하여」, 『히라쓰카 라이초 저작집』 제2권, 大月書店, 1983b.

냐하면 이 시기 1910~20년대는 일본에서 소산소사형 사회로의 태동과 발현의 시기였고, 그것은 동시에 '신의 선물'이라는 의식과는 분명히 다른 차원으로 자신 스스로가 수태의 메커니즘을 지배하여 자식을 '만든다는' 의식이 성립되었음을 보여주기 때문이다.

산아제한에 대한 요구

1910~20년대라는 시기는 지금까지 몇 번이나 언급했듯이 다산다사에서 소산소사로 인구동태의 변동과 어린이들이 많이 태어나고 많이 죽는 상태에서 적게 낳고 적게 죽는 상태로 전환되는 시기에 해당된다. 유아사망률도 1918년大正 7 출생 1000에 대해 189.7명으로 전전 최고를 기록했는데 이후 저하되는 경향으로 돌입한다.

이 유아사망률의 저하는 이 시기에 감소한 출생률과 관계가 깊은데,[5] 출생률저하의 직접적 배경으로서 피임기술의 채용에 의한 수태조절, 계획출산에 의한 산아제한이 있었다. 산아제한이 받아들여진 것과 '신이 주신 선물'에서 '만드는 것'이라는 어린이관의 전개가 깊이 연관되어 있다고 말할 수 있을 것이다.

산아제한에 대한 요구 혹은 다산을 꺼리는 목소리는 1922년大正 11의 마가릿 생어Margaret Higgins Sanger 부인의 일본 방문을 계기로 고조된다. 생어 부인은 '어머니가 되어야만 하는가, 또한 어머니가 되어야만 한다면 어린이 수 및 어떠한 조건하에서 어머니가 되어야만 하는가를 자신

---

5 가와카미 다케시川上武, 『현대 일본 병자사現代日本病人史』, 勁草書房, 1982, 474쪽.

의 의지에 따라 결정'하는 '자주적 모성'을 외치고[6] 여성해방의 입장에서 산아제한운동을 장려했다. 그런데 일본에서 이를 수용하는 사람들의 '수용방식'은 매우 다양했다.

예를 들어 계급투쟁의 입장에서 보면 "무산자에게는 적게 낳아 잘 기르는 것이 가장 긴요하다"(『산아조절평론産兒調節評論』 1호, 1925)(〈그림 19〉)라며 노동자의 생활설계 문제와 연결하여 설명되었고, 우생학의 입장에서 보면 '다산으로 어린이가 허약해진다'·'유전병 등이 있어서 도저히 건강하거나 강건한 어린이를 얻을 전망이 없기'[7] 때문에 산아제한이 설파되었다. 게다가 임신·출산을 정신적·육체적 피로·속박·희생을 초래하는 것으로 파악하고, 그 고통을 토로하기 시작한 여성의 입장에서 보면 자식을 낳는 도구에서 탈피하여 성을 스스로 관리할 것을 요구하기 시작했다. 여성들은 1920년대가 되자 '산아제한'이라는 말을 구실삼아 피임과 계획적 임신에 의한 의사표시나 출산, 육아에 대한 부담감을 말하기 시작한다.[8] 1920년대부터 30년대 전반은 일본에서

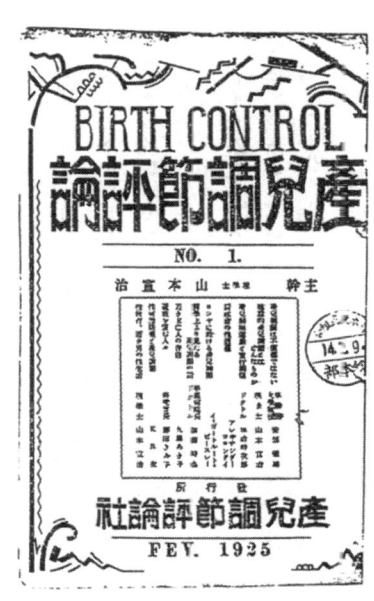

〈그림 19〉 『산아즈절평론』 1호(1925)

---

6 야마카와 기쿠에山川菊榮, 「여성의 반역─정신적·물질적 방면에서 보는 산아제한문제」 (나중에 「부인해방과 산아조절문제」라고 제목을 바꾸어 『야마카와 기쿠에집山川菊榮集』 2권, 岩波書店, 2011, 2~16쪽에 수록), 『해방解放』 1월호, 1921a, 216쪽.

7 아베 이소오安部磯雄의 「산아제한에 대해 받아들인 편지」(『소가족小家族』, 1922.5.13); 히라쓰카 라이초의 「피임의 가부를 논한다」(앞의 책, 1983c) 등.

8 미야사카 야스코宮坂靖子, 「출산의 사회사」, 『'교육' 탄생과 종언─총서 낳고 기르고 가르친다 익명의 교육사'教育'誕生と終焉─叢書産む·育てる·教える匿名の教育史」, 藤原書店, 1990.

산아조절운동이 최고조를 보인 시대였다.[9]

그런데 여성들이 '낳지 않는 것'에 대한 의사표시는 이미 에도시대에 인구감소 지역에서 받아들인 산아관리 정책 속에서 단속의 대상이 되었고 여성들의 신체는 '아이를 낳는' 신체로 자리매김 되고 있었다.[10] 그러나 이 시기가 되어 '낳지 않는 것'에 대한 의사표시가 여성 자신에 의해 의사표현으로 나타난다. 다양한 입장에서 수용된 산아제한운동은 다산으로 고민하거나 자식을 적게 낳기를 바라는 사람들 사이에서 그 지지층이 퍼져나간다. 나중에 수태조절·가족계획이라 불리는 이 문제가 '산아제한'이라고 직접적으로 표현된 것에서도 소산에 대한 기대를 엿볼 수 있다.

그 중심에 있었던 것은 도시의 저변부에 위치하는 영세민과 지방농산촌 공동체에 사는 농민이 아니었다. 1919년大正 8 데루오카 기토暉峻義等에 의한 '영세민'에 관한 조사에서는 영세민들의 대부분이 4명 이상의 자식이 있었고, 자식이 많음으로 인해 괴로워하면서도 "오히려 자식들이 빨리 자라서 자신들을 부양해줄 것이라는 기대감을 갖고 있는 사람들이 많았다"고 보도하고 있다.[11] 이를 자세히 살펴보면 여전히 자식을 노후의 부양수단으로 보는 '이에'제도의 가부장적 가족하에서 부모와 자식의 관계가 살아남아 있음을 알 수 있다. 특히 농민들에게 자식은 중요한 노동력이었기 때문에 '다산이 지니는 많은 비참함과 괴로움을 견디면서도' '자식만이 유일한 의지'라고 생각하여 자식을 많이 낳았다.[12] 태어나는

---

9 오기노 미호, 『'가족계획'에 대한 방법-근대 일본의 생식을 둘러싼 정치』, 岩波書店, 2008, 88쪽.
10 사와야마 미카코, 『출산과 신체의 근세』, 勁草書房, 1998b.
11 데루오카 기토, 「2, 3사회적 문제의 의학적 관찰 상」, 『국학의학잡지國學醫學雜誌』384호, 1919.
12 마루오카 히데코丸岡秀子, 『일본 농촌 부인문제日本農村婦人問題』, ドメス出版, 1980(초판

어린이 수를 제한하고 좋은 교육을 제공하는 것으로 생활수준을 올리려는 바람을 가진 이러한 새로운 심성을 가진 중심은 자본주의의 발전 속에서 생겨난 신중간층의 사람들이었다. 1921년大正 10에 설립된 산아조절연구회의 중심적 담당자였던 이시모토 시즈에石本靜枝는 "'그 이상 어린이가 늘어나면 지금 있는 어린이들을 상급학교에 진학시키지 못한다'고 대답하는 경우가 많았습니다"[13]라고 적고 있다.

신중간층의 사람들은 일본에서 처음으로 국세國勢조사가 실시된 제1차 세계대전 후인 1920년大正 9에는 전인구의 8.5%로 소수였는데 1914년大正 3에는 725,000명에서 1930년昭和 5에는 927,000명으로 증가한다.[14] 이들 신중간층 가족의 성립과 소산소사형 사회로의 출발과는 밀접한 관계에 놓여 있었다.

2. 새로운 부모자식 관계와 '어린이'관

육아서의 변용

신중간층의 가족모습, 아내·어머니의 지위와 자식에 대한 새로운 심성의 성립과는 밀접히 관련되어 있었다. 생산수단을 갖지 않은 신중간

본 1937년), 74·117쪽.

13 가토다 게이코, 「아동보호사업조사」, 사회사업조사회 편, 『전전 일본의 사회사업조사』, 勁草書房, 1983, 66쪽.

14 오하시 다카노리大橋隆憲, 『일본의 계급구성日本の階級構成』, 岩波書店, 1971, 60쪽.

층의 가족은 그때까지 일본의 농업을 비롯한 소생산자층의 가족과는 크게 다르다. 소생산자의 가족에게는 생활의 장이 그대로 노동의 장이었다. 가부장제하에서 가족 전원이 가업에 종사하는 가족이었던 것이다. 이에 비해 신중간층의 가족은 생산과 노동의 장이 분리된 가족이었다.

도다 데이조戸田貞三가 1920년大正 9 국세조사에 기반을 두고 산출한 자료에 따르면 농업(5.44명), 수산업(5.09명)과 비교하여 신중간층(공무자유업 4.16명) 가족의 소규모화를 알 수 있다. 또한 한 가구당 어린이 수도 농업지역인 아오모리青森(2.77명)에 비해 도시인 도쿄의 소산화(1.39명)가 현저하다.[15] 도시 신중간층의 대부분은 부부와 자식으로 이루어진 핵가족을 구성하고 있었음을 알 수 있다.

게다가 이 신중간층의 어린이관을 살펴볼 때 간과할 수 없는 것은 가족이 세대주는 밖에서 일하고 아내는 주부로서 가사와 육아 전반을 담당하는 성별 역할분담의 형태를 띠고 있는 점이다. 이들 주부의 등장을 배경으로 1917년大正 6에 『주부의 벗』이 창간되고 '부인'이라는 말도 널리 사용되기 시작한다. 지금까지의 '이에'와는 전혀 다른 도시중간층 '가정'의 성립은 새로운 부모자식 관계 및 어린이관의 출현을 의미하고 있었다.

새로운 부모자식 관계의 동향은 당시의 육아서, 육아기록 안에서 찾아볼 수 있다.[16] 1916년大正 5부터 1930년昭和 5까지의 시기를 일본에서는 최초의 육아서의 융성기라 하는데 메이지 말년까지의 육아서와 비교해보면 4가지의 새로운 특징을 지닌다.

---

15 도다 데이조, 『가족구성家族構成』, 弘文堂, 1937, 234・245쪽.
16 여기서는 『제국도서관 일한도서관 서명목록帝國圖書館和漢圖書館書名目錄』 및 대일본여자사회교육회大日本女子社會教育會 편, 『가정교육에 관한 참고자료-에도기~쇼와 20년家庭教育に關する參考資料-江戸期~昭和20年』(1966)에 게재되어 있는 육아서를 분석 대상으로 삼았다.

첫 번째 특징은『자기자식의 교육』(1919)・『사랑하는 아이의 예의범절 방법愛兒の躾け方』(1920)이라고 하듯이 '자기자식'・'사랑하는 아이'라는 말로 가득 차 있다. 메이지 말년까지의 육아서 대부분이 '가정'이라는 말을 붙였던 것에 비해 좋은 가정 속의 어린이, '사랑하는 아이'인 '자기자식'에게 쏟는 관심과 기대가 높았음을 알 수 있다.

두 번째 특징은 육아목표를『자식을 현명하게 하기 위해서子供を賢くする爲に』(1924)・『자식을 강하게 하기 위해서子供を強くする爲に』(1925) 등 '현명하게'・'강하게'라는 것에 중점어 두었고, '현명하게'・'강하게' 하기 위한 방법을 서술한『자기자식의 조기교육我が子の早教育』(1917)・『사랑하는 아이의 학력을 발달시키는 궁리愛兒の學力を進むる工夫』(1922)라는 것처럼 자식에게 학력을 다져주는 것을 의식한 가정교육서가 나타났다는 점이다.

세 번째 특징은 이러한 목표나 방법을 가진 육아에 대해『실험 자식 키우는 방법實驗子供の育て方』(1916),『실험응용 자식의 지혜를 다져주는 방법實驗應用子供の知惠のつけ方』(1922),『사랑하는 아이의 멘탈 테스트愛兒のメンタルテスト』(1925) 등 '실험'이나 '테스트'로 파악하는 경향이 드러나는 점이다. 이와 같은 배경에는 이 시기 실험에 기초를 두는 아등심리학의 탄생이 있었다. 그뿐만이 아니다. '실험'이라는 책 제목을 살펴보면 육아가 가정이라는 닫힌 공간 속에서 어린이를 순수배양하는 실험 양상을 드러내는 경향을 엿볼 수 있다.

네 번째 특징은 이 시기 육아서의 새로운 스타일로서 하토야마 하루코와 같은 저명인은 아니지만 육아서에 독자의 육아체험담을 싣는 점이고, 또한 육아에 정열을 쏟는 사람들이 확대되었음을 엿볼 수 있다.

이들 육아서의 주요 집필자는 의사・심리학자・교육학자이고 육아체험담의 집필자는 주로 신중간층의 부모들이었다. 의사는 주로 '합리적'・

'과학적' 육아법을 설파하고, 민중들 사이에서 전해지는 육아에 대한 지혜는 '여러 가지 과오'·'불이익의 방법이 많다'며 이를 물리치고, 그와 동시에 그 담당자인 조부모가 육아에 관여하는 것도 단절시킨다. 그 대신 시간을 정해놓은 수유, 조기 이유식, 조기 배설 예절, 곁에서 잠자기, 업어주기 금지 등을 설파한다. 이 육아법이 신중간층의 어머니들에게 다대한 영향을 미쳤음을 어머니들의 육아체험담 속에서 읽어낼 수 있을 것이다.

'갓난아기전람회'의 기록

육아체험담의 하나로 『갓난아기 연구赤ん坊の研究』(1918)[17](〈그림 20〉)가 있다. 이것은 1913년大正 2부터 1918년까지 제국소학교에서 열린 갓난아기전람회에서 「당선자 어머니의 육아고심담」을 모은 것이다. 갓난아기전람회는 메이지 말기 세 개의 신학교 중의 하나인 제국소학교의 설립자이자 어린이 권리의 주창자이기도 한 니시야마 데쓰하루西山哲治가 서구에서 배워 창시한 것이다.

이후 관동 지방을 비롯하여 '홋카이도北海道, 만주滿州, 규슈九州, 신슈信州, 오카야마' 등지에서도 개최된다. 심사를 받은 갓난아기 부모의 직업이 명기되어 있는 제2·4·5회의 직업별 분류는 〈표 7〉과 같다. 신중간층의 부모가 39.3%, 구중간층의 부모가 35.0%로 다수를 차지하고 육아에 경쟁적인 중간층 부모들의 기대감이 고조되었음을 말해준다.

---

17 니시야마 데쓰하루, 『갓난아기 연구』, 南北社出版部, 1918, 오차노미즈여자대학 여성문화자료관 소장.

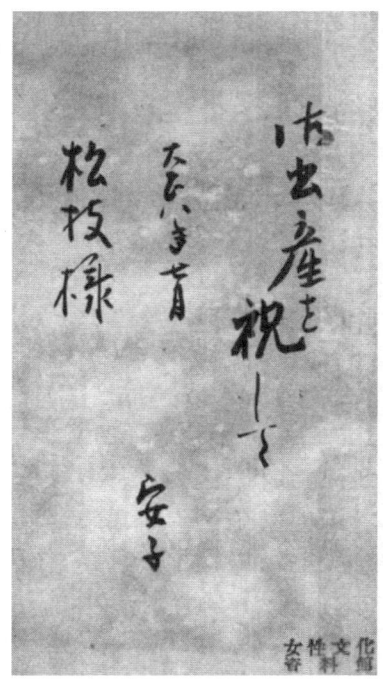

① 『갓난아기 연구』 속표지의 사인
"출산을 축하하며 1919년 7월 야스코安子가
마쓰에松枝 씨에게." 이 책이 출산축하기념으로
여성이 여성에게 건네는 것을 나타내는 귀중한 사인

② 당선자들의 아기

육아체험담을 기술하는 '당사자인 어머니'는 모두 50명이었다. 그러나 거기에는 어머니 자신의 이름을 적지 않고 예를 들어 '곤코 도루金光亨의 어머니' 등 모두 '누구누구의 어머니'라고 되어 있는 것이 눈에 띈다. 직업을 명기한 자는 25명(상인 8명, 회사원, 군인 각 3명, 목재상, 화가 각 2명, 화족, 재봉업, 직물직, 이발, 시계, 자수, 철도 각 1명)이다. 그중 14명이 신중간층, 10명이 구중간층에 속한다.[18] 또한 50명 중 42명이 도쿄부에 살고

---

18   이 계층구분은 오하시 다카노리, 앞의 책, 1971에 의한다.

직업	인명수	%
회사원(교원, 의사, 관리, 군인, 신문기자, 출판업)	354명	36.3
실업가(상업 및 공업)	341명	35.0
노동자(직공, 운전수)	80명	8.2
저술업, 자유업	30명	3.0
농업	9명	
화족	2명	
무직 또는 미상	158명	16.2
합계	974명	

있는데 여기서 서술된 육아체험담은 주로 도시중간층 어머니의 육아태도를 나타내는 것이라고 볼 수 있다.

육아체험담에서 눈에 띄는 것은 '우량아'를 키울 수 있는 큰 요인으로서 '어머니 혼자의 힘으로' · '나 혼자의 힘으로' · '어린아이에 관한 일은 모두 나 자신이 한다'는 것을 어머니들이 강조하고 있는 점이다. 이는 어머니 혼자의 힘으로 육아를 맡는 것이 다양한 육아의 뒤틀림과 육아불안을 낳는 요인으로서 문제시되고 있는 현대 우리들의 입장에서 보면 오히려 기이하게조차 느껴진다. 그렇다면 어머니들은 왜 자신 '혼자의 힘으로' 키우는 것을 강조했던 것일까. 그것은 그때까지의 어머니들 모습과 관련되어 있었다.

1890년대부터 1900년대의 커뮤니케이션 · 미디어, 특히 『여학잡지』(1885년 창간), 『부인과 어린이』(1901년 창간) 등 새로운 여성상의 계몽으로 큰 영향을 가진 잡지에서는 중류 이상의 어머니들이 자식을 유모, 하녀, 아이 돌보는 사람들에게 맡기고 자신의 힘으로 자식을 키우지 않는 것을 비판하고 있었다. 이들 잡지에서는 "중류 이상의 가정에서는 그 자식을 (…

---

19 『갓난아기 연구』에 수록된 갓난아기전람회의 통계표에서 작성했다. 이 분류방법은 『갓난아기 연구』 분류방법에 의한다.

중략…) 유모 혹은 하녀에게 일임"하거나 "하녀를 어린아이의 상대로 두는 경우가 많다"며 그 비판은 어머니 스스로가 자식을 키우지 않는 것, 그리고 유모, 시중드는 사람, 아이 돌보는 사람 등 '육아에 관한 지식조차 전혀 없는' 자들에게 맡기는 것으로 경도되고 있었다.[20]

　그러한 비판의 내용을 잘 생각해보면 약 10년 후에 발표된 『갓난아기 연구』에서 어머니들이 '어머니 혼자의 힘으로'라는 것을 일부러 강조하는 것도 이해할 수 있을 것이다. 그것은 새로운 육아모습이었고 육아가 어머니 혼자 힘으로 이루어질 수밖에 없는 이유는 육아를 '과학적'으로 실시하기 위해서였다. 육아체험담에는 육아서의 충실한 실행모습이 자랑스럽게 전해지고 있다. 그중에는 어머니를 중심으로 '남편도 다 같이'・'집안 내에서 기른다'는 발언도 게재되어 있다. 여기에는 육아가 '집안 내'에서 = 가족의 개인적인 일로서 부부의 큰 관심사로 여겨지는 모습을 엿볼 수 있다.

　게다가 '어머니 혼자의 힘으로'라는 과학적 육아는 "가능한 한 가정부의 손을 빌리지 않고 어머니인 내가 자식의 희생이 되어"라며 어머니의 '희생'을 미화하고 있는 점에 주목할 필요가 있다. 어머니들은 '과학적' 육아법을 제창하는 육아서처럼 '모유로 키웠다.' 게다가 거기에는 '시간을 정해서 수유'했다고 적고 있다.[21] 데이비드 노터David M. Notter는 육아가 어머니의 희생하에 어머니와 자식만의 공간에서 행해지는 일로, 또한 '시간을 정한 규칙적인 수유' 등 새로운 '과학적' 육아법의 보급에 따라 육아가 '일상 세계에서 동떨어진 의례행위'가 되는 것을 통해 '모

20　후미코ふみ子의 「어린아이를 돌보는 사람의 감정에 대하여」(『부인과 어린이』 3권 5호, 1903.5)・「가정보모 양성의 필요성」, 『부인과 어린이』 1권 1호, 1901.1 등.

21　사와야마 미카코, 「근대 일본의 '도성' 강조와 그 의미」, 인간문화연구회 편, 『여성과 문화—사회・모성・역사』, 白馬出版, 1979.

성·모성애의 신성화가 일어났다고 생각된다'고 지적하고 있다.[22]

　'갓난아기전람회'의 개최는 일본의 높은 유아사망률 아래에서 그것을 어떻게 해야만 '젖먹이를 얻을까'라는 '우종학'의 발상에 따른 것이었다. 심사에서는 '우량한 갓난아기'를 얻기 위한 조건으로서 부모의 체중·직업·연령·출산상황, 몇 번째 아이인지까지 면밀히 조사한다. 우생학은 이후 각광을 받는 학문이 되었는데 1926년에 『우생운동優生運動』(일본우생운동협회)이라는 잡지가 발간되어 "날개 돋친 듯 팔려나갔다"[23]고 한다. 갓난아기전람회는 그 기선을 잡은 시도였다. 또한 거기에는 신중간층에 의해 지지받던 신학교의 창시자인 니시야마가 동시에 갓난아기전람회의 창시자이기도 하다는 아주 흥미로운 일치성을 엿볼 수 있다.

3. 보호받는 어린이

보호와 관리의 대상 어린이

　전람회의 출품물로서 심사의 대상이 되는 갓난아기들은 자기회복력과 자기형성력을 가진 어린이라기보다도 어머니에 의해 성장을 보호받

22　데이비드 노터, 『순결의 근대 — 근대가족과 친밀성의 비교사회학』, 慶應義塾大學出版會, 2007, 160~162쪽.

23　나카우치 도시오, 「'신학교'의 사회사」, 편집위원회編集委員會 편, 『총서 산육과 교육의 사회사 제5권 — 국가의 교사 민중의 교사叢書 産育と敎育の社會史 第5巻 — 國家の敎師民衆の敎師』, 新評論, 1985, 89쪽.

고 관리되는 대상으로 취급되었다. 이러한 어린이관은 어린이의 사망에 대한 태도에서도 현저하게 드러난다. 그것은 다산다사 아래에서 부모들이 자식의 죽음을 거역할 수 없는 자연의 운명으로 슬프지만 포기하고 있었던 것과 비교할 때 그 차이가 분명해진다.

예를 들면 전후가 되었어도 여전히 유아사망률이 높았던 이와테岩手현에서는 갓난아기의 사망을 '물건(가죽만 있지 내용이 없는 쌀겨)을 만들어버렸'며 작물이 마르는 것과 같은 말로 표현했다고 한다.[24] 그러나 육아체험담을 말하는 부모들에게 갓난아기의 죽음은 부모의 책임으로서 부모의 부주의, 늦은 발견, 실패로 간주된다.

1927년昭和 2 '오카야마현 아동애호연맹'이 모집한 육아체험담에는 '육아에 대해 아무런 경험도 갖지 않은 우리 둘만의 생활이기 때문에' 현縣 사회과에서 『갓난아기 키우는 방법』의 팸플릿을 받고, '문화적 · 합리적인 육아법을 위해 노력한' 부부가 '부주의'로 인해 사랑하는 아이를 잃은 경험을 전하고 있다. 한편 '칠삭둥이를' · '책에서 본 인공호흡을 생각' · '참으로 책 덕분'에 얻은 경험이 서술되어 있다.[25] 여기서 이야기되는 것은 다산다사 아래 죽게 만들 수밖에 없었던 부모들의 체념과 무력감과는 질이 다른 감정이다.

그 밖에 육아체험담의 기록. 예를 들면 도쿄시 사회과에 의한 『사랑하는 아이의 예의범절과 육아』(1924)에서 131가지의 예가 '착하게' · '건강하게 키운 실례' · '예의범절을 그르친 실례' 등 성공과 실패로 분류하

---

24 오무라 료大牟羅良, 『말하지 않는 농민もの言わぬ農民』, 岩波書店, 1958, 102쪽.
25 하마다 기시노濱田喜志乃의 「육아의 고심」과 시게루しげる의 「미야모우더宮詣で 날에 사랑하는 아이를 잃은 경험」, 이 두 개의 육아체험담이 『연대시보連帯時報』(7권 7호, 1927.7)의 '육아경험담 2등 당선'으로 게재되어 있다.

여 다루어지고 있는 것도 마찬가지로, 이 시기의 육아관에 바탕을 두고 있었던 것이다. 육아라는 것이 말 그대로 '전람회' 양상을 띤 것으로 부모에 의한 육아 경쟁 도식 속에서 이를 파악할 수 있다. 게다가 성공 속에는 자식을 '제국대학'이나 '고등공업'에 입학시킨 학력사회에서의 성공이 포함되어 있다.

『호치신문報知新聞』이 모집한 「실험 어린이의 예의범절 방법」[26]에는 '1,000통 남짓 보내져온 글들 중에서 80편'이 선택되었다고 한다. 여기에서도 당시 도시의 신중간층 사람들이 육아에 쏟는 관심이 얼마나 강력했는지를 읽어낼 수 있을 것이다.

모순된 어린이관

육아체험담에는 그들의 어린이관, 가정상, 교육계획이 전해진다. 그 어린이들은 '신성神性'·'선성善性을 가진 천진난만한 어린이', '어른 세계와는 전혀 동떨어진 어린이의 독립세계'를 가진 존재로 파악된다. 또한 '어린이에게는 반드시 적합한 교육을 시키고 싶다'·'어떻게 해서든지 좋은 성적을 거두게 하고 싶다'는 부모의 소망이 전해진다. 한편으로는 '동심'을 가진 어린이를 '꾸짖지 않고 기른 체험'·'자유방임주의로 키운 실험'이 전해지고, 다른 한편으로는 그 교육에 대한 관심에서 촉발된 '조기교육을 실시한 실험'이 전해진다.

앞에서 서술한 '오카야마현 아동애호연맹'이 모집한 '육아표어'에서 1등

---

26 호치신문사가정부報知新聞社家庭部 편, 『실험 어린이의 예의범절 방법』, 大明堂書店, 1924.

을 차지한 것은 '용서하지 말라, 제멋대로인 행동을, 존중해라, 자유를'이었고, 2등은 '때려서 삐뚤어지게 하지 말고 가르쳐서 신장시켜라'였음을 생각할 때 육아체험담에는 당시 신중간층의 어린이관이 가진 모순이 드러나 있다. 거기에는 순진무구함의 유지＝아동기의 유지와 교육에 의한 무지나 연약함의 극복＝아동기로부터의 이탈이라는 모순이 존재했다.

아리에스에 의하면 이 모순은 "20세기 인간에게만 존재하는"[27] 근대의 어린이관이 내포한 모순이었다. '영재교육'・'조기교육'을 설파하는 가정교육서의 등장은 신중간층의 이러한 어린이관을 배경으로 하고 있었는데 그것은 신중간층이라는 사회적 지위에서 뿌리를 내린 것이었다.

공동체를 이탈하여 도시에서 가족을 형성한 신중간층은 토지와 혈연이 아닌 학력에 의해 생활을 개척하려는 생활계획을 갖고 있었다. 특히 이 시기는 구직조건에 학력을 명기하게 했고 봉급생활자의 임금이 학력에 따라 명확한 차이를 보이는 시기이기도 했다.[28] 가업계승자와 가족노동력의 육성, 혹은 모든 어린이를 자립할 수 있게 키워낸다는 '이에'와 공동체의 교육목표에서 일단 해방된 어린이들의 교육목표는 가족의 내부에 가둬진 것처럼 보이지만, 사실은 학력사회의 출현이라는 사회적 배경에 의해 규정된 것이었다.

좋은 교육을 받게 하는 것이 사회에서 지위를 획득하는 수단으로 간주되었다. 야나기타 구니오는 이러한 의식을 파악하여 "자식의 행복한 장래라는 것이 가장 중요한 가정의 과제가 되었다"[29]고 말했던 것이다. 가계부

27 필립 아리에스, 스기야마 미쓰노부・스기야마 미에코杉山美惠子 역, 『'아동'의 탄생―구체제기의 어린이와 가족생활アンシァン・レジーム期の子供と家族生活』, みすず書房, 1980.

28 미나미 히로시 편, 『다이쇼문화』, 勁草書房, 1965, 193쪽.

29 야나기타 구니오, 『메이지・다이쇼사―세태편』, 講談社學術文庫, 1993(1967), 301쪽.

의 비목 속에 교육비가 등장하는 것도 바로 이 시기이다. 월수입 34엔으로 사이타마에 사는 지위가 낮은 관리의 아내는 다음과 같이 적고 있다.

우리들은 특별히 이렇다 할 만큼의 재산은 없습니다만 자식에게만은 많이 남겨 주고 싶다고 생각해서 출생당시부터 1엔씩 저금하고 있습니다.[30]

자식의 장래에 대한 기대

이 시기 교육학자와 심리학자에 의해 '모성애'에 큰 의미를 인정하는 모성애론이 설파된다(제2부 제4장). 모성애론에는 성性을 가진 생물계 일반의 수컷과 암컷의 생리적 차이를 근거로 여성의 역할은 "자식을 낳아 어머니가 되는 것이다"·"어머니는 자식 이외에는 아무것도 없다"고 논한다. 모성애론은 판을 거듭하며 퍼져나갔고 어머니들의 애독서가 되었는데, 그 이유는 모성애론이 당시의 어머니들에게 자신의 육아에 대한 권한을 높이는 점에서 매력적이었기 때문이다.

그러나 모성애론의 담당자인 어머니가 사회로부터 폐쇄된 가정 안에서 주인공이었던 것은 반대로 어린이 위치를 규정짓게 한다. 어린이는 사회로부터 격리된 가정 안에서 보호라는 이름하에 주의 깊게 관리 당하는 존재가 되었던 것이다.

모성애론에 설파된 어머니상이 어머니 자신들에 의한 구현화라고 할 만한 주부의 육아일기가 1917년大正 6 심리학자인 다카시마 헤이사부로高

---

30 『주부의 벗』 제1권 제3호, 1917.

島平三郎가 서문을 써서 출판된다. 교원의 아내인 시바사키 유紫崎ゆう의
『자기자식의 성장 과정, 애무 8년我が兒の生ひ立ち 愛撫八年』[31]이 그것이다.
육아일기의 집필자가 1910년대에는 아버지에서 어머니로 전환되었음을
앞에서도 언급했는데(제1부 제4장), 그러한 육아일기의 집필자가 어머니
들로 확대되는 배경을 안고 출판되었을 것이다. 다카시마 헤이사부로의
"아동의 실생활을 (···중략···) 기록한 것은 종래 거의 발견되지 않는다"는
서문을 살펴보면, 이 저서가 어머니의 손으로 자식의 실제생활을 기록한
육아일기의 지극히 초기 출판물이었음을 추측할 수 있을 것이다.

　시바사키가 쓴 육아일기의 특징은 농후한 자기자식 의식과 "부모의
예의범절 교육으로 자식은 달라진다"는 자신의 육아에 대한 강한 자신
감에 있었다. 그 육아는 '가정' 안의 어머니와 자식의 세계라는 틀 내에
서 처리되고 지역 사람들은 거의 등장하지 않는다. 어머니의 시선은 오
직 자식에게만 집중된다. 그 시선은 섬세하고 성장 마디마디에서 자식
의 동작이나 놀이, 유아어가 자세하게 기록되어 있었다(〈그림 21〉).

〈그림 21〉 어머니가 그린 그림, 5살의 자기자식[32]

31　시바사키 유, 『자기자식의 성장 과정, 애무 8년』, 廣文堂, 1917.
32　위의 책.

다음으로 예로 드는 것은 그 '아이'가 3살 때 모모타로桃太郞 노래를 부른 것에 대한 기록이다.

복숭아에서 태어난 모모타로는 아장아장 걸으면서도 힘이 강하다. 오니가 시마鬼ヶ島를 정벌하러 제일 먼저 집을 나선다.

자식이 흥얼거리는 목소리로 노래를 부르는 모습에 대한 완벽한 재현이다. 오늘날과 같은 녹음기구도 없는 시대에 자식의 혀 짧은 노래를 이만큼 충실히 종이 위에 적은 노력은 실로 놀랄만하다. 이것만으로도 어머니가 얼마나 육아에 열의를 쏟고 있었는지가 느껴진다. 또한 "이제 걸으려고 하는 것 같다. 빨리 걸었으면 좋겠다. 정월이 될 때까지 걸을 지 모르겠다"라는 자식의 신체발달에 대한 기대가 이야기된다.

어머니의 시선은 자식이 '둘도 없이 귀엽고' 사랑스러움과 동시에 '건 방짐'·'훌륭함'이라고 어른이 말하는 것 같은 조숙한 태도가 자식의 비범함으로 이야기된다. 여기서 엿볼 수 있는 것은 공동체의 튀지 않는 보통인 존재·평범한 자식의 육성을 교육목적으로 삼고 있던 민중과는 크게 다른 의식이다. 이 어머니는 자신과는 계층이 다른 남의 자식에게 '귀여운 데가 없다'·'시골뜨기'라는 민중의식을 노골적으로 서술하고 있다. 이러한 의식과 자기자식을 보통 이상의 아이로 키우고 싶다는 교육의식이 연결되어간 것이다.

이 '사랑하는 아이'에게 연령에 따라 다른 장난감을 사줄 뿐만 아니라, '자식에게 많은 장난감을 한꺼번에 사주는 것은 매우 좋지 않은 일'이기 때문에 '내일부터는 여러 가지 바꾸어가며 줄 것이다'라는 교육적 배려하에 놓여진다. 여기에 있는 것 역시 보통 이상의 자식으로 키우고 싶다는 어머니의 소망이다. 육아일기를 쓰는 어머니의 바람은 '자식의 장래를 위해서'라고 적고 있다. 이처럼 자식은 장래 보통 이상의 어른이 될 수 있는 인간인지 아닌지 그 상태를 늘 주시당하는 존재가 되었던 것이다.

4. 동심주의 어린이관의 실상

『빨간 새』와 동심주의 어린이관

시바사키 유의 육아일기가 출판된 이듬해인 1918년 '세속적이고 상스러운 어린이의 읽을거리를 배제하고 어린이의 순정을 보전개발하기' 위해 어린이 취향의 잡지로서 『빨간 새』가 등장한다. 『빨간 새』의 어린이관은 일반적으로 동심주의 어린이관이라 일컬어지지만, 동심을 가진 어린이에 대한 착안은 일본의 현실사회에 대한 비판·불만과 연결되는 한편, 완약腕弱하고 도피적 경향을 내포하고 있었다.[33]

『빨간 새』의 중요한 지지자는 아동시兒童詩 운동을 적극적으로 지지하며 '자유교육'을 실시한 '신학교' 교사들과 '신학교' 지지자인 신중간층의 부모들, 그리고 아이들이었다. 원래 그 직접적인 지지자들 속에 어린이들까지 포함하는 것은 적합하지 않을지도 모른다. 왜냐하면 『빨간 새』의 특징 중 하나는 부모나 어른의 손으로 어린이들에게 건네주는

---

[33] 요코쓰카 가오루 편, 『근대 일본 교육논집 — 아동관의 전개』, 國土社, 1969, 23쪽.

잡지[34]였기 때문이다.

이것은 신중간층의 부모들로부터는 품위 없는 그것이야말로 '세속적이고 상스러운 어린이의 읽을거리'라고 간주된『소년구락부少年俱樂部』가 어린이들로부터 환영받고, 직접 어린이의 손으로 구매하고 있어 많은 소년들이 "영혼을 빼앗기고 있다"[35]는 것과는 대조적이다. 『빨간 새』는 어린이보다 오히려 부모인 신중간층의 사람들에 의해 어린이에게 적합한 문화재로 간주되었던 것이다.

그렇다면『빨간 새』의 집필자와 독자가 공유하고 있었던 동심주의 어린이관이란 과연 어떠한 것이었을까.『빨간 새』의 지지자였던 두 어머니의 육아를 통해 살펴보기로 하자.

두 명의 어머니 — 노가미 야에코와 도미모토 이치에

여기서『빨간 새』의 지지자로서 예로 드는 것은 노가미 야에코野上弥生子와 도미모토 이치에富本一枝이다. 야에코는『빨간 새』의 매우 적은 여성집필자 중의 한 사람이었다. 그녀는 대학교 교원인 남편과 세 명의 자식으로 구성된 가정을 이루고 있었다. 그 세 명의 자식들 사이에서 "새로운 시민관계를 창출하고 이것을 윤리적으로 정착시키려고 힘쓴 근대 시민의식의 소유자"[36]였다. 한편 이치에는 젊었을 때『청탑』에 관여하며 자

---

34 이노쿠마 요코猪熊葉子 외편,『강좌 일본 아동문학講座日本兒童文學』제2권, 明治書院, 1974, 84쪽.

35 가와하라 가즈에河原和枝,『어린이관의 근대 —『빨간 새』와 '동심'의 이상子ども觀の近代 —『赤い鳥』と'童心'の理想』, 中公新書, 1998, 110쪽.

36 일본근대문학관日本近代文學館 편,『일본 근대문학 대사전日本近代文學大事典』제3권, 講談社, 1977, 26쪽.

아실현을 지향했다. 그런데 이치에
는 도예가인 도미모토 겐키치富本憲
吉의 아내가 된 뒤부터는 남편과 자
식이 있는 가정주부로서 나날을 보
내게 되었고, 라이초로부터 "육아에
열성적이고 매우 세심한 주의를 기울
이는 분이다"[37]라는 평가를 받았다.

야에코는 『빨간 새』의 집필자이
고 도미모토는 그 독자였는데 전자
는 소설형태이고 후자는 육아일기의
형태로 모두 주부로서 육아에 관계
되는 나날의 모습과 자식에 대한 감
정을 드러내주었다. 노가미는 장남

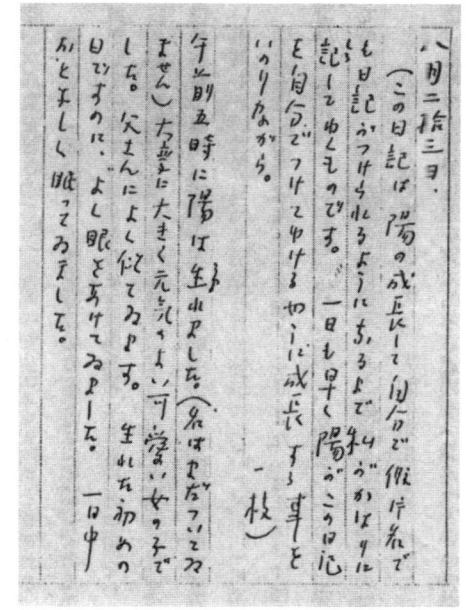

〈그림 22〉 『요우초』, 1915, 1쪽(도미모토 겐키치 기념관 소장)

1910년생, 차남1913년생, 삼남1918년생
을 모델로 일련의 작품을 남겼고, 이치에는 장녀의 탄생1915년 이후 『요우
초陽帳』(〈그림 22〉)라는 이름을 붙인 노트 4권에 달하는 육아일기를 남겼다.

야에코는 메이지여학교의 졸업생으로서 '조금 도와주는' 정도였지만
『청탑』의 사원이었다. 마찬가지로 이치에 역시 『청탑』의 사원이었으며
젊은 시절에는 신여성으로서 자아실현에의 요구를 주장했던 여성들이
었다. 육아에 관한 기록은 여성들의 근대적인 자아정체성의 요구와 어린
이관의 관계를 살펴보는 데에도 아주 흥미로운 자료이다.

두 사람의 어린이관에서 눈에 띄는 것은 신생아가 약하게 태어났기 때

---

37   히라쓰카 라이초, 「어느 어머니의 편지 — 도미모토 이치에 씨에게」, 『히라쓰카 라이초
      저작집』 제4권, 大月書店, 1983d, 54쪽.

문에 특별히 발달가능성을 지닌 존재로 파악하고 그 약한 신생아를 길러 내는 과정을 '발달'이라는 말을 사용하며 이야기하고 있는 점이다.

교묘하게 만들어져 있는 모든 기관이 지금 지극히 유치하고 우둔하며 당면한 생활에 필요한 것만 얻을 수밖에 없음을 생각할 때 창조자의 주도한 주의심이나 원대한 계획에 새로운 놀라움을 느꼈습니다. 만약 이 완성된 계획의 초보적 모든 기관에 장래 바람직한 발달이 처음부터 갖추어지고 예민한 관리능력에 눈떠 있었으면 태어남과 동시에 광인이 되는 어린이가 있을지도 모릅니다. (…중략…) 다만 긴 세월 동안 당연히 (…중략…) 가르치지 않으면 안 되는 것입니다.[38]

어린이를 발달가능성으로 보는 견해가 야에코에게는 "인간계의 모든 지식, 사상의 흡수에 준비되어 있는 '신비한 작은 창고'" 혹은 "모든 종자가 깊이 잠들어 있는 작은 혼돈 지역"으로 표현되고, 이치에에게는 "처음에는 모두 아름답고 순하고 소중하고 투명한 것"·"좋은 싹"·"싹틈"이라고 표현된다.

어린이를 가능성으로 파악하는 의식은 한편으로는 "낳는 자보다도 훌륭하고 좋은 인간이어야 한다"는 다음세대의 어린이에 대한 기대와, "어린이에게는 어린이 세계가 있고 도덕이 있고 논리가 있다"는 어린이 고유의 세계에 대한 의식이 관련되어 있다. 또한 획일적인 학교교육이 아니라 "한 그루 한 그루의 나무를 존중하고 그 싹에 따라 각각 특수한 손질을 해주는" 보다 좋은 교육에 대한 요구로 나타난다.

---

38 노가미 야에코, 「작은 형제」, 『노가미 야에코 전집野上弥生子全集』 제3권, 岩波書店, 1980(1925).

그러나 보다 좋은 교육에 대한 요구는 현실적으로 야에코의 경우에는 '격리법'으로, 이치에의 경우에는 '늘 약간의 짬도 없이 요우짱을 지켜보는' 육아법으로 결실을 맺는다. 그렇다면 그녀들의 보다 좋은 교육에 대한 요구가 어째서 약간의 틈도 없는 격리형태를 띤 것일까. 그 이유는 그녀들의 사회관, 어린이관에 있었다.

순진무구한 동심의 수호자

그녀들은 속악한 사회로부터 어린이를 지키지 않으면 안 된다고 생각했는데 속악한 사회란 실은 자신들 신중간층과는 다른 민중사회였다. 야에코는 "우리 집 생활과는 다른 생활, 다른 사상, 다른 언어와는 가능한 한 접촉시킬 수 없다"고 서술하고 있다. 그녀에게 '아름다운 말'이란 자신들이 속하는 신중간층 사회에서 선이라고 되어 있는 말이었다. 그것은 동시에 그녀들이 민중의 어린이 사회로부터도 자식을 지키지 않으면 안 된다는 의식이 존재하고 있었음을 드러낸다. 민중의 어린이들은 유아기부터 어른들의 노동생활 속에 편입되어 생활의 때가 묻어 순수하지 않은 어린이들이었다.

야에코는 근처의 하청업자, 정원사, 공사장에 통근하는 사람들의 어린이들과 그 무리를 '나쁜 아이'·'검고 지저분한 아이'·'처치 곤란한 장난꾸러기'·'직인계급 가정의 (…중략…) 지극히 무례하고 거친' 말 등은 '결점'이라고 서술한다. 이치에도 자식을 근처 어린이들로부터 격리시킨다. 라이초는 그러한 이치에에게 "훨씬 자유롭게 마을 어린이들과 접촉시켜 본다면"이라고 의구심을 던졌고 "모든 점에서 충분한 혜택을 받고 있는 행복한 어린이들이지만, 한 가지 부족한 것은 함께 놀 수 있는 또래 친구들을 갖지 못한 점"이라고 논한다.

이러한 어린이관은 야에코나 이치에뿐만이 아니었다. 어린이를 순진무구한 동심의 수호자로 여기는 신중간층의 사람들에게 널리 공유된 어린이관이었다. 예를 들면 『사랑하는 아이의 예의범절과 육아愛兒の躾と育て』에서는 자식을 제국대학에 입학시킨 경험을 이야기하는 어머니가 있는데, 어머니는 "집에 와서는 집 근처 어린이들과 놀게 하지 않았다"고 서술한다. 그것은 "토착 어린이들은 여하튼 못된 장난을 하는 버릇이 있기" 때문이라고 한다. 또한 고등공업학교에 자식을 입학시킨 어머니는 "근처에 사는 동년배 어린이들을 친구로 다수 받아들여 환영"했지만 "어머니와 아이 돌보는 사람의 허락을 받고 사이좋게 놀게 했다"[39]고 적고 있다.

여기서는 어른들이 가진 어린이관의 이중성이 드러난다. 그들이 '천진난만' · '신성' · '선성'을 가지고 숭배하는 어린이는 어른의 생활 속에서 '토착'의 공동체 속에 사는 민중의 어린이가 아니다. 그들이 말하는 '순진무구'한 어린이 속에는 민중의 어린이도, 그리고 살아있는 토착적 언어도 들어있지 않다. 그러한 의미에서 '동심'주의 어린이관이란 부르주아 아동의 발견, 즉 부르주아적인 의미에서의 아동의 발견이었던 것이다.

사회로부터 격리되어 보호받는 가정이라는 틀 속에서 자라는 어린이들은 어른과 자주 지내기 때문에 조숙한 태도를 발휘한다. 게다가 기록을 살펴보면 그것들은 부모가 마음에 들어 하는 행동들이었다. 작문 교사인 무라야마 슌타로村山俊太郎는 『빨간 새』를 지지한 신중간층의 가정

39　도쿄시사회교육과東京市社會教育課, 『사랑하는 아이의 예의범절과 육아』, 實業之日本社, 1924, 253~255쪽.

교육을 "자유주의 조기교육 또는 천재교육"[40]이라고 비판했다.

이치에는 장녀 요우陽가 갓난아기였던 시절에 육아서를 손에서 떼지 않고 육아에 집중하는 조기교육을 실시한다. 요우는 몬테소리montessori 의 읽기교수법으로 만 2년 6개월 만에 가타카나를 전부 읽을 수 있게 되었고 취학연령이 되었을 때에는 "산수 등은 1학년 (…중략…) 국어실력 은 3, 4학년에 달했다." 한편 야에코는 6살 때 가타카나라면 무엇이든 읽을 수 있었고 "서양의 훌륭한 사상가라면 누구든지 알고 있는" 장남 으로서의 조숙한 태도를 보여주었고, "어머님, 저는 이제 북太鼓을 연주 하는 세대가 아니에요"라며 '자기주장을 하는 나이가 된 것'처럼 말하고 '살짝 미소'짓는다.

동심을 찬미하는 어머니가 동시에 보다 좋은 교육을 찾으려는 조기 교육의 담당자이기도 했다는 이중성을 우리들은 여기에서도 직면하게 된다. 라이초는 "요우짱의 건방진 태도나 애어른 같은 모습"이라고 말 하고, "자기 힘으로 자란 어린이들의 생활"·"새로운 생명 그 자체가 가 진 자연의 위대한 성장력을 믿어야만 한다"[41]며 이치에의 육아를 비판 했다. 발달 과정에 대한 착목이라는 점에서는 주목할 만한 이치에의 어 린이관이었다. 그렇지만 이치에에게는 어린이를 둘러싼 사회나 민중 의 어린이에 대한 신뢰가 결여되어 있었다. 따라서 라이초가 비판한 것 처럼 어린이를 사회로부터 격리시켜 예의범절을 가르치는 육아교육 쪽 으로 귀착해버렸다고 말할 수 있을 것이다.

---

40 무라야마 슌타로, 「옥중에서 온 편지」, 『무라야마 슌타로 저작집村山俊太郞著作集』 제3 권, 百合出版, 1978, 277쪽.

41 히라쓰카 라이초, 「한 어머니의 편지 — 도미모토 이치에 씨에게」, 앞의 책, 1983d.

고독한 어린이들 ─ 요우와 소이치

마지막으로 야에코와 이치에의 두 명의 자식이 자신의 교육방법에 대해 회상한 말들을 예로 들어보자. 요우는 "울타리가 두꺼우면 두꺼울수록 바람이 잘 통하지 않겠지요"라고 어린 시절을 회상한다. 그리고 어린이 동료들로부터 격리되어 '우리들의 작은 학교'라고 부르는 가족교육의 울타리 속에서 '고독한 학생'으

〈그림23〉 모미모토 아치에와 요우, 도우陶, 소가치仕苫[42]

로 지냈던 것이 '색깔 짙은 편향성을 갖게 했다'고 한다〈그림 23〉.

또한 노가미의 장녀인 소이치素一가 "무조건적으로 읽는 것을 허락받은 것은 『빨간 새』정도였다"고 후년에 서술하고 있다.[43] 소설 속에서 그는 집 근처의 어린이들이 어른으로부터 방임된 '자유' 그것을 부러워하고 있었다. 그러나 차츰 '그 거친 행동이나 무지함'에 대해 '자신의 섬세한 성정性情이 불쾌함을 느껴' 그 어린이들과는 어울리지 않게 되었고, 그림을 그리는 것으로 즐거움을 찾게 된다.[44] 그녀 역시 고독한 어린이였다〈그림 24〉.

여기서는 어린이의 순진무구함을 중시하고 더럽혀진 세속적 사회와 거기에 살고 있는 민중의 어린이로부터 격리되는 그녀들의 육아가 어린이의 고독과 선이 가는 허약함을 낳게 된 것이 드러나 있다.

---

42 다카이 요우高井陽・오리이 미나코折井美那子, 『엉겅퀴 菊薊の花』, ドメス出版, 1985.

43 노가미 소이치野上素一, 「어머니의 옆모습」, 『부인의 벗』 1월호, 1962.

44 노가미 야에코, 「작은 형제」, 앞의 책, 1980(1925).

그러나 야에코는 그 모순을 깨닫고 있었다. 그녀는 "사상상 평민주의와 실행상 귀족주의의 모순"이, 특히 '어린이들의 교육상'에 드러난다고 적고 있다. 관념적으로는 '평민주의'를 이해하고 자아실현에 대한 소망을 가진 그녀들이었다. 그러나 그 자아실현은 사회와의 관계 속에서 수행되는 자아실현이 아니라 어디까지나 개인적 정신의 자아실현이었다. 이치에는 요우도 이미 어머니가 된 1938년昭和 13 자신의 육아를 회상하며

〈그림 24〉 노가미 야에코와 소이치
(『노가미 야에코 전집』 제2권, 1980)

"자신의 생활, 자신의 가치를 절대적인 것으로 여기는 개인주의에 뿌리박혀" 어린이들에게 '과감하게 이상적인 교육을 해' 왔는데, 그것이 어린이들에게는 '적막감'이었음을 '알지 못했다'[45]고 자계의 말을 적었다.

---

45   도미모토 이치에, 「내일의 어린 나무—딸에서 손자로」, 『부인공론』, 1938.9.

제3장 '교육에 대한 정열'의 구조

적게 낳아 '잘 기른다'

1. 역사 속의 교육가족

보통 이상으로

1921년大正 10에 간행된 『자식 기르는 법子供の育て方』(오사카마이니치신문사大阪毎日新聞社 편)이라고 제목을 붙인 육아서에 실린 〈아동교양 숫자풀이 노래兒童敎養かぞえ歌〉의 서두부분에는 아래와 같이 적혀 있다.

한 명을 낳아 일반 보통아이와는 다르게 키우고 또 키워라. 부모의 임무에 최선을 다하라. 이를 잘 수행하라.

작자는 다이쇼기에 만들어진 신학교 중의 하나인 아시야芦屋 아동 마을 소학교[1]의 학교의사이기도 했던 산다야 히라쿠三田谷啓(1991~1962)[2]이다.

여기서 '보통'이라는 말은 앞에서 살펴본 공동체의 육아목표이기도 했던 평범한 사람, 공동체 안에서 특별히 눈에 띄지 않는 보통의 존재라는 인간관과 보통 '이상으로'라는 경쟁원리가 합체된 형태로 나타난다. 여기서 볼 수 있는 것은 누구나 보통에 도달하는 것을 목적으로 하는 공동체의 인간 형성 원리나 다른 사람을 밀어내고 자기 자신만이 위로 올라간다는 자본주의사회의 경쟁원리와도 미묘하게 다른 형태로 나타난다. 즉 공동체의 목표로서 존재한 사람 만들기의 목적과 자본주의사회의 경쟁원리가 뒤섞여 기묘하게 형성된 경쟁원리이다.

육아 실태와 육아의 과학을 연결하기 위해 어머니들과의 접점을 갖지 않으면 안 되었던 사람들이 이처럼 기묘하게 변형된 경쟁원리를 '숫자풀이 노래'로 보여준 것에 대한 의미를 어떻게 생각하면 좋을까. '숫자풀이 노래'의 중요한 대상자이며 신학교의 지지층, 또한 육아서의 중요한 독자는 자본주의의 발전 속에서 자본가와 노동자의 중간에서 탄생된 신중간층의 가족이었다. 이 신중간층의 가족 취향으로 제공된 '숫자풀이 노래'는 공동체의 해체 속에서 탄생되었다는 신중간층의 출자와 그 교육의식을 말해준다.

그들은 보통 이상으로 잘 살다갈 수 있는 어린이를 키우는 것을 '부모의 임무'로 하는 '교육'의식의 소유자였다. 또한 '부모의 임무를 잘 수행하라'며 어린이를 보다 잘 키우는 것에 부모의 책임을 강하게 느끼기 시작한 계층이었다.

1　현재 효고현 아시야시, 1925년에 개교.
2　【역주】다이쇼~쇼와시대의 교육자이다. 지식장애아를 위해 치료교육학을 후지카와유富士川游에서 배운다. 1918년 오사카 사회국 아동과장이 되었고 아동상담소 등을 설립, 1920년에는 월간지『어머니와 자식』을 창간했다. 1927년 아시야에서 미타니三田谷 치료교육원을 차리고 1929년에는 일본어머니의 모임을 설립한다. 저작으로는『치료교육학治療敎育學』등이 있다.

이 가족은 자식을 낳아 기르고 교육하는 것을 가족의 중요한 가치로 여기고 교육가족의 성격을 띠고 어린이들은 애호를 받아야 하며 동시에 교육을 받아야 하는 존재로서 어린이의 지위를 확립시킨다. 그러나 그것은 '보통 이상이' 되기 위한 경쟁을 강요하고 '보통'인지 아닌지가 선별된다. 경쟁과 선별의 시대가 개막된 것이다. 이러한 이중성 속에 일본 어린이들의 인간 형성에서의 '아동의 세기', 그리고 '근대'란 무엇이었는지를 해명하는 열쇠가 있다고 본다.

'아동의 세기'의 개막 시대에 등장한 교육가족이란 무엇일까. 특히 자식을 키우는 목표(보통 이상으로)와 교육책임의 수행 방법(잘 수행하라)이라는 두 가지 시점에서 부모들의 교육의식을 조사하는 것이 본장의 과제이다.

'교육'열의 고조

'숫자풀이 노래'가 등장한 1910~20년대라는 시대는 어린이들의 교육환경을 학교로만 한정시키지 않고 수태와 산육 측면까지 포함해서 살펴볼 때 큰 구조전환이 일어난 시대였음을 알 수 있다. 이 시기는 일본에서 소산소사형 사회로의 태동과 출발의 시기였다. 그것은 어린이가 태어나기 전부터 관리의 대상이 되는 것, 즉 '신이 주신 선물'에서 '만드는 것'으로 전환되는 것을 의미하고 있었다(제1부 제4장, 제2부 제2장).

소산소사형의 인구구조 성립은 단순히 어린이 수가 줄어든 것과 어린이가 죽지 않게 된 것만을 의미하지 않는다. 어린이 한 명 한 명과 부모의 관계가 밀접해지고 어린이의 장래를 시야에 넣고 자식교육에 대한 의식이 강해진다는 산육 측면에서 중요한 변화를 일으켰음을 의미한다. 동시대의 어머니는 다음과 같이 말하고 있다.

저는 남자아이 두 명, 여자아이 한 명이니까 그래도 자식이 적은 편입니다. 그러나 적다면 적지만 한 명 한 명에 대한 주의의 범위도 넓어지기 때문에 어머니로서의 마음고생도 그 책임도 자식이 많든 적든 관계가 없는 것 같습니다.[3]

보다 나은 생활을 개척하는 새로운 세대로서 자식교육에 열성적인 '교육가족'이라고 표현해도 좋은 '교육가족'의 성격을 띤 신중간층의 가족은 자식에게 보다 나은 교육을 제공하는 것으로, 사회적 상승을 꾀하는 것에 대한 기대에서 다른 계층에 앞서 어린이 수를 제한하는 산육행위를 취했다. 그 교육의식은 동시기 학력사회의 성립이라는 상황 속에서 중등교육 입학시험을 시작으로 선발시험으로 채택되는 생활의욕을 돋우는 방법 — 타인보다도 위에 있는 것을 기쁨으로 생각하는 마음을 기르고, 게다가 배움으로써 다른 사람보다 나은 생활이 보장된다는 — 에 적합한 것이었다.[4] 이것과 때를 같이 하여 교육가족과 학력사회가 성립되었음을 알 수 있다.

신중간층의 성립과 학력사회의 성립과는 깊이 관련되어 있었다. 제1차 세계대전 후 일본은 기생지주제의 황금시대가 끝나고 제국주의적 해외팽창을 수반하는 본격적인 자본주의 단계로 돌입한다. 이러한 자본주의 발전은 구舊향촌시대 이후의 지연·혈연에 의한 노동력 발달과 분배방식을 해체시키고, 그 대신에 학교체계를 활용한 학력데 의한 발

---

3   「개성을 따른다」, 『부녀신문』 940호, 1918.
4   고바야시 치에코小林千枝子, 「도달도 평가와 학습의욕」, 『도달도 평가연구회보到達度評價研究會報』 제10호, 1987.

전과 분배방식을 채용하게 된다. 이 시기 학력별 연공임금체계가 수용되고 학교는 인재의 항구적인 선별과 등용기관이 되어 보다 좋은 직업과 지위가 결합되는 좋은 학교로의 진학경쟁이 시작된다. 게다가 학교마다 정원이 정해져 있고 학교마다 선발이 이루어지는 항아리형 구조를 취한 것은 이 진학경쟁을 보다 격화시켜나간다.

특히 중등교육은 당시 신중간층의 증가를 고려하여 중견층의 양성기능을 증대시켜나갔다. 그렇지만 동시에 중등교육이 모든 대중계층에게 개방됨에 따라 교육에 의한 계층이동의 가능성이 증대된다. 학력에 의한 사회계층간의 이동이 가능해짐으로써 그때까지 일부 특별한 사람들만의 것이었던 입신출세의 가능성이 지연과 혈연을 벗어나 새로운 삶을 찾는 사람들에게 현실적으로 개척할 수 있는 것이 되었다. 이것은 또한 중등교육이 확대됨에 따라 신중간층의 증대를 초래했고 사회형태상의 변화를 촉진시키는 결과를 가져왔다.[5]

교육에 따른 새로운 삶과 보다 나은 생활을 찾으려는 신중간층의 사람들은 자본주의에 가장 적합한 성별 역할분담 가족을 형성한다. 사회적 노동의 영역과 가정 내 노동의 영역이 분리되고 가사는 아내의 영역이 되었고, 거기서의 가사는 소비적 가계업무의 수행과 자식교육으로 한정된다. 자본주의화가 진행되고 공동체의 해체가 진행되는 과정은 성별 역할분담 가족의 형성 과정이고, 집안일의 담당자가 아버지에서 어머니로 이동함과 동시에 자식교육의 담당자로서 어머니가 표면에 등장한다(제1부 제4장).

---

5 나카우치 도시오의 「능력에 대한 사고방식의 역사 상」(『교육教育』, 國土社, 1972.6) · 「'신학교'의 사회사」(편집위원회 편, 『총서 산육과 교육의 사회사 제5권―국가의 교사 민중의 교사』, 新評論, 1985); 호리오 데루히사堀尾輝久의 『천황제국가와 교육―근대 일본교육사상사 연구 1天皇制國家と教育―近代日本教育思想史研究1』(青木書店, 1987) 등.

이상과 같은 변화는 지역적 차이를 수반하면서도 일본 전국을 끌어들이며 진행되었고 자본주의에 의해 번창해가는 도시와 몰락 혹은 곤경에 빠진 농촌의 대립, 중앙에 대한 지방관계가 명확해진다. 그렇다면 이와 같은 변화가 지방에서는 실제로 어떻게 진행되고 있었던 것일까. 신중간층의 비율이 상대적으로 높고 나가노長野현과 함께 교육현으로서 일컬어지는 오카야마현의 경우를 살펴보기로 하자.

지방도시 오카야마

자본주의의 발전은 지방도시 오카야마시에서도 신중간층의 성장을 촉진시켰다. 1920년大正 9의 제1회 국세조사에 따르면 오카야마시의 경우 신중간층에 해당되는 공무, 자유업에 속하는 사람들은 본업자 45,757명 중 9%를 차지하고 소수라 하더라도 이미 무시할 수 없는 층을 형성하고 있었다.[6]

1910~20년대에는 오카야마시에서도 자식에 대한 '교육'열의 고조를 엿볼 수 있다. 이 교육열의 고조는 육아의 상품화라는 교육투자와 중등교육의 대중화에 수반되는 학교 간의 격차확대, 게다가 소학교를 졸업하거나 또는 졸업하지도 않은 상태에서 직업을 갖는 자와 중등학교로

---

[6] 고다치 하루키神立春樹(「오카야마시 등의 본업자 직업별 구성－1920년」, 『산업혁명기의 지역편성－오카야마대학 경제학 연구 총서 제4권産業革命期における地域編成－岡山大學經濟學研究叢書 第4冊』, 1987, 162쪽)의 산출에 따르면 농업 29.5, 공업 38.8, 상업 27.5, 교통업 5.4, 공무자유업 9.15, 무직자 13.6%가 된다. 또한 오카야마시 장정壯丁학력시험성적을 살펴보면(『오카야마현 통계연보』) 1910~20년에 걸쳐 중학교졸업 이상子의 비율은 23~25%로 상승하고 있다.

진학가능한 자 등 어린이의 미래상에 분화를 가져오고 있었다.

1912년明治 45 '교육'열의 고조를 상징하는 이벤트가 열린다. 그것은 바로 오카야마 아동박람회이다〈그림 25〉. 이미 메이지 말년부터 '어린이'·'부인'·'가정'이라는 말을 내걸고 가정의 일상생활에 초점을 맞춘 박람회와 전람회가 열렸고, 생활과 가정은 "이야기되는 것뿐만 아니라 전시되는 것, 보여지는 것"이 되었다.[7] 오카야마 아동박람회에서는 15,000점이 넘는 어린이와 관련된 전시(완구, 아동복, 아동도서, 과자, '이상적인 어린이방의 설계도 등)가 이루어지고 어린이 세계의 모든 것이 다루어졌다. 또한 오카야마의 가쓰야마勝山 번사藩士의 아들로 하토야마 하루코의 남편 하토야마 가즈오의 '명사名士 자필 어린 시절의 기억'이 '유명인사의 어린 시절 공부 방법과 노는 방법은 어떠했을까라며 이를 알 수 있는 좋은 재료'[8]로서 전시되었다.

〈그림 25〉 오카야마 아동박람회의 기사(『산양신보』, 1912.3)

---

7   고야마 시즈코(『가정의 생성과 여성의 국민화』, 勁草書房, 1999, 50~51쪽)는 어린이·여성·가정에 관련되는 박람회 일람표를 게재했는데 1906년부터 1928년까지 개최된 44번의 박람회를 게재하고 있다. 그러나 거기에는 오카야마 아동박람회가 포함되어 있지 않다. 각 지방과 도시의 박람회까지 포함하면 이 시기 상당수의 박람회가 개최되었던 것으로 생각된다.

8   『산양신보』 1912.3.2~7.

이 박람회는 어른과는 다른 어린이 세계와 유아기부터 육아의 중요성에 초점을 맞춘 것이었다. 그와 동시에 '어린이'가 자본주의적 상품화의 대상, 가정이 새로운 시장이 되는 시대의 도래를 보여준 것이기도 했다. 이 기획은 오카야마 상공회의소에 의한 것이었고 '가와모토河本 상점의 어린이용 신발'·'도쿄 히라이平井의 필리켄Pilliken, 기타 동물완구' 등의 육아상품이 전시되었다. 박람회의 모습을 연일 보도한 『산양신보山陽新報』를 보면 1910~20년대에 어린이를 대상으로 하는 상품 광고가 증가한다. 거기에는 '이상적인 육

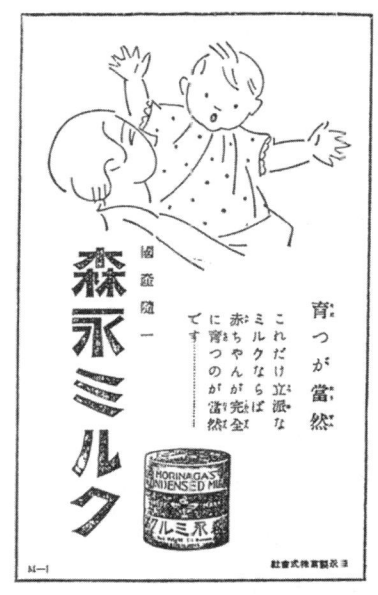

〈그림 26〉 어린이를 대상으로 한 육아용품

아재료 락토겐lactogen'9과 '아기가 잘 자란다 …… 모리나가森永우유'(〈그림 26〉) 등 '이상적'이고 '완벽'한 육아를 읊는 문구가 주류를 이룬다.

'교육'열의 고조는 중등교육에의 진학열 고조에서도 엿볼 수 있다. 이 진학열을 지지한 것 또한 신중간층의 가족이었다. 신중간층 어머니 후보자의 대부분을 키운 오카야마현 오카야마고등여학교 보호자의 구성 비율을 살펴보자. 1910년明治 43과 1918년大正 7을 비교해보면 농업 비율이 저하(24.9%에서 22.6%)되는 반면 신중간층의 비율이 증가(32.2%에서 33.9%)되는 것을 엿볼 수 있다.

1924년大正 13 오카야마고등여학교의 입시배율은 6배에 달한다. '고등

9　【역주】젖을 잘 나오게 하는 황체 자극 호르몬을 일컫는다.

보통교육'을 요구한 어머니들의 교육요구 중의 하나는 공동체 해체 이후 어떤 의미에서는 자유롭고, 어떤 의미에서는 불안한 현실을 선별해가면서 살아가는 힘을 획득하는 것이기도 했다. 그리고 또 하나는 학력 취득에 의해 보다 나은 생활을 획득하는 것이었다. 당시 학력은 결혼할 때 하나의 자격이 되었고 결혼에 의한 사회적·경제적 지위상승이 요구되었던 것이다.[10] 오카야마현에서는 동시기 실업과고등여학교의 승격운동이 일어난다. 거기에는 실용적인 집안일보다도 일반교양을 중시하는 교육요구의 등장이 있었다. 그뿐만이 아니다. 딸의 보다 나은 결혼과 보다 나은 생활을 보장하고 학교 간 격차의 불이익이 의식되고 있었다.

한편 고등여학교에 진학할 수 없는 사람들과 소학교 교육조차도 충분히 받을 수 없는 사람들로부터도 새로운 삶을 살기 위한 지식과 학력의 요구가 생겨난다. 1921년大正 10 경제적인 사정 때문에 진학할 수 없는 처녀들이 일하면서 배우기 위해 오카야마실습여학교가 설립된다. 또한 1925년大正 14 오카야마현 사회과가 부인노동자를 위해 개최한 가사강습회는 '가정재봉'·'간이예법'을 '가르치는' 것이었는데, 강습생들은 '편지쓰기 또는 읽기 등 일상생활과 직접적으로 관련이 있는 학과'를 '가장 희망'했다고 한다.[11] 이들의 학력요구의 근저에는 보다 나은 삶을 살고 싶다는 소망이 담겨 있었다.

신중간층 처녀들의 라이프코스에서 고등여학교 교육을 받는 것이 불가결한 조건이 되는 시기, 여공과 가정부로 일하는 처녀들 중에서도 보

---

10 사와야마 미카코, 「'결혼의 조건'의 근대」, 고다마 미이코·인문문화연구회 편, 『미녀의 이미지』, 世界思想社, 1996b.
11 오카야마현사회과岡山縣社會科, 「부인노동자를 위해 – 가사강습회의 경영」, 『사회사업연구자료社會事業研究資料』 제5책, 村尾印刷, 1925.

다 나은 삶을 살기 위해 학력요구나 교육받는 것을 인간다운 생활의 양식이라고 여기는 의식이 성립된다. 이 시기 계층과 생활에 따라 형태를 달리하면서도 학력요구가 등장했던 것이다.

여기서 특히 신중간층 부모들의 '교육'열을 지탱한 심성에 대해 언급해보도록 하자. 입시배율이 격화되는 1922년大正 11 오카야마고등여학교에 입학한 야마모토 나오코山本尙子는 1910년明治 43 교원의 딸로 태어난다. 야마모토는 오카야마고등여학교 입시에 앞서 심상소학교 5학년 때 '여기에서 살면 오카야마고등여학교에 들어갈 수 없다'는 아버지의 판단으로 심상소학교 3학년인 여동생과 함께 군부郡部의 분교에서 오카야마여자사범부속소학교로 전학한다.

게다가 6학년 때에는 고등여학교 입학을 위해 아버지가 당시 교장을 역임하고 있었던 기요테루淸輝소학교의 어느 교사 밑에서 공부하기 위해 갔다. 이와 같은 사례는 당시 드문 것도 아니었던 것 같다. 오카야마 시내의 소학교에서는 고등여학교를 준비하는 자녀를 대상으로 특별수업을 실시했다. 오카야마현 학무과가 '준비교육'을 금지하지 않으면 안 되었을 정도였다.[12]

야마모토의 아버지는 1884明治 17 중농의 삼남으로 태어난다. 자기 스스로 생계수단을 찾지 않으면 안 되는 삼남이 선택한 것은 오카야마사범학교로 진학하는 것이었다. 학문을 좋아하는 이유에서였다. 그는 젊어서 교장이 되었지만 사생활에서는 지주 장녀의 데릴사위로서 의견을 말할 수 있는 처지는 아니었다그 한다. 이에의 중압감을 느끼는 가운데 그는 자신이 이상으로 삼은 새로운 삶을 자식들에게 위탁해간다. 그 이상은 "여고 선생님을 목표로 해라. 도쿄가 아니더라도 나라奈良 정도는"

---

12 미쓰다 교코光田京子, 「근대 오카야마 여자교육의 전개」, 『오카야마 지방사 연구岡山地方史研究』 51호, 1986, 10쪽.

이라는 '고등교육을 받게 해라'라는 형태로 드러난다.[13]

여기에 신중간층의 부모들이 자식에게 품은 심성, 진학열을 지탱하는 심성의 일단을 엿볼 수 있다. 그것은 학력에 의한 공동체와 이에를 벗어나 새로운 삶을 개척하려는 심성이다. 다른 한편 이 아버지는 딸에게 『빨간 새』라는 잡지를 건네주는 아버지이기도 했다.

동심을 찬미하는, 즉 어린이의 순수함과 순진무구라는 교육 이전의 상태를 찬미하는 동심주의와, 교육·학력을 기입하는 것으로 무지한 상태로부터 어린이를 벗어나게 한다는 모순된 심성이 병존—이것도 또한 동시대 신중간층의 심성을 밝히기 위해서는 풀어야만 하는 과제이기도 하다.

2. 교육가족의 성립

어머니에 의한 교육론의 등장

교육가족의 성립과 전개를 그 담당자에게 초점을 맞춰 고찰하려고 할 때 주의하지 않으면 안 되는 것이 있다. 그것은 교육가족을 다른 계층에 앞서 성립한 신중간층이 전 계층 중에서 차지하는 비율이 낮고 한정된 사람들이었던 점이고, 다른 한편으로는 신중간층 그 자체에 대해 살펴보면 1910~20년대에 대중화되었다는 점이다.

---

13 1988년 12월 1일 야마모토 나오코 씨로부터 들은 내용이다.

거기에는 소수의 신중간층 학력을 가짐으로써 엘리트층으로 상승할 수 있는 조건이 존재하고 있었던 단계에서 신중간층의 대중화 과정에서 자신들의 이상적인 단계로 이행되는 것이 실제로 존재했다. 여기서는 전자 단계의 신중간층을 제1세대, 후자 단계의 신중간층을 제2세대라고 명명한다. 그렇다면 제1세대와 제2세대는 육아목표와 교육책임의 수행 방법, 그리고 학력요구에 어떠한 차이가 있었을까. 신중간층이라는 계층이 갖는 동질성과 소수에서 대중화의 전개에 따른 이질성을 각 세대 어머니들의 교육의식 속에서 살펴보도록 하자.

제1세대로서 여기서는 제2세대 어머니들의 육아모델이 된 하토야마 하루코와 다나카 요시코田中芳子(〈그림 27〉)의 육아론, 제2세대에 대해서는 고등여학교 학생과 그 졸업생을 독자로 삼은 『부녀신문』, 그리고 오카야마의 어린이에 대한 동향을 읽어낼 수 있는 『연대시보連帶時報』에 실린 어머니들의 목소리를 다룬다. 제1세대인 하토야마(도쿄여학교 졸업)와 다나카(도쿄부립고등여학교 졸업)는 극소수의 여학교 졸업생으로서 고도의 교양과 능력을 익히고 엘리트로서 지위가 약속된 사람들이었다.

〈그림 27〉 다나카 요시코
(히라타 노부, 「내가 본 부인(12) 다나카 요시코 부인」, 『부녀신문』, 1926.12.19)

이에 비해 제2세대 어머니들은 고등여학교가 증가하는 가운데 여학교를 졸업했을 뿐만 아니라, 어느 여학교를 졸업했는지가 행복한 결혼생활을 위해 중요한 조건이 된다는 것을 강하게 의식했던 사람들이었다. 학력이 장래의 행복에서 갖는 의미를 의식한 사람들이다. 근대국가 속에서 스스로 개화를 시도한 제1세대 계보와 이어지기는 하지만, 제2세대 여성들은 그 개화의 가능성이 좁아지고 있음을 의식하지 않으면 안 되었던 것이다. 이러한 어머니들의 의식상황의 차이는 육아의식에 어떠한 영향을 미친 것일까.

'이상'적인 '육아'

우선 제1세대인 하토야마 하루코의 『자기자식의 교육』(1919)과 다나카 요시코의 『부모마음 자식마음親心子心』(1925)을 살펴보도록 하자. 하토야마의 남편인 가즈오는 도쿄제국대학 교수 · 중의원의장 등을 역임한 인물이고, 다나카의 남편인 다나카 후지田中不二도 도쿄제국대학 공과 조교수를 역임한 인물로 모두 신중간층의 엘리트였다. 하토야마와 다나카의 육아기(장자출생부터 막내취학까지)에는 12년이라는 차이가 있었다. 그러나 그 교육론이 영향을 미친 시기, 또한 1910~20년대에 걸쳐 『부녀신문』에 가장 많은 육아론을 집필하고 제2세대 어머니들에게 많은 영향을 주었다는 점에서 공통분모를 찾을 수 있다.

이 두 저서는 육아가 어머니들의 규범이 된다는 요구에 호응하여 쓴 근대 일본 최초의 어머니에 의한 교육론이다. '어느 쪽이 어린이를 교육시키든 참고가 된다'는 하토야마와 '남성 교육가는 과학으로 연구했기 때문에 실제 문제를 해결하기 위해서는 어머니가 이지적인 입장에서 인정의 손으로 다루어 살기 좋은 차세대를 만들지 않으면 안 된다'는 '어머니 중시'의 입장에서 썼다는 다나카의 말을 통해 다나카 자신의 육아경험이 어머니들에게 실제 도움이 된다는 강한 자부심을 갖고 있었음을 엿볼 수 있다.

하루코에게는 한 명의 딸과 두 명의 아들이 있었는데(〈그림 28〉) 『자기 자식의 교육』에서 그려지고 있는 것은 아들들의 교육에 관한 내용이다. 그 두 명의 아들, 즉 이치로一郎와 히데오秀夫(〈그림 29〉)는 출판 당시 36살과 35살, 이미 확실한 지위를 확보한 상태였다. 이치로는 전 총리였던 하토야마 유키오鳩山由紀夫가 할아버지였다. 다른 한편 다나카의 자식들(출판 당시 16살에서 22살)도 '수재들'이라고 평가받던 인물들이었다. 두 저자 모두 1년 사이에 4판 인쇄를 거듭하고 신중간층 제1세대 육아의 성공모델, 또는 어머니 자신의 기록으로 신중간층이 대중화되는 1920년대 제2세대 어머니들에게 큰 영향력을 주었다.[14]

우선 여기서 주목하고 싶은 것으로 그녀들이 '어린이'와 '육아'를 의식하게 된 것은 임신과 출산의 체험을 통한 것이 아니었다는 점이다. 그녀들은 이미 여학교 시절에 '어린이'나 '육아'에 대한 관심을 품고 있었다. 두 사람은 각각 다음과 같이 서술한다.

> 제 자식에게는 어떻게든 저의 이상을 실행시키고 싶다고 늘 마음속에 생각하고 있었습니다.(하토야마 하루코)

---

[14] 예를 들면 히라타 노부平田ノブ는 "아드님이 모두 수재여서" "그 저서는 세간의 부모들에게도 많은 참고가 되었던 것 같다"고 한다. 또한 같은 1360호에는 '부모마음 자식마음의 모임'이 열렸다고 되어 있고, 거기서는 자녀발육표가 '면밀히 기입되어 있을 것'과 '장남출생 시 (…중략…) 서명된 저금실행의 계약서(나중의 학비를 위해 매월 3엔 씩 반드시 저금할 것, 어떠한 사정이 있어도 저금은 다른 곳에 유용하지 않을 것 등)'가 강력한 주의를 끌었다고 되어 있다. 당시 3엔은 남편의 수입 전체의 약 6%에 해당된다.

〈그림 28〉 히토야마 하루코의 3명의 자식들.
오른쪽부터 이치로, 히데오, 가즈코かず子
(히토야마 하루코, 『나의 자서전』, 1997(1929)

〈그림 29〉 히토야마 하루코와 심상중학교 시절의 두 아들.
오른쪽부터 히데오, 이치로(히토야마회관 소장)

　　여러 선생님들, 특히 고故 미시마 미치요시三島通良 선생님, 다카시마 헤이
　　자부로 선생님의 지도로 저는 아내와 어머니가 되기 전부터 육아에 대해 계
　　획과 기대가 많았습니다. (다나카 요시코)

　　'어린이'와 '육아'에 대한 '이상'이나 '계획'과 '기대'는 그녀들의 자립에
대한 소망의 표현이기도 했다. 여성들이 '어린이'나 '육아'를 대상화하
고 거기에서 가치를 발견하기 위해서는 먼저 여성 자신의 자립에 대한
의식의 탄생이 전제가 되지 않으면 안 되었다. 또한 성별 역할분담에
기반을 둔 신중간층의 가족 형성에서 여성의 자립은 우선 어머니로서
의 지위확립이라는 형태로 표현되지 않으면 안 되었던 것이다.

'이상의 실현'으로서 육아를 위해 그녀들이 성취하지 않으면 안 되었던 과제는 산육권의 확립이었다. 그것은 "자식만은 내 생각대로 키우게 해주세요"(하토야마 하루코), "첫아이를 키울 때에는 (…중략…) 꽤 반대가 많아서 한때는 귀신이라는 둥 뱀이라는 둥의 말도 들었습니다. '부디 지켜봐 주세요. 언젠가 좋은 결과를 보여 드리겠습니다'라고 마음속으로 외치면서 (…중략…) 꾹 참았습니다"(다나카 요시코)라는 며느리와 시어머니의 대립 속에서 달성된다. 자신의 생각대로 자식을 키우기 위해서는 "어머니 자신의 지위안정과 교육에서 얻을 수 있는 상식"(하토야마 하루코), "모권확립과 확장"(다나카 요시코)이 필요했다.

그러나 그것은 다른 한편으로 '이에'나 '이에'를 지탱하는 공동체를 모든 악의 근원으로 보고 그것으로부터의 이탈을 꾀하려는 의식을 낳았다. 산육권을 확립하기 위해 새로운 가족을 형성하고 싶다는 강한 소망은 공동체가 낳은 육아문화에 대한 부정으로 이어지는 것이기도 했다. 또한 자신의 생각대로 할 수 있는 유일한 존재로서 강렬한 자기자식 의식(〈그림 30〉), 자식과 일체화되어 '이에'로부터의 해방을 실현하려는 의식을 낳게 되었다. 그러나 이 강렬한 자기자식 의식은 자식세계를 발견하는 한편, 자식을 자신의 삶의 보람이나 수단으로 삼는 측면을 지니고 있었다. 공동체로부터 이탈하는 형태로 어머니의 산육권을 확립하고 여성의 자립에 대한 소망을 자식의 육아에 맡긴다는 이 어머니들의 의식이 그 후 교육가족의 성격을 규정하게 된다.

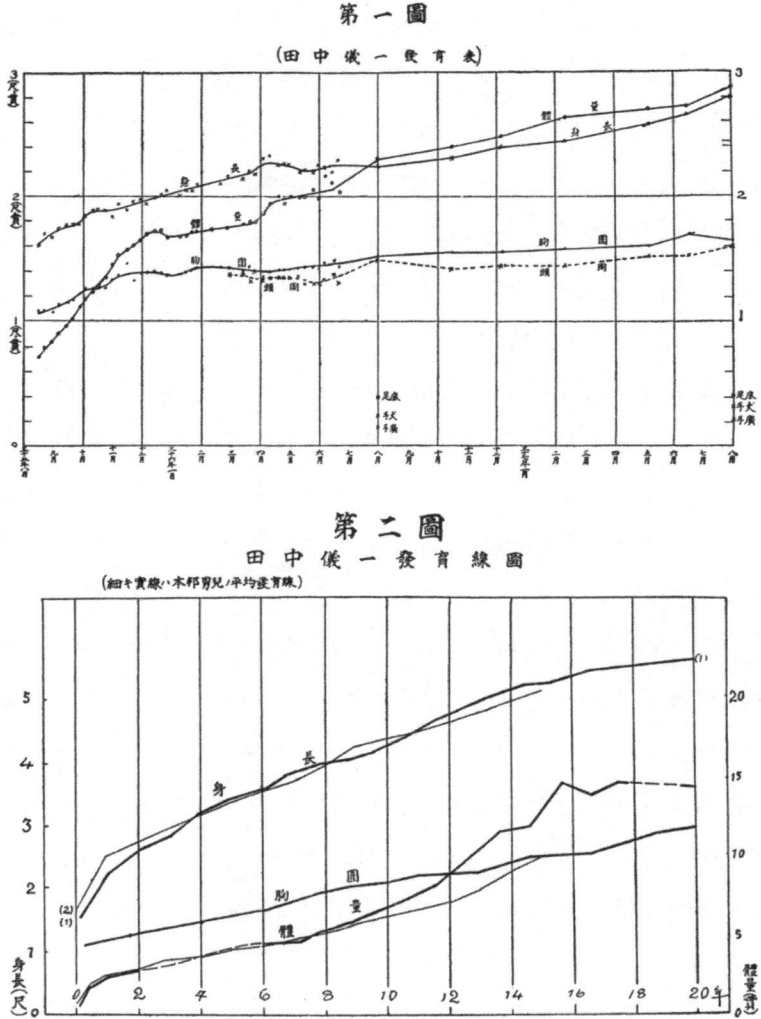

<第一圖>

（田中儀一發育表）

<第二圖>

田中儀一發育線圖

（細々實線、本邦男兒ノ平均發育線）

〈그림 30〉 다나카 요시코 작성, 장남 기이치儀─의 발육표(다나카 요시코, 『부모마음 자식마음』, 1925)

강렬한 자기자식 의식

하토야마는 어른과 다른 세계를 가지고 있는 어린이를 '적당히 키울 권리'(하토야마 하루코)를 설파한다. 그렇다면 '적당히 키울 권리'란 어떠한 내용을 담고 있었던 것일까.

그녀들의 육아목적은 "어린이의 인격을 만든다"(하토야마 하루코), "인격의 완성, 바꾸어 말하면 인간으로 살기 위한 최선의 방법을 터득하는"(다나카 요시코) 것이었다. 그것으로 "장래의 행복"(하토야마 하루코)과 사회를 "보다 낫게"(다나카 요시코) 살 수 있다고 생각했던 것이다. 그렇다면 '인격의 완성'이란 또는 '보다 낫게' 사는 삶이란 어떻게 사는 것이었을까.

하토야마에 의하면 "자유를 독립과 동시에 얻을 수 있다는 것은 저의 자식교육에 대한 방침 중의 하나였습니다"라고 말하고, 다나카는 "보다 낫다는 것은 교육 현상이 생겨나는 본원"이라고 서술한다. 교육목적으로 '인격의 완성'이란 자유 = 개인의 해방과 독립 = 개인의 자각이고, 개인의 해방과 개인의 자각을 실현하는 것이 이 사회를 '보다 낫게' 사는 것으로 연결시킨 것이다.

'인격의 완성'이라는 교육목적을 위해 "생활의 전부가 교육"(다나카 요시코)이 되었다. 하토야마에게 완구, 놀이, 장난도 모두 '두뇌를 명석하게 하기' 위한 수단이었다. 즉 하토야마는 "놀이를 즐기는 가운데에서도 여러 가지 학문을 전수받을 수 있고" 완구도 "지식개발에 도움이 되는" 종류의 것을 선택했는데, 예를 들어 '두뇌를 명석'하게 하기 위해 '남쪽 방을 선택'했을 정도였다. 다나카는 "학교공부도 결코 전부가 아니다"라고 언급했는데, "식사준비를 시킬 때 (…중략…) 분배하는 것으로 (…중략…) 산수의 가감승제를 활용"하고 '못된 장난'도 그것을 '토대로 하여 나아가

명료한 지식을 제공하는' 것 등 '주의를 주면서도 방임주의'를 취했다.

또한 "어머니가 동행할 수 없는 곳에는 일체 보내지 않는다"(하토야마 하루코), "결코 어린이에게는 좋은 일 이외에는 보게 하지도 듣게 하지도 않는다"는 '칩거주의'(다나카 요시코)방법을 취한다. 그녀들은 "지식을 전수한다"(하토야마 하루코), "명료한 지식이 가능한"(다나카 요시코) 학력형성이야말로 "우승열패의 세계" · "생존경쟁이 점점 심각해져가는 상태"(하토야마 하루코) 속에서 자식의 '장래에 대한 행복'을 보장한다고 생각했던 것이다.

다음으로 두 사람의 말을 살펴보면 이와 같은 교육에 의해 인격형성과 학력형성의 통합을 실현했다는 자각을 엿볼 수 있다.

> 육아 방법을 연구하고 학문의 순서를 생각하고 인격수양에 힘쓴다면 어떤 점에서는 이상이 실현될 수 있음을 확실하게 믿습니다.(하토야마 하루코)

> 자식이 현우賢愚(현명함과 어리석음)하게 되고 양불량良不良(좋고 나쁨)하게 되어 사회에 필요, 불필요하게 되는 것은 어머니인 부인이 그 사람의 교양 및 자녀의 지도여하에 달려 있습니다.(다나카 요시코)

그러나 여기서 주의하지 않으면 안 되는 것으로 그녀들이 인격형성과 학력형성의 통합에 대한 자신감을 갖게 되는 것은 그녀들이 자식을 엘리트층으로 상승시키기 위한 방법과 수단을 갖고 있었기 때문이라는 점이다. 그녀들은 그녀들의 이상대로 '놀이방' · '생각하는 방'(다나카 요시코)을 마련하고, "내가 실행한 육아법은 돈도 필요하고 늘 곁에 붙어 있었기 때문에 돈과 시간적 여유가 없는 사람에게는 전혀 불가능합니다"(하토야마 하루코)라고 언급한다.

그녀들은 자신들이 이룬 육아법을 제2세대 어머니들이 실현시키는 것은 쉬운 일이 아님을 깨닫고 있었다. 그러므로 제2세대에게는 오직 어머니의 노력을 설파한다.

> 주부는 자녀의 양육에 임하기 위해서는 (…중략…) 모든 방면의 지식에 정통하지 않으면 안 됩니다……. 그러므로 주부는 항상 보통 이상으로 궁리하고 많은 노력을 하여 수양하지 않으면 안 됩니다.(다나카 요시코)

그녀들의 육아론은 서구의 육아론에서 많은 것을 배웠다 하더라도[15] 자신의 육아체험에 기반을 둔 논의를 전개한 점에서 어머니들에게 많은 영향을 주었다. 그러나 개인의 해방과 자유는 자식에게만 한정된 것이었다. 그리고 자신의 육아가 '육아의 성공모델'이 될 수 있다는 자신감은 자신의 육아를 기준으로 다른 다양한 육아모습을 배제하는 논리, 특히 가난한 사람이나 '농사꾼'의 그것을 배제하는 논리가 되었다.

하토야마는 "농사꾼은커녕 머리를 쓰지 못하는 하등동물은 (…중략…) 인격을 수양하기에는 적합하지 않습니다"・"자식에게 교육시키는 것이 불가능한 극단적으로 궁핍한 자는 곤란합니다"라고 서술한다. 다나카의 경우는 하토야마만큼 노골적으로 언급하지는 않았지만 그녀가 "1년간 그 실체를 보여주어 장남을 입학시키기로 결정하고", 또한 다른 자식들도 '시험을 치러' 입학시킨[16] 곳은 세이케이成蹊소학교・중학교・여학교였

---

15 『부모마음 자식마음』에는 '아동심리학의 응용'이 소개되어 있다. 또한 하토야마가 의거하는 것은 킹슬리Kingsley 등 서구의 인물이고 그 육아론은 구미의 육아론에서 배운 것이었다. '가정'모델도 구미의 '홈'이었는데 그 육아론도 또한 구미에서 배운 것이었다.

다. 세이케이의 창립자인 나카무라 하루지中村春二는 '국가의 인재'·'영재'를 배출하기 위해서는 '국민을 평준화하는' 의무교육제도로는 불충분하다는 대중으로부터의 엘리트 해방론을 설파한 인물이다.[17] 세이케이는 기업체인 미쓰비시三菱가 자금을 댄 영재선발 학교였다.

그녀들이 말하는 개인의 해방과 자립은 자기자식의 독점물로서의 그것이었다. 그 결과 그녀들과는 다른 형태를 띠고 있었던 민중들의 아이 기르기는 육아가 아닌 것으로 배제되었던 것이다. 그녀들이 '어린이 권리'라고 말할 때 거기서의 어린이는 "유전은 결혼에서 시작되는 것입니다. 즉 우생학의 입장에서 생각하는 것입니다"(다나카 요시코)라는 우생학적 결혼관에 기반을 둔 선택받아서 태어난 어린이라는 의미였다. "수십명의 평범한 사람을 낳는 것보다는 한 명의 선량한 사람을 낳는다"는 것을 '마음속에서 유의하며' 낳은 아이는 "아무 탈 없이 무럭무럭 자라나는 훌륭하고 선량한 어린이"(하토야마 하루코)였다.

그렇다면 교육가족의 성립시점에서 '자기자식'이라는 강렬한 의식에 채색된 육아론은 1920년대 신중간층의 대중화 속에서 어떠한 전개를 보이게 되었을까.

---

16 다나카 요시코, 「나카무라 하루지 선생님」, 『부녀신문婦女新聞』 1239호, 1924.
17 나카우치 도시오, 『생활기록법 성립사 연구生活綴り方成立史研究』, 明治圖書, 1977, 56쪽.

3. 교육가족의 전개

육아상담과 육아체험담

제2세대의 교육의식을 살펴보기 위해 『부녀신문』을 왜 선택했는지를 먼저 설명해두자. 수많은 여성잡지와 신문 중에서 『부녀신문』을 대상으로 한 것에는 이유가 있다. 『부녀신문』은 신중간층의 여성들, 특히 리더층을 대상으로 한 신문이었다. 1914년大正 3 『부녀신문』의 사설을 보면 "모든 부인잡지의 독자 중 가장 교육정도가 높은 사람들"(755호)이라고 적혀 있다. 1910년明治 43의 오카야마고등여학교의 과외 독서 조사에서도 『부녀신문』은 『산양신보』, 『오사카아사히大阪朝日』, 『오사카마이니치大阪毎日』에 이어 4위, 여성잡지 중에서는 1위를 차지한다. 그러한 의미에서 『부녀신문』은 제1세대의 계승자들로 구성된 여성들의 육아의식을 추적할 수 있는 단서가 될 수 있다.

그런데 『부녀신문』에는 육아에 관한 몇 개의 코너가 등장했다가 다시 사라진다. 거기에는 육아상담과 육아의 실제 사례라는 두 개의 계보가 있는데[18] 이러한 코너 자체가 등장한 것에 대한 의미를 묻지 않으면 안 될 것이다. 잡지상에서 육아상담 코너의 등장은 홈 = 가정이라는 이념이 등장하는 1900년대로 거슬러 올라가는데 1910~20년대가 되면 많은 여성잡지가 신상상담과 육아상담 코너를 마련한다.[19]

---

[18] 1910~20년대에 등장하는 것 중 육아상담 코너에 해당하는 것으로서 '감상, 수필'·'자기고백'·'빈민과 고백'·'담화실'이 있다. 또한 육아의 실제 사례를 든 것으로 '어머니와의 5분간'·'가정교육의 실제'·'가정 연구'가 있다.

[19] 예를 들면 『메이지의 가정明治の家庭』(1905년 창간)에는 '평계 대지 말고 실용만'을 선전

육아에 대한 관심이 고조되는 한편, 육아상담이라는 육아에 대한 불안의 고조도 등장한다. 그러면 이와 같은 상황을 어떻게 보면 좋을까. 그와 같은 배경을 보면 도시에서 새롭게 형성된 핵가족은 지역공동체와 친족으로부터 해방된 반면, 상담할 사람이 없기 때문에 '불안한 생각'과 '혼자서 후회하는' 상황에 놓인 사람들이 증가한다. 여기에는 성별 역할분담에 기반을 둔 가정의 폐쇄성이라는 문제가 존재한다. 그뿐만이 아니라 이 시기 가정교육과 학교교육이 연동되고 있었고(제1부 제4장) 가정교육의 비중과 책임이 중첩되는 것을 들 수 있다. 학교교육의 하청으로서 가정교육과 육아가 자리매김 됨으로써 어머니의 권위로부터 제외되는 것에 대한 불안이 생겨나기 시작한다.

육아상담 코너와 병행하여 등장한 것은 구체적인 고유명사를 지니는 어머니의 육아체험을 소개하는 코너이다. 1917년大正6『부녀신문』은 「가정교육 연구」라는 어머니의 육아체험담을 소개하는 코너를 마련한다. 그것에는 두 가지 이유가 있었다. 하나는 '조상으로부터 전해진 하나의 형태와 방법'이라는 공동체 질서 속에서의 인간 형성과, '외부의 견문에서 얻은 지식'의 '모순'과 '충돌' 속에서 '방황하는 일이 많았기' 때문이다. 다른 하나는 가정교육에 대해서는 '이제는 너무 많이 주장되고 연구되고 실험되고 있어 귀찮을 정도'인데, '많은 가정에서 실제 성적을 볼 수 있는 경우는 의외로 적기' 때문에 '실제 문제를 파악해서 연구하고 싶다'는 것 이 두 가지 이유에서였다.

육아체험담의 등장 배경에는 신구의 육아를 둘러싼 대결 속에서 어머니들에게 동요가 일어나게 되었고 이론상의 연구와 실험이 아닌 육아의

문구로 하여 '어린이의 육아법(질문임의)'이라는 육아상담 코너를 마련하고 있다.

실제적 해결이 요구되는 시대상황이 존재했던 것이다. 예를 들면 '자식의 이유식에 대해' 3살이 된 '한 명의 남자아이'를 가진 '곤혹스러운 어머니'는 다음과 같이 "경험 있는 어머니에게 여쭈어본다"며 아래와 같이 적었다.

> '아직 이유식은 이르다'라든가 '울지 않을 때 먹여라'라고 말해주지만 이미 약한 어머니는 '젖 달라'는 아이에게 닫혀 있던 옷깃을 펴고 마는 것입니다. '이유식의 수칙' · '이유식 시기의 음식' 등 이쪽 방면의 전문가들의 설명 등을 읽어도 현재 저로서는 도저히 실행할 수가 없습니다.[20]

신중간층의 대중화 속에서 전문가의 이론을 제1세대처럼 실현시킬 수 있는 조건을 지니지 않은 어머니들이 '경험 있는' 어머니들의 보다 실천 가능하고 구체적인 육아체험에서 배우려는 모습을 엿볼 수 있다. 1919년大正 8의『부녀신문』은 "가정에서 어린이의 예의범절상 선량하다고 인정받아 실행하기 쉬운 종류"를 모집조건으로 하여 독자로부터 '가정교육 일주일행一週一行'을 모집한다. 그것은 이러한 독자의 요구에 호응하는 것이기도 했다.

그러나『부녀신문』에 게재된 어머니들의 육아체험담은 방법론 레벨의 논의로 시종일관했는데 어떤 방법이 좋을지를 둘러싼 정보는 확산되었다. 말하자면 예를 들어 "방임주의인가? 간섭주의인가?" · "방임도 간섭도 극단적으로는 곤란한" 것인가, "어느 시기까지가 간섭"인가? "자식에게 돈 관념을 갖게 하는 것의 가부에 대해" 자식에게 "아빠, 엄마"라고 부르게 할까 아니면 부르지 말게 할까 등이다.

---

20   「가정교육 연구」,『부녀신문』134①호, 1926.

또한 육아상담 안에는 의사와 심리학자 등 '전문가'와 '아마추어'라는 도식이 성립된다. 육아상담에 대한 회답에서는 '무엇보다도 우선 의사의 진단' · '전문가의 진단을 받은 후에' · '가능하면 전문가인 아동학자 또는 소아과 의사에게 진단받기' 등 육아에 대한 '전문가'에게 상담하라는 조언이 등장하고, 육아에 대한 과학적인 결과만이 일방적으로 전달된다. 그것은 말하자면 부모 측의 주체화, 내면화를 수반하지 않는 정보전달의 모습이었다.

오카야마현에서는 1920년대 후반 '오카야마현 아동애호연맹'이 육아체험담을 모집한다. 일등 당선은 '위생사상이 없는 아마추어 부인이 한곳에 모여' 출산했기 때문에 자식의 생명이 위험에 빠졌는데, '신문에서 전문가가 쓴 육아법을 잠깐 읽은 적이 있었기' 때문에 자식의 생명을 건졌다는 육아체험담이다. 거기에는 "그 후 육아에 관한 강연이라든가 또는 그러한 일에 관계가 있는 경우라면 가능한 한 시간을 내어 한번도 빠지지 않고 참석하고 있다"고 한다. 전문가와 아마추어의 이분법적 도식이 명확히 전해진다.[21]

학력사회와 자기자식 평가

부모들이 육아상담을 할 때 자기자식에 대한 평가를 동시에 실시하는 것도 매우 흥미롭다. 부모들은 자식 한 명 한 명의 개성과 재능을 인정하

---

21 「육아체험담(1등 당선) 임신과 산파」,(『연대시보』 7권 6호, 오카야마현 사회사업협회, 1927)를 비롯하여 당선된 육아체험담은 전문가와 아마추어의 도식에 기반을 두는 것이 대부분이었다.

는 한편, 천재아 · 열등아 · 조숙아 · 우수아라는 형태로 또는 학교성적으로 자식을 평가한다. 예를 들어 '5권의 심상독본尋常讀本을 모조리 외우고 산술도 마찬가지로 암산이 가능'한 천재아 혹은 '심상 1학년인데도 성적불량으로 낙제'한 저능아라는 방식으로 구분한다. 여기에는 중등교육 입학시험을 실시로 채용된 선발시험에 의한 어린이 평가, 즉 어린이집단 속에 우등생과 열등생이 있는 것을 당연시하는 상대평가적인 어린이 평가에는 부모가 자식을 보는 시선이 드러나 있음을 읽어낼 수 있다.

이와 같은 배경에는 1900년대 초기 심리학자들에 의해 미국으로부터 도입된 교육측정운동과 거기서 이루어진 상대평가에 의한 어린이 평가라는 것이 작동하고 있었다. 1926년大正 15에 이와 같은 운동지도서로서 다나카 간이치田中寬一의 『교육측정학敎育測定學』[22]이 간행되었다. 또한 1927년에는 '학교교사 또는 학교의사의 의견에 따라 선발 파견된 소위 저능아동'과, '중류 혹은 그 이상의 가정에서 어머니가 데리고 상담소에 온 아동'에 대해 '신체상 및 정신상의 검사를 시행'하는 기관으로서 오카야마 아동상담소가 개설된다.

자기자식이 놓인 위치를 전문가에게 객관적으로 확인하고 싶은 부모의 교육요구에 근거를 두면서 상대평가적으로 자식을 보는 견해가, 특히 '중류 혹은 그 이상의 가정'의 부모들 속으로 침투되어가고 있었던 것이다. 게다가 그 검사 결과에 의거하여 '교육상 및 직업상 지도상담'을 하는[23] 인재분배를 정당화하는 어린이 평가를 교육 장소에 반입하기도 했다.

---

22 다나카 간이치, 『교육측정학』, 松邑三松堂, 1926.

23 오카야마 아동상담소(1928) 등 아동상담소에서 실시한 조사는 그러한 목적을 지니고 있었다.

또한 『부녀신문』 지상에서 전해지는 육아의 성공과 실패 체험담에는 의미심장한 동요를 엿볼 수 있다. 실패를 이야기하는 부모는 그 원인을 자식의 '소질'에서 찾으며 원래 자식의 '소질'이 나빴다는 숙명론으로 귀착한다. 그에 비해 성공담을 말하는 부모에 의하면 육아의 성공과 실패를 나누는 것은 가정교육의 좋고 나쁨에 따른 것으로 부모의 힘에 신뢰를 걸었다. 앞에서 서술한 것처럼 신중간층의 부모들은 교육에 의한 계층상승과 보다 나은 생활에 대한 소망을 강력하게 지닌 사람들이었다. 그러나 제1차 세계대전을 지나면서 신중간층이 대중화되는 상황 속에서는 상승할 수 있는 부분과 상승할 수 없는 부분이라는 분해가 일어난다.

상승할 수 없는 사람들은 현실적 장애로 경도되기보다는 '소질'이 나쁘기 때문이라는 체념의식이, 그리고 한편으로는 상승루트를 따라 다시 오르려는 의식이 생겨난다. 그러한 의식은 자본주의사회의 발전 속에서 노동의 분업화가 요구되는 인재분배와 그것을 정당화하는 '적재적소' 이데올로기에 호응하는 것이기도 했다. 제2세대 부모들이 자식에게 몸에 익히게 하고 싶은 것으로 이야기하는 교육목표도 또한 '시간을 낭비하지 말라'는 '근면'의 모럴과, '독립자영自營의 정신'이라는 자본주의사회 속에서 요구된 모럴이나 태도인 것도 이와 관련되어 있었다.

이 시기 중등교육을 중심으로 하는 '입학시험문제'로 사회문제화되는 학력경쟁은 상승하는 계층과 함께 상승할 수 없는 계층을 창출했는데, 그러한 현실을 사회문제화시키지 않겠다는 의식구조가 부모들 사이에서는 형성되고 있었다. 그것은 육아상담과 육아체험담을 통해 읽어낼 수 있다.

동심주의적 어린이관

그러면 열성적인 교육열을 가진 신중간층이 어째서 그것과는 상반되는 것처럼 보이는 동심주의 최초의 담당자이기도 한 것일까. 또한 어린이에 대한 착안과 어린이의 독자성에 대한 인식의 표명이기도 한 동심주의가 학력경쟁이 격화되는 1910년대 말부터 20년대에 걸쳐 신중간층의 부모들에게 왜 환영받았던 것일까. 동심주의적 어린이관이 이야기되는 시기는 학력경쟁이 확산되는 가운데 육아체험담이 성공과 실패로 분화되는 시기이기도 했다. 이것을 부모의 교육의식에 맞춰 생각해보면 어떠한 것이 보이게 될까.

학력경쟁의 격화 속에서 제2세대 부모들은 교육열이 고조되는 한편, 자기자식이 반드시 학력경쟁의 승자가 될 수 없는 것, 그리고 학력경쟁이 자식에게 해를 끼치는 것을 의식하기 시작했다. 제2세대 부모들이 소질이 나쁘다고 육아의 '실패'를 이야기하면서도 여전히 열성적인 교육열을 가질 수 있는 이유는 동심주의로의 경도에서 찾을 수 있다.

소질과 학력, 지력知力에 의한 사회적 성공과 지위와는 다른 차원에서 어린이에 대한 가치파악에는 '동심'이라는 것이 있었다. '동심'의 발견이란 어린이 마음과 내면이라는, 즉 학력으로는 가늠할 수 없는 부분에서 어린이라는 존재 그 자체에 가치를 두는 아동의 발견이었다. 자기자식이 반드시 사회적 성공과 지위에 연관되는 학력경쟁에서 승자가될 수 없다고 해도 그 아이에게는 다른 가치가 있다고 보는 동심주의로열성적인 교육열을 가진 부모들이 경도되는 것에는 이유가 있었다.

신중간층의 부모들은 학력의 가치, 특히 보다 나은 생활을 개척하는 '재산'으로 학력의 가치를 인정하는 한편, 심성 부분에서는 '동심'이라는 가치 쪽으로 마음이 기우는 부모들이었다. 그러나 어린이 마음의 독자성이나 어린이라는 존재의 보편적 가치를 인정하는 동심주의는 어린이를 추상적으로 파악하는 것에서 학력사회라는 현실이 지닌 모순을 은폐하는 역할을 수행한다. 1923년大正 12의 『부녀신문』(1197호)에 게재된 입학난을 둘러싼 어떤 어머니의 동요는 그것을 말해준다.

'학교교육만이 교육의 전부라고 생각하지' 않는다는 어머니는 '하나의 자신감 아래'·'가엾게도 자식의 심신을 깎아내는' 수험준비는 시키지 않겠다는 '방법을 취할 작정'이었다. 그러나 '자식이 산술을 할 수 없는' 것을 보고 마음이 약해져 '평정심을 간판으로 내세우고 있었던 나도 이때부터 어느 절박한 영역으로 들어가버린다.' 그래서 결국 '학교에 의지하지 않고 각자가 믿는 교육방침을 취하는 것은 참으로 좋은 것'이지만, '이것은 특별히 훌륭한 자신감을 가진 부모라든가 또는 특별한 처지에 있는 어린이에 의해 비로소 잘 실행될 수 있는 것'으로 '보통 가정에서는 자녀교육을 대개 학교에 의지할 수밖에 없다'고 결론짓는다.

이 어머니는 '애처로운 아이'라는 동심주의적 어린이관을 갖는 것에서 그 어린이의 심신에 상처를 주는 학력경쟁에 대해 비판적 시선을 갖게 된다. 그러나 학력경쟁에 대한 반발을 가지면서도 '학교에 의지할 수밖에 없는' 어머니는 개인교사를 붙이는 것으로 해결 방법을 찾는다. 동심주의적 어린이관은 어린이 존재의 보편적 가치를 인정함과 동시에 가정이라는 울타리 속에서 자식을 지키겠다는 양면성을 띠고 있었다(제2부 제2장).

제2세대 부모들은 자기자식의 행복한 장래를 원하고 그 소망을 실현시키려고 할 때 인격형성과 모순되는 학력경쟁이라는 경쟁원리에 자기자식을 내놓지 않으면 안 되는 모순으로 인해 고민하기 시작했다. 또한 자기자식에게 관심을 집중시키는 부모들은 그런 까닭으로 열성적인 교육열을 가지면서도 자기자식이 학력경쟁의 승리자가 될 수 없을지도 모른다는 불안감을 안고 있었다. 그러나 자기자식이 학력경쟁 속에서 승리자가 될 수 없을지도 모르지만 학력과는 다른 동심, 순진무구라는 가치를 지니고 있다고 생각했다. 그 순진무구라는 가치를 속악한 사회로부터 격리시켜 지킬 필요가 있었다. 부모들은 이와 같은 형태로 열성적인 교육열을 가지면서 자기자식을 교육적 시선 아래에서 관리하는 것으로 노력을 집중시켜갔던 것이다.[24]

24　히로타 데루유키(『일본인의 예의범절은 쇠퇴했는가―'교육하는 가족'의 행방日本人のし つけは衰退したか―'教育する家族'のゆくえ』, 講談社現代新書, 1999, 57~67쪽)는 "신중간층의 교육의식은 굳건한 것이 아니라 모순을 포함하고 있다는 사와야마의 주장에는 동의한 다"고 하면서 학력주의와 동심주의 사이에는 또 하나 "어린이는 순진무구 = 무지하기 때문에 조기부터 엄격하게 예의범절과 도덕교육을 실시하고 바른 인격과- 생활규율을 몸에 익히게 한다는 엄격주의라고도 말해야만 하는 것이 존재한 것은 아닐까"라고 한 다. 또한 학력주의, 동심주의, 엄격주의라는 서로 모순·대립하는 세 개의 지향성을 지 닌 것은 "어린이에게 관용적일 것이라는 지향과, 엄격하게 가르치고 싶다는 지향과의 갈등과 인격형성을 학교교육에 기대하고 싶은 생각과 당면한 수험준비를 학교에 요구 하고 싶다는 사고 사이에서의 부모의 망설임 등, 그 후의 '자기자식의 교육방침에 관한 고민'의 기원"이 된다고 지적하고 있다. 게다가 히로타는 신중간층의 부모들은 본래 모 순된 '세 개의 목표를 모두 자기자식에게 실현시키려고 하고', '완벽한 어린이 = perfect child'를 '만들려고' 한 것, 또한 "동심주의·엄격주의·학력주의의 어딘가로 기울어갔 다고 해도 거기에는 유례없을 만큼 '교육의 의지'가 강렬하게 작동하고 있었다"고 한다. 그러나 히로타가 분석 대상으로 삼고 있는 것은 『가정 및 학교家庭及學校』라는 잡지의 논설 등 교사의 주장, 그리고 작가인 노가미 아에코, 심리학자인 쓰유타 시즈시露田靜志 등 당시 유명인의 논리였다. 분명히 하토야마와 다나카가 지향한 것은 '완벽한 어린이' 이고 거기에는 교육시키려는 의지가 강렬하게 작동하고 있었다고 말할 수 있을 것이 다. 그러나 대중화된 단계의 신중간층 부모들의 목소리에 맞춰 살펴보는 한 거기서 엿 볼 수 있는 것은 오히려 '완벽한 어린이'를 지향한 것과 교육시키려는 의지의 현실의 곤 란함에 대한 의식, 그리고 학력주의와 동심주의 사이에서 흔들리는 심정이다. 이 점에 대해서는 사와야마 미카코, 「교육가족의 성립과 전개」(구라치 가쓰나오·사와야마 미카 코 편, 『남성과 여성의 과거와 미래』, 世界思想社, 2000)를 참조하기 바란다.

육아에 대한 부담감

제2세대 부모들의 동요가 일어나는 또 하나의 배경에는 신중간층을 사는 사람들의 어려운 생활이 있었다. 『부녀신문』 지상에서는 육아상 담과 더불어 학비상담과 가계상담, '교육은 물론 생활조차 곤란한 상황' 에서 오는 피임상담이 등장한다. 이 시기 활발히 이야기되는 '문화생활' 이나 '문화'는 실생활의 빈곤함을 보충하여 한시라도 현실을 잊기 위한 것이었다고 한다.[25] 1920년 이후 『부녀신문』 기자가 서술하듯이 "생존 경쟁이 심각한 생활난의 목소리가 높은 시기에 자식을 낳는다는 것은 확실히 신중하게 잘 생각해야 할 일"(1918호)이라고 전한다.

어머니의 입장에서도 육아가 부담이라고 느끼는 상황이 생겨나고 있 었던 것이다. 소비 중심의 가정에서 생활비를 절약해야만 하는 필요성과 가정 안에서 가족이외의 타인이 끼어드는 것을 부담스럽게 여기는 프라 이버시의 중시,[26] 교육을 받지 않은 아이 돌보는 사람이나 가정부에게 맡 기는 것을 '교육상 해악'이라고 여기는 교육의식[27]은 가정부와 아이 돌보 는 사람을 가정 밖으로 내몰게 했다. 그러한 상황 속에서 어머니 한 사람

---

25 아사히신문사朝日新聞社, 『주간 아사히백과 일본의 역사 근대 Ⅱ-② 현대 서민생활의 원형 4週刊朝日百科 日本の歴史 近代Ⅱ-② 現代庶民生活の原型4』, 朝日新聞社, 1988, 35쪽.

26 예를 들면 『부녀신문』(807호, 1915)에는 부부와 세 명의 자식으로 가족을 구성하는 '봉급 생활자' 아내의 '가정부가 없는 간이생활'의 실행이유가 다음과 같이 서술되어 있다. "보통은 가정부를 두지만 가정부를 두면 비용도 많이 들고 동시에 신경을 쓰지 않으면 안 되기 때문에 과감히 두지 않기로 했습니다."

27 「어머니와의 5분간」(이소노磯野 이학자 법학사 부인 치요코千代子, 『부녀신문』 887호, 1917)에는 "아이 돌보는 사람이나 가정부를 두는 것이 어떤까 하면 어린이를 속여 곤란 합니다. 거짓말을 아무렇지도 않게 생각하는 습관을 순진한 아이에게 심어주어 매우 교육상 해가 된다고 생각합니다. (…중략…) 이렇게 생각하면 지식이 없는 아이 돌보는 사람이나 가정부에게는 좀처럼 맡길 수 없습니다"라고 되어 있다.

에게만 육아를 맡기는 것은 육아 부담을 갖게 하는 심성과 필요 이상으로 육아에 대한 노고를 피하고 싶다는 양면적인 심성을 낳게 되었다.[28]

그와 동시에 부담스러운 일이기 때문에 육아 그 자체의 의미에 자각적이지 않으면 안 되었다. 1925大正14의 『부녀신문』(1304호)에 실린 투고 기사로 「어떤 어린이에 대한 고찰」이라고 제목을 붙인 '애독자의 경험'은 그러한 제2세대 부모들의 육아의식을 잘 드러낸다. '니가타新潟현의 히사코久子'라 불리는 어머니는 '다나카 요시코 부인의 이야기를 읽을 때마다 부럽고 울지 않을 수 없는' 4살 어린이를 가진 어머니였다. 어째서 다나카의 이야기가 부러웠을까. 히사코는 다음과 같이 말한다.

> 볕이 잘 드는 잔디밭을 갖고 싶고 정돈되고 마음이 편한 어린이방을 갖고 싶고 보다 좋은 장난감이 필요하고 좋은 친구가 필요합니다. 자식에 대한 태도는 그렇지 않으면 안 된다고 독서를 통해 이상과 지식을 많이 발달시켰습니다만 그에 반해 현실은 얼마나 격차가 큽니까. (…중략…) 불편하고 침침한 집에는 그 애들이 놀기에 적당한 방도 하나 없고 햇볕을 쬐며 놀 수 있는 공터도 근처에서는 찾아볼 수 없습니다. 막과자나 잡화를 파는 시골 마을의 지저분한 길거리와 가족이 친구이고 놀이터인 것입니다. 아무리 정성을 다해 대해주어도 4살

---

28 '여러분의 불평과 호소'의 장으로 마련된 '담화실'에는 각각 두 명, 한 명, 다섯 명의 아이를 둔 세 명의 어머니들이 육아를 부담이라고 느끼는 심성, 육아에 대한 필요 이상의 노고를 피하고 싶다는 심성이 다음과 같이 그려진다.
"실제 젖먹이 아이가 있거나 자신이 아이를 돌볼 때에는 기모노 등은 잠시도 입을 수가 없다. (…중략…) 그렇게 몇 명의 아이를 길러내기까지는 몸차림을 말쑥하게 할 때가 없네요. 그녀들은 게다가 7명의 아이를 길러내어 50년이 흘러 가장 밑의 아이가 학교에 입학한 부인을 가리키며 말한다. 길러냈다는 기쁨은 있어도 그 나이가 되어 남자와 구별도 할 수 없을 것 같은 기모노의 무늬를 아무리 새롭게 하여 몸에 걸쳐도 젊었을 때의 느낌은 나지 않는 것 (…중략…) 결국 여자는 하찮은 존재네요."(『부녀신문』 1326호, 1925)

된 철없는 장남은 그 친구와 마찬가지로 푼돈을 갖고 싶어 하고 (…중략…) 듣기에 참을 수 없는 야비한 말을 기억합니다. 나는 아직 소위 '며느리'의 신분으로 모두 노력으로 얻을 수 있었던 권리 (…중략…) 자식들의 옷과 음식에 대해 7할가량의 권리 이외에 집안일의 개선에는 아무런 힘을 쏟지 못하고 있습니다.

'자택의 놀이방'(〈그림 31〉)을 소유한 다나카의 환경과 히사코의 현실과는 큰 낙차가 있었다. "자식을 생각하는 성심은 누구에게도 뒤지지 않는다고 생각합니다. 어쩌면 그토록 노력을 많이 해도 보람이 적고 딱한 처지"라고 한탄하는 히사코는 '아무리 고생을 해도 보통 이상의 건강아로 키울 수 없다'고 마음속으로 맹세한다. 그리고 '싫어하는 것을 달래어 (…중략…) 이 닦는 것을 게을리 하지 않는다'는 '지극히 작은 노력'에 대한 '보답'을 받을 수 있음에 '자신감을 가지고', '다른 젊은 어머님에게 말씀드린다'고 했다.

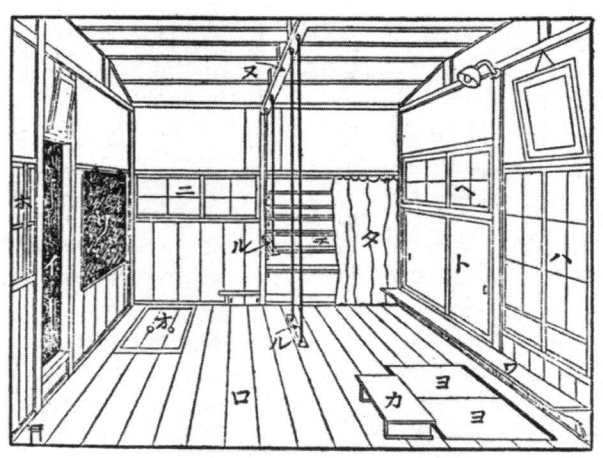

〈그림 31〉 다나카의 〈자택의 놀이방〉
(공부방의 구석에 마련된 세면의 유리창이 있는 다타미 8장의 밝은 방, 『부모마음 자식마음』)

이상과는 거리가 먼 현실상황 속에서 자신의 의도적이고 열의 있는 행동 효과가 드러나는 장소에 노력이 집중된다. 또한 이상과 현실 사이에서의 차이는 자신의 열성적인 행동이 자식에 대한 교육작용의 전부라고 여기는 심리를 낳게 한다. 여기서 드러난 것은 자기자식을 '보통 이상'으로 키우는 것이 목표이고, '양육의 마음고생과 외부의 압박'은 '자식들이 천진난만하게 웃는 얼굴과 순진한 행동들을 봄으로써 충분히 보상받는다'는 동심주의로 경도된다.

'보통 이상'이라는 어머니 자신에게조차 그 내실이 파악되지 않는 교육목표, 그 교육목표 아래 '언젠가는 행복한 기대 이상의 보답을 받을 수 있음'을 믿고 어머니들은 육아에 자신의 노력을 집중시켜나간다. 여기서 자식의 장래를 걱정한다는, 말하자면 흔히 있는 소망을 통해 '보통 이상'으로 자식에 대한 기대감이 파고들어가는 회로를 발견할 수 있다. 그것은 교육가족의 출발점이 강렬한 자기자식 의식의 귀결이기도 했다.

자기자식에서 사회의 자식으로

교육가족의 담당자가 된 어머니들의 대부분은 고등여학교라는 폐쇄된 공간에서 '소녀'기라는 모라토리엄moratorium 시기를 경험하고[29] 성별 역할분담 가족의 아내나 어머니가 되는 교육을 받은 여성들이었다.

---

[29] 혼다 마스코本田和子, 『이문화로서의 어린이異文化としての子ども』, 紀伊國屋書店, 1982; 혼다 마스코, 『여학생의 계보─채색되는 메이지女學生の系譜─彩色される明治』, 紀伊國屋書店, 1990; 와타나베 슈코渡部周子, 『'소녀'상의 탄생─근대 일본에서 '소녀'규범의 형성少女像の誕生─近代日本における'少女'規範の形成』, 新泉社, 2007.

그녀들은 가정이라는 폐쇄된 공간에서 육아를 통한 자아실현의 기대를 걸었다. 그 육아는 공동체적인 '보통'을 부정하고 공동체 해체 이후의 현실을 자립해서 살아갈 수 있는 능력형성, 인격형성과 학력형성의 통합을 목표로 한 것이었다. 그러나 학력경쟁의 격화 속에서 그 실현의 어려움은 어머니 자신도 내실을 파악할 수 없는 '보통 이상'이라는 끝이 없는 교육목표로 향하게 된다. 또한 어머니의 자아실현에의 요구를 겸비하고 자식교육에 대한 지대한 관심은 학교에 가족을 종속시키는 학력지향을 보다 강화시키게 되었다.

이 시대는 '문화생활'을 이상으로 삼는 생활의식의 등장에서 드러나듯이 항상 변화하는 새로운 도시적 생활양식과 생활리듬이 일상생활로 들어가기 시작한 시대, 말하자면 자식을 키우는 환경이 충동적이고 항상 새로운 문제를 맞이하는 시대의 출발이기도 했다. 이처럼 가정의 외측에서 초래되는 환경변화에 한 사람 한 사람의 어머니가 육아에 대한 지식을 가지고 대응하는 상황은 자기자식 의식의 강력함과 더불어 전문가의 육아지식이나 학교에 대한 종속이 보다 강화된다.

그러나 동시대 이미 교육가족이 가진 이러한 문제들, 특히 교육관심의 대상이 '어린이' 일반이 아닌 자기자식으로 한정된 교육가족이었던 것에 대한 문제가 지적되고 있었다. 오카야마의 『연대시보』(9권 5호, 1929)에는 사랑하는 아이의 육아체험담과 더불어 이미 교육가족의 문제를 지적하는 다음과 같은 주장을 엿볼 수 있다.

20세기는 아동의 세기라고 합니다……. 그러나 그것을 자세히 관찰해보면 개인으로서는 어린이의 양육을 꽤 열심히 생각하고 있는 사람이라도 사회인으로서 어린이에 대해 많은 책임을 수행하고 있는 사람은 적은 것입니다.

(…중략…) 즉 일본은 '개인적으로는 이미 아동을 발견하고 있지만 사회적으로는 아직 아동을 발견하지 못하고 있는' 것입니다.[30]

사적 소유를 원리로 하는 자본주의의 발달 속에서 '발견된 아동'은 '사유'·'사물화'의 대상으로서 자기자식이었지 아동 일반은 아니었다. 여기서 기술된 가정이라는 소우주 속에서 사적인 어린이관의 극복과 사회적인 아동의 발견—사회적 아동으로서의 어린이관, 어머니의 교육력에 의해서만이 아닌 사회 속에서 아동은 자란다는—은 여전히 과제로 남아 있다.

---

30 아카자와 겐이치赤澤乾一, 「어린이를 사회적으로 발견하라―도시와 아동유원지」, 『연대시보』 9권 5호, 1929.5.

제4장 **'모성'과 '부성'**

'남녀협력'과 '부모성'

1. '모성'·'부성'의 등장

'모성'·'부성'론의 특징

출산과 육아에서 남성과 여성의 역할관계를 말할 때 모성이나 부성이라는 말을 사용하는 것이 오늘날에는 아주 일반적이다. 그러한 의미에서 모성과 부성이라는 말은 일상어가 되었다. 그러나 흔해 빠진 일상어가 된 감이 있는 이 말의 역사는 의외로 오래되지 않았다.

'모성'이라는 말이 번역어로서 등장한 것은 20세기 초 1910년대의 일이다.[1] 그때까지 온나女·여자·부인이라는 표현에 섞여 여성이라는 말이 사용되는 이 시기에 번역어로서 '모성'이라는 말이 등장한다. '어머니다운 기능'과 '본성'을 연결시켜 만든 말이 '모성'이었다. 거기서 여

---

1   사와야마 미카코, 「근대 일본의 '모성' 강조와 그 의미」, 인간문화연구회 편, 『여성과 문화―사회·모성·역사』, 白馬出版, 1979.

성의 신체는 무엇보다도 '어머니다운 기능', 즉 자식을 낳는 생식기관을 가진 '낳는' 신체로 간주되어 '낳는' 것이 여성의 '본성'이라고 여기게 되었다. 게다가 '모성'이라는 말은 '사랑'이라는 말과 연결시킴으로써 급속히 사람들의 지지를 얻게 되었다. '모성애'라는 말이 일상어로서 보급되기 시작한 것은 일본에서 소산소사형 사회로의 출발점에 해당되는 1910~20년대의 일이다.[2]

앞서 언급한 것처럼 1910~20년대라는 시기는 신중간층의 대두를 배경으로 성별 역할분담 가족이 등장하는 시기이기도 하다. 성별 역할분담 가족의 남성 = 아버지와 여성 = 어머니의 역할이, 특히 '부성'·'모성'이라는 형태로 구별되고 출산·육아에서 남성과 여성의 관계가 '모성'·'부성'이라는 말로 표현되기 시작한다(제1부 제4장). 그 중요한 담당자는 신중간층의 사람들이었다. 그들은 당시 '봉급생활자'라고도 불리는 샐러리맨층이었고 전 인구의 겨우 6%에 불과했는데,[3] 이들 신중간층적인 육아세계가 다른 계층으로 확산되어가는 과정이었다. 그러한 의미에서 이 신중간층의 모성과 부성의 세계는 주목할 만한 가치가 있는 것이다. 그럼 거기에는 모성과 부성을 둘러싼 어떠한 세계가 전개되고 있었던 것일까.

그런데 남성 = 아버지와 여성 = 어머니의 역할 차이를 설명하는 논의 그 자체는 '모성'·'부성'론에 이르러 처음으로 등장한 것은 아니다. 근세의 여훈서에는 천지음양과 상하존비를 전제로 한 '음양화합설'에 기반을 둔 남녀의 역할 차이가 논의되었고, 메이지의 계몽기 '현모'사상에서도 남녀의 역할 차이가 설파되었다. 전자의 논리에는 '하늘天'과 '태양陽'이라는 점에서 어머니보다 위에 존재하는 아버지의 육아 역할에 대한 중

---

2   사와야마 미카코, 「모자관계사로 본 모성」, 『준세이단기대학 연구기요』 13호, 1988.
3   오하시 다카노리, 『일본의 계급구성』, 岩波書店, 1971, 60쪽.

요성이 강조되었다. 그리고 후자에는 "남성과 부인의 감성이 각기 다르다"[4]며 남녀의 역할분담을 당연시하면서도 남녀에게 각각 고유의 영역을 허용하고 어머니와 함께 아버지의 육아 역할이 설파되었다.[5]

'모성'・'부성'론은 성별 역할분담을 설명하는 점에서 이들 사상의 변용이었다. 그렇지만 이들 사상이 아버지의 육아 역할을 중시한 것에 비해 '모성'・'부성'론은 생물학의 성차론을 근거로 아버지 역할의 왜소함을 주장한 점이 크게 다르다.

그렇다면 어째서 이 시기, 성차에 기반을 둔 '모성'・'부성'론이 전개될 필요가 있었을까. 그리고 신중간층의 가족은 거기서 무엇을 요구했던 것일까. 남녀의 성차를 근거로 어머니의 육아 역할을 설파하는 모성애론[6]을 단서로 살펴보고자 한다.

독자의 편지

서장에서는 시모다 지로의 저서 『태교』에 실려 있는 독자가 보낸 편지의 일부를 다루었는데 여기서는 추신을 제외한 전문을 인용해보기로 한다.

> 배계拜啓
>
> 장남을 임신한 지 3개월이 되었을 때 저의 월급이 적어서 아내가 내직을 하고

---

4 새뮤얼 스마일스Samuel Smiles, 나카무라 마사나오中村正直 역, 『서양품행론西洋品行論』, 珊瑚閣, 1878~1880.

5 히라카와 스케히로平川祐弘, 『개국의 작법開國の作法』, 東京大學出版會, 1987, 170~172쪽.

6 육아론에 나타나는 성차론을 '모성애'에 큰 의미를 부여하고 있는 점에서, 이하 모성애론이라고 한다.

있었는데『태교』라는 책을 강독할 여유가 없어 매우 고통을 느끼고 있었습니다. 그러나 자식에게만은 많은 양육의 기회를 주고 싶어서 마침 선생님으로부터 증여받은『태교』를 아내는 장남이 태어날 때까지 두 번, 차남이 태어나기 전후로 여섯 번 숙독했습니다. 우리들의 생활에는 여유가 없지만 정신적으로는 어느 정도 여유를 가질 작정입니다. 자식의 양육에는 최선을 다해 노력하여 어떤 마음고생이 있다 하더라도 가족 모두가 허위나 협박을 가하는 등 자식에게 해를 끼치는 일은 절대로 하지 않을 방침으로 오늘날까지 살아오고 있습니다.

추신

따로 보내드리는 책에 1월 28일 촬영한 자식의 사진 한 장을 보내드립니다. 한번 봐주시면 진심으로 행복하겠습니다.

1920년 5월 5일[7]

이 편지를 보면 남길 재산도 없는 소월급의 '봉급생활자'이지만 '자기 자식에게만은 많은 양육의 기회를 주고' 싶다는 의식, '자식의 양육'에 대해서는 '가족일동'이 '허위, 협박, 그밖에 자식에게 해를 끼치는 일은 어떠한 마음고생'이 있다 하더라도 하지 않겠다는 교육가족적 심성, '자식 사진'에서 드러나는 사랑하는 아이에 대한 시선 등을 읽어낼 수가 있다.

시모다는 1899년^{明治} 32부터 1936년^{昭和} 11까지 도쿄여자고등사범학교의 교육학 교수로 강력한 영향력을 가진 인물로서 모성애론의 가장 영향력이 있는 논자였다. 그의 저서『태교』와『어머니와 자식』은 당시 모두 베스트셀러가 되었다.『태교』는 1913년^{大正} 2부터 1923년^{大正} 12까지

---

7   시모다 지로,『태교』(45판), 實業之日本社, 1925, 12쪽.

45판, 그 자매편인 『어머니와 자식』은 1915년大正 4부터 1927년昭和 2까지 21판을 냈고, 1938昭和 13에는 여학교 학생이 쓴 작문 중에서 어머니에 관한 것을 엄선하여' 넣은 『모성독본母性讀本』을 출판한다. 그렇다면 당시 시모다의 모성애론이 왜 환영받았던 것일까. 모성애론과 신중간층 가족의 육아에 대한 기대와 관련하여 생각해보기로 하자.

이 편지에서 아내는 시모다의 『태교』를 '장남이 출생하기까지 2회, 차남이 출생하기까지 6회 숙독'했다는 것과 생활에는 여유가 없지만 정신적으로는 '약간의 여유를 가질 작정'이라고 기록하고 있다. 이 부부는 '이 책을 태교 실행의 일부로서', '정신상 햇볕을 쬐고 있는 것 같은 기분'으로 읽어주기를 바란다는 『태교』의 충실한 실천자였다. 그렇다면 신중간층의 가족이 『태교』라는 책의 실천에 쏟은 기대란 무엇이었을까. 시모다는 『태교』가 필요한 이유를 다음과 같이 서술한다.

> 겨우 280일간의 태교는 이후 수십 년의 긴 시간과 많은 노력과 비용으로 실시되는 교육에 필적할 만한 것으로 이에 뒤지지 않을 만큼의 효력이 있는 것을 생각하면 태교를 잘 하는 것은 훌륭한 인간을 만드는 매우 경제적인 방법이라고 말하지 않을 수 없습니다.[8]

여기에 나타난 육아와 교육에는 많은 시간이나 노력과 비용이 든다는 육아의식이 엿보인다. 그것은 편지에 기록된 '자식에게만은 많은 양육의 기회를 주고 싶다'는 육아의식과 서로 중첩되어 있다. 게다가 이러한 육아의식을 지니면서도 물질적 여유가 없는 부부에게 겨우 280일간

---

8   제1판 「서문」, 『태교』에서.

의 태교는 태어나서부터 많은 '노력과 비용'에 의한 '교육'에 뒤지지 않을 만큼 '효력'이 있는 '매우 경제적인 방법'이라고 설파하는 시모다의 『태교』는 제법 매력적이었을 것이다.

또한 시모다의 태교에서는 정신이 신체에 미치는 영향, 그중에서도 특히 위협이나 공포심 같은 감정은 신체의 기능을 위축·감퇴시키는 것으로 위험시되었다. 이 가족이 '허위나 협박'에 주의하려고 한 것도 바로 이 때문이다. 말하자면 이 편지에는 신중간층의 가족이 자식에게 쏟은 기대와 그 기대를 실현시키는 것으로써 시모다의 모성애론에 대한 기대가 이중적으로 묘사된 것이다.

모성애론의 구조

시모다에 의하면 "태교란 모체라는 대자연이 태아에게 주는 자극과 감수성을 연구하여 태아에게 우량한 모체를 유지시키는 것"이었다. 모체는 무엇보다도 우수한 아이를 낳는 '모체', 태아에게는 환경이라고 적혀 있었다. 또한 수태에 대해서는 "남성의 정자는 스스로 운동하여 1분간 1미리에서 8미리 정도 앞으로 나아가는데 난자가 있는 곳에 겨우 도달하여 수태작용을 완료한다"고 설명한다. 수태는 정자의 능동성과 난자는 정자가 도달하기를 기다린다는 점에서 남성은 능동적, 여성은 수동적이라는 근대사회의 남녀 젠더질서로 설명되었다. 게다가 '부부의 성생활은 오직 훌륭한 자손을 낳기 위함'이었고 우수한 아이를 낳기 위한 성과 생식의 일치가 요구되었다.

그런데 시모다가 제시한 모성과 모성애 이미지는 저서에 첨부된 회

〈그림32〉 엘리자베스 비제르브룅 부인의 자화상
〈어머니와 딸〉[6]

화와 조각의 이미지(〈그림 32〉)와 잘 어울리면서 강렬하게 작용했다. 그러나 한편으로 출산·육아의 구체적인 내용과 현실적인 조건에 대해서는 추상적이고 생물학적 레벨에서의 자웅관계로만 이야기된다.

시모다는 유성有性의 생물계 일반의 수컷과 암컷의 차이 —'꽃도 수꽃이 빨리 시들고 암꽃만 남는' 것과, '곤충도 수정이 끝나면 숫벌레는 쓸모가 없는' 것 — 에서 암컷의 출산 쪽의 성을 강조하고 수컷의 역할을 경시한다.[10] 또한 생물의 진화에서 최고 단계에 포유류를 자리매김 시키는 것으로 어머니의 '포유'에 큰 가치를 부여하고, "고등동물에서도 임신·포유는 어머니에게만 있는 것으로 아버지에게는 없습니다. 즉 생식에 필요한 부담은 여성 쪽이 남성보다도 훨씬 큽니다"라고 서술한다.

말하자면 생물계 일반과 포유류의 암컷과 수컷의 차이를 근거로 수컷인 아버지를 배제하는 논리가 전개된다. 그런데 생물학적 차이를 강조하는 것만으로 어머니의 역할은 임신, 출산, 수유의 기능으로 한정된다. 여기서 여성을 장기간에 걸쳐 어머니 역할에 종사하게 만들기 위해 제안된 것이 '모성'과 '사랑'의 결합, 즉 모성애의 논리였다. 인간의 어머니는 임신·출산·수유라는 '생리적 모성'뿐만 아니라 '진정한 사랑'·

9   시모다 지로, 『어머니와 자식』, 實業之日本社, 1927.
10   위의 책.

'모심母心'을 갖는다. 인간의 어머니 경지에 이르러 처음으로 '모성애'가 생긴다는 것이다.

거기에는 다음과 같은 논리가 전개된다. 인간이 아이를 한 번에 한 명밖에 못 낳고 게다가 '미성숙'한 상태로 낳는 것은 '어머니의 사랑을 하나로 집중시켜' '사랑을 발휘하게 하는 시간'을 길게 하기 위한 것이다. 그러므로 어머니의 특징은 모성애를 가지고 '오랫동안' 육아를 맡는 것이다. 또한 그 육아는 생리적인 것과 함께 '윤리적으로는 사랑'이라는 가치가 부여된 '포유'로 시작된다. 그러므로 '어머니와 자식의 관계'는 중요하고 육아는 어머니의 역할이 된다.

"남녀의 심신 두 방면에는 커다란 차이가 있고" 여성의 신체는 자식을 낳기 위한 신체로밖에는 해석할 수 없다." 그러므로 "여성의 천직은 자식을 낳아 어머니가 되는 것밖에 없다. 원칙적으로는 반드시 결혼해서 어머니가 되는 경위를 밟아야만 하고, 또한 어머니가 되지 않으면 안 된다"[11]고 시모다는 주장한다. 여기서 '독신생활'과 '자식을 낳지 않는 여성, 어머니가 되지 못한 여성', '가족을 버리고 직업을 갖는 것'은 '자연의 기대에 위반되는' '예외'라고 되어 있다. 바꾸어 말하면 남녀의 생물학적 · 신체적 차이와 진화이론으로 여성의 역할, 라이프코스, 어머니와 자식의 관계를 일원화시키고 성별 역할분담 가족을 정당화하는 이론, 그것이 바로 모성애론이었다.

게다가 생물학적인 자웅의 차이를 근거로 어머니 역할의 비대화와 아버지 역할의 배제는 다른 한편으로 공적 영역기업 · 사회 · 국가으로의 아버지의 수용과 어머니의 배제를 의미하고 있었다. 그렇게 생각하면

---

11 위의 책.

사실 시모다가 모성애론에서 공적 영역에 대해 언급하지 않는 점은 의미가 있다. 시모다는 말하지 않는 것으로 사적 영역의 여성과 공적 영역의 남성이라는 성별 역할분담을 정당화했다고 말할 수 있을 것이다. 그러나 그것은 어머니와 아버지 둘 다 일면적 세계의 전개를 의미하는 것이었다.

게다가 모성애론이 유포되는 과정에서 수태·임신·출산·수유라는 '모성'의 생물학적 측면과 어머니의 자식에 대한 감정이라는 사회적·문화적 측면은 혼용되었고, '모성'의 사회적·문화적 측면까지가 자연적·생리적인 것으로 간주되었다. 그 과정은 어머니 역할과 자식에 대한 감정이 역사의 산물인 측면을 잃게 하여 마치 초역사적으로 그랬던 것처럼 '상식'화되는 것이었다.

2. '모성애'의 이중성과 육아체험담

모성숭배와 자기희생

모성애론은 모성애를 강조하는 한편 어머니의 자기희생을 설파한다. "인간의 미성숙기라는 긴 시간은 어머니에게 도덕적 수양의 기회를 제공하고", "인내·동정·배려·친절이라는 4개의 덕목"을 부여했지만 그것만으로는 "위난·기근·질병 등의 위기 때 어머니는 자손을 남길 수" 없었다. 그렇기 때문에 "훌륭한 어머니는 위기에 처했을 때 희생심을 발휘하여 위험으로부터 자식을 구했다"는 것이다. 모성애론에는 자기희생이야말로 모성애의 표현이라고 논해지고 있고 모성숭배와 자기희생이 표리관계인 것으로 설파되어 있다. 『모성독본』에는 어머니의 자기희생을 찬미하는 여고생들의 작문이 다루어져 있다.

> 작년 겨울, 도쿄의 어느 한 학교에서 입학시험을 치르고 고향으로 돌아왔습니다. 어머니를 보니 어머니의 발, 손가락, 손톱이 모두 떨어져나가 있었습니다. 놀라서 사정을 들어보니 어머니가 말씀하시기를 '네가 시험에 통과할 수 있도록 수호신을 모신 사당의 신사와 텐만구天滿宮 님께 맨발로 찾아뵈었기 때문'이라고 하십니다. 아아 그 말, 깊이깊이 명심하고 그저 감격의 눈물을 흘릴 뿐입니다. 이곳은 산간지역이기 때문에 겨울에는 눈이 쌓여 좀처럼 없어지지 않습니다. 게다가 시험 무렵에는 매일 강설로 사당 주변 쥬요마치十餘町의 산에는 인적도 없습니다. 그 산속을 맨발로 왕래하면서 부모가 자식을 생각하는 일념으로 자신의 몸을 잊는 것은 누구나 그렇다고 말하지만 새삼스럽게 부모의 은혜가 광대함을 느낄 뿐입니다.[12]

시모다는 어머니의 자기희생이 자식교육에서 갖는 의미를 강조하며 "그러한 어머니의 자식을 보면 (…중략…) 성적도 좋다"[13]고 논한다. 어머니의 자기희생이 자식의 좋은 성적으로 연결된다고 설파하는 모성애론은 신중간층 가족의 자식교육에 대한 강한 관심과 딱 들어맞는 것이었다.

1924년大正 13 "부모들이 귀한 자식을 교육시키고 훌륭한 정신과 신체를 구축하기 위한 참고서로서 아주 드문 좋은 자료"로서 도쿄시 사회교

---

12 시모다 지로, 『모성독본』, 實業之日本社, 1938, 207~208쪽.
13 위의 책, 223쪽.

육과에서 발표한 육아체험담의 기록인 『사랑하는 아이의 예의범절과 육아』에 수록된 육아체험담 중 7살과 3살, 두 명의 남자아이를 둔 아버지는 다음과 같이 적고 있다.

육아를 위해서는 사업도, 능률도, 시간도, 위치도, 명예도 희생하지 않으면 안 된다는 것을 첫 번째 아이가 태어난 날 아내와 굳게 서약한 것입니다만.[14]

이 아버지의 말에서 드러난 것처럼 신중간층의 가족은 "자식교육을 위해 가정은 그렇게 하지 않으면 안 된다는 교육가족론"[15]을 가지고 육아를 위해 희생을 받아들이는 가족이었다. 이 아버지에 의하면 육아에서 '큰 역할을 수행해야만 하는 임무를 담당한 것'은 어머니이고 아버지는 그 어머니에게 '최대한 원조와 경의를 표해야만 한다'고 서술한다.

육아를 위한 희생은 특히 어머니에 의해 치러져야만 하는 것이었다. 모성애론은 산육권을 차지하기 시작한 어머니들에게 어머니 역할의 이론적 근거를 제공해주었고, 어머니들의 밀도 높은 육아를 모성애라는 말로 가치화했던 것으로 어머니들의 지지를 크게 얻었다. 그러나 어머니에 의한 산육권의 확립은 한편으로는 자기희생을 계승하는 것이기도 했다.

시모다의 『태교』가 베스트셀러가 된 1920년대의 육아체험담은 신중간층의 대중화를 반영하며 질적 전환을 맞이한다. 그것은 필자가 하토야마 하루코와 같은 저명한 어머니에서 신중간층의 일반주부로 바뀐 것만을 의미하지는 않는다. 저명인사 어머니들에 의한 체험담은 어린

---

14 도쿄시사회교육과, 『사랑하는 아이의 예의범절과 육아』, 實業之日本社, 1924, 36쪽.
15 나카우치 도시오, 「'신학교'의 사회사」, 편집위원회 편, 『총서 산육과 교육의 사회사 제5권―국가의 교사 민중의 교사』, 新評論, 1985, 94쪽.

이방과 장난감 등 이상적인 육아환경과 조건을 갖추는 내용이었다. 그에 비해 이 시기의 체험담은 신중간층의 대중화와 그 생활조건을 반영하며 '돈이 필요하지 않는 햇볕과 공기' · '절약과 인내의 사상을 자식에게 제공한다'는 정신적 조건으로의 경도를 엿볼 수 있다(제2부 제3장). 『사랑하는 아이의 예의범절과 육아』에 수록된 다수의 육아체험담도 그것을 말해준다.

시모다의 논리에도 오직 모성애라는 정신적 조건이 설파되었고 육아의 물질적 조건에 대해서는 비어있는 이론이었다. 육아체험담과 시모다의 모성애론을 중첩시켜보면 이 모성애론의 추상성이야말로 의미가 있었음을 알아차릴 수 있다. 모성애론은 대중화된 신중간층, 이상적인 육아환경을 갖추지 못했기 때문에 정신적 조건에서 찾지 않을 수 없었던 사람들에게는 바로 그 추상성 때문에 받아들여진 것이다.

또한 저명한 어머니의 체험담은 확실한 '성공'의 체험담이었는데 이 시기가 되면 실패에 대한 '불안'이 더욱 커진다. 신중간층의 대중화는 다른 한편으로 학력사회에서 성공의 가능성을 축소시키는 것이기도 했다. 『사랑하는 아이의 예의범절과 육아』는 도쿄시의 전차 내 포스터에 내건 원고모집 광고덕분에 '계속해서 원고가 모여' '팸플릿을 간행할 예정'이었던 것이 '서적'이 되었다고 한다.

여기에는 131개의 육아체험담이 수록되어 있다. 그중 '자식에게 생각지도 못한 병과 상처를 갖게 한 실례'와 '자식의 예의범절을 그르친 실례'라는 실패담도 68개로 반 이상을 차지했는데, 바로 육아의 실패를 피하기 위해 실패담이 제공되었던 것이다. 게다가 실패담 중에는 사랑하는 아이를 잃은 체험담도 등장한다.

전문가와 아마추어의 도식

사랑하는 아이를 잃은 체험담에는 '자식을 잃은 후회'와 '체념하기 어려운 슬픔', '돌이킬 수 없는 슬픔'이 언급되어 있다. 그렇다면 이 '후회'나 '슬픔'에 대한 표명이 지닌 의미는 무엇이었을까. 모성애론의 관점에서 생각할 때 거기에는 자식의 죽음을 둘러싼 심성의 변화 이상의 의미가 담겨져 있다.

시모다에 의하면 그것은 '위로받을 수 없는 사랑의 진실성'이고 모성애의 강력한 표명이라고 했다. 특히 시모다에 의하면 "아버지는 자식을 잃어도 위로받는다. 그와 반대로 어머니는 위로받을 수 없다"고 말한다. 그러나 이 시모다의 말과 육아체험담은 차이를 보인다. 사랑하는 아이를 잃은 비탄은 어머니뿐만이 아니라 아버지에 의해서도 이야기되기 때문이다. 그렇지만 시모다는 의식적으로 이러한 아버지의 존재를 은폐시킨 것이다.

부모들은 자기 아이를 잃은 실패의 원인을 한편으로는 '부모가 부주의한 죄' 또는 '어머니의 위생사상이 부족한 것'·'무지'의 문제(〈그림 33〉)라고 이야기하고, 다른 한편으로는 '아마추어로서 그 이상의 손을 쓰지 못해서'라며 가공했음에도 불구하고 체념조로 이야기한다. 이 둘은 언뜻 보기에 상반되는 내용을 이야기하는 것처럼 보인다.

그러나 그 어느 쪽도 전문가와 아마추어 관계라는 틀 아래에서만 이야기되고 있는 점에서는 공통적이다. 왜냐하면 전자는 부모의 지식부족문제라고 이야기하고 있고, 후자는 부모가 지식을 충분히 지니고 있었다고 해도 그것은 전문가의 지식과 비교해보면 아마추어의 지식에 불과하다는 문제라고 이야기하고 있기 때문이다.

이들 실패담에 대해 전문가인 소아과 의사의 평가는 '자식에 관한 실
책의 대부분이 육아에 대한 지식부족에서 온다'는 것이다. 시모다는 어
머니의 육아에 대한 지식에 대해 다음과 같이 서술한다.

> 어머니가 담당하고 있는 것은 자식의 신체뿐만 아니라 자식의 정신입니
> 다. (…중략…) 어머니는 심리, 특히 아동심리 및 교육에 관한 것은 어느 정도
> 이해해두어야만 하는데 적어도 보통교육에서 어린이의 학습을 이끌 수 있을 정도의 수양이 필요합니다. 중등교육에서도 어머니가 자식의 고문이 될 수 있는 정도라면 더욱 좋겠습니다.[16]

어머니는 자식의 '신체'와 '심리'의 책임자로서 중책을 담당하는 한편, 전문가의 하청인으로 전문가와 아마추어 관계에 놓인다. 1882년明治 15에 '가정교육'은 학교교육의 하청으로서 자리매김 되는데, 시모다의 '보통교육에서 어린이의 학습을 이끌 수 있

〈그림 33〉「체온계가 있는 가정에서는 때를 놓치지 않는다」[17]
(오사카마이니치신문사 편, 『-923년도 부인보감
大正12年度婦人實鑑』, 1923)

16 시모다 지로, 앞의 책, 1927, 146쪽.
17 체온계는 '사랑하는 자식'의 열을 재는 어머니의 그림과 함께 어머니의 자식에 대한 건
    강관리의 역할과 연결하여 선전된다.

을 정도의 수양이라는 말은 그것에 대한 표현으로 읽을 수 있을 것이다. 여기서는 모성애가 강조되고 어머니가 차지하는 위치가 커지는 한편, 모성애의 발휘란 전문가의 지식을 따르는 모습에서 잘 드러나 있다.

'모성애'가 가진 이중성을 살펴보면 어째서 당시 모성애론이 전개될 필요성이 있었는지 그 이유를 엿볼 수 있다. 모성애론은 아버지를 육아의 장소에서 배제시키고 어머니 역할을 비대화시켰다. 그 비대화된 어머니의 '육아'를 전문가와 학교교육에 종속시키는 것으로써 '가정'을 '국가'에 편입시키는, 말하자면 '가정'의 '육아'를 통해 '가정'을 '국가'로 편입시키는 장치이기도 했다. 모성애론은 그러한 의미에서 성별 역할분담을 지탱하는 이론적 근거를 마련했을 뿐만 아니라 '육아'를 매개로 '가정'을 '국가'에 종속시키는[18] 역할도 수행했다고 말할 수 있을 것이다.

그러나 1930년대 초에는 자식교육에 '가장 열심인' 신중간층에게 가정교육은 '지극히 무력'한 것이었다. 그 원인을 살펴보면 '열심히 하는 것'은 '늘 학교교육을 대상'으로 했는데 '가정교육은 가정에서 학교교육을 준비하는 것'으로 타락해버렸고, '학교교육은 연소의 자녀를 가정으로부터 억지로 빼앗는' 것이었다. 그래서 '가정 그 자체의 생활이 없다'는 비판이 등장하게 된 것이다.[19] 이 비판에 드러난 신중간층 가족의 가정교육 부재의 현실은 모성애론의 전개가 초래한 어떤 의미에서는 당연한 귀결이기도 하다.

---

18 히로타마 마사키ひろたまさき, 「라이프 사이클의 제유형」, 여성사종합연구회 편, 『일본여성생활사 제4권 근대』, 東京大學出版會, 1990, 278쪽.
19 아카이 요네키치赤井米吉, 「가족교육 부진의 원인과 장래 문제」, 『가정교육과 학교가정연락의 실제家庭敎育と學校家庭連絡の實際』, 文化書房, 1931, 21~22쪽.

3. 오히려 부성을 보호하라

'남녀협력'의 육아

그러면 육아의 당사자인 부모들 사이에서는 모성애를 둘러싼 갈등과 모성애론에 대한 비판이 생겨나지 않았던 것일까. 제1차 세계대전 이후 엄습해온 생활난은 시모다가 정당한 모델로부터 벗어나 '예외'로 간주되었던 '직업부인'을 배출해냈다. 1918년大正7부터 1919년大正8에 걸쳐 일어난 '모성보호논쟁'은 이들 '직업부인'의 증가를 배경으로 한다.

다가와 겐조田川建三에 의하면 '모성보호논쟁'이라는 명칭은 그 논자 중의 한 명인 '히라쓰카 라이초의 군제의식에 따른 명명법'이고, 또 한 명의 논자인 요사노 아키코에게는 '여성의 경제적·직업적 자립에 관한 논의의 초점'이었다.[20] 그러한 의미에서 '모성보호논쟁'은 '모성보호'문제에만 한정된 것이 아니라 여성이 일하는 것에 대한 의미와 라이프코스의 모색을 둘러싼 논쟁이었다. 또한 출산·육아에 깊은 관심을 쏟기 시작한 여성들의 육아와 직업 모순에 대한 자각을 배경으로 하는 점에서 논쟁 성립 자체가 성별 역할분담 가족에 대해 비판적인 성격을 띠게 된 것이다.

히라쓰카 라이초와 야마카와 가쿠에山川菊榮라는 논자 사이에서, 특히 부성에 대해 발언하며 "오히려 부성을 보호하라"[21]는 논점을 제시한 것은 요사노 아키코였다. 모성보호논쟁이 전개된 시기는 '주부의 탄생' 시기이

---

20 다가와 겐조, 「요사노 아키코—쵸년의 자립과 여성의 자립」, 『여성학 연구女性學硏究』 7, 1999.
21 요사노 아키코, 「오히려 부성을 보호하라」, 『정본 요사노 아키코 전집定本与謝野晶子全集』 17권, 講談社, 1980a.

기도 하다. 그러나 아키코는 "'주부'라는 말을 좋아하지 않는다. 여성이 가정에 붙어 있어야 한다는 사고에 대해서는 내가 가장 동감하기 어려운 부분"[22]이라고 서술하고 주부를 자명시하는 감각에 물들지 않았다.[23]

또한 여성도 자신의 밥벌이를 위해 일하지 않으면 인간이 될 수 없고, 여성과 남성의 구별 없이 모든 인간은 스스로 노동해서 살아야만 한다는 아키코의 주장은 자기 스스로 일하며 살아온 서민의 당연한 감각, 쵸닌의 자부심에 기인하고 있었다.[24] 아키코는 다음과 같이 말한다.

나는 노동자 계급 집안에서 태어나 초등교육을 받았을 때부터 가업을 돕고 모든 노동에 종사했기 때문에 "인간은 일해야 한다"는 것이 나에게는 오래 전부터 확정된 진리였습니다. 나는 우리 집 고용인 중에서 매우 근면한 인간을 많이 보았습니다. 내가 태어난 시가의 변두리에는 농민들이 사는 마을이 있었는데 나는 유년 시절부터 그곳에서 경작과 방적에 관여하는 근면한 많은 남녀를 보았습니다.[25]

아키코에게는 남성도 육아를 평등하게 담당하는 것이 당연한 일이었다. 또한 아키코에게는 남편 요사노 뎃칸与謝野鐵幹과 함께 저작활동으로 생계를 유지하면서 10명의 자식을 길러낸[26] 자부심이 있었다〈그림 34〉. 한편 이

---

22 요사노 아키코, 「남녀의 평등한 협력」, 『정본 요사노 아키코 전집』 19권, 講談社, 1981(1926), 241쪽.

23 야마다 도요코山田登世子, 『아키코와 샤넬晶子とシャネル』, 勁草書房, 2006.

24 다가와 겐조, 앞의 글, 1999.

25 요사노 아키코, 「부인개조의 기초적 고찰」, 『정본 요사노 아키코 전집』 17권, 1980c(1919).

26 요사노 아키코는 뎃칸과의 사이에 11명의 자식(1명 사산, 1명 요절)을 낳았는데 다산으로 인한 심각한 경제사정으로 집필활동을 하게 된다. 교육에 관해서는 자유주의교육을 제창하고 1921년 문화학원의 창설에 참가했다(『일본여성인명사전日本女性人名辭典』, 日

시기에 남성 측에서도 젊
은 아버지이자 교사인 노
무라 요시베가 '모성' · '부
성'의 재해석을 제기한다
(제1부 제4장).

두 사람 모두 자신의 자
아실현적 입장에서 성별
역할분담을 비판하고, '남
녀협력'적 육아를 주장했
던 것이다. 같은 시기에
남녀쌍방에서 같은 주장
이 실시된 점, 그리고 아
키코가 노무라와 함께 서
민의 생활감각을 배경으
로 '남녀협력'적 육아를 주

〈그림 34〉 요사노 아키코와 자식들
뒷줄 중앙이 아키코, 그 오른쪽에 장남 히카루光와 차남 시게루茂, 앞줄 왼쪽부터
장녀 야세八瀬, 삼남, 삼녀 사호코佐保子, 차녀 나나세七瀬. 1914년, 히나마치雛町
나카로쿠中六 반쵸番町 3번지 시절(『정본 요사노 아키코 전집』 제12권, 1981)

장한 점은 매우 흥미로운 일이다. 여기서는 양쪽 주장의 연관성을 살펴보
면서 남녀의 관계성을 통해 '남녀협력'의 육아와 '모성' · '부성'론의 구조를
고찰해보도록 하자.

두 사람은 당시의 상황을 '부성의 퇴화 · 퇴폐'로서 아버지가 물리적으
로 부재할 뿐만 아니라 정신적으로도 부재한다고 파악했다. 그것은 남성
측에서 보면 "자식에 대한 사랑을 여성에게 빼앗기고" 있는 상태(노무라 요
시베)이고, 여성 측에서 보면 "부모의 책임을 혼자서 도맡고 있는 여성도

本圖書センター, 1993).

또한 분수에 넘치는 일을 매우 억지로 참고 있는"[27] 상태라는 남녀 상호의 관계성 문제로 파악했다. 이는 육아가 부모 어느 한쪽만의 역할이 아니라 남녀 어느 쪽도 육아를 독점할 수 없다는 주장이기도 하다.

그렇다면 '부성의 퇴폐' 원인을 어디서 찾을 수 있을까. 아키코는 성별 역할분담 가족 속에서 태어난 부양자로서 아버지의 역할과 종래부터 존재했던 '자식을 아끼고 사랑하는 것을 비웃고 사내답지 못한 것처럼 모욕하는 습관', 즉 가부장적 아버지상이 결합되어 '부양자'와 동시에 '가부장'으로 행동하는 형태로밖에 존재하지 못한 '부성의 퇴폐'가 가져온 것이라고 논한다.

이미 1899년明治 32 시미즈 시킨淸水紫琴은 『여학잡지』에서 원래는 사족층의 전형이었던 가부장적 아버지상이 중류 이상의 계층에도 확산되었음을 다음과 같이 지적하고 있다.

무사武士기질의 유습遺習으로서 무사가 아닌 사람들까지도 중류 이상의 가정이라고 말하면 자녀를 무릎 위에 앉히는 수치스러운 습속이 사라지지 않는다.[28]

시킨은 '날품팔이'·'가난한 집'의 아버지는 아내가 쌀을 사러 나가 저녁식사 준비를 하기까지는 "덩치가 큰 남성이 피곤한 몸을 구부려 자녀를 상대해주고"·"기저귀를 갈고 콧물도 닦아준다"·"경기蟲氣[29]라도 나면 남성의 튼튼한 다리로 3리, 5리를 마다하지 않고 자식을 업고 가듯

---

27 요사노 아키코, 앞의 글, 1980a.
28 시미즈 시킨, 「가정에서 아버지와 자식관계에 대해」, 『여학잡지』 482호, 1899.2.
29 【역주】 어린아이가 회충·소화 불량 따위로 체질이 허약해져서 보채거나 짜증·경기를 잘 내는 증세를 말한다.

이 헌신적인 사랑을 구체적으로 발표한다"[30]는 것처럼 민중세계에서는 가부장적 아버지상과는 다른 아버지상이 존재함을 지적했다.[31]

또한 막부 말기幕末부터 메이지기에 걸쳐 서구에서 일본으로 들어온 사람들도 일본 민중 남성들과 자식관계에 관심을 두고 그것을 문장과 그림(〈그림 35〉)으로 그렸다.[32] 이미 근대가족을 형성하고 육아가 어머

〈그림 35〉 알퐁스 드 뇌빌Alphonse de Neuville의 〈가정의 정경〉
(앙베르Ambert, 『막부 말기 일본회도幕末日本繪圖』상, 신야국총서, 1969)

---

30 시미즈 시킨, 앞의 글, 1899.2.

31 고자이 요시시게古在由重 편, 『시킨 전집紫琴全集』, 草土文化, 1983, 500쪽.

32 와타나베 교지渡辺京二의 『저 세상의 면영逝きし世の面影』(2005(1998)) 제10장 「어린이의 낙원」에는 그것이 자세하게 소개되어 있다. 예를 들면 러드포드 올콕Rutherford Alcock은 '에도의 가두와 점내에서 벌거숭이 큐피트가 이 또한 벌거숭이에 가깝고 튼튼한 아버지의 팔에 안겨 있는' 것이 극히 흔히 있는 광경이고, '아버지는 이 작은 짐을 안고 언뜻 보기에도 익숙한 손놀림으로 쉽고 요령 좋게 달래면서 여기저기 돌아다니는' 모습에 주의를 끌고 있다. 에드워드 모스Edward Sylvester Morse도 아버지가 자식과 손을 맞잡고 '뭔가 재미있는 것이 있으면 그것이 보이도록 어깨 위로 높이 올리는' 광경을 적고 있다. 또한 이자벨라 버드 비숍Isabella Bird Bishop은 1878년 닛코日光에서의 견문으로서 "매일 아침 6시쯤 12명에서 14명의 남자들이 낮은 담에 앉아 각각 자신의 팔에 2살이 안 되는 자식을 안고 귀여워해주거나 또는 함께 놀건서 자식의 체격과 지혜를 과시하고 있는 것을 보고 있으면 매우 재미있다. 그 모습에서 판단하면 이 아침모임에는 자식이 중요한 화제로 되어 있는 것 같다"고 적고 있다.

니 역할로 규정되었던 서구인의 눈에는 일본 민중 아버지들과 자식관계가 인상 깊게 받아들여졌던 것이다. 이 민중세계의 아버지상을 근대에 계승하려고 한 것은 노무라였다.

아키코와 노무라는 성별 역할분담 가족하에서 '부성의 퇴폐'에 대해 '남녀협력'적 육아론을 제기한다. 거기에는 다음과 같은 의미가 있다. 첫째는 육아에 부모가 함께 관여하는 것으로 아버지에게는 "아버지의 인격이 도덕적으로 크게 고조되었고", 어머니에게는 "부모의 책임을 보다 완벽하게 수행할 수 있다"·"자식 이외의 생활에 힘을 쏟는 여유를 갖는다"[33]는 것처럼 남녀 상호 간에 인간성 회복의 의미를 지녔다. 둘째는 그처럼 "남성과 여성 모두 평등하게 가정생활을 영위하는 동시에 가정을 초월한 그 이상의 광범위한 생활을 마찬가지로 평등하게 영위할 수 있기"(요사노 아키코) 때문이었다. 노무라는 "여성의 요구를 첨가한 문화가 지금보다도 느린 것이 된다" 해도 "협력상 문화 쪽이 인생의 의미가 깊다"고 말하고, 아키코는 "거기서 남녀 상호 본위의 정다운 사회가 실현될 것임에 틀림없다"고 적고 있다.

게다가 그와 같이 평등한 관계에 있는 부모에 의해 키워지는 것은 무엇보다도 자식의 발달에 의미를 갖는 것이라고 한다. 그것은 "자녀가 부모의 평등한 애호 속에서 길러지는 것이 정당"하고, "아버지와 어머니 두 배의 힘으로 길러지는 자식이 행복한 것은 말할 것도 없기"[34] 때문이었다. 특히 부모의 책임이 "단순히 종족보존이라는 생물학적 책임만이 아니라 문화생활의 계승자로서 더불어 개척자인 새로운 인류를

---

33 요사노 아키코, 「부모로서의 남녀협력」, 『요사노 아키코 저작집与謝野晶子著作集』 18권, 講談社, 1920.

34 위의 글.

창조하기 위함"이라는 것을 생각할 때 남녀 모두 이 중대한 책임을 맡아야만 한다고 했던 것이다.

아키코는 "이 위대한 사업을 한쪽 부모에게만 부담시키려는 여성은 참고 견디기 어려운 일을 아주 억지로 하는 어리석은 자이고, 이 중대한 책임을 여성에게 강제로 맡기는 남성은 부성의 의무를 내팽개쳐서 위대한 사업에 배반되는 게으름뱅이이다"[35]라고 적고 있다. 이는 모성애론이 주로 종족보존을 강조함으로써 어머니 역할의 중대함을 강조한 것에 대한 통렬한 비판이었다.

'부모성'의 주장

그러면 육아를 남녀쌍방이 맡는다고 한다면 아버지 역할이란 무엇일까. 그것은 "진정으로 업는다거나 안는다거나"(노무라 요시베), "젖먹이를 안는다거나 재운다거나 기저귀를 갈아준다거나"(요사노 아키코), "사소한 생활에서 조금씩이라도 접촉을 하거나 서로 말하거나 듣거나"(노무라 요시베), "하루에 반드시 2시간이라도 자식과 함께 있거나"(요사노 아키코) 하는 것이었다. 각각의 체험에 기반을 둔 두 사람은 그렇게 이야기한다. 그러한 의미에서 두 사람 모두 아버지와 어머니의 육아행위를 구별하지 않고 어머니와 마찬가지로 육아를 담당하고 종래의 가부장적 아버지상에서 보면 '남성의 수치'라고 느껴'지는 것 같은 아버지상이 오히려 긍정적으로 간주된다.

---

35 요사노 아키코, 앞의 글, 1980a.

아키코는 이러한 아버지상을 긍정하는 이유로 "아버지는 엄격한 것이 좋습니다. 어머니만이 사랑으로써 키우면 자식이 아버지의 인간성을 접하지도 못하게 됩니다"[36]라고 말하고, 노무라는 아버지의 입장에서 "자식을 키우는 것의 중심은" 실제로 "손발을 움직이는 것"에 있고 그 속에서 자식에 대한 애정이 생겨나는 것이라고 했다.

그리고 당시의 남성＝부성, 여성＝모성이라는 패턴에서 보면 이단이라고도 말할 수 있는 모성·부성론을 전개한다. 노무라는 "남성에게도 여성에게도 부성과 모성이라는 두 개의 표현이 모두 존재한다"고 말하고, "자식의 생활을 조용히 관찰하는 것은 부성"이고 "자식을 안아주고 (…중략…) 소변을 보게 하는 것 같은 태도에서 나오는 사랑"은 '모성'이며 둘 다 '자식의 좋은 성장'에 깊은 의미를 갖는다[37]고 했다. 그리고 "(부모가) 부모답게 살아감으로써 어린이가 어린이답게 자랄 수 있도록 힘쓰는 것"[38]이야말로 육아라고 파악했다.

다른 한편 아키코는 "모성을 강조하며 자식에 관한 일을 어머니 한 사람의 본무"라는 것은 '이상적인 남녀협력'에 어긋나고, "남성에게도 여성에게도 '본무'로서 규정적으로 결정된 것은 하나도 없고"·"자기의 개성에 적합한 활동이 그 사람의 본무"[39]라고 논한다. 또한 아키코에 의하면 부모도 인간의 일부로 "부모로서의 활동에만 국한되는 것은 인간으로서 모든 활동에 등을 돌리는 도피적·퇴보적·비문명적인 태도"이고, 오히려 인간으로 발달하는 것이 부모로서의 발달로 통하는 것이라고 말한다.

---

36 위의 글.
37 노무라 요시베, 「신교육의 학급경영」, 『노무라 요시베 저작집』 2, 黎明書房, 1973a, 226쪽.
38 위의 글.
39 요사노 아키코, 앞의 글, 1920.

아키코는 '개성' 중시의 관점에서 '모성'·'부성'이라는 남녀의 속성과 본무로 간주되기 쉬운 말을 다른 말로 바꾸어 '부모성親性'이라 명명한다.

모성애론이 생물학적인 자웅의 차이를 출발점으로 하여 모성애를 논하기 때문에 어머니 역할을 설파한 것에 반해 아키코와 노무라는 남녀 모두 인간으로서 동등함을 출발점으로 삼는다. 또한 모성애론이 부모인 것으로 어머니의 모든 존재를 박탈하려고 한 것에 반해, 아키코와 노무라는 부모도 인간의 일부라고 논한 점에서 그 논리적 벡터가 모두 반대 방향으로 향하고 있었다.

여기서 주목해야만 하는 것은 아키코도 노무라도 어린이의 측면에서 어린이의 발달에 필요한 요소로서 '모성'·'부성'을 파악한 점이다. 거기에 등장한 것이 남성도 여성도 '모성'·'부성'을 갖고 있다는 남녀의 속성을 초월한 '모성'·'부성'에 대한 상대화의 시점이었다. 또한 어린이의 발달에 필요한 가르침의 요소를 중시하며 아버지도 어머니도 아닌 남녀를 초월한 '부모성'이 제기되었던 것이다.

'모성'·'부성'을 초월하여

그러면 젊은 학생들은 성별 역할분담 가족과 모성·부성의 문제를 어떻게 생각하고 있었을까. 마지막으로 그들이 쓴 리포트의 내용을 검토해보기로 한다.

젊은 학생, 특히 남학생은 젠더문제가 여성만의 문제가 아니라 남성의 문제이기도 하다는 것 또는 성별 역할분담이라는 가족모습은 여성뿐만 아니라 남성의 선택을 빼앗는 것이기도 하다는 것을 깨닫고 있었다.[40]

또한 그들 대부분은 성별 역할분담 가족에 대해 "어딘지 서로를 개인으로서 존중하고 서로 바라보는 태도가 결여되어 있다고 생각한다. 부부는 자식교육으로 연결되어 있어 자식을 자신들이 생각하는 우량아로 키우는 것에 관심을 빼앗기고 있다. 자식 중심의 형태여서 어린이의 인격은 무시되고 관리되고 있다"는 비판을 받고 있었다.

그들의 리포트를 읽고 재미있는 것은 바로 최근까지 어린 시절을 보내온 그들로서 어린이의 입장에서 성별 역할분담 가족을 보고 있는 점이다. 또한 지금부터 부부가 되어 가정을 형성한다는 입장에서 자신들의 미래와 인생에 대한 기대감 속에서 새로운 남녀관계를 모색하고 있는 것은 매우 흥미로운 사실이다. 특히 여기서는 '모성'·'부성'이라는 문제로 한정하여 그들의 생각을 살펴보고자 한다. '모성'·'부성'의 관계에 대해 그들은 다음과 같이 서술한다.

지금까지 전해져온 모성·부성이라는 것은 어디까지나 모성 = 어머니 = 여성, 부성 = 아버지 = 남성이라는 암묵적 이해 속에서 사회에 의해 철저히 가르침을 받았다고 생각한다. 만약 부성·모성이 부모를 구성하는 단 두 개의 요소라고 한다면 강제로 남성이 부성에 속하거나 여성이 모성에 속하거

---

40 예를 들면 오카야마대학의 경제학부 남학생이 "젠더 시점에서 여성은 '부당한 취급을 받고 있다'·'그것을 다시 생각하자'라는 것만으로 정말로 좋은 것일까 하고 생각하게 되었다. (…중략…) '아내(여성)는 가정을 지켜야만 한다'는 말 속에는 '남편(남성)은 밖에서 일해야만 한다'는 것이 내포되어 있고 남성으로부터 그 밖의 선택을 빼앗기고 있다'고 지적하고 있다. 오카야마대학의 젠더에 관한 강의에서 학생이 어떻게 받아들일까에 대해서는 구라치 가쓰나오·사와야마 미카코 편(『'성을 생각하는' 우리들의 강의 '性を考える'私たちの講義』, 世界思想社, 1997; 『남성과 여성의 과거와 미래』, 世界思想社, 2000, 『직업과 젠더働くこととジェンダー』, 世界思想社, 2008) 3권의 강의록에 「강의를 마치고」, 「학생과의 대화」로 수록하고 있기 때문에 참조하기 바란다.

나 하는 것은 아니라는 점이다.

　신체적인 차이에서 여성에게만 자식을 사랑하는 모성애가 필연적으로 갖추어져 있다고 생각하는 것은 이상한 것이 아닐까. 이 기능이 직접 사랑으로 연결되는 것은 아니다. (…중략…) 모성애도 사랑의 하나이기 때문에 서로의 상호관계 속에서 생겨나는 것이라고 생각한다. (…중략…) 부성애도 또한 모성애와 마찬가지로 자식과 함께 키워가는 당연한 사랑이라고 말해야만 하는 것은 아닐까. 그러나 부성애가 모성애와 기본적으로 같은 것이라 하더라도 다른 애정표현이기 때문에 양자는 자식에게 모두 필요불가결한 것이다.

　여기서는 남녀의 역할을 고정적으로 작동시켜온 '모성'·'부성'이라는 남녀의 경계 그 자체를 의심하고 경계 없는 남녀의 관계를 탐구하려는 모색이 드러나 있다고 말할 수 있을 것이다. 그들은 "남성이니까 또는 여성이니까라는 논의로만 시종일관할 뿐 본질적인 개선책이 나오지 않"기 때문에 '모성'·'부성'이라는 여성과 남성의 경계선을 소거하고, 가정과 사회에 여성과 남성을 서로 받아들이는 것이 "지금부터의 남성과 여성의 새로운 관계가 만들어질지 어떨지에 대해 중요한 의미를 드러내줄 것이다. 개인과 개인의 결합, 이것이 부부이고 부모와 자식이며 가족인 것이다"라고 서술한다. 게다가 "그것에 의해 남성과 여성이 서로에게 영향을 주면서 향상되는 사회구도를 엿볼 수 있고", "남성·여성·어린이 모두가 개인으로서 존중받고 서로 이해하며 살아갈 수 있다고 생각하기 때문에" 보다 더 중요한 것이라고 말한다.

　그렇다면 그것은 어떻게 해서 가능해질 수 있을까라고 그들은 생각하고 있을 것이다. 그 하나는 조건정비를 추구하는 다음과 같은 의견이 있다.

최근에는 가정 내에서 여성이 지금까지 억압받고 있던 부성을 발휘하는 조건은 제법 갖춰지고 있지만 남성이 모성을 발휘하는 조건은 아직도 갖추어져 있지 않다. 오늘날 여성의 '부성발휘'만 갖추어져 있는데 그것과 마찬가지로 노동시간의 단축 등 남성이 모성을 발휘할 수 있는 조건을 갖추지 않으면 안 된다고 생각한다. 그것은 또한 여성이 부성을 충분히 발휘하기 위한 지름길이기도 할 것이다.

그러나 한편으로 그들은 일본기업사회의 구조가 그렇게 간단하게 조건정비를 허락하는 것은 아니라는 것도 예상하고 있다. "오늘날 내가 말할 수 있는 것은 대단히 바보 같고 아주 당연한 것인데 결국 부모, 특히 아버지가 노력해서 육아에 관여하는 수밖에 없다. 그러한 당연한 것이 가장 중요하고 가장 어려운 것이다"라고 한다. 어쨌든 '노력하는' 수밖에 없다는 결론, 거기에는 현대사회의 복잡한 모순과 거기에서의 어려움에 대한 예상이 드러나 있다고 말할 수 있을 것이다.

저자는 이러한 모색 속에서 현대사회의 복잡한 모순이나 자신 속의 불안과 마주 보면서 미래의 자신을 생각하려는 젊은 세대의 모색의 출발점을 기대하고 있다.

종장 역사 속의 근대가족과 육아

1. "육아는 '당연'합니까"

한 어머니의 투고

2012년 4월 18일 『아사히신문朝日新聞』 '목소리' 코너에 "전국에 갓난아기 포스터의 확충을"이라는 표제어로 49살 남성의 의견이 게재되었다. "사회격차와 인간의 다양한 삶이 확대되는 가운데 중절의 비극을 줄이기" 위해서는 "이와 같은 시설이 전국에 확충되기를 바라고" 있다는 남성은 "'걱정하지 말고 낳아요. 어려우면 우리 모두가 함께 키울 테니까'라는 포용력이 오늘날 일본사회에는 필요합니다. '책임을 완수하지 않으면 자식을 가질 수 없다'는 냉정한 발언이 결과적으로 유아학대라는 사태를 일으키고 있는 것은 아닐까. 어린이는 사회의 보물이고 소자고령화 시대에는 더더욱 그렇습니다'라고 말하고 있다.

그로부터 4일 후 4월 22일 '목소리' 코너에는 "육아는 '당연'합니까"라는 표제어로 두 명의 자식을 키우는 33살의 어머니 글이 게재되었다. 2년 전에 세 번째 중절을 했다는 어머니는 "걱정하지 말고 낳아요. 어려우면 우리 모두가 함께 키울 테니까"라는 말에 눈물이 나왔다고 한다. 그때 이 말을 들었다면 "용기를 가지고 낳았을지도 모른다"며 다음과 같이 호소했다.

> 육아를 시작한 지 8년. 낳은 후에는 '완벽하게 키우는 것이 당연함'. 자식이 귀여워서 '안절부절 못하는 것이 당연함'. 모든 가사와 육아를 하는 것은 '여성이기 때문에 당연함'. 사회로부터는 매일 '당연함'을 강요당하고 있음을 느끼고 있습니다. (…중략…) '자기책임'·'당연함'이라는 말을 전력을 다해 노력하고 있는 상대에게 내던지는 사회는 너무나도 차갑다고 생각합니다.

본서에서는 '근대가족과 육아'를 테마로 '근대가족'으로서의 '가정'이 형성되는 역사적 프로세스와 '가정'이라는 가족의 구조, 그리고 '가정'에서 자식을 키우는 것에 초점을 맞춰 '가정'이란 사람들에게 무엇이었는지 거기서 삶을 산 사람들의 구체적 경험을 통해 고찰해보았다. 그것은 또한 이 어머니가 호소하고 있듯이 현재 육아 중인 어머니가 안고 있는 답답함의 근원을 찾는 시도이기도 하며 '당연'하다고 여기는 것은 정말로 '당연'한 것인가를 역사 속에서 찾는 시도이기도 했다고 말할 수 있다.

일본의 근대사회를 '근대가족'과 '육아'라는 두 개의 시좌에서 재문하기 위해 본서가 중시한 것은 네 가지의 시점이다. 첫째, 근대에서 '가정'과 '육아'개념, '가정'에 의해 '보호받은 어린이'라는 규범의 생성과 대중화라는 단선적 이해에 빠지지 않기 위해[1] '가정'이라는 사적 공간과 국가와 사회, 학교라는 공적 공간, '가정'을 형성하는 여성과 남성, '보호받는 어린이'와 '보호받지 못하는 어린이르서 버려진 어린이', 육아를 담당하는 어머니와 자기자식, 여성의 아내 역할과 어머니 역할, 남성의 남편 역할과 아버지의 역할 등 다양한 관계성과 상호경쟁을 중시하는 일이었다.

둘째, '가정'이라는 사람들이 삶을 산 현장에 뿌리를 내리고 '가정'이라는 생활세계의 내부에서 삶을 산 여성과 남성, 어린이가 안고 있던 모순과 갈등, 상호 이해利害와 충돌에 주목하고 모순과 갈등이 생겨나는 과정을 자세히 살펴보는 것으로 '가정'이란 사람들에게 어떠한 것이었는지를 그 내부에서 탐구하는 일이었다.

셋째, 근대가족으로서의 '가정'과 거기에서의 '육아育兒'라는 명칭의 아이 기르기子育て의 역사성을 묻기 위해 육아체험담, 수기, 육아일기, 투고, 자서전, 편지 등 당사자가 남긴 사료와 거기에 적힌 당사자의 언어에 착목하는 일이었다. 그리고 넷째, 그것으로 '가정'과 '육아', '모성애'라는 근대가족규범의 수신자만이 아닌 당사자인 여성과 남성들의 욕망, 이해와 희망, 저항도 포함하여 그려내는 일이었다.

근대가족과 육아 · 재고

그러면 그것으로 무엇이 밝혀진 것일까. 근대에 앞선 근세(에도시대), 그리고 현대의 문제도 언급하면서 다시 한 번 되짚어보자 한다. 어린이

---

1 쓰치야 아쓰지土屋敦는 근대가족론을 포함하는 가족사와 역사사회학 연구의 문제점으로서 근대의 가정개념 · 육아개념의 생성과 그 대중화 과정을 주제화하기 쉬운 것을 예로 들고 있다(쓰치야 아쓰지, 「패전후 일본의 부랑아, 고아 · 버려진 어린이를 둘러싼 시설보호문제─사회적 양호아동에 다한 일탈규범과 '가정'개념의 계보」, 도쿄대 박사논문, 2012, 163쪽).

는 보호받아야만 하는 존재라는 아동 중심주의의 '육아'규범, 어머니에게 '육아' 역할을 요구하는 성별 역할분담, 어머니의 '육아' 역할 근거를 '모성애'에서 찾는 '가정'규범의 등장은 역사 속에서 그리 오래되지는 않았다.

홈home과 하우스와이프housewife의 번역어로서 '가정'과 '주부'는 1890년대에 등장한 언어였고, 그 담당자가 된 것은 자본주의사회의 성립과 함께 자본가와 노동자 사이에서 새롭게 생겨난 신중간층(직장과 가정이 분리된)의 가족이었다.

'가정'의 성립은 '가정'에 의해 '보호받은 어린이'라는 어른과는 다른, '순진무구'성을 어린이에게 요구한 새로운 어린이관을 수반했다. 그것은 근세사회에서는 허용적이었다. 자신은 키울 수 없는 어린이를 세상이라는 공적 공간에 맡겨 '버려진 어린이'를 방지하는 사회상황을 낳는 것이기도 했다. 메이지 초기의 산육 정책은 낙태·산아조절의 단속과 버려진 어린이의 보호에서 출발했는데 1871년에 제정된 호적법에서는 버려진 어린이를 '기아'라고 불렀다. 근세의 동물 살상 금지령에서는 발견하는 자의 존재를 짐작할 수 있는 '버려진 어린이'라는 말을 사용하게 되었다. 그러나 근대에는 '기棄'라는 글자를 사용하여 버려진 어린이에게 부정적 의미를 부여했다.

'가정'의 성립기에 해당되는 1910년에 결혼하고 '가정'의 이상을 실현하려고 한 부부로서 미야케 야스코와 쓰네카타가 있었다. 야스코와 쓰네카타 양쪽의 표현, 그리고 어린이의 언어를 대조하는 가운데 살펴본 삶의 공간으로서 '가정'이라는 생활세계란 어떠한 것이었을까. 성과 세대로 맺어진 '가정'은 여성·남성·어린이도 상호모순과 갈등을 내포하는 가족이었다. 야스코는 '주부'의 역할규범을 내면화하면서도 아내 역할과 어머니 역할의 모순에 고민하고 어머니 역할에서 자아실현의 방법을 발견한다. 게다가 남편의 사후, 사회로부터 기대되는 여성의 역할을 역이용하여 반격하고 사회에 진출하면서 몇 번이고 규범에 포박되어간다.

1924년에 발표된 야스코의 대표적인 저작 『어머니의 교육』과 『자기 자식의 성교육』에서 어머니의 자기자식에 대한 교육, 그리고 근대가족의 부모들에게 위험하다고 의식된 성으로부터 자식을 어떻게 격리시키고, 특히 자식의 순결을 어떻게 지킬지를 서술한 것은 그러한 의미에서 상징적이다.

다른 한편 남편 쓰네카타는 근대가족의 이상을 실현하면서 부양자로서의 역할과 자아실현, 공인과 개인 사이의 모순으로 인해 괴로움을 느끼지만 개인으로서 살아가려고 할 때 죽음을 맞이한다. 쓰네카타의 모순은 근대가족 속에서 부양자로서의 역할을 담당하는 남성들이 공유하는 모순이기도 했다. '근대가족'은 구조적으로 남성부재를 초래했고, 또한 거기에서 삶을 사는 여성과 남성이 역할에 따라서만 서로를 이해할 수 있는 가족, 또는 상호 역할을 담당하기 위해서도 부부의 유대관계를 깊게 해가는 시간과 공간을 공유할 수 없는 가족이었다.

야스코와 쓰네카타가 세 명의 자식을 낳은 1910년대부터 1920년대는 일본의 육아와 어린이관이 역사상 중요한 시기에 해당된다. 왜냐하면 '보호받는 어린이'라는 어린이관, 그리고 성과 생식을 연결시켜 어린이를 '만드는' 기술과 사상이 신중간층의 가족 속에서 나타나기 시작했고 소산소사형 사회로의 태동과 출발이 이루어진 시기였기 때문이다.

이 시기 전문가들에게 장려된 '모성애'에 기반을 둔 '교육적이고 과학적인 '육아' 역할, 학교교육의 하청으로서 '가정교육'의 담당자가 되는 것에 어머니들은 자아실현의 기대를 걸었던 것이다. 다른 한편 아버지들이 실행하고 있던 자식과의 다양한 접촉이 교육적인 '육아'라고 간주되지 않음과 동시에 부양자로서의 역할을 기대 받은 아버지들은 '육아'의 장소에서 사라져갔다.

그러한 어머니들의 지지를 얻은 것은 『모성애일기』(1929)라는 무로이 기사코의 육아일기이다. 그 육아일기를 살펴보면 아내로서의 지위가 불안정한 탓에 어머니 역할로 경도되는 여성의 모습, 공적 세계에서의 자아실현을 방해하기 때문에 어린이를 공교육에서의 성공자로 만드는 것에 자아실현의 기대를 거는 여성의 모습이 드러나 있다.

자아실현을 방해받고 있는 점에서는 근대가족의 남성도 마찬가지였다. 신중간층의 부모들에게 강력한 지지를 받은 동심주의 어린이관의 모태이기도 했던 『빨간 새』(1918년 창간)의 주재자였던 스즈키 미에키치는 악한 어른의 현실사회에 어린이의 순진무구함을 대치시키는 것으로 일본 근대의 모순을 극복하려고 한 인물이었다. 그에게 동심은 자아실현을 저해하는 실생활로부터의 도피, 위안적인 측면을 지니고 있었다. 그러한 심정은 미에키치만이 아니었다. 현실사회에서 자아실현의 어려움을 의식한 남성들, 자식과의 접촉시간을 빼앗긴 남성들이 공유하는 '심정'이기도 했다.

그러나 다른 한편으로 성별 역할분담 가족은 자본주의에 적합한 가족으로 출현함으로써 그 가족은 남성을 육아로부터 멀어지게 만들었고 자식에 대한 사랑을 빼앗는 것에 대한 비판도 함께 등장했다. 노무라 요시베는 남편도 아내도 모두 일하는 근세 이래의 민중들 부부관계와 육아모습을 계승하는 형태로 근대가족 비판의 시점을 되살린 인물이었다. 그 어린이관은 순진무구한 어린이라는 동심주의 어린이관과는 다른, 어른과 함께 동일한 사회를 사는 존재로서 어린이를 파악했다. 또한 어린이의 야만성과 잔혹함에도 시선을 돌리는 어린이관이었다.

근대가족과 공적 공간

사회 속에서 삶을 사는 어린이, '가정' 속에서 '보호받는 어린이'의 대극에 있는 버려진 어린이의 모습도 또한 역설적인 형태로 근대가족으로서의 '가정'과 '육아'규범의 역사성, '가정'이라는 공간과 공적 공간과의 관계성을 파헤치게 해준다. 근세의 버려진 어린이는 대부분이 부유한 집 대문 앞이나 처마 밑, 사람들의 왕래가 많은 길가, 신사의 경내에 버려졌다.[2] 그것은 자신이 키울 수 없는 어린이의 생명을 공공적인 기능을 기대할 수 있는 세상에 맡기는 행위였다.

근세에는 마을과 번에 버려진 어린이에 대한 구제시스템이 존재했는데 버려진 어린이의 양육은 중층적 장소에 의해 구성되었다.[3] 그러나 근세 말기가 되면 마을과 '세상'은 버려진 어린이에 대응할 수 없는 상황이 확대되는 가운데 쓰야다번의 육자원育子院과 같은 구상이 나온다.[4] 특히 근대가 되면 버려진 어린이의 양육은 도쿄시양육원과 같은 공적 기관에서 실시하게 된다. '가정'과 '주부'라는 말이 등장하는 1890년대에는 보호받아야만 하는 존재로서 어린이관이 강조됨에 따라 아이를 버리는 것은 윤리적으로 허용되지 않는 시대가 도래한다.[5]

1900년대 초에 도쿄시양육원에 버려진 어린이들에게 장래상에 대해

---

2   사와야마 미카코, 『에도의 버려진 어린이들』, 吉川弘文館, 2008.
3   구라치 가쓰나오는 아이가 버려지는 부잣집도 '세상'의 구성요소이고 도쿠가와德川 일본의 여기저기에는 공적 공간으로서 '세상'이 존재했는데 '세상'은 '인풍仁風'이 부는 장소, 바꾸어 말하면 공공적인 기능이 기대되는 장소였다고 지적하고 있다(구라치 가쓰나오, 『전집 일본의 역사 제11권－도쿠가와 사회의 동요全集 日本の歴史 第11巻－德川社會のゆらき』, 小學館, 2008, 274～275쪽).
4   사와야마 미카코, 앞의 책, 2008.
5   마키하라 노리오, 『전집 일본의 역사 제13권－문명국을 지향하며』, 小學館, 2008.

실시한 조사를 통해 가족의 밖으로 버려진 어린이가 자신이 성장하면 '남편'과 '부인'이 되고 싶다는 '가정'에 대한 동경을 엿볼 수 있다. 이 1900년대 초라는 시기는 근대가족으로서의 가정규범이 등장하는 가운데 '가정'에 대한 동경이 생겨나는 시기이기도 하다.

그러나 폐쇄된 '가정' 안에서 사는 부모들에게 '세상'은 더이상 자식을 맡기는 장소가 아니었다. 1920년대부터 1930년대에는 세상에 자기 자식을 맡기지 않고 자식을 동반하는 부모자식 동반자살이 아이 버리기와 함께 사회문제가 된다. 게다가 부모자식 동반자살의 원인으로 아버지의 경우에는 생활난이라는 부양책임, 어머니의 경우에는 '가정불화'라는 가정책임의 젠더규범이 짙게 각인되어 있었다.

그런데 메이지기부터 쇼와시대까지의 어머니자식 동반자살은 아버지자식 동반자살의 3배에 달한다. 이와 같은 부모자식 동반자살, 특히 어머니자식 동반자살의 증가는 '가정' 속에서 모성애를 가진 어머니에 의해 '보호받는 어린이'라는 규범의 모순을 상징적으로 보여준다.

그러나 동시기 도시하층의 사람들은 동반자살보다는 아이 버리기를 택하는 등 계층에 의한 분화도 엿볼 수 있다. 이러한 동반자살과 아이 버리기의 병존이라는 사태는 근대가족이 현실에서 '가정'과 '보호받는 어린이'라는 규범으로 일원화될 수 없는 중층성을 지니고 있음을 묘사해내고 있었던 것이다.

'보호받는 어린이'와 모성애론

그렇다면 어머니자식 동반자살이라는 형태로 그 모순을 드러내는 '보호받는 어린이'라는 어린이관은 과연 어떠한 것이었을까. 어머니에 의한 육아일기 최초의 출판물, 시바사키 유의 『자기자식의 성장 과정, 애무 8 년』(1917), 그리고 그 이듬해에 출판된 '보호받는 어린이'관의 그현이라고 도 말할 수 있는 『빨간 새』의 지지자였던 노가미 야에코와 도미모토 이치에의 육아기록은 그 어린이관의 내실에 접근하는 단서를 제공해주었다.

동심을 가진 순진무구한 어린이의 수호자가 되기 위한 그녀들의 노력은 속악한 사회로부터 자기자식을 격리시키고 보다 좋은 '교육'을 요구하며 조기교육을 실시하는 것으로 기울어갔다. 그녀들에게 '가정' 밖의 세계는 어린이를 그곳으로부터 격리해야만 하는 곳이었지 맡겨야만 하는 곳은 결코 아니었다. 그러나 그러한 육아가 어린이 자신에게는 고독과 외로움을 낳는 것이기도 했다.

그렇다면 어머니들은 왜 이러한 모순으로 가득 찬 역할을 받아들였던 것일까. 근대가족에서 '육아'의 담당자가 된 것은 고등여학교라는 폐쇄된 공간 속에서 아내·어머니가 되기 위한 교육을 받고 가정이라는 폐쇄된 공간에서 '육아'에 자아실현의 기대를 건 여성들이었다. 그녀들이 자기자식을 속악한 사회로부터 격리시키고 교육적인 시선 아래에서 관리하는 '육아'의 담당자가 되는 것은 자립의 표시이며 자아실현이기도 했던 것이다. 모성애를 가진 어머니 역할을 설파하는 모성애론은 그러한 의미에서 자신의 육아 역할에 근거를 부여하는 것으로 지지받았다.

그런데 모성애론의 특징은 오직 사적 영역에서의 육아 역할을 어머니가 희생적으로 수행하는 것을 설파하고 공적 영역에 대해서는 말하지 않는 점이었다. 그러나 사실 공적 영역에 대해 말하지 않는 부분에는 의미가 있었다. 왜냐하면 말하지 않는 것으로 가정으로부터의 부친부재와 공적 영역으로부터의 모친부재를 은폐시키고, 남녀의 성별 역할분담을 정당화함과 동시에 가정에서의 육아를 통해 가정을 학교교육의 하청 장소로 편입시키려는 의도가 있었기 때문이다.

근대가족은 어린이에게 고등교육을 받게 할 필요성에서 어린이 수를 한정시키고 자식교육에 열성적인 '교육가족'의 성격을 띠고 있었다. 소산소사형 사회로의 출발 시기는 동시에 학력사회의 성립 시기이기도 한 것이다. 신중간층의 대중화와 학력경쟁의 격화 속에서 어머니들의 관심은 자기자식에게 향하게 되었고, 자기자식을 학력사회에서 승리자로 만들기 위해 모성애론을 비롯한 전문가의 육아지식과 학교에의 종속을 강화시켰던 것이다. 예를 들어 학력경쟁의 승리자가 될 수는 없다고 해도 학력으로는 가늠할 수 없는 순진무구라는 가치를 지닌 자기자식을 지키기 위해서라도, 또한 자신의 사소한 노력을 보답받기 위해서라도 어머니들은 교육열이 열성적이어야만 했던 것이다.

이러한 상황에 대해 여성에게도 남성에게도 '모성'·'부성'이 있다는 노무라 요시베, 그리고 남녀의 속성을 초월한 '부모성'이라고 불러야 한다는 요사노 아키코의 제기는 '가정'에 의해 '보호받는 어린이'라는 어린이관과 육아규범에 대한 이의 신청이기도 했다. 또한 이와 같은 주장은 몸소 일하고 부부로 자식을 키워온 근세 이래의 농민과 쵸닌의 육아 유산을 근대에 계승하여 살리려고 한 것이었다.

근대가족과 육아에 대한 물음

본서에서는 근대가족으로서의 '가정'이라는 생활세계와 육아에 초점을 맞춰 거기에서 삶을 산 당사자인 여성·남성·어린이, 공적 세계와 사적 세계 등 다양한 관계성과 경쟁에 유의하여 그 역사적 전개를 추적하는 가운데 근대가족이란 사람들에게 무엇이었는지를 살펴보았다.

그 속에서 여성의 자립과 자아실현에 대한 소망이 근대가족의 여성 역할, 특히 어머니 역할로 속박되어버리는 모순, 남성의 부양자 역할과 자아실현의 모순이 동심과 순진무구한 어린이에게서 위로를 찾는 현실 도피에 빠져버리는 모순, 순진무구한 동심을 지키기 위해 어린이를 사회로부터 격리시켜 '가정' 안에서 '보호'하고 가두는 어린이관이 결과적으로는 어머니자식 동반자살을 초래했고 어린이의 생명마저 빼앗아버리는 결과가 되었다는 모순, 성별 역할분담이라는 가족모습은 남편과 아내 사이에 공백의 시간과 공유할 수 없는 세계를 가져다주었다는 모순 등 다양한 모순과 갈등 과정이 여실히 드러났다.

그와 동시에 그 후 역사의 표면 무대에서 사라져버리기는 했지만, 남성과 여성이 함께 일하는 생활 속에서 어린이를 키운다는 근세 이래 길러온 민중들의 육아 유산을 근대에 주체적으로 계승하려는 시도도 있었음을 엿볼 수 있었다. 그러나 노무라 요시베의 물음이 근대가족 속에서 잃어버린 것은 무엇이었을까. 이는 근대 이전의 세계에서는 부모와 자식의 어떠한 생활공간이 있었던 것일까라는 물음임과 동시에 아버지로서의 자아표현이기도 했다.

노무라는 성별 역할분담의 근대가족이 실은 자본주의사회에 적합한 가족이지만 여성의 요구도 첨가하여 협력상 문화 쪽이 인생의 의미가 깊다고 서술했다. 그리고 근대 이전의 민중들 가족이 함께 일하는 가운데 길러온 부부모습과 생활 속에서 부모자식이 함께 사는 '동행'이라는 육아 유산을 계승하는 형태로 근대가족을 상대화하는 시점을 제시했다. 노무라와 요사노의 이러한 문제제기는 어린이를 '가정' 안에 가두고 어머니가 배타적이며 자기희생적으로 '교육'시키는 '육아'라는 근대 고유의 육아모습의 역사성과 특수성을 뚜렷하게 드러냈다.

또한 야나기타 구니오는 근대가족과 어머니에 의한 자기자식의 사물화는 결과적으로 어머니자식 동반자살을 낳았다고 보았다. 그리고 근대의 어린이들은 산아조절이나 아이 버리기가 존재하던 시대의 어린이들에 비해 사람들과의 교제관계 속에서 자랄 기회를 잃고, '사회의 어린이'로서 어린이의 생존권은 오히려 근대사회 속에서 보호받지 못하고 있는 것이 아닐까하고 묻는다.

여기서 주목하고자 하는 것은 노무라도 야나기타도 근대 이전의 민중들이 가진 육아사상을 계승하는 형태로, 이를 더욱 구체적으로 말하면 자신들이 어린이 시절을 보낸 1890년대 이전, 즉 근대가족이 등장하기 이전의 사회를 역사적으로 되돌아보고 거기서의 유산을 계승하는 형태로 근대가족과 육아를 상대화하는 시점을 되살리고 있었다는 점이다.

2. '육아'에서 '아이 기르기'로

'아이 기르기'의 복권

「서문」에서 서술한 것처럼 '육아'는 근대가 되어 등장한 언어이다. 근대화 과정은 출생 억제의 수단으로 낙태·산아조절, 아이 버리기가 국가에 의해 금지되었고 인구의 양적 향상뿐만 아니라 질적 향상이 기획되어가는 과정이기도 했다.

또한 그 과정은 근세에 사용되었던 '아이 기르기'[6]와 '양육'이 동물뿐만 아니라 식물에도 공통적으로 생명을 기르는 것을 의미하는 말에서 막부 말기·메이지 초기에 유럽, 특히 영어 'education'의 번역어로서 정착한 '교육'에 부여된 학교교육 중심, 지육 중심의 이미지[7]를 강하게 가진 '육아'라는 말로 전환되었다. 말하자면 사람들이 자식을 낳아 기르는 행위가 근대적인 "'교육'으로 속박되는"[8] 과정이기도 했던 것이다.

그러나 1970년대 중반 이후 '육아'라는 말은 '아이 기르기'라는 말로 바뀌어간다. 국립국회도서관의 서지목록을 바탕으로 '아이 기르기'와 '육아'라는 책 제목을 가진 서적의 숫자를 조사해보면(〈그림 36〉), '아이 기르기'라는 타이틀을 가진 서적은 1975년까지 연간 제로 아니면 한 두 권이었던 것에 비해 1976년부터 증가하기 시작하여 1981년에는 상황이 역전된다. '육아'라는 말은 오히려 육아불안, 육아스트레스, 육아노이로제 등 부정적인 성향을 띠며 사용된다.

'아이 기르기'라는 말은 근대가족의 가족병리가 '육아'라는 말을 붙여 문제가 되었던 바로 그 시기에 또다시 등장했던 것이다. 교육학자인 호리오 데루히사堀尾輝久는 "인간의 탄생부터 자립할 때까지" "아이 기르기에서부터 자식과 이별하기까지 인간의 성장 과정 전체"를 상기시키는

---

6 '아이 기르기'라는 말은 하이카이俳諧와 골계본滑稽本 또는 민중의 낙태, 산아조절, 아이 버리기를 교화의 대상으로 어린이의 가치를 설파하는 근세 후기의 산아조절 교유서 속에서 엿볼 수 있다. 예를 들면 미마사카美作의 의사, 니키야二木家의 산아조절 교유서 『육아의 가르침子育てのおしえ』(1808. 사와야마 미카코, 1988b에 수록); 「육아화찬」(다카하시 봉센, 『일본 인구사 연구』 제2, 日本學術刊行會, 1955) 등.

7 데라사키 히로아키·주선홍周禪鴻, 「교육고층古層─생을 기르다」, 『가와사키 시민 아카데미 강좌 소책자かわさき市民アカデミー講座ブックレット』 No.27, かわさきアカデミー出版部, 2006.

8 미야사카 야스코, 「출산의 사회사」, 『'교육' 탄생과 종언─총서 낳고 기르고 가르친다─익명의 교육사』, 藤原書店, 1990.

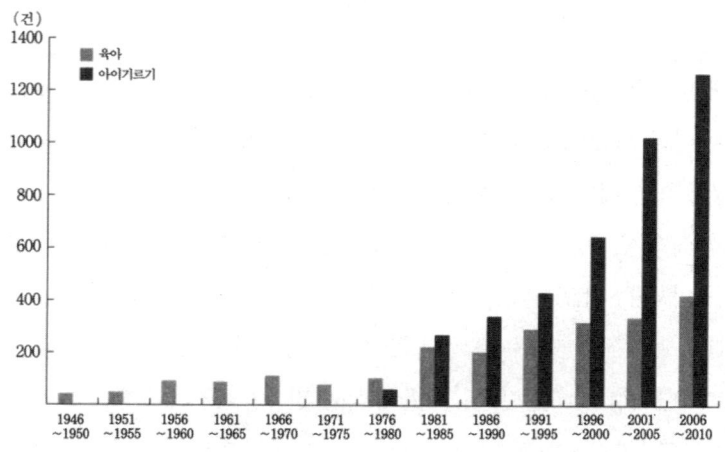

〈그림 36〉 '육아'와 '아이 기르기'를 제목으로 한 서적의 연차별 건수.
(국립국회도서관의 서지목록을 바탕으로 작성함)

'아이 기르기'라는 말의 복권 배경에는 현대교육의 어려움을 "인간이 태어나고 성장하는 원점으로 되돌아가서" 재고할 필요가 있다는 인식에 있었다고 지적하고 있다.[9]

전후 일본사회에서 아이 버리기·아이 죽이기 문제라는, 말하자면 '보호받는 어린이'로부터의 일탈행위 계보를 추적한 다마 야스코田間泰子는 '어린이의 수난受難'에 유례없을 만큼 사회적 주목을 모은, 예를 들면 '모성애의 상실'·'가정붕괴'·'코인로커coin locker 유아 사건'이라는 형태로 사회문제화되었던 1973년에 주목했다. 그해 실제로 어린이의 사망 건수가 증가하지 않았음에도 불구하고 아이 버리기·아이 죽이기에 대한 보도 건수는 현저하게 증가했다. 게다가 실제 사건은 부모 모두에 의해 일어났음에도 마치 '어머니와 자식'의 이야기로, 그리고 그때까지는 아이 버리기·아이 죽이기와 분리되어 있었던 중절도 포함하여 '어린이의 수난'으로 이야기되었다고 한다.[10]

---

9   호리오 데루히사, 『어린이를 재인식한다子どもを見直す』, 岩波書店, 1984.

또한 쓰치야 아쓰지土屋敦는 1960년대 후반 이후 아동문제를 논하는 구조가 전환되었다고 지적했다. 1950년대 초기부터 중반에 걸쳐 '최악의 가정이 가장 좋은 시설보다 낫다'는 표어와 함께 아동을 가족과 친어머니에게서 떼어놓는 것에 대해 부정적이었다. 그에 반해 1960년대 후반 이후가 되면 '문제 있는 가정'에 방치되는 아동을 가족과 친어머니에게서 떼어놓고 구제해야만 한다는 주장으로 전환되었고, 아동시설은 '열악한 가정'으로부터의 '도피 장소'로서 그 지위를 획득해갔다.

쓰치야에 의하면 1990년대 이후에 문제가 되는 '무시'를 포함하는 '아동학대문제'와, 아동에 대한 공적 구제의 중요성을 설파하는 논조도 이 1960년대 이후에 등장한 새로운 구조의 연장선상에 있었다.[11]

다마와 쓰치야가 착목하는 1960년대부터 70년대의 시기는 오기노 미호에 의하면, 일본 근대가족의 완성기임과 동시에 결혼과 부부의 성애에 부여되어 있던 특권성이 혼인 전 / 혼인 이외의 성행동에 의해 침식되어가는 형태로 그 기반이 흔들리기 시작하는 시기이기도 했다[12]는 것이다. 이 근대가족의 완성기임과 동시에 동요의 시기, 1960년대 후반부터 70년대 중반 시기에 '가정'과 '모성'에 의해 '보호받는 어린이'라는 근대가족규범이 '가정붕괴'·'모성애의 상실'·'최악의 가정이 좋은 시설보다 낫다'는 역설적인 형태로 강조되었고 근대가족의 '육아'에 부정적 의미가 부여되어갔다.

10 다마 야스코, 『모성애라는 제도-아이 죽이기와 중절의 정치학母性愛という制度―子殺しと中絶のポリティクス』, 勁草書房, 2001.
11 쓰치야 아쓰지, 앞의 글, 2012, 163~172쪽.
12 오기노 미호, 『'가족계획'에 대한 방법-근대 일본의 생식을 둘러싼 정치』, 岩波書店, 2008, 304쪽.

생명을 기른다

그러한 상황 속에서 아이 기르기라는 말이 복권되고 1976년에는 '아이 기르기'라는 말을 제목으로 한 『아이 기르기의 글子育ての書』 전3권이 간행된다.[13] 『아이 기르기의 글』은 근세 이전의 아이 기르기론으로 시작해서 아이 기르는 방법과 가정에서 아이 기르기의 환경에 대해 그린 후쿠자와 유키치의 아이 기르기에 관한 기록 『후쿠자와 유키치 자녀전福澤諭吉子女の傳』(1876), 자유민권운동의 이론가 우에키 에모리植木枝盛가 아이 기르기의 구체적인 방법에 관해 저술한 『육아론育兒論』(1887)으로 끝난다.

편자인 야마즈미 마사미山住正巳에 의하면 후쿠자와의 환경으로서 가정만들기와 아이 기르는 방법에 대한 추구는 근대, 특히 변혁기 아이 기르기론의 특징이 아닐까라고 말한다. 왜냐하면 근세의 아이 기르기에 대한 관련 저서는 주로 아이 기르는 방법상의 발전론에 머물고 있기 때문이다.[14] 다른 한편 후쿠자와는 『서양사정西洋事情』의 초편에서 유원幼院·고원孤院·기아원棄兒院에 대해서도 언급하고 있다. 그러나 이것들은 '빈원貧院'이라는 가난한 사람들을 위한 예외적 시설로서 일괄 정리한 수준에 머무른다. 후쿠자와에게 아이 기르기의 환경은 어디까지나 애정이 풍부한 가정, 일부일처제를 중심으로 하는 가정이었다. 어린이들이 자립하기 전까지는 가정 내의 존재이고, 자립하게 됨으로써 비로소 사회의 일원이 된다는 어린이관은 후쿠자와와 우에키에서 시작되어 이후 우여곡절을 겪으면서 모든 계층으로 확대되어간다. 야마즈미는 그러한 전망을 드러내고 있는데 근대가족의 '육아'라는 아이 기르기의 모습이 이

---

13 야마즈미 마사미·나카에 가즈에中江和惠 편주, 『아이 기르기의 글』 1~3, 平凡社, 1976.
14 위의 책 1권, 47쪽.

계보에 있음은 두말할 필요도 없다.

야마즈미는 또 하나의 중요한 지적을 하고 있다. 그것은 근세부터 근대로 이행되는 가운데 막부 말기 농촌의 현실과 마을에서 아이 기르기의 습속이 결합하면서 형성된 사토 노부히로佐藤信淵, 오하라 유가쿠大原幽學 등 지역공동체의 아이 기르기 사상이 근대에는 계승되지 않았다고한다. 『아이 기르기의 글』에는 야나기타 구니오의 노력으로 민중들의육아습속을 모은 『산육습속어휘産育習俗語彙』(1935)를 부록으로 수록하고있다. '병이나 재해로 자식을 잃는 경우가 많았던' 일본 민중이 '집단적으로 그 생명을 보장하고 성장시키는 수단을 생각하고', '나약한 인간의 자식을 다양한 의식을 통해 성장을 확인하는 것을 장려하면서 한 명의 낙오자도 없이 이치닌마에로 길러내려고 한' 축적이 '아이 기르기의 습속'에 있다는 인식이 거기에는 있었다.

분명히 메이지 초기의 『민사관례류집』(1877)에 수록된 습속들도 여성이나 어린이의 생명을 잃기 쉬운 상황 속에서 생겨났던 것이다. 『민사관례류집』에는 근대 이전부터 민중이 축적해온 다양한 양부모의 습속이기록되어 있고 어린이의 생명을 기르는 것은 어머니만의 일이 아니었음을 엿볼 수 있는 자료이다. 근세에는 여성이 출산으로 생명을 잃는 비율이 높았는데 역사인구학의 연구 성과에 따르면 산후사망이나 난산사망이 21살부터 50살 여성의 사망원인 25%를 상회한다. 또한 근세 후반에는출생아의 20% 가까이가 1세 미만에 사망했다고 기록되어 있다.[15]

이처럼 여성과 어린이가 생명을 잃는 경우가 많았고 출산 중에 갓난아기가 죽는다 해도 어머니가 무사하면 '순산'이라고 표현하는[16] 근세사

---

15 기토 히로시鬼頭宏, 『인구로 읽는 일본의 역사人口から讀む日本の歷史』, 講談社學術文庫,
    2000, 142~144・150쪽.

회에서 어머니에게만 아이 기르기를 맡기는 관념과, 어머니가 자기희생적으로 자식을 기르는 관념은 생겨나지 않은 것 같다. 양부모의 습속은 여성이나 어린이가 생명을 잃기 쉬운 사회 속에서 그 리스크를 줄이고 생명의 안전을 보장하기 위한 시스템이기도 했던 것이다.

또한 근세에는 '사람의 젖' · '여성의 젖'이라는 말은 있었어도 '모유', 더군다나 '실모포유'라는 젖과 어머니를 결부시키는 말이나 수유를 모성애의 상징으로 간주하는 관념은 없었다. 근세사회에서 젖은 갓난아기의 생명줄이고 버려진 갓난아기가 발견되었을 때 제일 먼저 취하는 처치가 그 갓난아기에게 젖을 주는 것이었고 누구의 젖인지는 묻지 않았다.[17]

말하자면 근세사회에서 아이 기르기의 기본은 어린이의 생명에 대한 보증에 있었고, 생명을 보장하기 위해서는 젖을 비롯해 다양한 인적 네트워크와 어린이를 둘러싼 안전네트가 필요하다는 것을 의식하지 않으면 안 되는 상황이 존재하고 있었던 것이다. 그러나 근대가 되면서 육아의 기본은 무엇보다도 어린이의 생명에 대한 보장에 있었고 어머니만으로는 어린이의 생명을 지킬 수 없다는 엄연한 사실을 잃어간다.

이처럼 자세히 살펴보면 성별 역할분담의 폐쇄적인 '가정' 속에서 '육아'는 근대사회에 고유한 가족과 육아모습이고 육아에 대한 안전네트가 결여된 것임이 분명해진다. 그러한 의미에서 '가정', 특히 여성 자신의 역할로서, 게다가 자아실현의 대상으로서 자식을 낳아 기르는 책임을 지는 '육아'라는 아이 기르기의 모습은 그 출발점부터 모순을 내포한 것이었다.

1970년대에 융성했던 '3세 아동 신화'는 "아이가 세 살이 되기까지 어

---

16   사와야마 미카코, 『출산과 신체의 근세』, 勁草書房, 1998b, 146쪽.
17   사와야마 미카코, 「'젖'으로 본 근세 오사카의 버려진 어린이의 양육」, 『문화공생학 연구文化共生學研究』 10호, 2011.

머니는 육아에 전념해야만 한다"며 서두에서 예로 든 어머니의 투고에 서도 보았듯이 육아를 담당하는 것은 '여성이기 때문에 당연'하다는 '당연함'을 어머니들에게 요구하는 것이었다. 그러나 그것은 아이가 세 살이 되기 전에 어머니가 젊어서 죽지 않고 자식도 또한 3살 이후까지 살아있을 것, 그리고 생활비는 남편이 벌고 아내는 육아에 전념할 수 있는 것을 전제로 할 때에만 '실현가능'한 것이 된다.[18]

그렇다면 이러한 근대가족과 육아규범의 밑바닥에 존재한 근대사회의 '당연하다'는 규범을 묻고 근세 이래의 아이 기르기 유산을 살리려고 하는 조류, 혹은 근대가족 이외의 부부가 함께 일하고 다산한 노동자 부부의 학력주의와는 관계가 없는 생활세계 속에서 인간 형성의 모습[19]과, 농민가족이 자식을 낳아 기르는 일이 어떠한 역사적 프로세스를 거쳐 현대에 계승되고 있는가 또는 그렇지 않은가. 그 역사적 계보를 검증하는 과제, 그리고 막부 말기부터 메이지유신기라는 근세에서 근대로의 전개 과정 속에서 지역공동체의 아이 기르기의 구상이 어째서 근대에는 계승되지 않았는가. 근대가족과 육아에 대해 보다 중층적이고 복안적으로, 또한 역사적 프로세스 속에서 그려내야 하는 과제가 남았다. 그것은 또한 일본의 근대란 무엇인지를 묻는 것과도 연결된다.

본서에서는 근대가족의 형성과 육아를 자신의 과제로 받아들인 당사자인 여성과 남성, 그리고 어린이들의 다양한 모순과 갈등, 혹은 저항을

---

18 다마 야스코, 『근대가족'과 신체정치학近代家族とボディポリティクス』, 世界思想社, 2006, 2쪽.
19 노동자부부의 육아모습을 예로 든 것으로 나카우치 도시오의 「가족과 가족이 실시하는 교육」(나카우치 도시오, 『나카우치 도시오 저작집 III 일본의 학교─제도와 생활세계中內敏夫著作集III 日本の學校─制度と生活世界』, 藤原書店, 1987b), 그밖에 근대의 '도시가족'과 육아문제를 언급한 것으로서 나카가와 기요시의 저서가 있다(나카가와 기요시, 『일본 도시의 생활변동』, 勁草書房, 2000).

가정이라는 일상생활을 영위하는 장소에서 그 자아의식까지 잠입하는 형태로 역사를 구체적으로 탐구하는 것을 통해 오늘날에도 우리들을 속박하는 가족과 육아를 둘러싼 규범의 역사성을 밝히는 것을 시도했다. 그 시도가 성공했는지의 여부는 독자의 판단에 맡기고 싶다. 그렇지만 가능한 한 본서가 육아 중이거나 또는 지금부터 육아를 계획하고 있는 젊은 세대에게 전달되기를 바란다.

2011년 3월 11일 동일본대지진 이후 나의 고향인 후쿠시마福島는 '후쿠시마フクシマ'가 되었고 그 후 개인적으로도 가혹한 일이 이어졌다. 저자는 최근 '생명'에 대한 문제를 테마로 삼아 공부해왔는데, 얼마만큼의 리얼리티와 절실함을 가지고 '생명'에 대한 문제를 생각하고 있었던 것일까를 고민하게 되었다.

저자의 연구가 이 무거운 현실 앞에 얼마만큼의 의미를 지니고 있는 것일까라는 후회 비슷한 생각에 사로잡혔다. 또한 아무리 정성을 들여 기원했다 해도 결코 3월 11일 이전으로는 되돌릴 수 없는 그 현실을 직면하면서 역사학의 대상은 지나가면 두 번 다시 되돌아갈 수 없는 과거의 사실이라는 것을 절실하게 느꼈다.

동일본대지진 이후인 4월 9일 「끝과 시작」(『아사히신문』)에서 이케자와 나쓰키池澤夏樹는 자신의 연재 타이틀로 한 폴란드의 시인 비스와바 심보르스카Wisława Szymborska의 시집 『끝과 시작終わりと始まり』(미치타니 간행未知谷刊) 안에 들어 있는 「전망과의 이별」 중 한 소절을 인용하고 있다. "다시 찾아왔다고 해도 봄을 원망하지는 않는다. 예년처럼 자신의 의무를 다하고 있다고 해서 봄을 책망하지도 않는다." 그리고 심보르스카는 말한다. "알고 있다. 내가 아무리 슬퍼도 새싹이 피어나는 것은 멈추지 않는다."

이 시가 발표된 시기는 사회주의체제 붕괴와 남편의 사망이라는 비통한 개인적인 사건이 겹친 시기였다고 한다. 그러나 이 『끝과 시작』이라는 제목에서도 보이듯이 먼저 '끝'이 있고, 그리고 나서 '시작'이 온다는 타이틀의 어순은 "모든 것이 끝났다 해도 예를 들어 제로이기 때문에 이 시는 새롭게 쓰기 시작하지 않으면 안 된다는 단호한 결의를 표명한 것이 아닐까" 하고 역자인 누마노 미쓰요시沼野充義는 말한다.

저자에게 '끝과 시작'도 또한 '새롭게 쓰기 시작'하는 것 이외에 다른 것은 없다고 생각했다. 게다가 그것은 대학원생 시절 이후 줄곧 생각해왔던 '근대가족'의 문제에 대해 한 번 더 고민하고 '쓰기 시작'하는 것 이외에는 달리 방도가 없었다. 반쯤 궁지에 몰린 기분으로 그렇게 생각했다.

본서는 25년이라는 4반세기 가까이 '근대가족'을 둘러싸고 조금씩 끊임없이 생각하고 기회가 있을 때마다 기요紀要와 공저로 발표한 졸고들을 기초로 삼았다. 책으로 정리하게 되었을 때 새롭게 서장과 종장을 썼고 각각의 논문에 대해서도 대대적으로 가필·수정했다. 그 과정은 '근대가족'론, 여성사, 젠더사의 연구사를 또다시 공부하게 만들었고, 또한 졸고와 거기서 사용된 자료는 지금의 저자 자신에게 재문하는 과정이기도 했다. 반복해서 자료에 질문을 던지고 반복해서 과거를 재문하는 과정은 과거에 살았던 한 사람의 삶을 생명이 있는 존재로 재인식하는 과정이었다고 생각한다.

저자의 근대가족을 둘러싼 연구의 출발점은 1980년대 말 대학원 박사과정 재학 중에 장남을 출산했을 때 직면했던 '자식은 모성애를 가진 어머니에게 길러지는 것이 최상'이라는 상식에 대한 의문에서였다. 지금 돌이켜 생각해보면 그 당시는 모성이 강조되었던 시기로 3세 아동 신화의 융성기이기도 했다. 그 속에서 저자에게 싹튼 것은 '모성애를 가진 어머니'라는 '상식'은 언제부터 '상식화'되었는가라는 의문이었다. 그 의문을 해결하지 않으면 저자는 연구를 계속하는 것에 대해 줄곧 자식에게 떳떳하지 못하다는 생각을 품은 채 지내버리게 되는 것은 아닐까 하는 생각이 연구의 출발점이 되었다.

그러나 그 무렵은 모성애에 대한 연구도 일상적인 일이었던 '아이 기르기'에 관한 연구도 일본에서는 없었다. 그런데 프랑스의 사회사 연구에서는 모성애도 역사 속에서 만들어진 것이라는 연구가 있다는 것을 알았을 때 눈앞이 탁 트이는 느낌을 받은 것은 지금도 잊을 수가 없다. 그렇다 하더라도 일본 상황에 대해서는 암중모색으로 시작하는 수밖에 없었다. 처음에는 국회도서관의 책 제목의 카드를 한 장 한 장 살펴보며 '모성'이라는 말이 언제부터 등장했는지를 조사하고, 모교인 오차노미즈대학 도서관의 서고에 들어가 그곳에 수장된 육아서를 빠짐없이 모조리 조사하겠다는 소박한 마음으로 시작했다.

그런 암중모색의 상태에서 연구를 시작하면서 근대가족과 모성을 테마로 하여 조금씩 연구를 늘려갔다. 그러나 10년 정도 지난 무렵부터 저자는 근대를 또는 근대인인 자신을 상대화하지 못하고 있는 것은 아닐까라며 자신의 시야가 좁은 것에 대한 불안과 연구의 정체감을 느끼는 가운데 근세사 연구에 발을 들여놓게 되었다. 그때부터 지금까지 근세여성의 신체관, 특히 어린이의 생명을 둘러싼 문제를 주로 연구해왔는데, 지금의 저자에게 이문화라고도 할 수 있는 근세를 대상으로 한 연구는 다양한 질문을 던지는 자극적인 모색의 연속이었다. 그 한편으로 근대가족의 문제에 대해서도 지속적으로 생각해왔다.

그렇다면 근세사 연구를 꿰뚫는 눈으로 근대, 그리고 근대가족을 역사적으로 재점검할 때 무엇이 보였는가. 본서를 끝낸 지금도 이렇다 할 만한 확실한 것을 말할 수는 없다. 다만 최근에 자주 볼 수 있는 현대와 근세를 대비하여 아동학대 등으로 생명을 잃는 어린이가 존재하는 현대를 '에도의 아이 기르기'를 이상적으로 그려내고, 소위 '에도의 아이 기르기론'과 같은 단순 대비로 문제가 해결된다고는 생각하지 않는다. 근세부터 근대로 무엇이 계승되었고 무엇이 계승되지 않았는지를 역사의 표면뿐만 아니라 그 밑바닥의 흐름도 포함하는 중층적인 흐름과 근대, 그리고 근대가족의 복잡함을 응시하면서 거기에서 삶을 산 한 사람 한 사람에게 맞춰 생각할 필요가 있다. 이는 저자 나름대로 그것을 계속해서 탐구해온 과정 속에서 찾아낸 것이지만 그것은 또한 저자의 향후 과제이기도 하다.

지금까지 이러한 생각들을 축적해온 도정道程에서 또한 이렇게 책이라는 형태로 갖추어지기까지 셀 수 없을 만큼 많은 분들, 그리고 오카야마대학, 노틀담 청심淸心여자대학, 국립민족학박물관의 도서관을 비롯한 많은 기관에도 신세를 졌다. 그 모든 분들의 얼굴을 떠올리면서 여기서는 특별히 다섯 분의 이름을 언급하고 싶다.

대학원 시절 소속연구과에서 처음으로 어머니원생이 된 저자에게 잠자는 시간을 줄여서라도 공부하라고 격려해주시고 그 후 저자의 연구토대를 만들어주신 나카우치 도시오 선생님. 대학원 시절에 쓴 저자의 모성에 관한 논문에 주목하고 "역사 속에서 생각하는 것은 오늘날 육아로 고민하는 어머니들에게 격려가 될 것이다"라며 오카야마까지 방문해주신 〈아는 즐거움, 역사는 잠들지 않는다. 일본 어머니의 초상〉의 디렉터director 무라타 유코村田裕子 씨. 근세사 연구에 발을 들여놓은 이래 늘 '역사란 또는 역사학이란 어떠한 학문인가'라는 근원적인 문제를 권유해주시고 근세에 대한 연구를 쌓아올리면서 언젠가는 근대에 대한 연구를 완성하기를 격려해주신 근세사 연구자인 구라치 가쓰나오

씨. 근대에 대해 생각하고 집필할 기회를 주셨을 뿐만 아니라 본서의 구상단계에서 조언을 해주신 근대사의 오카도 마사카쓰 씨. 그리고 꼭 책으로 완성하도록 권유해주신 요시카와 고분칸吉川弘文館의 나가타 신永田伸 씨와 실무를 담당하신 오쿠마 게이타大熊啓太 씨. 이런 좋은 인연들로부터 힘을 얻어 본서를 출판할 수 있게 된 것에 진심으로 깊은 감사를 드리고 싶다.

저자는 이제까지 저서 후기에 가족에게 감사의 인사를 피력한 적은 한 번도 없었다. 가족에 대한 감사의 인사는 가족에게만 살짝 말하면 된다고 생각해왔기 때문이다. 그러나 여기에 처음으로 가족에 대한 감사의 인사를 적고 싶다. 왜냐하면 이 책은 대학원생 시절부터 부부로 37년간 함께 지내오고 함께 연구하고 함께 육아를 담당해온 남편, 그리고 두 아들과의 역사 속에서 빚어낸 것임에 틀림없기 때문이다.

너무나도 빨리 세상을 떠나버렸지만 마지막까지 저자의 좋은 이해자였던 남편 신이치信一, 그리고 새로운 가족을 각각 이룬 두 아들, 다테시建史와 료遼에게 이 책을 바치고 싶다.

2012년 12월 26일
사와야마 미카코

역자 후기

본 역서의 원제목은 『근대가족과 아이 기르기近代家族と子育て』이다. 그렇지만 본 역서의 제목을 최종적으로 『육아의 탄생』으로 바꾸었다. 우선 그 이유'들'에 대한 설명부터 시작해야만 할 것 같다. 원제목에서는 근대가족'론'이 아니라 '근대가족'이라고 제목을 붙이고 있는데, 이는 서구의 가족사연구를 일본에서 수용하면서 형성된 일본의 근대가족 '론'이 구축한 '인위성'과 '무주체성'을 지적하는 의미에서 사용하고 있는 것이다. 특히 근대가족론이 가진 위험에 대해 근대가족의 특징'론'과 정의'론'의 변용 및 시대적 연구 흐름에 대해 역사적으로 성찰하고 있고, 일본에서의 근대가족 연구가 서구에서 유입된 근대가족론의 보편성이라는 함정에 빠진 것에 대한 '탈근대가족'을 에고-다큐멘트적 입장에서 재구성하여 근대가족의 의미를 묻는 것에서 출발하고 있다.

사와야마 미카코는 일본에서 전개된 근대가족'론'의 흐름을 사회학과 역사학의 '혼성'구도를 제시하면서도 다시 한발 더 들어가 근대가족 '론'을 국가적 입장과 민중적 입장이라는 콘트라스트적 입장을 제시했다. 이를 좀 더 구체적으로 말하면 근대가족의 정의를 둘러싸고 오치아이 에미코와 니시카와 유코 사이에 생겨난 구조적 대립, 즉 국민국가의 정치적 논리에 의해 만들어진 국민국가의 기초 단위로서의 가족이라는 입장과 그 반대로 일상생활에서 서민들이 만들어가는 생활공동체 일원으로서의 가족을 제시하고 있다. 사와야마는 후자 쪽의 입장을 전경화 시키면서 일상생활이나 여성의 성별 역할분담, 신중간층의 가족, 도시와 농촌의 비교 연구 등으로 확대하여 근대가족을 상대화하는 작업을 전개하고 있는 것이다.

또한 가족의 개인화와 다양화 속에서 당사자의 입장을 존중하는 가족론을 위해 기존의 일방성과 단선성을 극복하려고 '전통'의식의 탈각점을 역사적 문맥을 통해 재고하려는 지평을 세우고 있다. 이러한 의미를 수용하면서도 본 역서의 제목에 일본 '근대가족'이라는 표현을 사용하지 않은 것은 사와야마가 일본 근대가족의 생성과정과 구조, 그리고 일상생활에서 사람들의 구체적 경험, 즉 에고-다큐멘트적 시각에서 중층적이고 입체적인 근대가족을 도출하려는 의미는 '일본'에만 국한되는 문제가 아니라 '보편성'을 띠고 있다고 생각했기 때문이다. 그러므로 본 역서에서는 보다 폭넓은 의미에서 일본의 근대가족이라는 용어를 선택하지 않았다.

그리고 사와야마는 '아이 기르기'와 '육아'를 확실하게 구분 짓고 있는데 근세에서 근대로 이행되는 시기에 각기 다르게 명명되고 있음을 제시했다. 이 또한 저자의 분명한 의도가 담겨 있다고 말할 수 있다. 일본의 경우 사와야마가 제시하듯이 시대에 따라, 즉 근세에는 아이 기르기子育て라는 용어를 사용했으며 근대에는 '육아育兒'라는 용어를 사용했다. 즉 근세사회에서 사용되었던 '아이 기르기'가 메이지초기에는 '육아'라는 말로 전환되었고 1970년대 중반 이후 또다시 '육아'에서 '아이 기르기'라는 말로 바뀌게 되었다.

이처럼 근대의 산물로서 용어의 사용이 변화되어왔지만 사와야마의 입장에서는 근대 이후에 '창출'된 '육아'라는 말보다는 '아이 기르기'가

'가족공동체와 아동'을 이해하는 데 더욱 적합하다고 본 것이다. 이것도 역시 특수한 연출로서 이해할 수 있는데, 실제로 일본어사전에서 '육아'와 '아이 기르기'의 어원을 살펴보면 육아란 유유아乳幼兒 돌보기 또는 양육하는 것을 의미한다. 여기서 유유아란 젖먹이乳兒와 어린아이幼兒를 지칭하는 말로서 초등학교에 입학하기 이전의 아동을 가리키는 총칭어이다. 반면 '아이 기르기'는 자식 키우는 것을 말한다. 즉 '아이 기르기'가 다양한 연령의 양육전반을 지칭하는 것에 비해 '육아'는 주로 유유아를 기르는 것을 의미한다.

그러나 한국에서는 의미가 좀 다르다고 생각한다. 즉 한국에서는 육아의 의미가 어린아이의 신체적 발육과 지적 교육, 정서발달을 위해 행하는 행위로 정의되기도 하고 일본처럼 육아기를 초등학교 취학 이전까지로 보는 견해도 있다. 물론 태교에서부터 시작하는 경우도 있는데 대체적으로 육아가 단순히 아이를 기르는 것뿐만 아니라 교육을 포함하여 해석되는 측면이 있다.

그러므로 역자는 용어사용법에 대해 고민하지 않을 수 없었다. 역서에서 표현되는 중요한 용어를 중심으로 어떻게 하면 '일본어 표현'을 '한국어 표현'으로 잘 바꾸어 의미를 전달할 수 있을까라는 문제를 출판 직전까지 결정하지 못했는데 마지막에는 '육아'라는 용어를 선택했다. 왜냐하면 '육아'라는 용어 속에는 '국민국가', 아동 만들기, 모성과 모성애, 남편의 모습, 보호의 대상 어린이, 교육대상에 대한 의미가 강렬하게 남아있을 뿐만 아니라 '아이 기르기'라는 탈근대적 이미지를 역투영시킬 수 있다고 보았기 때문이다.

그러나 역서의 제목뿐만이 아니라 본문에서 육아와 직접적으로 관련되는 용어들, 예를 들어 스테고捨て子, 와가코わが子, 오야코신주親子心

中, 보시신주母子心中, 후시신주父子心中, 고도모子供라는 단어들을 어떻게 표현할지에 대한 문제였다. 우선 스테고捨て子는 버려진 아이·버려진 어린이 중에서 최종적으로 버려진 어린이 또는 문맥에 따라 아이 버리기로 결정했다. 그리고 와가코わが子는 나의 자식·내 자식·자기자식 중에 자기자식으로, 오야코신주親子心中는 부모자식 동반자살로, 보시신주母子心中는 어머니자식 동반자살로, 후시신주父子心中는 부모자식 동반자살이라는 표현을 사용하기로 했다.

특히 역자가 가장 고민한 것은 고도모子供의 표현이었는데 이는 어린이·아동·자식·아이 등으로 번역할 수 있다고 여겨 하나의 단어로 통일하지 않고 본문 속의 문맥에 따라 이 네 가지 표현을 도두 사용했다. 예를 들어 여성이나 남성과 함께 나오는 문장에서는 어린이로 표현했고 가족 관련의 어머니, 아버지와 함께 나오는 문장에서는 자식 또는 아이로 각각 표현했다. 그리고 번역서나 외국저서를 인용한 부분에서는 아동이라는 표현을 사용하기도 했다. 이러한 용어들은 모두 근대가족이 창출되는 순간 근대가족의 기준에서 '올바르고 바람즈하다'고 보는 가족형태가 합의된 것으로 찬양되고 담론화되었다.

이러한 논리는 결국 근대가족의 종언론이 등장하거나 혹은 새로운 근대 육아 연구로 빠지는 틀로서 나타났다. 그렇지만 종언론과 새로운 육아 전공서는 결국 동일선상에 있고 육아불안과 스트레스, 직장과 육아 양립의 고립성을 초래하게 되었다. 사와야마는 근대가족의 재해석 문제를 '육아'를 통해 공식담론을 꿰뚫고 있고, 근세부터 이어져오는 '일본 공동체'의 특징을 새롭게 읽어내기를 시도하면서 이러한 문제들을 말 그대로 근대가족의 문제로 세공해낸 것이다. 다시 말해서 아동, 어린이, 자식, 아이 등으로 표현되는 근대아동의 육아와 연계하면서 나타난 이론적 술수를 찾아냈다.

근대가족 속에서 '가정과 아동'의 탄생을 기술하고 근대가족의 성과 생식이 육아와 연결되면서 '관리'되는 측면을 통해 가족의 근대성을 찬양하는 논리가 전근대의 '다른 이미지로서 이에家'가 가진 버려진 어린이들을 통해 체현해낸다. 여기에서 사용되는 일본 공동체는 국가주의나 근대국민국가의 틀로 정비되지 못하는 '배제'의 가정이나 이념성을 논하는 것이다. 근대국민국가의 근대가족이 '이에'에서 '가정'으로 치환되는 프로세스 속에서 나타나는 근대가족의 기원과 종언의 문제를 '양육'과 '어머니', '주부의 규범'을 '아버지의 배제'라는 문제로 연결해냈다. 그럼으로써 근대가족의 창출 속에서 명백하게 드러내던 육아담당의 '주부, 어머니, 아내'의 모습과 근대가족의 종언에서 보이는 '육아담당자에서 아버지의 배제'의 문제를 소환해낸 것이다.

사와야마는 육아담당인 신新중간층이 등장한 시대적 배경을 자본주의와 연결하면서 여성 스스로가 '가부장제'를 받아들이는 모순성과 육아를 통해 자식을 성공시키기 위한 역할에 충실하려는 여성의 '내적 공간'이 가진 시대적 합리성이 도출되었음을 제시한다. 이것은 가정에서의 육아를 담당하는 주부나 어머니들에게 공감대를 형성하게 되었고 결국 육아가 공교육의 하나로 묻혀버리는 흐름을 폭로하고 있다. 이는 곧 육아방법이나 육아요령에 빠진 '주부나 어머니' 역할에서 거리두기를 실패한 사례를 의미하는 것이다.

남녀협력의 생활을 모색하는 민중 혹은 서민들이 노동현장에서의 육아가 가진 의미의 재고인 것이다. 서구 근대의 이론을 모방하는 과정에서 나타난 모순세계인 어른사회에서 '순수함'으로 비춰지는 아동 관념이 향촌사회의 생활노동에서 얻어지는 아동관, 즉 야만성과 잔혹성의 논리 속에 덮여 있는 속임수를 통해 다시 거리두기를 강즈했다. 즉 아버지와 어머니, 남성과 여성, 사적 공간과 공적 공간의 구조적 문제를 재생산하는 전형화나 단순화의 장막을 해체시키는 제3의 길을 정의해냈다.

보호의 대상자인 어린이에 대한 시선에 담겨진 양면성, 즉 가정 속에서 보호해야만 하는 어린이와 그 반대편에 서 있는 버려진 어린이의 외부성이 갖는 문맥의 재해석이었다. 그것은 곧 '육아'를 가족, 특히 어머니가 떠맡게 되는 국면을 학력사회, 소산소사 사회의 등장과 연동시켜 탐색해냈다. 동심주의나 모성의 탄생이 특히 '육아'의 '교육'적 성격을 강화시키고 증식시키는 논리를 찾아내고 그 형태를 찍어내는 과정에서 어머니의 학력과도 연관된다는 점을 여실히 보여주고 있다.

임신이나 출산이라는 경험이 아니라 여학교 시절의 '이상'이 자아의식으로 성장하게 되었고 또한 근대가족이 '열성적인 교육가족'을 증식시키는 양상을 사적 소유론으로 설명해냈다. 그것은 자본주의사회의 발달과정에서 발견된 아동을 결국 소유론으로 결부시켰고, '어머니의 교육열' 속에서 자라나는 아동이 '생활 속에서 자라는 아동'을 소거해버리는 논리를 재문하고 상대화하려는 시도인 것이다. 사와야마가 앞서 언급한 아버지와 어머니, 남성과 여성, 사적 공간과 공적 공간을 재생산하는 전형화나 단순화의 입장에서 제3의 길을 정의하려는 이론은 모성과 부성, 그리고 육아의 논리를 제시하고 있다. 기존의 모성이나 부성론 자체에서 분리하여 탈모성·탈부성을 통한 남녀협력의 '부모성'을 창출해낸 것이다.

모성이나 부성을 강조하고 임신이나 출산이라는 신체성, 이를 바탕으로 한 성별 역할분담, 서구적 아동관을 통한 '육아'개념을 근대가족의 창출과 종언을 동원하여 역설적 원리로서 부모성의 제안과 남녀협력을 선언하면서 근대성·남성·여성의 원리에 숨겨진 육아문제를 평정하고 있는 것이다. 이는 또한 다중사회 속의 개인화나 다양화의 정서들을 교란시키는 것이 아니라 사회적으로 만들어진 '근대가족'의 육아를 '삶'이라는 인간 근원의 생활 속에서 파악해보자는 의미인 것이다. 그러한 의미에서 일본의 '근대가족'이라는 제목에 대한 성찰은 그 대상과 개성에 대한 개념적 논리가 합당하게 삶의 방식과 연결되어 있다고 여겨진다.

그리고 왜 일본의 '근대가족' 뒤에 '탄생'을 붙였는가는 앞의 근대가족이 가진 한계점과 가능성을 끝까지 밀고나갔을 때 생기는 하나의 '사유'로서 고안해 낸 표현이다. 거듭 강조하지만 사와야마는 근대가족 속에서 삶을 산 사람들이나 바로 그곳에서 '육아'를 담당하는 '담당자'의 입장에서 '근대가족과 육아'를 재구성하면서 현대가족의 육아에 대한 문제까지도 함께 고민하고자 한 것이다. 즉 육아를 개인의 삶과 연결시키는 새로운 방법으로 찾아낸 용어가 바로 '아이 기르기'였다. 근대의 형식적이고 교육적 '내용'이 내포된 육아를 사용하지 않고, 근대 이전에 사용된 '아이 기르기'라는 용어를 통해 근대 이전의 '아이 기르기'에 대한 핵심명제들을 끌어내고자 했던 것이다. 그런 의미에서 원저자는 '아이 기르기'가 근대 이후에 사용된 '육아'라는 말보다 '가족공동체와 어린이'를 이해하는데 더욱 적합하다고 본 것이다.

그러나 앞에서도 언급했듯이 본 역서에서 '아이 기르기'를 사용하지 않고 적극적으로 '육아'라는 용어를 사용한 것은 육아가 '근대어'로 성립되는 과정을 남녀의 성별 역할문제, 교육문제, 아동관과 연동되면서 '탄생'된다는 측면과 근세의 '아이 기르기' 논리에 내포된 핵심명제들을 재강조하기 위해서였다. '탄생'이란 첫째, 생물학적인 의미, 즉 임신이나 출산이라는 신체적인 의미도 있고 둘째, '의식'의 이입이라는 의미도 있다. 그러므로 탄생은 생물학적이든 의식이든 '없었던 것이 새롭게 생겨난다'는 의미에서 공통적이다.

이러한 논리에서 본다면 육아는 교육과도 연결되는데 특히 가정교육이나 학교교육과 밀접한 관련을 갖는다. 사와야마는 '생명에 의식'을 불어넣어주고 '주체'를 만들어간다는 의미에서 후자 쪽의 '의식 이입'을 의식하고 있는 것처럼 보인다. 그래서 육아의 탄생이란 '육아라는 내용'을 지칭한 의식이 탄생되는 과정으로 해석했다. 그 의식의 탄생은 사와야마가 직접 언급하듯이 아이가 하나의 생명을 갖고 태어나 육아를 통해 개체로서의 어린이로 성장하면서 갖게 되는 '아이덴티티'의 프로세스를 수신자가 아니라, 공동체 속에서 '현장에서 마주하며 생성되는 정체성'을 '육아' 문제로 묻는 것이다.

현재 한국사회에서도 육아와 관련하여 많은 문제들이 제안되고 있다. 예를 들어 육아담당자는 여성인가, 남성은 육아에 관여해야만 하는가, 싱글 맘의 육아는 가능한가, 육아와 학교교육은 가능한가, 자기자식에게 특별한 육아를 하고 싶다 등의 육아에 대한 문제는 오늘날에도 여전히 유효하다. 그러므로 본 역서는 이러한 '육아' 문제를 '근대와 근세'의 정황을 다시 그려봄으로써 거기에서 사회·문화적으로 투영된 양식으로 도출되는 구조가 존재했다는 것을 생각하는 하나의 힌트가 되었으면 한다.

본 역서는 역자의 새로운 탄생을 안내해주었다. 역자는 이전에 '근대가족'과 주부를 키워드로 하는 『주부의 탄생』을 번역했는데 이번에는 근대가족의 문제를 육아와 연결하는 『육아의 탄생』을 내놓게 되었다. 근대가족 속에 '주부'와 '육아'가 다시 현재에는 무엇을 뜻하는지에 대한 물음에서 출발하여 하나의 점들이 이어져 윤곽으로 그려졌으면 한다.

마지막으로 본 역서의 번역을 흔쾌히 허락해주신 소명출판의 박성모 사장님과 공홍 편집부장님께 진심으로 감사드린다. 또한 형식적인 인사말이 아니라 마지막까지 아주 섬세하고 꼼꼼하게 체크해주시고 편집해주신 한사랑 편집자님에게도 고맙다는 말을 전하고 싶다.

2014년 새해를 맞이하며
이은주

しげ子,「宮詣りの日に愛兒を失った經驗」,『連帶時報』7卷 7號, 1927.

ノッタ・デビット,『純潔の近代―近代家族と親密性の比較社會學』, 慶應義塾大學出
版會, 2007.

ひろたまさき,「ライフサイクルの諸類型」, 女性史總合研究會 編,『日本女性生活史 第
4卷―近代』, 東京大學出版會, 1990.

フィリップ・アリエス, 杉山光信・杉山美惠子 譯,『'子供'の誕生―アンシャン・レジー
ム期の子供と家族生活』, みすず書房, 1980.

ふみ子,「家庭保姆養成の必要」,『婦人と子ども』1卷 1號, 1901.1.

_____,「幼兒を世話する人の感情につきて」,『婦人と子ども』3卷 5號, 1903.5.

ポロコ, リンダ・A, 中地克子 譯,『忘れられた子どもたち―1500~1900年の親子關係』,
勁草書房, 1988.

加藤シズエ,『ある女性政治家の半生』, PHP研究所, 1981.

加藤秀俊・前田愛,『明治メディア考』, 中央公論社, 1983.

加藤田惠子,「兒童保護事業調査」, 社會事業調査會 編,『戰前日本の社會事業調査』,
勁草書房, 1983.

岡百合子,「同行三人」, 高史明・岡百合子 編,『僕は12歳―岡眞史詩集』, 筑摩書房, 1976.

岡山兒童相談所,「性能調査報告 第1回」,『連帶時報』8卷 9號, 1928.

岡山縣史編纂委員會編,『岡山縣史―近代II』, 山陽新聞社, 1987.

岡山縣社會科,「婦人勞動者のために―家事講習會の經營」,『社會事業研究資料』第5編,
村尾印刷, 1925.

岡野治子,「命のはじまり」,『岩波講座 宗教 第7卷―生命』, 岩波書店, 2004.

犬丸義一 校訂,『職工事情』中, 岩波文庫, 1998.

高橋梵仙,『日本人口史之研究』第2, 日本學術刊行會, 1955.

高群逸枝,『女性の歴史』下, 講談社文庫, 1972(1958).

古在由重 編,『紫琴全集』, 草土文化, 1983.

高井陽・折井美耶子,『薊の花―富本一枝小傳』, ドメス出版, 1985.

暉峻義等,「2, 3社會的問題の醫學的觀察 上」,『國學醫學雜誌』384號, 1919.

舘かおる,「良妻賢母」, 女性學研究會 編,『講座女性學1－女のイメージ』, 勁草書房, 1984.

光田京子,「近代岡山女子教育の展開」,『岡山地方史研究』51號, 1986.

廣田照幸,『日本人のしつけは衰退したか－教育する家族のゆくえ』, 講談社現代新書, 1999.

_____ 監修,『リーディングス 日本の教育と社會 第3卷－子育て・しつけ』, 日本圖書センター, 2006.

鳩山春子,『我が子の教育』, 婦女界社, 1919.

_____,『我が自敍傳－人間の記錄3』(『我が自敍傳』, 1929), 日本圖書センター, 1997.

堀江俊一,「明治末期から大正初期の'近代家族像'－婦人雜誌からみた'山の手生活'の研究」,『日本民俗學』186號, 1991.

堀尾輝久,『子どもを見直す』, 岩波書店, 1984.

_____,『天皇制國家と教育－近代日本教育思想史研究1』, 靑木書店, 1987.

堀場淸子 編,『『靑鞜』女性解放論集』, 岩波文庫, 1991.

宮坂靖子,「'お産'の社會史」,『教育誕生と終焉－叢書 産む・育てる・教える 匿名の教育史』, 藤原書店, 1990.

鬼頭宏,『人口から讀む日本の歷史』, 講談社學術文庫, 2000.

近藤和子,「女と戰爭－母性／家族／國家」, 奧田曉子 編,『女と男の時空 日本女性史再考Ⅴ－鬪ぎ合う女と男 近代』, 藤原書店, 1995.

今井康子,「'主婦'の誕生」,『女性學』創刊號, 1992.

吉田久一,「明治維新における貧困の變質」, 日本社會事業大學救貧制度研究會 編,『日本の救貧制度』, 勁草書房, 1960.

金津日出美,「明治初年の'妾議論'の再檢討」, 永原和子 編,『日本家族史論集5－家族の諸相』(馬原哲男・岩井忠熊 編,『天皇制國家の統合と支配』, 文理閣, 1992), 吉川弘文館, 2002.

南博編,『大正文化』, 勁草書房, 1965.

大橋隆憲,『日本の階級構成』, 岩波書店, 1971.

大藤修,『近世農民と家・村・國家』, 吉川弘文館, 1994.

大牟羅良,『もの言わぬ農民』, 岩波書店, 1958.

大門正克,『民衆の教育經驗』, 靑木書店, 2000.

_____,「序說 '生存'の歷史學－'1930～60年代の日本'と現在との往還を通じて」,『歷史學研究』846號, 2008.

_____・安田常雄・天野正子 編,『近代社會を生きる』, 吉川弘文館, 2003.

大日本女子社會教育會 編,『家庭教育に關する參考資料－江戶期～昭和20年』, 1966.

大塚英志, 『'傳統'とは何か』, ちくま新書, 2004.

大阪毎日新聞社 編, 『子供の育て方』, 大阪毎日新聞, 1921.

_____, 『大正12年度婦人寶鑑』, 1923.

大和礼子, 「性別役割分業の二つの次元－'性による役割振り分け'と'愛による再生産役割'」, 『ソシオロジ』123, 1995.

渡辺京一, 『逝きし世の面影』, 平凡社ライブラリー, 2005(1998).

渡部周子, 『'少女'像の誕生－近代日本における'少女'規範の形成』, 新泉社, 2007.

稲井智良, Mark A. Jones, 「Children as Treasures : Childhood and the Middle Class in Early Twentieth Century Japan實物としての子ども－20世紀初頭の日本における子ども觀と中間階級」, 『東京大學日本史學研究室紀要』 第16號, 2012.

東京都養育院 編, 『養育院100年史』, 東京都, 1974.

東京市社會教育課, 『愛兒の躾と育て』, 實業之日本社, 1924.

東京市社會局, 「東京市內における棄兒調査」, 1937.

藤崎宏子, 「母子保健事業調査」, 社會事業調査會 編, 『戰前日本の社會事業調査』, 勁草書房, 1983.

藤野裕子, 「書評－大門正克 他編『近代社會を生きる』」, 『歴史評論』675號, 2006.

落合惠美子, 『近代家族とフェミニズム』, 勁草書房, 1989.

_____, 『21世紀家族へ』, 有斐閣選書, 1994.

_____, 「近代家族をめぐる言説」, 『岩波講座現代社會學19－'家族'の社會學』, 岩波書店, 1996.

_____, 「女性史における近代家族と家－女性史のもたらしたものとその陷穽」, 田端泰子・上野千鶴子・服藤早苗 編, 『ジェンダーと女性－シリーズ比較家族8』, 早稲田大學出版會, 1997.

鈴木すず, 「父と私」, 鈴木三重吉赤い鳥の會 編, 『鈴木三重吉への招待』, 教育出版センター, 1982.

鈴木珊吉, 「おやじ－赤い鳥の心」, 『朝日ジャーナル』, 1964.8.9.

鈴木三重吉, 「書簡」, 『鈴木三重吉全集』6, 岩波書店, 1938.

鈴木貞美, 『'生命'で讀む日本近代』, 日本放送出版協會, 1996.

鈴木智道, 「戰間期日本における家族秩序の問題化と'家庭'の論理－下層社會に對する社會事業の認識と實踐に着目して」, 『教育社會學研究』60集, 1997.

鹿野正直, 『戰前・'家'の思想－叢書 身體の思想9』, 創文社, 1983.

瀬知山角, 『東アジアの家父長制－ジェンダーの比較社會學』, 勁草書房, 1996.

柳田國男, 「小兒生存權の歴史」, 『定本 柳田國男集』15卷, 筑摩書房, 1963.

＿＿＿＿＿,『明治大正史－世相編』, 講談社學術文庫, 1993(1967).

林えり子,『この結婚－明治大正昭和の著名人夫婦70態』, 文春文庫, 2005.

牟田和惠,『戰略としての家族－近代日本の國民國家形成と女性』, 新曜社, 1996.

＿＿＿＿＿,「'近代家族'概念と日本近代の家族像」, 大日向純夫 編,『日本家族史論集2－
　　　　　家族史の展望』, 2002.

木本喜美子,『家族・ジェンダー・企業社會』, ミネルヴァ書房, 1995.

牧原憲夫,「明治後期の民衆と天皇(その2)」,『人文自然科學論集』第117號, 2004.

＿＿＿＿＿,『全集 日本の歴史 第13卷－文明國をめざして』, 小學館, 2008.

木村涼子,『'主婦'の誕生－婦人雜誌と女性たちの近代』, 吉川弘文館, 2010.

木村不二男,「鈴木三重吉」,『童話』, 1972.9.

目黒依子,『個人化する家族』, 勁草書房, 1987.

＿＿＿＿＿,「總論 日本の家族の'近代性'」, 目黒依子・渡辺秀樹 編,『講座 社會學2－家
　　　　　族』, 東京大學出版會, 1999.

柏木博,『肖像のなかの權力』, 講談社學術文庫, 2000.

柏木惠子,『子どもという價値－少子化時代の女性の心理』, 中公新書, 2001.

法務大臣官房司法法制調査部 監修,『全國民事慣例類集』, 商事法務研究會, 1989.

寶月理惠,『近代日本における衛生の展開と需要』, 東信堂, 2010.

報知新聞社家庭部 編,『實驗子供の躾け方』, 大明堂書店, 1924.

本多勝一 編,『子供たちの復讐』, 朝日新聞社, 1986.

本田和子,『異文化としての子ども』, 紀伊國屋書店, 1982.

＿＿＿＿＿,『女學生の系譜－彩色される明治』, 紀伊國屋書店, 1990.

富本一枝,「明日の若木－娘から孫へ」,『婦人公論』, 1938.9.

濱田喜志乃,「育兒の苦心」,『連帶時報』7卷 7號, 1927.

寺崎弘昭,「18・19世紀イギリスの父親像－その强迫性と不安」, 黑柳晴夫 他編,『父親
　　　　　と家族 父性を問う－シリーズ比較家族代II期2』, 早稻田大學出版部, 1998.

＿＿＿＿＿・周禪鴻,「教育古層－生を養う」,『かわさき市民アカデミー講座ブックレット』
　　　　　No.27, かわさきアカデミー出版部, 2006.

司法省 編,『民事慣例類集』, 司法省, 1877.

社會事業調査會 編,『戰前日本の社會事業調査』, 勁草書房, 1983.

山根眞理,「育兒不安と家族の危機」, 清水新二 編,『シリーズ'家族はいま…'家族問題
　　　　　－危機と存續』, ミネルヴァ書房, 2000.

山崎明子 監修,『叢書女性論別卷－日本のフェミニズム 日本女性の發言の歴史』, 大空
　　　　　社, 1997.

山梨縣 編, 『山梨縣史 資料編17－近現代4』, 山梨日日新聞社, 2000.

山本起世子, 「家族における身體管理に關する歷史社會學的考察」, 『園田學園女子大學
　　　論文集』35號, 2000.

山本敏子, 「日本における'近代家族'の誕生－明治期ジャーナリズムにおける'一家團欒'
　　　像の形成を手掛かりに」, 『日本の教育史學』第34集, 1991.

山田登世子, 『晶子とシャネル』, 勁草書房, 2006.

山田昌弘, 『近代家族のゆくえ－家族と愛情のパラドックス』, 新曜社, 1994.

山田昌弘 編, 『家族本 40－歷史をたどることで危機の本質が見えてくる』, 平凡社, 2001.

山住正巳・中江和惠 編注, 『子育ての書』1・2・3, 平凡社, 1976.

山川菊榮, 「女性の反逆－精神的物質的方面より見たる産兒制限問題」(「婦人解放と産
　　　兒調節問題」と改題し『山川菊榮集』2卷, 岩波書店, 2011 收錄), 『解放』1月
　　　號, 1921a.

＿＿＿＿＿＿, 「婦人解放と産兒調節問題」, 『山川菊榮集』2卷, 岩波書店, 2011(1921b).

山下石翁, 「子供は教師なり」, 『女學雜誌』261號, 1891.4.

森まゆみ, 『明治・大正を食べ步く』, FHP新書, 2004.

森岡淸美・望月崇, 『家族關係』, 日本放送出版協會, 1978.

三鬼弘子, 「近代日本家族思想成立をめぐる一考察」, 『史艸』35號, 1994.

三宅やす子, 「奔流」, 『三宅やす子全集』第1卷, 中央公論社, 1932a.

＿＿＿＿＿＿, 「自敍傳の一節」・「我が子へ送る」・「私の修學時代」・「科學者の妻として」・
　　　「斷片」・「矛盾の中に住む」・「三郎就學日記」, 『三宅やす子全集』第2卷, 中央公
　　　論社, 1932b.

＿＿＿＿＿＿, 『性敎育硏究基本文獻集 第1期 第6卷－我子の性敎育』(『我子の性敎育』, 文
　　　化生活硏究會, 1924), 大空社, 1990.

＿＿＿＿＿＿, 『三宅やす子全集』第2・4卷(復刻板), 本の友社, 1993.

＿＿＿＿＿＿, 石川松太郎 監修, 『子供と家庭'文獻叢書』第6卷(『母の敎育』, 1924), クレ
　　　ス出版, 1997.

三宅艶子, 『若き日の讀書』, 東都書房, 1962.

三田谷啓, 「知能と身體との關係」, 『兒童學硏究紀要』第1卷, 1918.

三宅菊子, 「三宅やす子'婦人の立場から'」, 『叢書 女性論 別卷 日本のフェミニズム－日
　　　本女性の發言の歷史』, 大空社, 1997.

三宅恒方, 『第6感を交えて』, 實業之日本社, 1920.

＿＿＿＿＿＿, 『旅と私』, 實業之日本社, 1922a.

＿＿＿＿＿＿, 『新坂町から』, 實業之日本社, 1922b.

_____,『學者膝栗毛』, 富士書房, 1929.

澁澤榮一,『日本'子供の歷史' 叢書27－回顧50年』, 久山社, 1998.

上笙一郎,『日本兒童文學の思想』, 國土社, 1976.

上野千鶴子,『近代家族の成立と終焉』, 岩波書店, 1994.

西本郁子,『時間意識の近代－'時は金なり'の社會史』, 法政大學出版局, 2006.

西山夘三,『すまい考今學－現代日本住宅史』, 彰國社, 1989.

西山哲治,『赤ん坊の研究』, 南北社出版部, 1918.

西川祐子,「住まいの變遷と'家庭'の成立」, 女性史總合研究會 編,『日本女性生活史 第4卷－近代』, 東京大學出版會, 1990.

_____,「近代國家と家族モデル」, 河上倫逸 編,『ユスティティア2－特集 家族・社會・國家』, ミネルヴァ書房, 1991.

_____,「日本型近代家族と住まいの變遷」,『立命館言語文化研究』6卷 1號, 1994.

_____,「雜誌『文化生活』と男性本位の家庭イデオロギー」,『文化生活』解說・總目次・索引, 不二出版, 1995.

_____,『近代國家と家族モデル』, 吉川弘文館, 2000.

石谷二郎・天野正子,『モノと男の戰後史』, 吉川弘文館, 2008.

石田雄,「'家'および家庭の政治的機能」,『家族 政策と法Ⅰ－叢論』, 東京大學出版會, 1975.

成澤光,『現代日本の社會秩序』, 岩波書店, 1997.

小口偉一 編,『成城文化史』, 成城高等學校同窓會, 1936.

小林千枝子,「到達度評價と學習意欲」,『到達度評價研究會報』第10號, 1987.

小峰茂之,「明治大正昭和年間における親子心中の醫學的考察」,『小峰研究所紀要』5, 1937.

小山靜子,『良妻賢母という規範』, 勁草書房, 1991.

_____,『家庭の生成と女性の國民化』, 勁草書房, 1999.

_____,「家族の近代」, 坂田聰 編,『日本家族史論集4－家族と社會』(西川長夫・松宮秀治 編,『幕末・明治期の國民國家形成と文化變容』, 新曜社, 1995), 吉川弘文館, 2002.

_____,『子どもたちの近代－學校教育と家庭教育』, 吉川弘文館, 2002.

小森陽一,『漱石を讀みなおす』, 筑摩新書, 1995.

_____,『世紀末の預言者・夏目漱石』, 講談社, 1999.

小松裕,『全集 日本の歷史 第14卷－'いのち'と帝國日本』, 小學館, 2009.

小野澤あかね,「近代女性史研究の現狀」,『日本史研究の最前線』, 新人物往來社, 2000.

小玉亮子,「近代ドイツにおける家族と國家, そして第3項－西洋教育史における家族研究の射程」,『日本の教育史學』第53集, 2010.

小原國芳,『母のための教育學』, イデア書院, 1925.

松本園子,「明治期の東京養育院入所兒童」,『淑徳短期大學研究紀要』40號, 2001.

松村尚子,「近現代4－家族・社會」, 女性史總合研究會 編,『日本女性史研究文獻目錄 (Ⅳ) 1992~1996』, 東京大學出版會, 2003.

松浦政泰, 上笙一郎・山崎明子 編,『家庭文庫』(『家庭の娯樂－家庭文庫』, 婦人文庫, 1915), クレス出版, 2006.

首藤美香子,『近代的育兒觀への轉換－啓蒙家 三田谷啓と1920年代』, 勁草書房, 2004.

神立春樹,「岡山市等の本業者職業別構成－1920年」,『産業革命期における地域編成－ 岡山大學經濟學研究叢書 第4冊』, 1987.

神門とも,「母と子供」,『婦人と子ども』1卷 3號, 1901.3.

神野由紀,『子どもをめぐるデザインと近代－擴大する商品世界』, 世界思想社, 2011.

室田保夫,「子どもの養護」, 室田保夫・蜂谷俊隆 編,『子どもの人權問題資料集成 戰 前編 第1~3卷－子供の養護 I』, 不二出版, 2009.

室井きさ子,『母性愛日記』, 万理閣書房, 1929.

阿辻哲次,『漢字の知惠』, ちくま新書, 2003.

安達憲忠,「乞食惡化の狀況」,『日本兒童問題文獻選集』2, 日本圖書センター, 1983.

安部磯雄,「兒童制限に就き受け取った手紙」,『小家族』, 1922.5.13.

安丸良夫,「20世紀日本をどうとらえるか」,『現代日本思想編－歴史認識とイデオロギー』, 岩波書店, 2004.

岩見照代 編,『アンソロジー新しい女たち』, ゆまに書房, 2002.

嚴本善治,「母親の心得－愛育と云ふ事」,『女學雜誌』14號, 1886.2.

_____,「子守女の論」,『女學雜誌』57號, 1887.

_____,「日本の家族(第1) 1887號 3月－一家の和樂團欒」,『女學雜誌』96號, 1888a.

_____,「日本の家族(第3)－和樂なき家族より起る害毒」,『女學雜誌』98號, 1888b.

岩本通彌,「血統幻想の病理－近代家族と親子心中」,『都市民俗學へのいざない1－混 沌と生成』, 雄山閣出版, 1989.

野上弥生子,「小さい兄弟」,『野上弥生子全集』第3卷, 岩波書店, 1980(1925).

野上素一,「母の横顔」,『婦人之友』1月號, 1962.

野村芳兵衛,「新教育における學級經營」,『野村芳兵衛著作集』2, 黎明書房, 1973a.

_____,「私の歩んだ教育の道」,『野村芳兵衛著作集』8, 黎明書房, 1973b.

_____,「生命信頼の修身教授法」,『野村芳兵衛著作集』1, 黎明書房, 1974.

若尾祐司,「ヨーロッパ家族史研究の影響」,『比較家族史研究』23, 2009.

若松賤子,「子供に付いて(3)」,『女學雜誌』348號, 1893.6.

_____, 「小公子前編 自序」, 『日本兒童文學大系』 第2卷, ほるぷ出版, 1977.

与謝野晶子, 「親としての男女協力」, 『与謝野晶子著作集』 18卷, 講談社, 1920.

_____, 「寧ろ父性を保護せよ」, 『定本与謝野晶子全集』 17卷, 講談社, 1980a.

_____, 「女子の多方面の活動」, 『定本与謝野晶子全集』 17卷, 講談社, 1980b.

_____, 「婦人改造の基礎的考察」, 『定本与謝野晶子全集』 17卷, 講談社, 1980c.

_____, 「男女の平等な協力」, 『定本与謝野晶子全集』 19卷, 講談社, 1981.

女性史總合研究會, 『日本女性史 第4卷－近代』, 東京大學出版會, 1982.

_____ 編, 『日本女性史研究文獻目錄』, 東京大學出版會, 1983.

_____, 『日本女性史研究文獻目錄(II) 1982～1986』, 東京大學出版會, 1988.

_____, 『日本女性生活史 第4卷－近代』, 東京大學出版會, 1990.

_____, 『日本女性史研究文獻目錄(III) 1987～1991』, 東京大學出版會, 1994.

_____, 『日本女性史研究文獻目錄(IV) 1992～1996』, 東京大學出版會, 2003.

原ひろ子・我妻洋, 『しつけ－ふぉるく叢書1』, 弘文堂, 1974.

有島行光 他, 『父の書齋』, 筑摩叢書, 1989.

有地亨, 『近代日本の家族觀－明治編』, 弘文堂, 1977.

_____, 『日本の親子200年』, 新潮社, 1986.

有川幾夫, 「家族の肖像」, 『「家族の肖像－日本ファミリーポートレート」圖錄』, 宮城縣
　　　　美術館, 1995.

有賀喜左衛門, 「捨子の話」, 『有賀喜左衛門著作集』 VIII, 未來社, 1969.

二宮宏之, 「歷史の中の家」, 二宮宏之・樺山紘一・福井憲彦 編, 『叢書 歷史を拓く－
　　　　アナール論文選2 家の歷史社會學』, 新評論, 1983.

伊藤美登里, 「家庭領域への規律的時間の浸透」, 橋本毅彦・栗山茂久 編, 『遲刻の誕生』,
　　　　三元社, 2001.

伊福部敬子, 「母の世紀の序」, 『近代女性文獻資料叢書6－女と戰爭 第6卷』, 大空社, 1992.

一番ケ瀬康子, 「兒童福祉研究に思う」, 『社會事業史研究』 26號, 1998.

日本近代文學館 編, 『日本近代文學大事典』 第3卷, 講談社, 1977.

立川昭二, 『日本人の死生觀』, 筑摩書房, 1998.

紫崎ゆう, 『我が兒の生ひ立ち 愛撫8年』, 廣文堂, 1917.

長谷川貴彦, 「書評 大野誠編『近代イギリスと公共圈』」, 『史學雜誌』 121編 3號, 2012.

庄司吉之助・林基・安丸良夫校注, 『日本思想大系58－民衆運動の思想』, 岩波書店, 1970.

長志珠繪, 「'家'から'家族'へ－日本近代家族と女性」, 歷史學研究學會 編, 『現代歷史學の
　　　　成果と課題 1980～2000年 I－歷史學における方法的轉回』, 靑木書店, 2002.

猪熊葉子 他編, 『講座日本兒童文學』 第2卷, 明治書院, 1974.

荻野美穂, 『家族計劃への道－近代日本の生殖をめぐる政治』, 岩波書店, 2008.

赤井米吉, 「家族教育不振の原因と將來の問題」, 『家庭教育と學校家庭連絡の實際』, 文化書房, 1931.

赤澤乾一, 「子供を社會的に發見せよ－都市と兒童遊園地」, 『連帶時報』 9卷 5號, 1929.5.

田間康子, 『近代家族とボディポリティクス』, 世界思想社, 2006.

田間泰子, 『母性愛という制度－子殺しと中絶のポリティクス』, 勁草書房, 2001.

田中寬一, 『教育測定學』, 松邑三松堂, 1926.

田中芳子, 「中村春二先生」, 『婦女新聞』 1239號, 1924.

_____, 『親心子心』, 同文舘, 1925.

田川建三, 「与謝野晶子－町人の自立と女性の自立」, 『女性學研究』 7, 1999.

折井美邦子・高井陽, 『薊の花－富本一枝小傳』, ドメス出版, 1985.

_____ 編, 『資料 性と愛をめぐる論爭』, ドメス出版, 1991.

井上俊 他編, 『岩波講座現代社會學19－'家族'の社會學』, 岩波書店, 1996.

井上俊・伊藤公雄 編, 『社會學ベーシックス 第5卷－近代家族とジェンダー』, 世界思想社, 2010.

齊藤茂男, 『妻たちの思秋期』, 講談社(+a文庫), 1994(1982).

朝日新聞社, 『週刊朝日百科 日本の歴史 近代II－② 現代庶民生活の原型4』, 朝日新聞社, 1988.

佐藤泉, 『漱石－片付かない近代』, NHKライブラリー, 2002.

珠久捨男, 『日本小兒科醫史』, 南山堂, 1964.

竹內利美・谷川健一 編, 『日本庶民生活史料集成 第21卷－村落共同體』, 三一書房, 1979.

竹內洋, 『立志・苦學・出世－受驗生の社會史』, 講談社, 1991.

中谷文美, 「家族をめぐる'自然'と'文化'」, 本多俊郎・大村敬一 編, 『グローバリゼーションの人類學』, 放送大學教育振興會, 2011.

中內敏夫, 「能力についての考え方の歴史 上」, 『教育』, 國土社, 1972.6.

_____, 「解說」, 『野村芳兵衛著作集』 8, 黎明書房, 1973.

_____, 『生活綴り方成立史研究』, 明治圖書, 1977.

_____, '新學校'の社會兒」, 編集委員會 編, 『叢書 産育と教育の社會兒 第5卷－國家の教師民衆の敎師』, 新評論, 1985.

_____, 『新しい教育史－制度史から社會史への試み』, 新評論, 1987a.

_____, 「家族と家族のおこなう教育」, 『中內敏夫著作集III 日本の學校－制度と生活世界』, 藤原書店, 1987b.

_____, 『教育學第一步』, 岩波書店, 1988.

_____, 「新學校の社會過程」, 『中內敏夫著作集II 匿名の教育史』, 藤原書店, 1998a.

_____, 「日本資本主義と女學校」, 『中內敏夫著作集II 匿名の教育史』, 藤原書店, 1998b.

中嶋みさき, 「近代家族への問いと女性史の課題」, 『日本家族史論集2 家族史の展望』(『歴史評論』第588號, 1999.4), 吉川弘文館, 2001.

中川清, 『日本の都市下層』, 勁草書房, 1985.

_____, 『日本都市の生活變動』, 勁草書房, 2000.

中川清編, 『明治東京下層生活誌』, 岩波文庫, 1994.

倉敷伸子, 「近代家族規範受容の重層性－專業農家經營體解體期の女性就業と主婦・母親役割」, 『年報 日本現代史』第12號, 2007.

倉地克直, 「開講にあたって」, 倉地克直・澤山美果子 編, 『'性を考える'私たちの講義』, 世界思想社, 1997.

_____, 「御卷と箕」, 『性と身體の近世史』, 東大出版會, 1998.

_____, 「まとめの講義」, 倉地克直・澤山美果子 編, 『男と女の過去と未來』, 世界思想社, 2000.

_____, 『全集 日本の歴史 第11卷－德川社會のゆらぎ』, 小學館, 2008.

_____・澤山美果子 編, 『'性を考える'私たちの講義』, 世界思想社, 1997.

_____, 『男と女の過去と未來』, 世界思想社, 2000.

_____, 『働くこととジェンダー』, 世界思想社, 2008.

千本曉子, 「日本における性別役割分業の形成－家計調査を通して」, 荻野美穂 他, 『制度としての'女'－性・産・家族の比較社會史』, 平凡社, 1990.

川上武, 『現代日本病人史』, 勁草書房, 1982.

千田有紀, 『日本型近代家族－どこから來てどこへ行くのか』, 勁草書房, 2011.

清水紫琴, 「稚兒の育て方に就いての注意」, 『女學雜誌』457號, 1898.1.

_____, 「家庭に於ける父子の關係に就て」, 『女學雜誌』482號, 1899.2.

村山俊太郎, 「獄中からの手紙」, 『村山俊太郎著作集』第3卷, 百合出版, 1978.

塚本はま子, 『家政學文獻集成－續編明治期VIII』(『家事教本』, 金港堂, 1900), 渡辺書店, 1970.

太田素子, 『江戸の親子』, 中公新書, 1994.

_____, 「子育ての歴史－研究の課題と展望」, 『日本教育史研究』19號, 2000.

_____, 「日本における'近代的子ども'の成立史研究」, 教育史學會 編, 『教育史研究の最前線』, 日本圖書センター, 2007.

_____, 「人間形成の社會史における'家族－'家の教育・家庭教育・共有ネットワーク」, 『日本の教育史學』第53集, 2010.

＿＿＿＿＿,「'家'繼承のための子育て」,『近世の'家'と家族』, 角川叢書, 2011.

太田典禮,『日本産兒調節100年史』, 人間の科學社, 1964.

澤山美果子,「近代日本における'母性'の強調とその意味」, 人間文化研究會 編,『女性 と文化－社會・母性・歴史』, 白馬出版, 1979.

＿＿＿＿＿,「母子關係史からみた母性」,『順正短期大學研究紀要』13號, 1988.

＿＿＿＿＿,「主婦と家庭文化」,『順正短期大學研究紀要』24號, 1996a.

＿＿＿＿＿,「'結婚の條件'の近代」, 小玉美意子・人間文化研究會 編,『美女のイメー ジ』, 世界思想社, 1996b.

＿＿＿＿＿,「'近代家族'とセクシュアリティ」, 安井信子・澤山美果子・今關敏子,『成 熟と老い』, 世界思想社, 1998a.

＿＿＿＿＿,『出産と身體の近世』, 勁草書房, 1998b.

＿＿＿＿＿,「教育家族の成立と展開」, 倉地克直・澤山美果子 編,『男と女の過去と未 來』, 世界思想社, 2000.

＿＿＿＿＿,「近代的母親像の形成についての一考察」(『歴史評論』第443號, 1987),『日 本家族史論集10－教育と扶養』, 吉川弘文館, 2003.

＿＿＿＿＿,『江戸の捨て子たち』, 吉川弘文館, 2008.

＿＿＿＿＿,「書評 荻野美穂『'家族計畵'への道』」,『歴史學研究』869號, 2010.

＿＿＿＿＿,「'乳'からみた近世大坂の捨て子の養育」,『文化共生學研究』10號, 2011.

＿＿＿＿＿,「都市と農村の關係からみた近世大坂の捨て子たち」,『文化共生學研究』11 號, 2012.

土屋敦,「敗戰後日本の浮浪兒、孤兒・捨兒をめぐる施設保護問題－社會的養護兒童 に對する逸脱規範と'家庭'概念の系譜」, 東京大學大學院人文社會系研究科 社會文化研究專攻社會學專門分野博士論文, 2012.

波平惠美子,『いのちの文化人類學』, 新潮社, 1996.

板橋春夫,『誕生と死の民俗學』, 吉川弘文館, 2007.

平田ノブ,「私の見た婦人その12, 田中芳子夫人」,『婦女新聞』1384號, 1926.

平川祐弘,『開國の作法』, 東京大學出版會, 1987.

平塚らいてう,「獨立するについて兩親に」,『平塚らいてう著作集』第1卷, 大月書店, 1983a.

＿＿＿＿＿,「個人としての生活と性としての生活との爭鬪について」,『平塚らいてう 著作集』第2卷, 大月書店, 1983b.

＿＿＿＿＿,「避妊の可否を論ず」,『平塚らいてう著作集』第2卷, 大月書店, 1983c.

＿＿＿＿＿,「ある母の手紙－富本一枝さんに」,『平塚らいてう著作集』第4卷, 大月書 店, 1983d.

_____,「母性愛が要求する産兒制限問題」,『平塚らいてう著作集』第5卷, 大月 書店, 1983e.

平塚眞樹,「日本における子どもの‘保護’の制度化と‘子どもの權利’上・下」, 法政大學 社會學部 編,『社會勞動研究』39卷 2・3號, 1992.

布川弘,『神戶における都市‘下層社會’の形成と構造』, 部落問題研究所, 1993.

夏目漱石,『門』, 新潮文庫, 2010.

河原和枝,『子ども觀の近代−『赤い鳥』と‘童心’の理想』, 中公新書, 1998.

下田歌子,『家庭』, 實業之日本社, 1915.

下田次郎,『婦人の使命』, 實業之日本社, 1922.

_____,『胎敎』(45版), 實業之日本社, 1925.

_____,『母と子』, 實業之日本社, 1927.

_____,『高等教育女子教育學』, 東洋圖書, 1935.

_____,『母性讀本』, 實業之日本社, 1938.

海妻經子,『近代日本の父性論とジェンダー・ポリティクス』, 作品社, 2004.

香山リカ,「ニッポン母の肖像」,『NHK知る樂−歷史は眠らない』5卷 18號, 2010.

戶田貞三,『家族構成』, 弘文堂, 1937.

花泉町教育委員會 編,『花泉町文化調査報告書 第8集−觀音堂文書1』, 2001.

丸岡秀子,『日本農村婦人問題』, ドメス出版, 1980(初版本 1937年).

橫山源之介,『日本の下層社會』, 岩波文庫, 2007.

橫須賀薫 編,『近代日本教育論集−兒童觀の展開』, 國土社, 1969.

제1부 '가정' 안의 여성·남성·어린이─생활세계로서의 '가정'에서 살다

제1장 「이에/가정과 어린이」, 오카도 마사카쓰大門正克·야스다 쓰네오安田常雄·아
　　　마노 마사코大野正子 편, 『근대사회를 살다近代社會を生きる』, 吉川弘文館, 2003.

제2장 「'가정'이라는 생활세계」, 오카도 마사카쓰·야스다 쓰네오·아마노 마사코
　　　편, 『근대사회를 살다』, 吉川弘文館, 2003.

제3장 「근대가족에서의 남성─남편으로서·아버지로서」, 아베 쓰네히사阿部恒久·
　　　오비나타 쓰미오大日向純夫·아마노 마사코 편, 『남성사 2 모더니즘에서 총력
　　　전으로』, 日本經濟評論社, 2006.

제4장 「육아에서의 남성과 여성」, 여성사종합연구회 편, 『일본여성생활사 4 근대』, 東
　　　京大學出版會, 1990.

제2부 '보호받는 어린이'와 교육으로서의 '육아'

제1장 「'보호받는 어린이'의 근대─'아이 버리기'를 통해서 본 근대사회의 전개」, 사구
　　　치 와스케佐口和助·나카가와 기요시 편, 『강좌·복지사회 제2권 복지사회의
　　　역사─전통과 변용』, ミネルヴァ書房, 2006.

제2장 「근대 일본의 가족과 육아사상 (1)─신중간층 교육가족의 탄생과 '동심'주의 어
　　　린이관」, 『쥰세이단기대학 연구기요』 15호, 1986; 「'동심'주의 어린이관의 전
　　　개─도시중간층 교육가족의 탄생」, 『보육유아교육체계』 제5권 10, 勞動旬報
　　　社, 1987 → 가필·수정함.

제3장 「교육가족의 성립」, 편집위원회 편, 『총서 낳고 기르고 가르친다─익명의 교육
　　　사 1 '교육' 탄생과 종언』, 藤原書店, 1990.

제4장 「'모성'·'부성'을 묻는다─자식을 낳고 기르는 점에서의 남성과 여성」, 이나 마
　　　사토伊奈正人·아이쿄 마사노리鮎京正訓 외편, 『성을 만드는 일─유전자에서
　　　사상까지』, 勁草書房, 1992.

표와 그림 목차

색인